교부들의
The Faith of Our Fathers
신앙

THE FAITH OF OUR FATHERS
by James Gibbons
Copyright ⓒ P. J. KENEDY & SONS, New York, 1917

교부들의 신앙

1959년 8월 1일 교회 인가
1964년 7월 16일 초판 1쇄 펴냄
2020년 8월 15일 개정 2판 1쇄 펴냄
2025년 1월 16일 개정 2판 3쇄 펴냄

지은이 • 제임스 C. 기본스
편역자 • 장면
펴낸이 • 정순택
펴낸곳 • 가톨릭출판사
편집 겸 인쇄인 • 김대영
편집 • 김소정, 강서윤, 김지영, 박다솜
디자인 • 강해인, 이경숙, 정호진
마케팅 • 안효진, 황희진

본사 • 서울특별시 중구 중림로 27
등록 • 1958. 1. 16. 제2-314호
전자우편 • edit@catholicbook.kr
전화 • 1544-1886(대표 번호)
지로번호 • 3000997

ISBN 978-89-321-1719-5 03230

값 28,000원

성경 · 전례문 · 교회 문헌 ⓒ 한국천주교중앙협의회, 2020.

이 책의 한국어 출판권은 (재)천주교서울대교구 가톨릭출판사에 있습니다.
저작권법에 의해 보호를 받는 저작물이므로 무단 전재와 무단 복제를 금합니다.

가톨릭의 모든 도서와 성물을 '가톨릭출판사 인터넷쇼핑몰'에서 만나 보실 수 있습니다.
http://www.catholicbook.kr | (02)6365-1888(구입 문의)

장면 편역

교부들의 신앙
The Faith of Our Fathers

제임스 C. 기본스 지음

가톨릭출판사

일러두기

· 현대에 어울리는 표현으로 문장을 다듬었습니다. 그러나 장면 박사의 편역에 담긴 가치를 고려하여, 대체적으로 원문의 표현을 따랐습니다.

· 이 책에서는 본문의 이해를 돕기 위해 각주를 달았습니다. 이때 원문의 각주, 역자가 쓴 각주, 편집자가 쓴 각주들을 구별하여 표기하였습니다.

· 이 책의 초판은 제2차 바티칸 공의회 이전인 1876년에 쓰여졌습니다. 그러므로 신학·전례적인 내용을 비롯한 교회 용어와 표현 등이 현재와 다른 부분이 더러 있습니다. 이런 전반적인 흐름을 감안하고 읽어 주시길 바랍니다.

원서 초판 서문

이 책의 목적은 가톨릭 교회의 주요 교리를 간단명료하고 실효 있게 설명하고 논변함에 있다.

프로테스탄트 신자들이 용인하는 가톨릭의 교리나 의식에 관하여는 잠깐 제쳐놓고, 이견異見이 있는 문제는 가급적 상세히 논술하여 가톨릭의 입장을 천명하기로 하였다.

이 책은 저자가 바쁜 성직 생활의 틈을 내어 수시로 엮은 것으로, 주로 버지니아와 노스캐롤라이나 주의 여러 교파 신자들에게 한 설교와 강연을 발췌한 것이다.

이런 종류의 강연은, 특히 농촌 전도에 있어서는, 문서화하여 농한기에 이것을 읽고 숙고하게 한다면 큰 효과를 거둘 수 있을 것이다.

이 책의 주목적이 프로테스탄트 형제들로 하여금 가톨릭 신앙의 진리를 깨닫게 함에 있는 만큼, 그분들이 종교 문제에 대한 유일의 권위로 인정하는 성경에서 많은 구절을 인용하여 가톨릭의 논의를 강화하기로 하였다.

또 초대 교부들의 저서 가운데서도 여러 구절을 인용하였다. 교부들의 증언은 비록 그들의 개인 권위를 논란하는 사람일지라도, 적어도 그들 생존 당시 신앙의 확실한 증거로 인정하지 않을 수 없기 때문이다.

저자는 이 책의 모든 주장과 단언斷言에 정확을 기하려고 노력하였으나 간혹 부정확한 점도 없지 않을 것이다. 그 점에 대하여는 여러 주교님들과 성직자들의 꾸짖음을 삼가 기쁘게 받아들여 다음에 성의껏 수정하려 한다.

1876년 11월 21일
리치몬드에서
저자 제임스 C. 기본스 추기경

《교부들의 신앙》을 펴내면서

　교회 일치 운동을 중요 과제 중의 하나로 채택한 제2차 바티칸 공의회 이후에 《교부들의 신앙》을 계속 재판하는 것은 원칙적으로 완전히 합당한 일은 아니라는 인상을 받을 분들이 있을지 모르겠다.

　이 책은 그리스도교 프로테스탄트파의 끊임없는 분파 현상이 있던 19세기 말에 미국에서 출간된 후, 오랜 세월 동안 프로테스탄트 측에 대하여 가톨릭 교회의 정통성과 거룩한 권위를 상세히 설명함으로써 그리스도를 믿는 많은 사람들을 가톨릭에 돌아오게 한 세계적 명저이다.

　1964년에 제2차 바티칸 공의회는 〈일치 운동에 관한 교령〉을 발표하였다. 이것은 원래 그리스도가 세우셨던 하나의 교회로 다시 모여야 한다는 목표를 내걸었지만, 그 목표에 다가가는 과정에서는 이미 갈라진 교회의 신자들을 같은 형제로 존경하고 사랑하는 자세가 전제되어 있음이 주목할 만하다.

"하느님의 이 하나이고 유일한 교회에서는 처음부터 이미 분열이 생겨났으며, 사도는 이 분열을 단죄하여야 한다고 엄중히 책망하였다. 후세기에는 더 많은 불화가 생겨, 적지 않은 공동체들이 가톨릭 교회의 완전한 일치에서 갈라졌으며, 어떤 때에는 양쪽 사람들의 잘못이 없지 않았다. 그리고 지금 이러한 공동체들 안에서 태어나 그리스도를 믿게 된 사람들이 분열 죄로 비난받을 수는 없으며, 가톨릭 교회는 그들을 형제적 존경과 사랑으로 끌어안는다."[1]

가톨릭 교회는 이와 같이 그리스도교 안의 재일치를 추진할 뿐 아니라 그리스도교 이외의 종교와 지역 사회 문화 전통에 대해서도 이해와 존경의 자세를 보이고, 대화와 사랑을 나누기로 한 것이 제2차 바티칸 공의회의 정신이다. 그러므로 오늘날 가톨릭 교회는 새로이 프로테스탄트 측에 대해 비판을 가하며 자기변호를 하려 들지 않는다.

또한 《교부들의 신앙》은 원래 상대적인 비판이 목적이 아니었고, 가톨릭 교리를 정당하게 이해시키려 한 충심衷心으로 가득 차 있다. 오늘날 그리스도교 재일치를 촉진함에 있어서는 프로테스탄트 측 형제들이 가톨릭에 대한 타성적인 거리감을 없애고 진지한 자세로 가톨릭의 참모습을 발견하는 일이 긴요하며, 특히 한국적 현실에서

---

1 《제2차 바티칸 공의회 문헌(개정판)》, 〈일치 운동에 관한 교령〉, 한국천주교주교회의, 2018, 366~367.

그 긴요성은 더욱 두드러진다고 보게 된다.

  이런 뜻에서 오늘날 《교부들의 신앙》을 재판하는 것이므로, 신·구교 그리스도인들은 상대적 개념을 떠나 형제적 사랑 속에서 이 책을 읽고 이해하기 바란다. 그렇게 함으로써 우리 모두가 그리스도 안에 일치하는 데 도움을 얻을 수 있어야겠다는 점을 앞머리에 밝혀 두는 바이다.

1976년 3월 20일
가톨릭출판사 제11대 사장
김병도 몬시뇰

국역 3판 서문

원서의 저자는 미국 종교계의 큰별 볼티모어 교구의 대주교이던 고故 제임스 기본스 추기경H. E. James Cardinal Gibbons이다. 기본스 대주교는 아일랜드계 미국인으로 1838년 볼티모어에서 태어났다. 36세에 사제로 서품됐고, 1868년(34세) 노스캐롤라이나 주교, 1877년 볼티모어 대주교, 1886년 로마에서 레오 13세 교황에게서 추기경으로 임명되었다.

그의 고매한 인격과 거대한 업적은 미국 내에서는 물론, 전 세계에 널리 알려져 큰 존경을 받고 있었던 만큼, 1921년 그의 서거 소식이 전해지자 20만 명이 조문하였다.

이 책은 원서 《우리 조상들의 신앙 The Faith of Our Fathers》의 번역본이다.

특히 미국에서 가장 심한 프로테스탄트 교파의 분열은 통일을 확보하고 있던 그들 조상들의 신앙에서 멀리 이탈된 결과이다. 저자는 이 비참한 현실을 바라보며 그들이 하루 바삐 조상들의 신앙으로 복귀하길 바라는 마음으로 이 글을 썼다.

원서가 1876년 미국에서 초판이 나온 이래 1927년에는 83판, 현재까지는 백 수십 판에 이르러 200여 만 부가 매진되었다. 한 종교 서적이 백여 판을 거듭하여 출간된 베스트셀러가 된 것은 실로 드문 성사盛事이며, 더욱이 이를 정독한 여러 프로테스탄트 신자들이 가톨릭 교회로 무수히 귀의한 사실로도 이 책의 진가를 넉넉히 알 수 있다. 이 책은 여러 나라 말로 번역되어 세계 도처에서 또한 많은 개종자를 내고 있다.

우리는 이 책을 《교부들의 신앙》이라고 했다. 이는 저자가 지칭하는 '조상들'의 신앙이 곧 교부들이 지녔던 바로 그 신앙이기 때문이다.

'교부들'이란 초대 그리스도교의 어린 교회를 육성한 석학 성현들이다. 그들은 사도들이 전수한 교리와 유훈遺勳을 가장 정확하게 파악하였으며, 동·서방 교부들은 이를 하나로 신봉하고 이로써 그리스도교 신앙이 사도로부터 이어져 오는 신앙이라는 명백한 증거를 우리에게 알려 준다. 이는 또한 근대 프로테스탄트 분열의 주원인인 성경 자유 해석자들의 여러 이견을 분쇄하는 데 침범할 수 없는 권위가 되는 것이다. 따라서 '교부들의 신앙'이란 교부들이 사도들에게서 전승한 그리스도의 정통 신앙을 의미한다.

이 책의 역술譯述은, 전 국무총리 장면 박사가 약 30년 전 미국 유학 때 원서를 통독하고 우리말 번역의 필요를 절실히 느낀 바 있어, 귀국 후 2년여에 걸쳐 틈틈이 해낸 노력의 산물이다. 그 후 여러 어려움에 부딪혀 출판하지 못하다가 1944년에 비로소 초판을 내게 되었다. 때는 바로 태평양 전쟁 말기로서 소위 조선 총독부 경무국에서 한국인에게 이런 종류의 출판을 허가할 리 만무하던 정치 상황이었으므로, 할 수 없이 외국인 신부의 명의를 잠시 빌려 겨우 그 어려움을 뚫게 되었다.

이 역술은 원문에 충실하면서 한국 실정에 적합하도록 그 내용을 다소 첨삭添削한 것이다. 특히 제33장 이하는 원서에는 없으나 매우 중요한 문제이므로 윤형중 신부[2]가 이를 덧붙인 것이다.

그 후 6·25 전쟁으로 대구에 피난 중에 제2판을 간행하였는데 전란 중인데도 겨우 2년 동안에 5천 부가 팔렸고, 또 독자의 수요가 나날이 늘어남에 따라 작년 환도環都 이전부터 제3판 간행 계획을 세우고 전면적인 문장 수정과 내용 보충을 단행하여 새로운 모습으로 이를 내놓게 되었다.

---

2   윤형중(尹亨重, 마태오, 1903~1979년) 신부. 용산 예수성심신학교에 입학하여 1930년 10월 26일 졸업한 후 사제품을 받았다. 윤형중 신부는 특히 《가톨릭 청년》 초대 편집장, 《경향잡지》 편집장, 서울교구 출판부장, 〈경향신문〉 사장 등을 역임하며 교회의 출판 활동을 적극 주도하였다. 또한 반가톨릭적인 견해가 제기될 때마다 이를 반박하는 대표적인 논객으로 활동하였는데, 교리 강좌를 통하여 많은 지성인을 가톨릭에 귀의시킨 대표적 가톨릭 지성이었다(《한국가톨릭대사전》 9, 한국교회사연구소, 2005, 6849). — 편집자 주

초판 간행 때 김두임 씨의 전액 희사와 박갑성 씨의 많은 노고에 감사드리며, 3판 준비를 위해 미국 로스앤젤레스 대주교 매킨타이어His Eminence James Cardinal McIntyre 추기경의 협조와 장면 박사, 서창제 선생, 그 밖의 여러분의 희생적 봉사가 컸음에 또한 감사드린다.

원서가 미국을 비롯하여 세계 여러 나라에서 가톨릭 교회로의 개종자를 많이 냈듯이, 이 책은 우리나라에서도 많은 구도자들에게 광명을 던졌다. 그중 몇 예를 든다면, 30년 동안 프로테스탄트 목사였던 정춘수 씨는 이 책을 세 번 읽은 다음 깊이 깨달은 바 있어 부인과 함께 가톨릭으로 귀의하였고, 또 수십 년 동안 목사직에 있던 한인수 씨, 서창제 씨, 장로이던 오봉순 씨, 김건영 씨 외에 여러 명의 저명 개종자가 태어나고 있다.

최근의 예로는 경북 의성군의 이형근 장로를 들고자 한다. 이형근 씨는 40년간 장로직에 있으면서 여러 곳에 교회를 세우고 전도에 노력하던 중, 가톨릭의 진리를 새로 인식하고 금년 3월에 드디어 가톨릭에 귀의하였다.

또 33인 중 한 분이며 역시 수십 년 동안 목사직에 있던 오하영 씨와 성공회 신부이던 윤달용 씨도 이 책을 여러 번 읽고 나서 가톨릭으로 개종을 결심하였던 무렵, 불행히도 6·25 전쟁으로 북한군에게 납치되어 행방불명이 된 것은 매우 아까운 일이다.

구원이라는 대사大事에 깊은 관심을 가지고 양심적으로 주의 진리를 탐구하려고 이 책을 읽는 형제자매 여러분께 하느님의 강복과 광명이 있기를…….

1954년 6월 29일
서울대교구 제10대 교구장
노기남 대주교

개정 2판을 펴내면서

"진리의 영께서 오시면 너희를 모든 진리 안으로 이끌어 주실 것이다."(요한 16,13)

어떤 책들은 시간이 흐르며 사람들의 손길이 더 이상 닿지 않아 기억 속에서 잊히기도 합니다. 그러나 시간이 지날수록 그 가치가 더욱 빛나게 되어, 그 책을 계속하여 찾는 이들의 손길로 새로운 생명력이 더해지는 책들이 있습니다.

《교부들의 신앙》이 바로 그런 책입니다. 이 책은 출간된 이후, 많은 이들에게 새로운 "등불과 빛"(시편 119,105)이 되었습니다. 또한 어느 가톨릭 신자의 가정에 가도 책장에 꼭 한 권씩은 꽂혀 있는 것을 볼 수 있을 정도로 많은 사랑을 받아 왔습니다. 이 책이 이토록 많은 사랑을 받은 까닭은 가톨릭 신앙의 정수를 담고 있기 때문일 것입니다.

이에 《교부들의 신앙》을 새롭게 개정하여 독자 분들 앞에 내놓습니다. 이번 개정 2판에서는 책에 인용된 성경 구절을 2005년 새 번역 《성경》으로 바꾸었습니다. 문장도 현대에 어울리는 표현으로 다듬었으나, 이 책의 편역자인 장면 박사님의 번역 원문에 담긴 가치를 고려하여 원문을 최대한 준수하였습니다. 그러나 책에 쓰인 표현이 현대어에서 대체할 수 없는 단어인 경우에는 당시의 표현을 그대로 살렸습니다.

교회 일치 운동을 중요한 사안으로 채택한 제2차 바티칸 공의회 이후에 이 책의 의의에 대한 의문을 가지는 분들도 계실 것입니다. 그러나 이 책은 가톨릭과 프로테스탄트 간에 있는 해묵은 오해를 줄이고, 일치를 위한 첫 걸음이 될 방향을 제시해 주는 데에 의의가 있습니다.

《교부들의 신앙》은 프로테스탄트 측이 가톨릭에 대해 오해하고 비난하는 부분에 대해 가톨릭 교회의 주요 교리를 정확하고도 구체적으로 설명합니다. 또한 가톨릭 신자들에게 확고한 신앙심을 심어 주며, 가톨릭 신앙의 아름다움을 재발견할 수 있도록 합니다.

가톨릭이 지닌 무궁무진한 아름다움은 참으로 다양한 곳에 머물러 있습니다. 사도로부터 내려오는 보편된 교회의 가르침들, 성경, 전례와 성사, 다양한 기도들, 그리고 성인 성녀들이 남긴 수많은 업적과 말씀…….

저자 제임스 기본스 추기경님은 이 귀중한 보물의 가치를 알려 주면서, 우리를 다시금 가톨릭 안으로 초대합니다. 이제 막 신앙에 발걸음을 뗀 분들, 그리고 가톨릭 신앙의 향기에 더욱 흠뻑 젖고 싶은 분들 또한 이 책에서 무궁무진한 보물을 발견하실 수 있으리라 믿습니다.

아울러 독자 분들이 모든 지혜의 원천이신 주님께 향하는 문을 이 책 안에서 찾을 수 있기를 기도드리며, 자애로우신 성모님의 손길 안에 강복을 청합니다.

가톨릭출판사 사장
김대영 신부

차례

원서 초판 서문	5
《교부들의 신앙》을 펴내면서	7
국역 3판 서문	10
개정 2판을 펴내면서	15
서론	22
제1장 삼위일체와 그리스도 강생	27
제2장 오직 하나인 교회	32
제3장 거룩한 교회	47
제4장 지극히 보편된 교회	62

제5장	사도 전래의 교회	72
제6장	교회의 영속성	85
제7장	교회의 무류성	100
제8장	교회와 성경	115
제9장	베드로 사도의 수위권	141
제10장	교황의 수위권	167
제11장	교황의 무류성	185
제12장	교황의 속권	201
제13장	천사와 성인들의 기도	219
제14장	성모 마리아에 대한 여러 문제	234
제15장	성화와 성상	278

제16장	연옥과 죽은 이를 위한 기도	296
제17장	민권 자유와 종교 자유	313
제18장	'종교 박해' 문제	339
제19장	세례성사	357
제20장	견진성사	376
제21장	성체성사	383
제22장	단형 영성체	398
제23장	미사성제	407
제24장	종교 의식	422
제25장	미사 예식	434
제26장	고해성사	446

제27장	잠벌과 보속, 선업과 공로	484
제28장	대사와 '면죄부'의 진상	495
제29장	병자성사	510
제30장	성품성사	515
제31장	성직자의 독신 생활	534
제32장	혼인성사	549
제33장	십계명 분류에 대하여	560
제34장	주일과 안식일	566
제35장	신앙과 교리	588
제36장	소위 '종교 개혁'에 대하여	623

서론

독자 여러분은 가톨릭 교회에 대하여 여러 종류의 서적과 이야기 등으로 이미 어떠한 선입견을 가지고 있으리라 믿는다. 가톨릭을 믿는 사람이 직접 쓴 가톨릭 교리에 관한 서적을 읽기로는 아마 이것이 처음일지도 모른다.

여러분이 오늘날까지 전해들은 것으로 이루어진 가톨릭 관觀은 그릇된 선입견에 사로잡힌 것이 아닐까 의심이 든다. 가톨릭 교회는 창립 이래 2천여 년 동안 이를 증오하는 무리들로부터 끊임없이 모함을 받았다. 마치 하나의 조악한 전설로 취급되거나, 조작된 역사적 기록, 모험 목적의 소설이나 그림, 심지어 공공연한 설교 등으로 중상 훼방의 대상이 되어 왔다. 그들은 마치 시기와 증오로 상기된 바리사이 사람들의 선동에 휘말린 군중을 떠올리게 한다. 죄 없는 예수께 붉은 옷을 입히고 가시관을 씌워 조롱하고 능욕하였던 것처럼 가톨릭 교회에도 이와 같이 갖은 흉악한 탈을 씌운다. 또한 터무니없는 중상 모략적 언동으로 대중 앞에서 조롱하고 모욕하기를 일삼는다. 이를 점잖게 묵인하면, 마치 무슨 죄가 있어 변명할 여지조차 없어서 그러는 것으로 여기는 듯하다.

중상 훼방은 십계명의 제8계에 분명히 죄악이라고 규정되어 있다. 한 개인을 헐뜯는 것도 죄악인데 수많은 가톨릭 신자들을 중상함은 얼마나 큰 죄악이겠는가.

이런 중상적 선전을 듣는 이들은 비록 처음부터 아무 악의가 없던 이들일지라도 저절로 가톨릭 교회를 혐오하게 될 것임은 필연적인 사실이다. 우리는 그들을 원망하거나 '이에는 이'라는 식의 보복을 하려 하지는 않는다. 다만 그들에게, 그 맹목적 선입견을 버리고 냉정히 가톨릭의 역사와 교리를 연구하도록 가톨릭 교인이 쓴 글을 자료로 삼기를 권고할 따름이다.

우리에게는 아무 비밀도 차별 대우도 없으며, 귀중한 진리의 보물을 독점하거나 매장하기를 원치 않는다. 오히려 이를 널리 알려 모든 형제가 다 함께 이 보물을 가지는 기쁨을 누리기를 바라는 바이다.

이 진리를 바로 인식하기만 한다면 이를 애지중지하며 찬미하지 않을 수 없을 것이다. 저자는 가톨릭 교회 사목자로 일생을 바치고 있다. 만약 우리 교회에 대한 모든 비방의 단 십분의 일이라도 사실이라면, 하루라도 이 사목에 머물러 있지 않았을 것이다. 사목뿐 아니라 이 교회 안에도 머물러 있지 않았을 것이다.

가톨릭 교회에 대한 외부로부터의 모든 공격이 모두 헛된 비방뿐이라는 것을 나는 너무나 잘 알고 있다. 가톨릭 교회를 더욱더 깊이 알면 알수록 이를 찬미하고 공경하는 마음도 더욱 깊어질 따름이다. 나는 나날이 그 신비한 아름다움이 내 눈앞에 펼쳐지고 있음을 보고 있다.

독자 여러분이 가톨릭 교회 보기를 그 아들(신자)들이 보는 것같이 한다면, 우리 교회는 결코 바빌론의 요부妖婦의 자태가 아니고 "해와 같이 빛나고 달과 같이 아름다워.", 이를 사랑하고 포옹하지 않을 수 없을 것이며 가톨릭 신자들과 더불어 "복 받은 교회여!" 하며 부르짖을 것이다.

이제 여러분이 가톨릭을 신봉한다 하여도 손실이라고는 아무것도 있을 수 없으며, 여러분의 인격도 품위도 자주성도 이성도 버릴 필요가 조금도 없다. 다만 구속을 받는 것이 하나 있다면 복음이 주는 달콤한 구속일 뿐이다. 이 구속은 아무도 싫다 하지 못할 것이다. 여러분에게 손실이 없을 뿐 아니라 무한한 가치의 소득이 있을 것이다. 즉 계시의 완전하고도 조화된 지식을 얻을 것이며, 예수께서 가지셨던 진리의 전부를 거울에 비추어 보듯이 눈앞에 자세히 볼 것이다.

사람들이 밖에 서서 성당 건축을 트집 잡을 때 여러분은 성당 안에 들어가 건축가이신 하느님께 경배하고, 다윗 임금과 함께 "주님,

저는 당신께서 계신 집과 당신 영광이 머무르신 곳의 아름다움을 사랑합니다."라고 함이 옳을 것이다. 가톨릭 교회의 진리 지식은 다만 그저 완전하다기보다 아주 확고하며 불변한 것이다. 억측이 아니고 확실한 것이다. 그러므로 바람에 흔들리지 않고 반석 위에 고정되어 있는 이 불변의 진리를 가졌다는 자각에서 나오는 깊은 평화를 즐기게 된다.

여러분이 가톨릭 교회로 들어오는 것은 결코 낯선 남의 집으로 들어오는 것이 아니라, 바로 아들을 잃고 오랫동안 기다리는 자애로운 어머니의 집으로 돌아오는 것이다. 어머니는 기뻐 새 옷을 입히고 잔치를 베풀며, 모자간의 애정에 넘치는 평화의 입맞춤과 포옹이 쏟아질 것이다. 개종에 따르는 다소의 희생도 없지 않겠지만 여기에는 그 희생의 전부를 보상하고도 남음이 있을 것이다.

회개의 눈물을 머금었던 아우구스티노 성인과 함께 "아, 언제나 낡고 언제나 새로운 아름다움이여, 너를 앎이 너무나 늦었고, 너를 사랑함이 너무나 늦었도다!" 하며 참회의 부르짖음을 외치게 될 것이다.

이 책을 읽고 나서 한 사람이라도 가톨릭 교회를 바로 알게 된다면 이로써 저자의 노고는 크게 보상될 것이다.

다만 언제나 염두에 두기를 바라는 바가 있다. 그것은 바로 여러분의 불멸의 영혼보다 더 귀중한 존재, 바로 그 구원보다 더 중대하고 긴요한 일은 이 세상에 다시없다.

"사람이 온 세상을 얻고도 제 목숨을 잃으면 무슨 소용이 있겠느냐? 사람이 제 목숨을 무엇과 바꿀 수 있겠느냐?"(마태 16,26)라고 하신 주님의 말씀을 깊이 명심하기 바란다.

개종에 으레 따르는 친척과 친구의 불쾌감, 신자 아닌 이들의 비난 박해, 지위와 소유물의 상실, 그 밖의 어떠한 재해든 무릅쓰고 용감히 일어나 참된 종교를 연구하고 이를 믿으라. "우리가 지금 겪는 일시적이고 가벼운 환난이 그지없이 크고 영원한 영광을 우리에게 마련해 줍니다."(2코린 4,17)

하느님께서 여러분을 비추시어 진리를 보기 위한 빛을 주시고, 또 이를 본 후에 따라올 용기와 힘을 주시기를 간절히 바란다.

제1장

삼위일체와 그리스도 강생

가톨릭 교회는, 전지全知 전능全能 전선全善하시어 만물을 그 전능으로 창조하시고 섭리하시는 오직 한 분이신 하느님의 존재를 가르친다.

하느님은 성부聖父와 성자聖子와 성령聖靈의 삼위일체三位一體이시다. 이 세 위는 서로 구별되면서 전혀 동등하시다.

예수 그리스도는 성삼위 중 제2위가 강생降生하시어 사람이 되신 분으로, 완전한 하느님이시며 또 완전한 사람이심을 우리는 믿는다. 그분은 곧 만물을 다스리시는 하느님이신 그리스도(로마 9,5 참조)이시다. 아타나시오 신경은 이렇게 말한다. "그분은 성부의 본체 substantia로부터 모든 세대에 앞서 낳음을 받으신 하느님이시며, 어머니의 본체로부터 시간 안에 태어나신 인간이시다."[3] 제2위이신

---

3   J. 노이너 · J. 뒤퓌 지음, 안소근 · 신정훈 · 최대환 옮김, 《그리스도교 신앙》, 가톨릭출판사, 2017, 61.

성자는 인간을 지극히 사랑하시어 우리 원조元祖의 범죄로 말미암아 모든 비참과 고통의 늪에 빠진 우리를 구원하시기 위하여 이 세상에 태어나셨다. 즉 성령의 전능으로 동정 마리아의 태중에 잉태되시어 베들레헴의 한 마구간에서 탄생하셨다.

예수께서는 나자렛에서 목수로 일하며 지내신 지 30년 후 비로소 공생활에 들어가 열두 제자를 선택하시어, 그들을 사도라 부르시고 당신이 세운 종교의 교리를 가르치셨다.

3년 동안 온 유다 지방을 두루 다니시며 눈먼 이가 보게 하시고 귀머거리가 듣게 하시며 모든 병을 낫게 하시고 죽은 이까지 부활시키시며 평화의 새 복음을 전파하셨다.

예수께서는 성금요일에 골고타산 위에서 십자가에 못 박혀 죽으심으로써 우리를 구속救贖하셨다. 예수께서만 홀로 '구세주救世主'라는 존칭을 받으신다. 이는 "그분 말고는 다른 누구에게도 구원이 없다. 사실 사람들에게 주어진 이름 가운데에서 우리가 구원받는 데에 필요한 이름은 하늘 아래 이 이름밖에 없기"(사도 4,12) 때문이며, "그가 찔린 것은 우리의 악행 때문이고 그가 으스러진 것은 우리의 죄악 때문이다. 우리의 평화를 위하여 그가 징벌을 받았고 그의 상처로 우리는 나았기"(이사 53,5) 때문이다.

예수께서는 우리를 위하여 수난하시고 사형까지 당하셨는데 이는 우리로 하여금 육욕을 십자가에 못 박아 날마다 고신 극기함으로써 그 모범을 본받게 하시는 것이다. 예수께서는 "누구든지 내 뒤를 따라오려면, 자신을 버리고 날마다 제 십자가를 지고 나를 따라야 한다."(루카 9,23)라고 하셨다. 그러므로 우리는 금요일마다 고기를 먹지 않는다.[4] 이날은 곧 주님의 수난을 기념하는 날이다. 이는 물론 육식 자체를 죄악이라고 보는 것이 아니라 오직 근신謹愼의 성의를 나타내기 위함이다. 효성 있는 자식은 조상의 기일忌日을 기념하되 성찬으로 하지 않고 재계齋戒 기도로써 한다. 하물며 주님의 수난하심을 기억하며, 아주 작은 근신과 극기로 그분께 대한 지극한 충심을 표현함이 당연하지 않은가. 이것은 바오로 사도처럼 "우리는 언제나 예수님의 죽음을 몸에 짊어지고 다닙니다. 우리 몸에서 예수님의 생명도 드러나게 하려는 것"(2코린 4,10)을 깨닫기 위해 애쓰는 행위이다.

가톨릭 교회에서는 십자가를 지극히 성스러운 표지로 존경한다. 이는 구세주께서 고난을 받으신 형구刑具였기 때문이다. 십자가는 각 성당의 꼭대기에 세워져 있고 모든 제대에 안치되어 있다. 우리는 십자가를 우리 구원의 상징으로 공경한다. 바오로 사도는 "나는 우리 주 예수 그리스도의 십자가 외에는 어떠한 것도 자랑하고 싶지 않습니다."(갈라 6,14)라고 하였다. 그러나 십자가 그 자체에 무슨 내적 영능靈能이 있어서 공경하는 것은 물론 아니다. 만일 그렇

---

[4] 1966년 바오로 6세 교황이 공포한 교령 〈Paenitemini〉은 매주 금요일에 하던 금육을 폐지하고 재의 수요일과 사순 시기의 금요일, 그리고 예수 수난의 날(사순 시기의 금요일, 주님 수난 성금요일)에 한하도록 하였다. 금육재의 완전한 폐지가 아니라, 금육을 하거나 다른 선행을 행할 수 있도록 선택하게 한 것이다. — 편집자 주

게 믿는다면 우상 숭배의 죄가 될 것이다. 십자가를 공경함은 다만 십자가 위에서 돌아가신 예수를 추모 공경하는 것뿐이다. 가톨릭 신자가 몸에 십자 성호를 그으며 "성부와 성자와 성령의 이름으로, 아멘!" 하는 것은 예로부터 신자들 사이에 전해 오는 경건한 관습이다. 2세기의 학자 테르툴리아누스는 "우리는 외출할 때와 집에 돌아와서, 옷 입을 때, 얼굴 씻을 때, 음식을 먹기 전후, 잠들기 전, 그 밖의 행사에서, 늘 몸에 십자 성호를 긋는다. 이는 비록 성경에는 기록되어 있지 않으나 교회의 성전聖傳이 이를 가르치고 관습이 이를 증명하고 우리의 신앙이 이를 시인한다."[5]라고 하였다. 십자 성호를 그음으로써 우리는 성삼위일체와 그리스도 강생의 신비로운 교리에 대한 신앙을 표시하며 또 가장 경건한 신앙 행위를 하게 된다.

 또 예수께서는 돌아가신 뒤 사흘 만에 당신 전능으로 죽음에서 부활하시고, 그 후 40일 동안 세상에 머무르시며 사도들을 가르치시다가 올리브산 위에서 승천하셨다.

 성령 강림일(승천 후 제10일)에는 사도들이 모여 기도하고 있는데, 예수께서 약속하신 대로 하느님의 성령을 보내셨다. 성령은 사도들을 정화시키고 만민을 교화教化시키기 위하여 그들이 배운 모든 교리를 충분히 터득하게 하셨다. 이날부터 사도들은 숭고한 전교의

---

[5]   De Corona, C. iii

사명을 수행하기 시작하였는데, 이날이 바로 가톨릭 교회가 공적인 활동을 시작한 첫날이다.

구세주께서는 당신의 거룩한 이름으로 온 인류 교화의 권한을 사도들에게 주시며 "너희는 온 세상에 가서 모든 피조물에게 복음을 선포하여라."(마르 16,15)라고 명령하셨다. 또 사도들의 가르침에 따르지 않는 자에게는 준엄한 벌을 내리겠다고 말씀하셨다.

"너희 말을 듣는 이는 내 말을 듣는 사람이고, 너희를 물리치는 자는 나를 물리치는 사람이며, 나를 물리치는 자는 나를 보내신 분을 물리치는 사람이다."(루카 10,16)

예수께서는 후세에 여러 이단이 일어날 줄 미리 아시고 당신이 세우신 참교회와 이단의 집단을 구별하기 위하여, 당신이 세우신 교회에 가장 두드러지고 독특한 표지를 부여하셨다. 성심으로 진리를 구하며 이 표지가 있는지 없는지만 주의하여 살피면 진정한 교회와 그릇된 교회를 쉽게 가려낼 수 있을 것이다. 진정한 교회의 표지는 곧 교회가 오직 하나이며 거룩하고 보편되며 사도로부터 전래되었다는 것이다. 또 교도권의 무류성과 그 영속성도 진정한 교회의 필수 조건이다. 이제 각 장별로 이를 자세히 논하겠다.

제2장

오직 하나인 교회

하나라 함은 온 교회가 일치하여 동일한 계시啓示의 교리를 믿고, 또 동일한 목자의 권위에 복종함을 말한다. 이단과 이교는 모두 그리스도교적 일치를 파괴하는 것이다. 이단은 그리스도교의 신조 중 하나 혹은 몇 가지를 배척하는 것이요, 이교는 신조를 배척하지는 않으나 영적 우두머리의 권위에 불복하는 것을 말한다. 예수께서는 교회 내의 신앙의 일치와 교도의 일치를 요구하셨다. 이것은 성경 여러 군데에 명백히 기록되어 있다. 수난 전날 밤에도 기도하시던 중 다음과 같은 말씀을 하셨다. "저는 이들만이 아니라 이들의 말을 듣고 저를 믿는 이들을 위해서도 빕니다. 그들이 모두 하나가 되게 해 주십시오. 아버지, 아버지께서 제 안에 계시고 제가 아버지 안에 있듯이, 그들도 우리 안에 있게 해 주십시오. 그리하여 아버지께서 저를 보내셨다는 것을 세상이 믿게 하십시오."(요한 17,20-21)

즉 교회가 일치되어 있다는 것은, 그리스도의 사명이 천주 성부로부터 유래하였다는 확실한 증거이다. 예수께서는 당신이 성부와 일체되어 계시듯이 신자들도 일치한 신앙으로 하나가 되기를 기도하셨다. 예수 자신의 기도가 항상 허락될 것은 조금도 의심할 여지가 없는 것이다.

바오로 사도는 이단과 이교의 죄를 살인과 우상 숭배의 죄와 동일시하였고, 또 각종 이단의 발단자는 하느님 나라를 차지하지 못하리라고 하였다(갈라 5,20-21 참조).

로마 옥중에서 에페소 신자들에게 보낸 편지에는 이 신앙의 일치에 대하여 엄격한 어조로 역설하였다. "성령께서 평화의 끈으로 이루어 주신 일치를 보존하도록 애쓰십시오. 하느님께서 여러분을 부르실 때에 하나의 희망을 주신 것처럼, 그리스도의 몸도 하나이고 성령도 한 분이십니다. 주님도 한 분이시고 믿음도 하나이며 세례도 하나이고, 만물의 아버지이신 하느님도 한 분이십니다. 그분은 만물 위에, 만물을 통하여, 만물 안에 계십니다."(에페 4,3-6)

다시 말해서 우리가 흠숭하는 하느님은 여럿이 아니라 오직 한 분이시며, 우리가 믿는 구속의 중개자도 마찬가지라는 뜻이다. 또한 오직 한 분이신 성령으로 말미암아 성화聖化되었으며, 우리가 희망하는 하느님도 오직 한 분이시니 오직 하나인 신앙을 받아들여야 한다는 말이다.

그리스도 교회에 있어서는 신앙의 일치 못지않게 절대로 필요한 것이 통치의 일치이다. 예수께서는 교회에 대하여 말씀하실 때 복수 명사를 쓰지 않고 오직 단수로 말씀하셨다. 즉 "내가 이 반석 위에 내 교회들을 세우겠다."라고 하시지 않고, "내가 이 반석 위에 내 교회를 세울 터인즉"(마태 16,18)이라고 하셨다. 이는 예수께서 처음부터 서로 충돌되는 여러 모양의 교회를 여럿 세우시거나, 또 그런 종류의 무엇을 허용하실 뜻이 도무지 없었다는 증명이다. 이는 신자들로 하여금 일치 단합하여 한 지도자의 통치 아래 있도록 하신 안배임이 분명하다. 교회라는 것은 가시적 단체이므로 가시적 우두머리가 있어야 하는 것은 당연한 일이다. 교회는 왕국에 비유된다. "그분께서는 큰 인물이 되시고 지극히 높으신 분의 아드님이라 불리실 것이다. 주 하느님께서 그분의 조상 다윗 임금의 왕좌를 그분께 주시어, 그분께서 야곱 집안을 영원히 다스리시리니 그분의 나라는 끝이 없을 것이다."(루카 1,32-33) 질서가 잡힌 국가에는 반드시 한 사람의 최고 통치권자가 있고 한 정부가 있고, 온 국민이 받들어 지킬 일정한 법전法典이 있다. 그리스도의 교회도 하나의 정신적 왕국인 만큼 반드시 한 사람의 우두머리가 이를 이끌어 가고 신자들은 모두 그에게 복종할 의무가 있다. 교회 통치의 형식이든 신자들이 받들어 지킬 법전이든, 반드시 일정한 계통의 질서 정연한 것이라야 한다. 그렇지 않으면 "어느 나라든지 서로 갈라서면 망하고, 어느 고을이나 집안도 서로 갈라서면 버티어 내지 못한다."(마태 12,25)라는 말씀이 그대로 맞아 떨어지게 될 것이다.

예수께서는 교회를 "양의 우리"라고 부르셨다. "한 목자 아래 한 양 떼 아래" 있는 양에 교회를 비유하셨다(요한 10,16 참조). 교회의 일치에 대한 비유 중 "양의 우리"라는 말보다 더 아름답고 적절한 말은 없을 것이다. 양들은 항상 떼 지어 다닌다. 양들은 잠시 흩어졌다가도 급히 다시 모이지 않고는 견디지 못한다. 양 떼는 같은 풀밭을 걸으며 같은 목장에서 사육되고 같은 목자에게 순종하며, 낯선 이의 소리에는 놀라 도망친다. 이와 같이 예수께서는 이 비유로써, 당신 '우리' 안에서 모든 양 떼가 동일한 성사聖事, 동일한 생명의 양식(성체성사)으로 사육되고, 동일한 신앙의 법칙을 하늘나라에 이르는 지침으로 삼으며, 동일한 우두머리 목자를 따르고 낯선 거짓 목자를 힘써 경계하고 피해야 한다는 신앙 행위를 의미하셨다.

교회는 또 사람 몸에 비유된다. "우리가 한 몸 안에 많은 지체를 가지고 있지만 그 지체가 모두 같은 기능을 하고 있지 않듯이, 우리도 수가 많지만 그리스도 안에 한 몸을 이루면서 서로서로 지체가 됩니다."(로마 12,4-5) 우리 몸에는 여러 지체가 있으나 모두 머리와 연결되어 있다. 머리에서 한번 명령을 내리면 곧 손발이 움직이고 입이 열린다. 이와 같이 교회도 여러 지체가 유기적으로 조직되며 가시적 최고 지도자에게 연결되어 그 명령에 순종하여야 한다.

또한 교회는 포도나무에 비유된다. "나는 포도나무요 너희는 가지다. 내 안에 머무르고 나도 그 안에 머무르는 사람은 많은 열매를 맺는다. 너희는 나 없이 아무것도 하지 못한다."(요한 15,5) 포도나무의 모든 가지는 비록 널리 흩어져 뻗어 있을지라도 반드시 그 줄기에 연결되어 그 수액을 빨아먹고 자란다. 이와 같이 예수께서도 당신 포도원의 모든 어린 가지가 모두 그 나무줄기에 연결되어 영양을 받아 자라도록 안배하신다.

마지막으로 교회는 그리스도의 "배필"(묵시 21,9)이라는 아름다운 칭호를 받았다. 그리스도 교회 율법은 일부다처를 절대 허용하지 않는다. 그러므로 그리스도 한 분에게 여러 "배필", 즉 여러 교회가 있을 수 없다.

계시가 아니고 상식으로만 판단해도 하느님께서 견해가 다른 여러 교회를 세우셨을 리는 결코 없다. 하느님께서는 본질적으로 하나이시고 진리 자체이시다. 이런 하느님께서 어떻게 한 교파에서는 일체에 삼위가 계시다 하고, 또 한 교파에서는 일체 일위만 계시다 하는 설을 동시에 용인하실 수 있겠는가. 또 어떤 사람에게는 예수 자신을 하느님이라 가르치고 다른 사람에게는 다만 한 인간일 뿐이라고 가르치시겠는가. 한 사람에게는 지옥의 존재는 영원하다 하시고, 다른 사람에게는 유한하다고 계시하실 수는 없는 것이다. 상반되는 이 두 가지 설 중에 하나는 반드시 허위가 아닐 수 없으며, 허위는 하느님께서 가르치실 수도 없고 또 용인하실 수도 없는 것이다. "하느님께서 바라시는 것은 무질서가 아니고 평화입니다."(1코린 14,33)

이에 대하여 어떤 사람은 다음과 같이 말하기도 한다. "가톨릭 하나 외에는 참교회가 없다 하나, 이 세상의 교파란 것은 외부에 속한 문제이니, 어떤 교파든지 내용이 한 하느님을 공경하고 한 주를 믿어 같은 진리로 나아간다고 하면 몸에 여러 지체가 있으나 결국 한 사람이 되는 것과 같이 심령적으로는 한 교회로 볼 수 있느니, 교회 분열이나 교회 번식을 찬성하는 바는 아니지만, 결코 구원을 못 받는다고까지 하는 것은 너무 어리석고 완고한 판단이다."[6] 이제 이에 대하여 비판하여 보려 한다.

교파 분열은 결코 외적인 문제가 아니라 실상 내적 문제이다. 예를 들면 러시아 정교회나 성공회는 겉으로는 가톨릭과 비슷하지만, 그 신조가 다르고 동일한 지도자의 통치를 받지 않으므로 각각 별개이다. 그렇지만 동방 교회 합동(콥트)파 같은 교회는 겉으로는 가톨릭과 다르나 내실은 동일한 신앙으로 동일한 지도자의 통치를 받고 있으므로 서로 같은 것이다.

"한 구세주를 믿어 같은 진리로 나간다면" 등의 말도 엄정한 비판을 받아야 할 말이다. 구세주께서는 천국과 지옥의 영원성을 계시하셨지만, 만일 그 영원성을 믿지 않는다면 이는 구세주의 말씀을 불신하는 죄악이 아닐 수 없다. 구세주의 말씀을 그대로 믿어 받아들이지는 않으면서, 입으로는 구세주를 믿는다고 하는 소위 '믿는다'는 말은 아무 의미도 없는 한갓 말장난일 뿐이다. 그리고 그

---

6 한성과 목사 지음, 《성서를 통하여 본 천주교의 오류》, 제2장.

영원성에 대한 인정과 부인이 다 같이 '같은 진리'로 용인되기는 불가능하지 않겠는가. 또 이런 종류의 불가능이야말로 절대적인 불가능이 아니겠는가.

이처럼 상반된 신앙을 가진 저 많은 교파들을 '그리스도를 믿는다'는 막연한 이유로 한 몸을 지녔다고 비유하는 것은 무모한 비약이다.

독자가 자기 영혼 구원이라는 대사에 정말 관심이 있다면, 교회는 오직 하나라는 것을 주의 깊게 연구해야 한다. 하느님의 아들 예수 그리스도께서는 무계획적으로 행동하실 리가 없다. 교회는 오로지 하나만 세우셨다! 하느님의 아들이라는 이름을 내걸고는 자유분방한 사상을 모체로 하여 함부로 생겨났고 또 생겨날 저 무수한 교파에 대하여 예수께서 책임지실 리가 없다.

우리가 살고 있는 물질세계를 다스리는 각종 법칙 중에는 정연한 조화가 있다. 천체 운행에도 절묘한 조화가 있어 모든 별은 각각 일정한 궤도에 따라 운행하며, 태양을 중심으로 그 회전 속도가 잘 조절되어 있다. 하물며 하느님의 교회, 하느님의 전능으로 세우신 최대의 사업, 하느님의 지극한 선하심과 인류에 대한 사랑의 가장 풍만한 표현인 영적 세계에, 어찌 조화와 일치가 없을 수 있겠는가. 그러므로 예수 그리스도께서는 일치한 교리에 대한 의무적인 신앙과, 통일된 기관에 한마음으로 복종하기를 원하셨음이 명백하다.

그런데 우리와 신앙을 달리하는 프로테스탄트 교회에는 전체적으로 보든지 파별적으로 보든지, 사실 신앙상으로나 통치상으로 '일치'라는 것을 도저히 찾아볼 수 없다고 단언하지 않을 수 없다. 프로테스탄트 교회 내에는 수백 개의 독립된 교파가 있는데, 그들은 신앙 교리에 대해 약간 다를 뿐 아니라 근본 교리조차 서로 매우 다르다. 그 많은 교파, 계속되는 분열, 그칠 줄 모르는 논쟁은 확실히 그리스도 교회의 큰 치욕이며 또 비신자들의 입교에도 크나큰 장애가 된다. 프로테스탄트 교회에도 이 교파가 저 파와 서로 다를 뿐 아니라, 한 교파 내에도 여러 분파가 있어 서로 반목하고 있다.

미국의 노스캐롤라이나 주만 하여도 밥티스트Baptist 교회(침례교회) 내에는 여러 파가 분열되어 있고, 감리교회는 남북 양파로 갈려 있고, 장로교에는 신구파가 있다. 프로테스탄트 교파 중 가장 보수적 색채가 짙다는 성공회도 의식파儀式派, 상파上派, 하파下派로 분열되어 있다. 분파간의 서로 다름뿐 아니라, 한 분파에 속하는 목사나 신자 사이도 각자 믿는 바가 다른 것은 프로테스탄트 교회에서는 일반적인 일이다.

프로테스탄트 교회는 교리가 서로 다를 뿐 아니라 교회의 통치기관이나 기율紀律조차 천차만별이다. 성공회는 국왕이 교회의 우두머리이며, 어떤 교파는 교회 직무자로서 집사, 장로, 감독의 필요를 인정하기도 하지만, 대부분의 다른 교파에서는 이러한 직무자 계급을 전혀 불필요한 것이라고 배척한다.

그러면 도대체 어디서 신앙과 다스리고 가르치는 근본적 일치를 발견할 수 있을까. 이는 다만 가톨릭 교회에서만 볼 수 있는 현상이라고 자신 있게 말할 수 있다. 이 책이 쓰여졌을 당시, 전 세계 가톨릭 신자는 4억이었다. 이들은 한 하느님과 한 신앙과 한 세례와 한 신조를 가졌고, 동일한 성사를 받으며 동일한 미사에 참여하고 동일한 지도자의 지도를 받는다. 만일 한 사람이라도 불행히 신조의 일부를 부인하거나 정당한 목자를 배반하거나 하면 교회는 이런 사람을 주저 없이 제명해 버린다. 교회는 교회의 생명을 침식하는 병적 지체를 그대로 방치하지 않고 차라리 그 지체를 잘라 버린다.

성공회의 수장인 헨리 8세 왕이 아라곤의 캐서린 왕비를 버리고 시녀 앤 불린을 왕비로 삼으려 하였을 때, 혼인에 관한 교회법을 어기려 하였다. 이 불의의 조치를 거절하면 곧 온 영국이 가톨릭 교회로부터 이탈될 것은 뻔한 일이었다. 그러나 가톨릭 교회는 혼인의 신성성을 침범하는 그 국왕을 단연코 파문하였다. 또 근대에 와서는 독일의 될링거Dr. Döllinger가 교황의 무류성無謬性을 인정하지 않았을 때, 교회는 그를 처벌하면 그를 따라 교회를 떠날 사람이 많게 될 사태를 예상하면서도 그를 파문해 버렸다.

교회는 신자들에게 "정치 문제는 각자의 뜻대로 할 것이다. 어떤 정당에 속하든지 어떤 정견을 가지든지 교회는 관여할 바 아니다."라고 한다. 그러나 만일 신앙의 영역에 침입하는 사람이 있는 경우에는 결코 그를 그냥 두지 않는다. "여기까지는 와도 되지만 그 이상은 안 된다. 너의 도도한 파도는 여기에서 멈추어야 한다."(욥

38,11)라고 절규한다. 신앙의 전당인 교회는 평화와 협동과 일치의 안식처이다.

가톨릭 신자들은 전 세계의 어떤 가톨릭 성당 안에 들어가도 동일한 교리를 듣고, 동일한 성체성사에 참여하며 동일한 성사를 받을 수 있다. 이 얼마나 든든하고 위안되는 사실인가!

그뿐 아니라 가톨릭 교회의 신조는 고금을 통하여 완전히 동일하다. 예수께서 가르치신 복음의 진리와 베드로 사도가 안티오키아와 로마에서, 바오로 사도가 에페소에서, 요한 크리소스토모 성인이 콘스탄티노플에서, 아우구스티노 성인이 히포에서, 암브로시오 성인이 밀라노에서, 레미지오 성인이 프랑스에서, 보니파시오 성인이 독일에서, 아타나시오 성인이 알렉산드리아에서, 아우구스티노 성인이 영국에서, 파트리치오 성인이 아일랜드에서 전한 교리가 다 동일한 것이다. 가톨릭 교회는 주 예수께서 세우신 이래 오늘에 이르기까지 모든 시대와 지역을 통하여 조금도 서로 어긋나는 신조를 전한 일이 절대 없다. "예수 그리스도는 어제도 오늘도 또 영원히 같은 분이십니다."(히브 13,8)

가톨릭 교회 내에는 이와 같이 경탄할 만한 '신앙의 일치'가 있는 동시에, 정연한 통치 기관의 통일성이 있다. 전 세계의 가톨릭 신도가 한 몸이 되어 한 사람의 가시적 지도자에게 연결된 것이, 마치 우리 몸의 각 지체가 그 머리에 연결된 것과 같다. 각 신자는 그 본당 신부의 지도를 받고, 각지에 있는 신부들은 그 교구 주교의 관할을 받고, 전 세계의 모든 주교는 로마의 주교, 즉 베드로 사도의 계승자이며 가톨릭 교회의 우두머리인 교황에게 순종한다. 로마 교황은 곧 예수 그리스도의 지상 대리자地上代理者이다.

그러나 어떤 사람은 이렇게 말할지도 모른다. "교회에서는 가끔 어떤 교리에 대하여 정의를 내려 새로 신조를 선포하는데, 이는 교리의 일치를 깨뜨리는 것이 아니냐." 그러나 이는 정의의 참뜻을 모르는 사람의 말이다. 가톨릭 교회에서는 사도들이 알지도 못하던 교리, 즉 초대 교회 신자들에게 계시된 교리 외에 어떤 교리를 새로 조작하여 선포한 일은 절대로 없다. 사도들은 예수께서 언약하신 대로 하느님의 말씀을 전부 받았다. "진리의 영께서 오시면 너희를 모든 진리 안으로 이끌어 주실 것이다."(요한 16,13) 그러므로 가톨릭 교회는 그리스도께서 친히 가르치신 믿을 교리와, 성령께서 교회 초기에 사도들에게 계시하신 신조를 그대로 가르칠 뿐이다. 교리라는 것은 함부로 바꾸거나 폐기하지 못하는 것이다. 그러므로 교회에서 어떤 교리를 믿을 교리로 공포한다면, 이는 이미 사도들에게 계시되어 성경이나 성전聖傳 중에 함축된 진리를 더 자세히 밝혀 놓기 위한 공포일 뿐, 결코 없던 교리를 새로 만들어 선포하는 것은 아니다. 이는 여러 시대 공의회 결의문이나 각 신조 정의의 역사를 보면 분명히 알 것이다.

계시된 진리는 대개 광범위한 것이므로 모든 양상의 그릇된 학설을 제압할 수 있게 된 것이다. 처음으로 계시를 받은 이가 그 계시에 포함된 모든 의의를 명백히 알아야 한다거나 그 의의를 완전히 통달해야 할 필요는 없다. 진리 자체는 물론 영원히 변할 수 없는 것이나, 그 진리에 대한 우리의 인식은 시대의 변천을 따라 더 명료해질 수도 있는 것이다. 그러므로 초기에는 다만 함축적으로 계시되었던 교리가, 훗날 각종 이단 유설異端謬說의 출현으로 말미암아 거기에 대한 의혹과 오해가 생길 염려가 있으면, 교회는 그 교리에 대한 모든 의혹을 없애고 신자가 걸을 길을 똑똑히 가르쳐 줄 목적으로, 그 교리를 의무적 신조로 명확히 판정하여 공포하는 것이다.

아우구스티노 성인은 《신국론》에서 "신앙에 대하여 그릇된 견해를 가진 이단자의 주장은 도리어 가톨릭 신자에게 교리에 대한 철저한 지식을 얻을 기회를 준다. 이단자들이 교활하게 가톨릭 교회의 어떤 교리를 공박할 때 교회는 그 교리를 옹호할 필요에 직면하게 되므로, 교리를 한층 더 면밀히 연구하고 그 의의를 더욱 명료하게 이해하고 더욱 열심히 가르치게 된다."라고 하였다.

다시 말하면, 처음에 사도들이 전한 계시 내용이나 교리 중에 어떤 진리는 다만 간접적으로 내포되어 있을 따름이다. 예를 들면 "모든 (초자연적) 선행을 하는 데는 반드시 은총이 필요하다."라는 교리에는, "모든 영혼의 구원에 유익한 선행을 시작하는 데는 반드시 은총이 필요하다."라는 뜻이 간접적으로 내포되어 있다. 그러나 세미펠라지오파semi[半]-Pelagians는 이를 부인하였으므로 교회는 이 잘못

된 견해를 바로잡기 위하여 이 점을 명백히 정의하여 강조하였다. 이 밖에 다른 교리 문제에 대하여도 논쟁이나 이설이 발생하는 경우에는, 지금까지 간접적으로라도 그것을 아주 명확히 선언하여 신자들이 따라야 할 것이 무엇인지 지시하곤 한다.

베드로 사도가 교회의 가시적 기초로 지명되어 최고 권한을 받았다는 교리에는, 그가 전교회의 일치의 중심이 되어 여러 가지 권한을 가지며 그 직권에 대한 의무도 가진다는 의의도 간접적으로 포함되어 있다. 이와 같이 동정 성모 마리아의 탁월하신 지위와 비할 데 없이 정결하시다는 계시 중에는, 또한 성모의 '원죄 없이 잉태되심' 교리가 저절로 함축되어 있는 것이다.

이렇게 많은 진리는 처음 계시되었을 때에는 다소 모호한 점이 없지도 않았다. 그러나 그 시대에는 아무런 이단이나 이설이 없었으므로 그 의의를 명확히 정의할 필요가 없었다. 하기야 다소 불명료하게 계시되고 또 밝혀 두지 않은 교리는 흔히 등한시되거나 오해되기도 했고, 또 그로 말미암아 이단 사설이 나오기도 쉬울 것이다. 실상 오늘날의 의심할 여지없는 신조도 전에는 의문에 싸여 논쟁의 대상이 되기도 했었다.

아우구스티노 성인은 《시편 강의》에서 "신앙에 그르친 자들은 도리어 견고한 신앙을 가진 자들을 더욱 확신케 하고 더욱 건전케 하여 줄 뿐이다. 성경은 그 뜻이 불명료한 곳이 많다. 이단자들이 교회에서 내쫓기자 이런 불명료한 부분을 들어서 온갖 방법으로 그릇된 이론을 주장하여 하느님의 교회를 어지럽히려 한다. 그러나 이로 말미암아 숨어 있던 교리의 의의는 도리어 명확하여지고 하느님의 뜻은 더욱 분명히 알려진다."라고 하였다.

이런 진전은 납득할 만하다. 그러나 이 진전으로 말미암아 진리 자체는 결코 변천되지 않는다. 대大알베르토 성인Albertus Magnus은 이에 대하여 "신앙이 신앙자 안에서 진전하였다기보다 신앙자가 신앙 안에서 진전하였다고 말하는 것이 타당하다."라고 하였다.

그 진전을 용인하는 이유는 대개 다음과 같다.

1. 하느님이 계시하신 진리는 모두 사도 전래의 교리 중에 혹은 명백하게 혹은 불명료하게 포함되어 있고, 처음부터 전부가 일목요연하게 명시되지는 않았다.

2. 가톨릭 교회는 시대의 변천과 필요에 따라 함축적으로 내포되어 있던 교리를 더 명백히 설명하고 이를 공적으로 선언한다. 이 점은 성경이나 교부들에 의거하여서 뿐 아니라, 프로테스탄트 자신들의 행위로도 증명할 수 있다. 그들은 열성을 기울여 성경을 연구한다는 것을 큰 자랑으로 삼으며 성경 주석서도 적지 않게 발간하고 있다. 어찌하여 이처럼 성경을 깊이 연구하느냐고 물으면 그들은 "더 많은 광명을 얻고 더 명확하게 계시의 참뜻을 깨닫기 위해서"라고 대답한다. 그렇다면 문제는 필요와 경우에 따라 계시의 참뜻을 명백히 깨달을 수 있느냐 없느냐에 있는 것이 아니고, 오직 교회가 그 의의를 천명하고 결정할 권한을 가졌느냐 갖지 않았느냐에

달린 것이다. 결국 가톨릭 신자와 비가톨릭 신자의 논점은 언제나 교회의 권위 문제에 도달한다.

결론으로 레렝스의 빈첸시오 성인St. Vincentius Lerin의 말을 인용하겠다.

"우리 영혼에 관한 종교의 사정이 물질적인 육체의 사정과 비슷한 점에 주의한다. 마치 육체가 시간이 지남에 따라 점점 자라고 나이가 많아져도 그 개체는 항상 처음과 같은 모양으로 존재하듯, 종교도 마찬가지다. 사물의 시초와 종말은 반드시 그 자연적 성향에 응하여 서로 적합한 일치가 있어야 할 것이다. 우리가 믿을 진리를 수호할 때, 초대 교회 때 예수께서 뿌리신 진리의 씨앗과 지금 수확하는 결실과의 사이에도 어떠한 실질적 차이가 있어서는 안 된다. 그리스도의 교회는 자신의 직무상 엄숙한 책임을 지고 언제든지 그 교리를 지성至誠으로 보호하며, 교회 내에 함축된 신성한 교리는 교회가 이를 바꿀 수도 없고 보태거나 빼지도 못한다."

제3장

거룩한 교회

거룩함, 즉 신성성神聖性은 참된 교회의 한 표징이다. 이는 우리가 사도신경에서 "거룩하고 보편된 교회를 믿으며"라고 하는 까닭이다.

어떠한 단체든지 그 특수 목적의 달성을 위하여 창립된다. 회원 간의 사교적 친목을 꾀하기 위하여, 혹은 일시적 기업 발전을 위하여, 혹은 학술 연구의 추진을 위하여 조직된다. 가톨릭 교회는 주 예수께서 신자들을 성화하기 위하여 세우신 공동체이다. 그러므로 베드로 사도는 당시 신자들에게 "여러분은 선택된 겨레고 임금의 사제단이며 거룩한 민족이고 그분의 소유가 된 백성입니다."(1베드 2,9)라고 하였다.

우리 교회를 창건하신 예수 그리스도의 숭고하신 윤리 교훈과 그분이 세우신 성사는 우리를 성화하고 향상시킨다. 교회에서 주님의 공의公義와 인자와 신성과 진실을 말함은 다만 주님의 완덕을 찬송하고 찬미함에 그치는 것이 아니고, 우리가 주님의 모범을 본받아 공의롭고 인자하고 거룩하고 진실하게 되기 위함이다.

우리 눈앞에 계신 숭고한 예수를 보라! 그분은 한 인간이 아니며 천사도 아니며 대천사도 아니다. 그분은 "하느님 영광의 광채이시며 하느님 본질의 모상"(히브 1,3)이신 하느님의 아들 그리스도이시다. 가톨릭 교회에서는 그 성상聖像을 제단에 모시고 "내가 이 산에서 너에게 보여 준 모형대로 만들어라."(탈출 25,40)라고 권유한다. 이는 마치 하늘에서 이렇게 말씀하시는 것과 같다.

"나, 주 너희 하느님이 거룩하니 너희도 거룩한 사람이 되어야 한다."(레위 19,2)

"하늘의 너희 아버지께서 완전하신 것처럼 너희도 완전한 사람이 되어야 한다."(마태 5,48)

"사랑받는 자녀답게 하느님을 본받는 사람이 되십시오."(에페 5,1)

우리는 '그리스도인'이라는 아름다운 명칭을 가진 사람들이다. 이는 세상 어떤 명칭보다 고귀하다. 그런데 이 명칭에는 반드시 거기에 따르는 의무가 있다는 것을 잊지 말아야 한다. 이는 허명虛名이 아니다. 거기에는 가장 엄숙한 의의가 내포되어 있다. 그리스도인은 그리스도의 제자로서 스승의 가르침을 받들어 따르고 그분의 덕을 본받는 자라는 뜻이다. 그리스도교 신자라는 이름은 지녔으면서도 그리스도를 닮은 점이 없다면, 이런 큰 모순은 없을 것이다.

교회는 언제나 구세주의 강생과 그 행적과 돌아가신 일 등을 들어 신자들의 성화를 꾀한다. 마구간에서 태어나 나자렛에서 가난한 생활을 하시고, 우리의 죄악을 씻기 위하여 십자가에 못 박혀 돌아가신 그리스도의 발자취보다 강력한 감화의 동력動力이 또 어디 있겠는가. 예수께서 사도들을 전 세계에 파견하여 복음을 전하게 하셨다는 것과, 주님의 거룩한 이름으로 온 나라에 성전聖殿을 세움과, 사제가 지구의 끝까지 파견되는 것이 모두가 신자들을 성화하기 위함이다. 바오로 사도는 "그분께서 어떤 이들은 사도로, 어떤 이들은 예언자로, 어떤 이들은 복음 선포자로, 어떤 이들은 목자나 교사로 세워 주셨습니다. 성도들이 직무를 수행하고 그리스도의 몸을 성장시키는 일을 하도록, 그들을 준비시키시려는 것이었습니다. 그리하여 우리가 모두 하느님의 아드님에 대한 믿음과 지식에서 일치를 이루고 성숙한 사람이 되며 그리스도의 충만한 경지에 다다르게 됩니다."(에페 4,11-13)라고 하였다.

가톨릭 교회가 신자들에게 선포하는 도덕은 동서고금을 막론하고 지고지선至高至善한 완전한 도덕이다.

시나이산에서 모세가 하느님께 받은 십계를 이스라엘 민족에게 명하듯이 교회는 그리스도의 말씀을 신자들에게 명한다. "오늘 내가 너희에게 명령하는 이 말을 마음에 새겨 두어라. 너희는 집에 앉아 있을 때나 길을 갈 때나, 누워 있을 때나 일어나 있을 때나, 이 말을 너희 자녀에게 거듭 들려주고 일러 주어라."(신명 6,6-7)

가톨릭 교회의 주일 학교 어린이들이 처음 배우는 가르침은 하느님을 알고 사랑하고 섬김으로써 성인聖人이 되는 것을 본분으로 삼으라는 것이다. 하느님을 바로 알고 사랑하고 섬기면 성인이 될 것은 분명하다. 가톨릭 교회는 천진난만하고 순결한 아이들의 마음에 이 진리를 심어 준다. 비록 가장 부유한 부를 이루고 솔로몬의 영화를 누리게 될지라도 정의를 저버리면 하느님의 은총을 잃게 되어 "비참하고 가련하고 가난하고 눈멀고 벌거벗은 것"(묵시 3,17)이 된다고 말한다. 또한 "사람이 온 세상을 얻고도 제 목숨을 잃으면 무슨 소용이 있겠느냐?"(마태 16,26)라는 것과, 라자로처럼 가난하고 욥처럼 곤궁할지라도 복음을 수행하면 하느님의 눈에는 행복한 사람이 된다는 진리를 가르친다.

또 교회는 신자들을 성화하기 위하여 하느님의 준엄한 심판을 강조한다. 심판 때는 아무리 깊숙이 숨겨 놓은 마음의 비밀일지라도 모두 드러날 것임과, 심판 후에 악한 사람이 받을 지옥 영벌의 참혹함과, 선한 사람이 받을 천국 영복의 선함과 아름다움을 늘 마음속에 새기게 한다. 주일 강론뿐 아니라 일반 가정에서도 주님의 말씀을 지키고 모든 일에 주님의 계명을 지키게 한다. 교회의 여러 성인들의 행적은 어지러운 이 세상에서 떠다니는 우리를 영원의 피안으로 인도하는 별과 같은 구실을 하며, 하느님의 은총을 배반하고 타락한 자들의 행실은, 마치 위험을 예보하는 횃불처럼 우리를 깨우쳐 저 무서운 바다 밑의 암초를 피하게 한다. 그 암초에 걸려 일찍이 솔로몬과 유다의 영혼이 파선되었음을 알아야 한다. 신자들의 영혼을 성화의 길로 인도하기 위하여 가톨릭 교회의 여러 성인들이 지은 경건한 책들은 무수하다. 그중에도 세계적으로 유명한 것은 토마스 아 켐피스Thomas a Kempis의 《준주성범(遵主聖範, *Imitatio Christi*)》과 로드리게스Rodriguez의 《그리스도인의 완덕*Christiana Perfectio*》, 스쿠폴리Scupoli의 《심전(心戰, *Pugna Spiritualis*)》, 프란치스코 살레시오 성인의 저서 등이다. 이를 읽고서 영적 감화를 받지 않는 사람이 없을 것이다.

가톨릭 교회 이외의 종파에서는 이런 종류의 서적과 어깨를 겨룰 만한 것들을 절대 찾아볼 수 없다. 성공회에는 《통상기도서*Book of Common Prayer*》가 있기는 하나 그 대부분은 가톨릭 교회 미사 경본을 발췌하여 번역하였으며, 프로테스탄트에도 《준주성범》 역본譯本이 있기는 하나 완역은 아니고, 가톨릭 교리, 특히 '성체성사' 편에 이르러서는 이를 모두 삭제하여 버렸다.

가톨릭 교회는 신자들이 성화해야 할 이유만을 역설하는 것이 아니라 실제로 성화의 방법을 강구해 준다. 즉 기도와 성사이다. 교회는 우리가 매 순간 기도와 묵상으로 하느님과 대화하기를 권장한다. 만일 게으름을 피워 오랫동안 아침·저녁 기도를 하지 않는 자는 신자의 본분을 이행하지 않는 자로 규정하여 이를 크게 꾸짖는다.

하느님의 은총을 얻는 최대의 원천은 교회의 일곱 성사이다. 즉, 세례·견진·성체·고해·성품·혼인·병자성사이다.

우리 영혼은 예수 그리스도의 피에 목욕하는 세례로 다시 태어나는 은총을 받아 이로부터 그리스도 신비체의 한 세포가 된다.

바오로 사도가 말했듯이 "그리스도와 하나 되는 세례를 받은 여러분은 다 그리스도를 입는"(갈라 3,27) 것이다. 마치 성령이 그리스도와 서로 떠나지 못하심과 같이, 우리 육체는 성령의 궁전이 되었고 우리 영혼은 주님의 성소聖所가 된 것이다. "그리스도께서 교회를 사랑하시고 교회를 위하여 당신 자신을 바치신 것처럼 …… 그리고 교회를 티나 주름 같은 것 없이 아름다운 모습으로 당신 앞에 서게 하시며, 거룩하고 흠 없게 하시려는 것이었습니다."(에페 5,25-27)

견진성사로 우리는 하느님의 새 은총을 얻어 일생 동안 모든 유혹을 물리칠 수 있다.

성체성사로 우리는 하늘에서 온 '살아 있는 빵'으로 양육된다.

고해성사로는 세례 후의 모든 죄악을 씻어 버린다.

성품성사로는 성사의 권한을 받으며 성직을 충실히 해 나갈 수 있게 한다.

혼인성사로는 아내와 남편에게 은총을 주어 하느님의 뜻에 따라 자식을 낳고 기르게 한다.

병자성사로 병자들이 하느님의 은총을 얻고 세상을 영원히 이별하기 전에 죽음을 용감히 받아들이고 정결케 된다.

한마디로 교회는 자애로운 어머니처럼 우리가 기저귀를 찰 때부터 무덤에 이를 때까지 늘 지켜 주고 감싸 주며 생명과 불사不死의 영약을 준다.

이렇게 교회는 신자들의 성화의 필요를 역설하는 동시에 그 방법도 제공하므로, 교회 안에는 신성한 결실로 무수한 성인이 나오게 되는 것이다.

가톨릭 교회의 전례력은 열두 사도의 이름뿐 아니라 "돌에 맞아 죽기도 하고 톱으로 잘리기도 하고 칼에 맞아 죽기도"(히브 11,37)한 모든 순교자의 이름과, 수많은 거룩한 증거자와 은수자와 깨끗한 동정녀의 이름으로 장식되어 모든 날을 다 성인 기념일로 정하였다. 그들의 전기, 예를 들면 베네딕토 성인, 아시시의 프란치스코 성인, 예수의 데레사 성녀 등의 행적을 읽고 감탄하지 않을 이가 어디 있겠는가.

성인 성녀를 무시하는 프로테스탄트는 말할 나위도 없거니와, 가톨릭과 마찬가지로 성인 성녀를 공경하는 러시아·그리스 정교회나 성공회는 가톨릭에서 분리되기 전의 성인 성녀는 공경하지 않는다. 그러나 분리 후에는 자기 교회에서는 성인다운 사람은 하나도 나지 않았다는 사실을 스스로 인정한다.

가톨릭 교회에는 현대에도 성인 성녀가 계속 나오고 있다. 19세기에도 31명이 복자編者로 시복되었고, 78명이 성인으로 시성되었다. 이런 그들의 성덕을 비신자들도 칭송하곤 한다. 현대의 성인이 궁금하다면 약 30년 전 스페인 내전 당시의 스페인, 멕시코와 오늘날의 소련과 그 위성 국가[7]에 있는 주교 중에서 찾아볼 수 있을 것이다. 바로 오늘날에도 공산 국가에서 가톨릭 교회는 공공연한 박해를 받고 있다. 그러므로 옥중에서, 혹은 유배 중에, 베드로 사도와 바오로 사도에 비길 만한 숭고한 용기를 보이는 여러 신부, 수사, 수녀들과 신자들이 함께 순교를 감행하고 있다. 잔혹한 형벌에도 굽히지 않고 신앙을 위하여 의연히 순교하는 사실이 세기마다 얼마든지 있다.[8]

또 증거자들을 보자. 수많은 신부들이 자기 고향과 부모 친척을 떠나 이국에서 복음을 전하기 위하여 일생을 희생한다. 그들의 재산이라고는 몇 권의 성경과 옷가지뿐이다. 또 가톨릭 남녀 수도자들의 존재를 모르는 이가 어디 있겠는가. 세계 모든 대도시에 있는 여러 수도회의 수녀들이 쉬지 않고 일하고 있다. 윤락 여성들을 선도하여 구원의 참뜻을 깨닫게 하며, 버려진 아이들을 길러 그 육신과 영혼을 함께 구원하여 사회에 이로운 사람이 되게 한다. 어린이 교육에 종사하여 천진난만한 어린이의 마음에 하느님께 대한 지식

---

7   현재의 러시아를 비롯한 그 일대 국가를 말한다. 당시에는 '소비에트 사회주의 공화국 연방'으로 불렸다. ― 편집자 주

8   신유박해부터 병인박해에 이르는 한국 가톨릭 교회의 순교 역사를 보라! 배교하겠다는 한 마디로 얼마든지 목숨을 부지할 수 있음에도 불구하고 온갖 형벌 끝에 자신의 목숨을 오롯이 주님께 바친 순교자들이 있다. 또한 6·25 전쟁 때에는 얼마든지 도피할 수 있었음에도 수난당하는 양 떼와 생사를 함께 하려고 끝까지 교회를 지켰던 성직자, 수도자들이 있다. 그들은 북한군에게 체포되어 현장에서 참살당했거나, 납북되어 온갖 고초 끝에 죽음을 맞기도 하였다. 이를테면 교황 사절 패트릭 번Patrick J. Byrne 주교는 사형 선고를 받고 중강진 부근 하창리 수용소로 가는 일명 '죽음의 행진' 중 병고로 죽음을 맞았다. 이들의 영웅적 순교는 우리가 몸소 목격한 사실이다. ― 역자 주

과 경애심을 가르치며, 불행한 노인들과 병자들을 위하여 일생을 양로원이나 병원 봉사에 바친다.

성직자와 수도자의 성덕도 그렇지만, 평신도 중에서도 많은 성자聖者를 찾아볼 수 있다. 어떤 지역 교회에든지 독실한 교우가 있으며, 그들의 열렬한 신앙은 신약 시대의 안나, 아퀼라, 프리스카에 비할 만하다.

그러나 그들의 이름이 널리 알려지거나 대중의 감탄을 자아내게 하고 있지는 않다. 무릇 참된 경건은 헛된 이름을 싫어하고 세속을 피하여 "그리스도와 함께 하느님 안에 숨겨져 있기"(콜로 3,3)를 좋아하기 때문이다.

이제 오해를 피하기 위하여 한마디 덧붙이는데, 교회가 신성하다 하여 그 신자 모두가 '성인'이라는 말은 결코 아니다. 물론 신자들 중에도 가톨릭 신자라는 이름만 가졌지 도덕적으로 부패한 사람도 많이 있다. 이런 사람이 교회의 가르침을 배반하고 악을 행함으로써 신성한 교회에 오점을 찍음은 실로 통탄스러운 일이다. "불행하여라, 남을 죄짓게 하는 일이 많은 이 세상! 사실 남을 죄짓게 하는 일은 일어나기 마련이다. 그러나 불행하여라, 남을 죄짓게 하는 일을 하는 사람!"(마태 18,7)이라는 말씀이 성경에도 있다. 신앙인의 죄악은 신앙인이 아닌 사람의 죄악보다 더 무겁다. 하느님의 은총을 모독하는 까닭이다. 그러나 하느님께서나 교회에서나 인간의 자유를 구속하지는 않는다. 하느님께서 예언자를 통하여 "이제 내가 너희 앞에 생명의 길과 죽음의 길을 놓아둔다."(예레 21,8)라고 하셨다. 그 선택은 각자의 자유이다.

이런 패륜아와 탕자를 자모이신 교회가 영영 내쫓지 않는 이유는 쉽게 알 수 있다. 교회의 정신은 예수 그리스도의 뜻과 합치된다. "그리스도 예수님께서 죄인들을 구원하시려고 이 세상에 오셨다는 것입니다."(1티모 1,15) "사실 나는 의인이 아니라 죄인을 부르러 왔다."(마태 9,13) 예수께서는 죄인들을 하느님의 벗이 되게 하기 위하여 세리와 죄인들과 우의를 맺으셨고 그들은 감복하여 주님을 따랐다.

그러므로 교회는 주님의 모범을 따라 아무리 타락하고 부패한 극악 대죄인이라도 교회에서 영영 내쫓지는 않는다. 이는 교회가 그 죄악을 허락하여서가 아니라 그 죄인의 회심을 기다리는 애덕 행위에서이다. 교회는 결코 죄인에게 실망하지 않는다.

또 주님의 이 말씀에 유의하라! "가난한 이들이 복음을 듣는다." (마태 11,5) 교회는 늘 불쌍한 가난의 희생자들에게 가장 깊은 자애를 베푼다. 그러므로 가난한 이와 죄인이 교회에 애착하기를 마치 예수께서 이 세상에 계실 때 애착하듯 한다.

그러므로 다른 교파에서 배척당한 대죄인이나 가난한 이들은 그리스도의 가르침을 완전히 포기하든지, 아니면 가톨릭 교회의 품 안으로 달려드는 수밖에는 없다. 가톨릭 교회에서는 주님의 모범을 따라 이런 수난자들을 가장 귀여운 유산으로 포용하고 돌본다.

예수께서 교회를 밀밭에 비유하실 때, 이 세상 끝날까지 착한 사람과 악한 사람이 교회 안에 섞여 있으리라고 하셨다. 하늘나라는 마치 밀밭과 같아서 추수 전까지는 밀과 가라지가 섞여 있다가, 추수할 때에 가라지는 묶어 불살라 버리고, 밀은 곳간에 간직한다(마태 13,30 참조). 이와 같이 교회 안에는 금은 보기寶器도 있지만 토석土石의 파기破器도 있다.

예로니모 성인은 "노아의 배는 교회의 상징이다. 그 배에는 각종 동물이 있듯이 이 교회 내에도 각종 인품人品이 있으며, 그 배에 이리와 어린양이 있듯이 교회 내에도 의인과 죄인이 있다."라고 하였다. 대大그레고리오 1세 성인 교황 역시 "교회 내에 선한 자와 악한 자, 선민과 죄인이 섞여 있음은 마치 '슬기로운 처녀들과 미련한 처녀들이 섞여 있는 것'(마태 25,1-13)과 같다."라고 하였다.

아우구스티노 성인도 "타작 마당에는 쭉정이도 있고 밀알도 있으며, 그물 속에는 좋은 생선도 있고 못 쓸 생선도 있으며, 노아의 배에는 좋은 짐승도 있고 불결한 짐승도 있었다. 교회 안에도 심판 날까지는 양과 소와 같은 경건한 신자와 성덕의 목자도 있으며, 야수와 같은 악한과 육신의 쾌락을 추구하여 멸망의 대로를 달리는 사이비 신자도 있는 것이다."라고 하였다.

교회 안에서 가끔 발견되는 악한 존재가 결코 교회의 신성성을 손상하지는 못한다. 소수의 불량분자가 섞여 있다는 사실을 알면서도 교회를 '거룩한 신자들의 모임'이라고 불렀다.

시대의 변천과 환경의 악화로, 부패와 해이의 분위기에 싸인 16세기의 일부 교회가 자못 일대 혁신을 필요로 하게 되었던 것은 사실이다.[9] 그러나 그때에도 타락한 교역자나 수도자보다 정결한 교역자나 수도자가 절대적으로 많았음은 역사가 증명하는 사실이다. 저자가 이 책을 썼을 당시, 미국에도 가톨릭 신부가 4만 5천여 명이나 되었다. 만일 그 1,000분의 일인 45명의 신부가 타락했다면 그 누명은 4만 5천 명의 신부가 함께 뒤집어쓸 수밖에 없듯이, 16세기의 교회도 안타깝게 소수의 타락한 신부들의 죄과에 연좌連坐되었던 것이다. 교황의 경우도 마찬가지다. 가톨릭 교회를 원수처럼 여기는 사람들은 오직 문제의 대여섯 교황을 들어 비도덕가라고 비난한다. 가령 이를 사실이라 할지라도 260여 명의 교황 대 오륙 명의 교황은, 열두 사도 대 유다 이스카리옷 한 사람보다 얼마나 근소한가. 유다 이스카리옷 한 사람의 존재로 사도단의 신성성을 부정할 수 없다면, 일시적이고 국소적인 현상으로 가톨릭 교회의 신성성을 부인할 수는 더욱 없는 것이다.

그렇지만 앞에서 말했듯이 가톨릭 교회의 모든 신성한 결실이라든가(이런 결실이 과연 프로테스탄트 교회에 있는지 형제들은 살펴보라), 그리스도교 전파에 끼친 교황의 공적, 인류 문명 선도에 역점이 되는 교

---

[9] 이 점만을 들어서 어떤 이는 "교회 세운 주장자는 거룩하고 그 목적은 거룩하다 할지라도 역사가 증명하는 바와 같이 중간에 교회가 교주의 창립 본의를 떠나서 부패 타락하였으니 그 일은 어쩐단 말인가."(한성과 목사 지음, 《성서를 통하여 본 천주교의 오류》, 제2장)라고 공격한다. — 역자 주

황의 공헌 등은 모두 덮어 버리고, 다만 일시적이고 국소적인 약점만을 번번이 들춰내는 것은 너무나 공정성을 잃은 논법이라 아니할 수 없고 또 바른 마음에서 나오는 말이라고 보기도 어려운 것이다.

부도덕한 교황 몇 사람을 들어 260여 명의 교황이 모두 그러하다는 인상을 대중에게 심어 주려고 애쓰는 사람들이 있다. 그들도 논리적 정신의 정상 상태와 바른 의지를 상실한 사람들이다. 260여 명의 교황 중 79명은 성인으로 시성되었다. 세속 권세의 압력 없이 교회가 자유자재로 교황을 선거하려 할 때는 70여 명의 추기경 중 언제나 학식과 덕망이 가장 높은 인물이 당선되어 왔고 또 이렇게 되지 않을 수 없음이 교회의 현실이다. 이를 부정한다면 다른 무엇으로 표준을 삼을 수 있겠는가.

교회의 혁신이 필요할 때가 있다면 그 방법 문제도 또한 중대한 것이다. 그 혁신은 교회를 이탈해서는 불가능한 것이다. 마치 호랑이를 잡으려면 호랑이굴에 들어가야 하는 것과 마찬가지이다. 교회 이탈은 곧 죄악과 투쟁할 무기를 버리는 것인데 그래서야 어떻게 투쟁 상대인 죄악을 정복할 수 있겠는가. 죄악을 정복할 수 있는 강한 무기는 곧 빛나는 덕행과 열렬한 기도와 특히 성사이다. 그러므로 교회를 떠나서는 이런 무기를 얻을 수 없다. 예로부터 진정한 개혁은 모두 교회 안에서 이루어진 것이다. 교회는 언제든지 왕성한 생명력의 원천과 혁신의 요소와 성화의 방법을 자체 내에 갖추고 있는 까닭이다. 교회는 초세기에 이와 같은 무기로 도덕을 정화하였고 16세기에 대숙청을 단행하였다. 실로 교회만이 그 시대의 정신적 개혁의 실효를 거둔 유일한 개혁자이다. 트리엔트 공의회는 종교 대혁신의 법정이 아니고 무엇이었던가. 그 법령의 대부분은 당시 성직자와 평신도의 흐트러진 기강을 바로잡는 그것이었다. 오늘날까지 그 효과가 뚜렷이 드러난다.

가롤로 보로메오 성인St. Charles Borromeo은 당시의 대혁신자로 그 하부 성직자와 신자들의 도덕을 향상시키는 데 일생을 바쳤다. 브라가Braga 대주교 바르톨로메오는 사회 계급의 상하 빈부를 가리지 않고 그 죄악을 없애기 위해 밤낮을 가리지 않았다. 이냐시오 데 로욜라 성인St. Ignatius과 알폰소 성인St. Alphonsus은 동료와 함께 유럽 전역의 도덕 혁신과 호교의 샛별로 대성공의 영광을 얻었다. 가톨릭 교회내의 이 저명한 개혁자들은 말로만이 아니라 놀라운 성덕으로 각기 큰 업적을 이루었다.

그러나 루터Luther나 칼뱅Calvin, 츠빙글리Zwingli, 녹스Knox, 헨리 8세 왕 등의 사생활과 그들이 한 일의 결과를 지금 열거한 진정한 개혁자들과 비교해 보라. 그 차이가 어떠한가. 루터파 개혁자들의 사생활은 잔악과 약탈, 음험으로 넘쳤고(특히 루터의 불미스런 언행은 대역사가 그리자르Grizar의《루터전》에 자세히 기록되어 있으며 또 루터가 1541년에 썼던 책이 그 대표적 부정한 언행을 증명한다), 그들의 반역은 결국 피비린내 나는 내란과 종교 전쟁, 수백을 넘는 교파의 분열을 일으켰을 뿐이다. 당시의 부패를 일소하기 위한 혁신 대업을 성취하려면 으레 교회의 책임자와 협력하여 정의로써 일에 착수함이 당연한 순서였을 것이다. 일찍이 하느님 제단 아래 엎드려 순명·청빈·정결 서원을 공공연히 발표한 그들이 오만과 음욕淫慾에 빠져 그 맹세를 깨뜨리고 교회를 이탈하였다. 루터, 츠빙글리, 녹스 등은 일찍이 가톨릭 교회의 신부로서, 자신들이 미사성제를 봉헌하던 제단을 무엄하게도 파괴해 버리는 패악에까지 이르렀다. 이는 실로 하느님께 대한 모욕이다. 만일 그들이 반기를 들지 않고 욕심을 억제하며 가톨릭의 개혁자들과 일치하고 협력하여 진정한 개혁에 몸 바쳤다면 어떻게 되었을 것인가. 아마 그들은 십자가의 사도로 하느님과 만민 앞에 참으로 고귀한 불멸의 영예를 얻었을지도 모른다. 그렇게 되는 날에 그들은 교황과 주교, 성직자와 평신도로부터 존경의 환호를 받았을 것이다. 또한 가롤로 보로메오 성인과 이냐시오 데 로욜라 성인과 아울러 성전의 제단 위에서 높이 공경받았을 것이며, 분열 없는 주님의 몸인 한 교회를 섬기게 되었을 것이다.

제4장

지극히 보편된 교회

 교회의 보편성이 참교회의 표지라는 것은 사도신경의 한 구절 "거룩하고 보편된 교회를 믿으며"에 밝혀져 있다. 이는 참교회는 지역적인 것이 아니며, 유다교와 같이 민족적 제한도 없으며, 오로지 전 세계적 보편적인 교회여서 인종과 언어의 다름을 묻지 않는다는 뜻이다. 문자 그대로 시공간을 초월하는 교회이다.

 이 영광스러운 참교회에 대하여는 일찍이 다윗 임금이 예언한 바 있다. "세상 끝이 모두 생각을 돌이켜 주님께 돌아오고 민족들의 모든 가문이 그분 앞에 경배하리니"(시편 22,28) 또 하느님께서는 "그러나 해 뜨는 곳에서 해 지는 곳까지, 내 이름은 민족들 가운데에서 드높다. 내 이름이 민족들 가운데에서 드높기에, 곳곳에서 내 이름에 향과 정결한 제물이 바쳐진다. — 만군의 주님께서 말씀하신다. —"(말라 1,11)라고 하셨다.

 예수께서 사도들에게 전교의 명령을 내리실 때, 전 세계를 무대로 삼고 전 세계의 인류로 하여금 주님의 복음을 듣게 하셨다. 유다교와 같이 민족적인 것도, 이슬람교, 불교와 같이 지역적인 것도 아니다. 가톨릭 교회는 전 세계적으로 일체를 이루었다. "그러므로 너희는 가서 모든 민족들을 제자로 삼아, 아버지와 아들과 성령의 이름으로 세례를 주고, 내가 너희에게 명령한 모든 것을 가르쳐 지키게 하여라."(마태 28,19-20), "너희는 온 세상에 가서 모든 피조물에게 복음을 선포하여라."(마르 16,15), "너희는 힘을 받아, 예루살렘과 온 유다와 사마리아, 그리고 땅 끝에 이르기까지 나의 증인이 될 것이다."(사도 1,8) 주님의 이 말씀은 실현될 것이다. 그러므로 우리는 그리스도의 참교회의 한 표지로서 그 보편됨을 으레 듣게 된다.

예수께서 이 예언을 하실 때에는 온 세상이 우상 숭배의 전성시대를 이루었고 극소수의 신자들만이 세상 한쪽에서 숨어 살았을 뿐이었다.

그러나 이제 그 예언이 실현되었다. 사도들이 그리스도의 복음을 전하기 위하여 각지로 떠날 때 바오로 사도는 "그들의 소리는 온 땅으로, 그들의 말은 누리 끝까지 퍼져 나갔다."(로마 10,18)라고 하였다. 예수께서 승천하신 지 30년 후 바오로 사도는 로마인들에게 편지를 보내어 "여러분 모두의 일로, 예수 그리스도를 통하여 나의 하느님께 감사를 드립니다. 여러분의 믿음이 온 세상에 알려지고 있기 때문입니다."(로마 1,8)라고 하였다.

예수 승천 약 백 년 뒤에 순교자 유스티노 성인 St. Justinus은 "그리스인이든 이방인이든 그 밖의 어떤 민족이든 (내가 아는 범위 내에서) 예수 그리스도의 거룩한 이름을 부르지 않는 민족은 없다."라고 하였다.

이레네오 성인 St. Irenaeus은 "전 지구 상에 널리 퍼져 있는 신앙과 교리와 성전聖傳은 전 세계의 교회가 마치 한 가족과 같이, 또 한 영혼과 한마음과 한입을 가진 듯이 일치하게 신봉한다. 비록 각국 용어는 서로 다르나 그 교리는 동일하여, 게르만 교회든지 켈트 민족 교회든지 동東이집트 교회든지 어느 나라 교회든지 일치되어, 마치 태양이 전 세계에 동일한 빛을 비추듯이 신앙도 또한 진리를 탐구하는 자에게 동일한 빛을 준다."라고 하였다.

테르툴리아누스는 《호교론》에서 로마 정부에 제출한 그 호교서 가운데 "우리가 출현한 지 얼마 안 되지만 벌써 너희의 도시 촌락 섬은 물론, 회의장, 병영兵營, 궁전, 원로원, 공회당에까지 널리 퍼져 있고 다만, 남긴 것은 신전神殿뿐이다."라고 하였다.

알렉산드리아의 클레멘스 성인은 "철학은 그리스 안에 머물러 있지만 주님의 말씀은 유다 지방에만 머물러 있지 않고, 그리스인 야만인 할 것 없이, 민족으로부터 민족에로, 촌락으로부터 촌락에로, 각 도시 각 가정 각 개인을 귀의시켜 전 세계에 널리 퍼졌다. 여러 철학자도 신앙으로 들어왔다."라고 하였다.

오리게네스 Origenes도 "그리스와 그 밖의 각 국민이 자기 나라의 법률과 관습을 버리고 모세의 법과 예수 그리스도의 진리의 말씀을 신봉하는 이들이 날로 늘어간다. 이로 말미암아 그들의 재산은 몰수되고 생명은 칼 아래 이슬이 되었으나, 교회는 의연히 융성하여 각계각층에 크게 퍼지고 있다. 이는 사람이 하는 일이 아니고 오직 하느님께서 커다란 능력으로 하시는 일임을 알 수 있다."라고 하였다.

이런 보편성은 그때부터 지금까지 오직 가톨릭 교회에만 실현되어 온다.

그리스 정교회는 터키와 러시아 판도 내에만 국한되었고 신도 1억 4천 7백여 만은 20파로 분열되었으며, 프로테스탄트 교회는 그 신도 수며 전교 지역이 가톨릭의 그것과는 비교도 안 된다. 그 신자 총수는 약 2억 5천만인데 약 300여 파로 분열되었으며 교파마다 그 내용이 서로 다르고 각 파는 지방과 시대를 따라 또 그 색조를 달리하고 있는 형편이다. 그들은 사도신경의 "거룩하고 보편된 교회를 믿으며"를 바치기는 하면서 공교회公敎會[10], 즉 가톨릭이라는 명칭은 배척한다.

다만 가톨릭 교회에만 가톨릭Catholic, 즉 '공교公敎'라는 명칭이 적합하다. 이는 역사와 현실이 증명하는 바이다. 가톨릭 교회만이 고대로부터 '공교회'라는 명칭을 공식으로 지녀 왔고, 어떠한 핍박과 능욕의 시대에도 의연히 보편적 기치를 더욱 높이 들었다.

---

10 '가톨릭'이라는 단어의 어원이 뜻하는 '보편성'을 강조하기 위한 명칭이다. ― 편집자 주

성공회의 공식 명칭은 프로테스탄트 감독교회Protestant Episcopalian Church이다. 그러나 그 일파는 공교라는 아름다운 명칭을 선망하였다. 따라서 우리 공교회의 명칭을 빌어 자칭 '성공회聖公會'라고 한다. 그러나 세상 사람들의 여론도 그 교회 자체가 정당한 공식 명칭이 아님을 인정한다.

가톨릭 교회만이 옛부터 '공교회'의 명칭을 지녀 왔음은 교회 역사상 뚜렷한 사실이다. 이에 관하여 아우구스티노 성인은 "이단자와 이교자離教者들이 자기들끼리 또는 비신자들과 얘기할 때 가톨릭 교회를 항상 가톨릭, 즉 '공교회'라 지칭하였다. 이는 전 세계를 통하여 이 명칭으로 공인되었고 이외에 다른 명칭으로는 상호간을 구별할 도리가 없기 때문이다."[11]라고 하였다.

가톨릭 교회는 명칭으로도 그렇거니와 실제로도 세계 보편의 공교회이며, 실로 명실상부한 공교회이다. 이제 그 실증을 들려 한다.

1869년 비오 9세 교황 당시 로마 바티칸에서 개최된 세계 공의회에 가톨릭의 지역 교회 사목자 1천여 주교 중 8백여 주교가 모였다. 그들은 영국, 아일랜드, 프랑스, 독일, 벨기에, 덴마크, 기타 유럽 각국에서, 또 캐나다, 미국, 멕시코, 기타 남미 각국에서, 아프리카와 호주에서, 문화의 발상지인 티그리스·유프라테스강 서쪽에서, 그리스도교의 발상지인 요르단강변에서, 다마쿠스와 레바논

---

11 DeVeraRelig., c. 7. n.12

산과 기타 아시아 각국에서 참석하였다. 공화정 혹은 군주 정권 아래의 모든 인종을 대표한 사목자들이 한곳에 모여 한 교황의 사회로 교회 내의 여러 중대 문제를 토의하였다. 이 공의회에 참석한 각국 주교들은 묵시록의 말씀대로 "주님께서 살해되시고 또 주님의 피로 모든 종족과 언어와 백성과 민족 가운데에서 사람들을 속량하시어 하느님께 바치셨기 때문입니다."(묵시 5,9)라고 하였을 것이다.

최근에 거행된 세계적 종교 대집회의 예를 들어 보겠다. 비오 11세 교황은 1925년에 성년을 공포하였다. 성년 공포 후, 영원의 도시 로마로 운집한 양 떼가 36만 명이나 되었다. 나라별로 보면 이탈리아 21만 2천 명, 독일 3만 9천 명, 스페인 1만 2천 명, 프랑스 1만 1천 명, 영국과 아일랜드 6천여 명, 스위스, 벨기에, 룩셈부르크 각 5천여 명, 체코슬로바키아, 네덜란드, 포르투갈 각 3천 명, 미국 5천 7백 명, 동양인 8백 명[12], 아프리카 5백여 명, 오스트레일리아 3백여 명이었다. 이 수십만의 신도가 각각 단체를 만들어 로마의 각 성당을 순례하고 참배하며 열성으로 기도하던 광경은 이를 본 사람으로 하여금 가톨릭 교회의 보편성을 절실히 느끼게 하였다.

이 책이 쓰여 졌을 당시, 전 세계 가톨릭 신자 총수는 약 4억이었

---

[12] 성년이었던 1925년에 교황청은 7회의 시성식과 조선 치명자들의 시복식을 포함하여 5회의 시복식을 예정하고 있었다. 당시 서울 대목구장 뮈텔 주교, 대구 대목구장 드망즈 주교가 시복식에 참여하였다. 또한 한기근 신부는 교황청에서 거행될 조선 치명자들의 시복식에 한국인 신부 대표로 참가하였는데, 당시 미국에 체류 중이던 장면과 장발도 참가하였다(윤선자, 한기근 신부의 〈로마 여행 일기〉, 《교회사연구》 53집, 한국교회사연구소, 2018). — 편집자 주

다. 프로테스탄트 3백여 교파의 신자 총수 2억 5천만보다 엄청난 수이다. 이에 대하여 한성과 목사는 "이상의 말과 같이 오래되고 널리 퍼지고 수가 많은 것이 참도 되는 증거라면, 동서고금에 비신자는 더 왕성하니 어떻게 된 일인가. 구태여 조건을 세운다면 우리는 도리어 불과 3백 년 내외에 발전된 신교보다 구교의 발전이 너무나 지지함을 의심하는 바이다."[13]라고 한다.

그러나 비신자는 공통된 신념이나 사상이나 주의를 갖지도 않고, 무슨 연줄로든지 공동체를 구성하여 있지도 않는, 십인십색으로 따로따로 떨어져 있는 고립 분자들이다. 다만 그리스도교적 신앙을 갖지 않았다는 소극적인 면이 같을 뿐이다.

300년간의 프로테스탄트의 발전상을 만족히 여기는 듯하나 이를 한번 해부해 볼 필요가 있다. 즉 프로테스탄트 각 파의 신자 총수를 약 2억으로 치고 이를 3백 교파로 나누어 놓으면 각 교파당 평균 70만 이하이다. 만일 가톨릭 교회에 대박해만 없었고 교통의 편의만 허용되었다면, 300년간의 전교 성과가 어찌 겨우 70만 혹은 100만에만 그쳤을 것인가. 창립 이후 로마 제국의 대박해가 있었지만 3세기 말에 이르러서는 벌써 제국 내의 방방곡곡에 침투되었다. 그뿐 아니라 프로테스탄트는 3백 년 동안 3백 교파가 생겼으니 해마다 한 파씩 분열된 셈이다. 여기에 우리의 주

---

13 한성과 목사 지음, 《성서를 통하여 본 천주교의 오류》, 제2장.

목을 끄는 것은 분립 교파의 수에 정비례하여 새로 분열되는 파의 수도 많아진다는 것이다. 그리하여 근년에는 연평균, 놀라지 말라, 스무 개의 교파가 새로 생겨난다. 분열, 분열 또 분열. 과연 이것이 참교회의 모습일까.

제3장에서 말했듯이 가톨릭 교회는 내외의 모든 어려움을 이기고 세계적으로 발전되고 있다. 그리하여 종족이 다르고 피부가 다르고 언어가 다르고 문화가 다른 각 국민 각 민족 중에서 몇 십억의 신도를 포용하고 있지만, 이들은 모두 한 하느님, 한 신앙, 한 세례, 한 성사, 한 지도자 밑에서 한 생명체를 이루고 있다. 바깥세상에서는 언제나 분열 분쟁이 끊임없지만 가톨릭만은 태산 반석의 태세로 우뚝 서 있다. 눈 있는 이는 그 기이한 모습을, 아니, 그 기적성을 인정하지 않을 수 없을 것이다.

그러므로 제4장 첫머리에 인용한 성경의 말씀으로 밝혀진 보편됨은 오직 가톨릭 교회에만 실현되어 있다. 전 세계 각국 수백만 가톨릭 제단에는 말라키의 예언대로 "정결한 제물"(1,11)이 매일 하느님께 봉헌되고 있다.

19세기 말엽 많은 이탈리아인이 미국 리치몬드로 이주하였을 때, 그들은 이국 풍토의 생소함, 언어의 불통으로 깊은 향수에 잠기게 되었다. 그러나 성당 종탑 위에 우뚝 선 십자가를 우러러보자 곧 위안과 기쁨의 정이 용솟음쳐 큰소리로 환호하였다고 한다. 우리나라 신자들도 다른 나라에 가서 역시 마찬가지의 기쁨을 경험한다.

성당 안에 들어서자 그들은 마치 사막 가운데서 무성한 숲과 오아시스가 있는 비옥한 땅을 발견한 듯이 어려서부터 정든 제단 앞에 무릎을 꿇고, 한없는 감개와 감사의 눈물로 이렇게 부르짖었을 것이다. "만군의 주님 당신의 거처가 얼마나 사랑스럽습니까! 주님의 앞뜰을 그리워하며 이 몸은 여위어 갑니다. 살아 계신 하느님을 향하여 제 마음과 제 몸이 환성을 지릅니다."(시편 84,1-3) 어려서부터 경애하던 성인들의 성화를 둘러보며 세례대와 제단, 제의 입은 사제들과 예배하는 교우들을 볼 때 그들은 다시 한번 '한 주님과, 한 신앙과, 한 세례와, 만민의 아버지이신 한 하느님'을 믿는 교우 형제들 중에 함께하게 되었음을 무한히 기뻐했을 것이다.

실로 가톨릭 교회는 시공을 초월하여 인종, 민족, 남녀노소, 부귀빈천의 차별 없이 누구에게나 다 같은 신자의 일원으로 교회의 모든 영적 은혜를 균등하게 베풀어 준다. 그러므로 어느 모로 보든지 가톨릭 교회만이 '공교회'라는 칭호에 적합하다.

그러나 이 논술은 결코 가톨릭을 과장하려고 하는 것이 아니다. 하느님께서는 수數의 많고 적음으로 의義와 불의를 판단하지 않으시고 그 내적 가치에 따라 판단하신다. 우리가 진실한 신망애덕信望愛德의 생활로 교회의 정신을 체득하지 못하면 오히려 가톨릭 신자의 영예를 더럽히게 될 것이다. 성령의 도우심으로 주님의 은총을 잃지 않는 자만이 참된 가톨릭 신자이다.

하느님의 완덕과 선과 아름다움을 성심껏 따르는 의인 한 사람의 영혼이 사욕편정邪慾偏情에 빠져 주님의 가르침을 저버리는 수만 명의 인간보다 주님의 눈에는 더 귀중한 것이다.

부패한 소돔의 전 주민은 멸망당했지만 성조 아브라함 한 사람은 하느님의 사랑을 받았다.

엘리야는 이세벨의 식탁에서 함께 먹던 바알의 예언자 400명보다도 하느님 앞에 훨씬 존귀한 존재였다.

예수 승천 후 예루살렘에 모여 있던 사도들과 그 제자들의 작은 무리는 암흑과 죽음의 그늘 밑에 앉아 있던 대로마 제국 전체보다도 하느님께 더 귀중한 존재였다.

그러므로 우리는 무궁무진한 보고를 가진 그 교회의 일원이 된 은혜를 늘 명심하여야 하며 이 은혜를 헛되이 받지 않았음을 더욱 기뻐해야 한다.

제5장

사도 전래의 교회

진정 교회는 반드시 사도로부터 전해 내려온 교회여야 한다. 325년 니케아Nicaea에서 개최된 최초의 대공의회가 공포한 신조의 한 구절에는 "하나이고 거룩하고 보편되며 사도로부터 이어오는 교회를 믿나이다."라고 하였다.

이는 참교회는 반드시 사도들이 가르친 영원불변의 교리를 가르치며, 그 성직자의 직권은 반드시 사도로부터 중단 없이 계승된 것이라야 한다는 것을 분명히 밝히는 표지이다.

그러므로 사도들의 교리와 상반되는 무엇을 가르치거나, 또는 그 성직자의 직권이 사도 계승의 것이 아니라면 그를 진정한 교회라 할 수는 없다. 마치 한 나라의 외국 주재 대사가 본국 정부로부터 그 직권을 받지 않고는 그 권한을 외국에서 행사하지 못하는 것과 같은 것이다.

바오로 사도는 교회가 "사도들과 예언자들의 기초 위에 세워진 건물"(에페 2,20)이라고 하였다. 교회가 가르치는 교리는 반드시 사도의 교리로써 기초를 삼아야 한다는 뜻이다. 또 바오로 사도는 갈라티아 신자들에게 "우리는 물론이고 하늘에서 온 천사라도 우리가 여러분에게 전한 것과 다른 복음을 전한다면, 저주를 받아 마땅합니다."(갈라 1,8)라고 하였다. 또 제자 티모테오에게도 "많은 증인 앞에서 그대가 나에게서 들은 것을, 다른 이들도 가르칠 자격이 있는 성실한 사람들에게 전해 주십시오."(2티모 2,2)라고 하였다. 이는 티모테오는 바오로 사도로부터 들은 것 외에는 아무것도 전하지 못한다는 것을 말한 것이다.

이와 같이 복음을 전하는 교회의 직무자들은 전하는 교리가 사도의 교리와 일치해야 할 뿐 아니라, 그들은 반드시 직접 사도 자신으로부터든지, 또는 사도의 정당한 계승자로부터의 서품식을 거쳐 성직에 서임된 이라야 한다.

바오로 사도는 하느님께로부터 부름받음이 대사제 아론의 그것과 같지 않고서는 아무도 이 존귀한 사제의 직위를 얻지 못한다고 역설하여 "이 영예는 어느 누구도 스스로 얻는 것이 아니라, 아론과 같이 하느님에게서 부르심을 받아 얻는 것입니다."(히브 5,4)라고 하였다. 이 구절은 가장 명백하게 모든 자칭 성직자와 개혁자들을 단죄한 것이다. 로마 신자들에게 보낸 편지에도 "파견되지 않았으면 어떻게 선포할 수 있겠습니까?"(10,15)라고 하였다. 이는 정당한 교회 주권자로부터 보냄을 받았다는, 즉 임명을 받았다는 뜻이며, 제 마음대로 전교하거나 다스리지 못한다는 뜻이다. 이 사실은 성경에 뚜렷이 기록되어 있다. 예를 들면 바오로 사도와 바르나바 사도는 "교회마다 제자들을 위하여 원로들을 임명하고"(사도 14,23), 또 바오로 사도는 티토에게 "그대를 크레타에 남겨 둔 까닭은, 내가 그대에게 지시한 대로 남은 일들을 정리하고 고을마다 원로들을 임명하라는 것이었습니다."(티토 1,5)라고 하였다. 바오로 사도 자신은 비록 영적으로 하느님의 부르심을 받고 하느님께로부터 직접 교훈을 받았지만 역시 안수의 예를 받아 사제의 성직에 오른 다음 비로소 복음을 전하기 시작하였다(사도 13,23 참조). 이는 성직 서임에 대하여 후배에게 보인 거룩한 모범이다.

어떤 나라에서든지 제 뜻대로 관직에 취임할 수는 없다. 반드시 위로부터의 임명이 있어야 한다. 그렇지 않으면 그 나라에 질서가 서지 못한다. 교회는 그리스도의 나라이다. 교회를 친히 창립하신 그리스도께서, 온 인류를 교화하라는 명령을 이 교회에 내리신 그리스도께서 이 점에 무관심하셨을 리가 없다. 질서의 하느님이 아니신가! 그러므로 예수께서 특정 인물들을 사도로 선정하시고 임명하신 것이다(루카 6,13; 마르 3,13-14; 15,16; 요한 17,18 참조).

사도직이란 이렇게 엄숙한 것이다. 결코 그리스도 진리의 사도가 되어 보려는 열정에 몰려 제 뜻대로 되지는 못한다. 이미 말한 바도 있거니와 사도들은 경우에 따라서는 자기 후계자가 될 목자들을 친히 선정하고 임명했다. 그러므로 사도 또는 그 계승자의 임명

없이는 절대로 교역자가 될 수 없다. 또 신자들은 절대로 그 목자를 마음대로 선정하지 못한다. 전 세계를 상대로 세상 끝날까지 온갖 어려움을 이기며 엄숙한 책임을 완수해 나갈 교회에 있어서 이야말로 가장 중대한 요의要義이다. 따라서 이 교역자 제도에 대한 그리스도의 뜻의 엄숙성에 대하여 경외의 마음이 유달리 새로워짐을 느낀다. 감히 묻는다. 오늘날 저 300여 교파로 분열된 소위 '예수교'의 교역자들은 대체 어떤 전통을 따라 누구에게서 '선정'받고 '임명'받았는가. 주께서 "보내지도 않았는데 내 이름을 팔아서 예언하는 자들"(예레 14,15; 23,21)이 아니면 무엇인가.

그러므로 그리스도의 참교회인지를 엄정히 판별하려면 다음과 같은 것들을 살펴야 한다. 그 교회가 사도의 교리를 그대로 가르치는가, 또 성직 직권의 전승 계통이 역사적으로 사도 시대까지 거슬러 올라가는가를 알아야 한다.

우리는 기탄없이 소리를 높여 공언公言한다. 오직 가톨릭 교회만이 그리스도의 복음을 전하던 사도들의 교리를 그대로 보전하며 가르친다고. 다음 표를 보라. 사도의 교리로부터 이탈된 프로테스탄트와 사도의 교리를 사수하여 온 가톨릭 교회와의 엄청난 차이를 볼 수 있을 것이다.

사도의 교회	가톨릭 교회	프로테스탄트 교회
주님께서는 베드로 사도에게 수위권首位權을 주셨다. "나는 너에게 하늘나라의 열쇠를 주겠다."(마태 16,19) "네가 …… 네 형제들의 힘을 북돋아 주어라."(루카 22,32) "내 어린양들을 돌보아라."(요한 21,15)	가톨릭 교회는 베드로 사도와 그 계승자에게 존경을 드리고 그의 교회 통치권을 인정하며 순종한다.	어떤 파든지 모두 베드로 사도의 수위권을 부인한다.
사도의 교회는 교리의 무류성無謬性을 선언하고 사도들은 사실상 오류가 없는 교권敎權으로 선교하였으며, 신자들도 이를 단순히 개인의 사견으로 여기지 않고 하느님의 진리로 알아 기꺼이 따랐다. "우리는 또한 끊임없이 하느님께 감사를 드립니다. 우리가 전하는 하느님의 말씀을 들을 때, 여러분이 그것을 사람의 말로 받아들이지 않고 사실 그대로 하느님의 말씀으로 받아들였기 때문입니다."(1테살 2,13) "성령과 우리는 다음의 몇 가지 필수 사항 외에는 여러분에게 다른 짐을 지우지 않기로 결정하였습니다."(사도 15,28) "우리는 물론이고 하늘에서 온 천사라도 우리가 여러분에게 전한 것과 다른 복음을 전한다면, 저주를 받아 마땅합니다."(갈라 1,8)	세계 수백의 그리스도 교회 중 가톨릭 교회만이 교리의 무류성과 교회의 무류성을 선언하고, 그 성직자들은 강론할 때 항상 교권으로써 한다. 신자들은 전폭적인 신뢰로 이를 듣고 따르며 이에 의아해 하거나 힐문하지 않는다.	프로테스탄트 각 파는 감히 무류성을 선언하는 자가 없을 뿐 아니라 도리어 이를 논박하며, 목사들은 아무 권위 있는 교리를 말하지 못한다. 다만 성경에 대한 개인적 의견을 제시할 뿐, 신자에게도 그 개인의 의견을 믿고 따를 의무는 없고 성경도 각자의 의견대로 해석한다.
주께서는 친히 금식을 하시고 또 명령하셨다. "너는 단식할 때 머리에 기름을 바르고 얼굴을 씻어라. 그리하여 네가 단식한다는 것을 사람들에게 드러내 보이지 말고, 숨어 계신 네 아버지께 보여라. 그러면 숨은 일도 보시는 네 아버지께서 너에게 갚아 주실 것이다."(마태 6,17-18) 사도들은 모든 성스러운 예식을 거행하기 전에 금식하였다. "그들이 주님께 예배를 드리며 단식하고 있을 때에"(사도 13,2) "교회마다 제자들을 위하여 원로들을 임명하고, 단식하며 기도한 뒤에"(사도 14,23)	가톨릭 교회에서는 매년 전례력에 따라 특히 주님의 수난을 묵상하는 사순 시기에 단식한다. 사제는 미사를 드리기 전에 단식하며, 주교가 사제를 서품할 때에는 주교와 사제 후보자가 모두 단식한다.	프로테스탄트는 일정한 단식 행위가 없고 다만 개인적으로 실행하는 사람이 간혹 있을 뿐이다. 심지어 주님의 공로를 감손시키는 것이라고 비웃는 자조차 있고 목사 임명 때도 아무 단식도 하지 않는다.

76 교부들의 신앙

사도의 교회	가톨릭 교회	프로테스탄트 교회
베드로와 요한 사도는 사마리아에서 새로 영세한 교우들에게 견진성사를 베풀었다. "베드로와 요한은 내려가서 그들이 성령을 받도록 기도하였다."(사도 8,15)	가톨릭 교회에서는 사도들의 계승자인 주교들이 영세한 신자들에게 견진성사를 베풀 때 안수로 성령을 받게 한다.	성공회 외에는 안수례를 행하는 파가 없고, 성공회도 이를 성사로 인정하지는 않는다(이는 미국 내에서).
예수께서 사도들에게 성체성사에 당신의 몸과 피가 실재함을 가르치셨다. "받아 먹어라. 이것은 내 몸이다 ……." (마태 26,26-28; 요한 6장 참조) 바오로 사도는 "우리가 축복하는 그 축복의 잔은 그리스도의 피에 동참하는 것이 아닙니까?"(1코린 10,16)라고 하였다.	가톨릭 교회에서는 주 예수와 사도들과 마찬가지로 축성한 제병과 포도주 속에 실제로 예수 그리스도의 몸과 피가 계심을 믿고 가르친다.	프로테스탄트 교회에서는 몇몇 의식파(儀式派)를 제외하고는 성체성사에 예수께서 실재하심을 믿지 않는다. 성찬을 받음은 다만 그리스도를 기념함에 불과하다고 한다.
사도들은 예수께로부터 사죄권을 받았다. "너희가 누구의 죄든지 용서해 주면 그가 용서를 받을 것이고, 그대로 두면 그대로 남아 있을 것이다." (요한 20,23) "이 모든 것은 그리스도를 통하여 우리를 당신과 화해하게 하시고 또 우리에게 화해의 직분을 맡기신 하느님에게서 옵니다."(2코린 5,18)라고 바오로 사도는 말하였다.	가톨릭 교회의 주교와 신부는 사도들의 사죄권을 계승한 이로서 그리스도의 이름으로 사죄권을 행사한다.	프로테스탄트 교회에서는 하느님께서 사람에게 사죄권을 주신 일이 없다고 한다.
야고보 사도는 병자들에게 "여러분 가운데에 앓는 사람이 있습니까? 그런 사람은 교회의 원로들을 부르십시오. 원로들은 그를 위하여 기도하고, 주님의 이름으로 그에게 기름을 바르십시오."(야고 5,14)라고 하였다.	가톨릭 신부의 직무 중 가장 보통인 것은 병자에게 기름바르는 병자성사이다. 그러므로 교우가 병이 심하면 신부를 부른다.	프로테스탄트 여러 파에서는 야고보 사도의 말이 이렇게 명백한데도 이를 실행하지 않는다.

제5장 사도 전래의 교회

사도의 교회	가톨릭 교회	프로테스탄트 교회
혼인에 관하여 주께서는 "누구든지 아내를 버리고 다른 여자와 혼인하면, 그 아내를 두고 간음하는 것이다. 또한 아내가 남편을 버리고 다른 남자와 혼인하여도 간음하는 것이다." (마르 10,11-12)라고 하셨다. 바오로 사도도 "혼인한 이들에게 분부합니다. 내가 아니라 주님께서 분부하시는 것입니다. 아내는 남편과 헤어져서는 안 됩니다. ─ 만일 헤어졌으면 혼자 지내든가 남편과 화해해야 합니다. ─ 그리고 남편은 아내를 버려서는 안 됩니다." (1코린 7,10-11)라고 하여 이혼을 금하였다.	가톨릭 교회에서는 부부가 헤어지는 것을 금하고, 만일 어쩔 수 없이 별거하는 경우에도 둘 중 하나가 죽기 전에는 다른 사람과의 재혼을 엄금한다.	프로테스탄트 교회에서는 이 말씀을 지키는 데 극히 해이되어 이혼을 허락하며(특히 미국에서) 사소한 구실로 혼인의 결연을 해제하여 주는 일이 가끔 있다.
주께서는 완덕을 위하여 순결한 동정 생활을 권하셨을 뿐 아니라(마태 19, 11-12 참조) 몸소 동정을 지키셨고 바오로 사도 역시 정덕을 몸소 지키며 또 이를 권하였다. "남편이 없는 여자와 처녀는 몸으로나 영으로나 거룩해지려고 주님의 일을 걱정합니다. …… 이와 같이 자기 약혼녀와 혼인하는 사람도 잘하는 것이지만, 혼인하지 않는 사람은 더 잘하는 것입니다."(1코린 7,34.38)	가톨릭 신부는 주 예수와 바오로 사도처럼 성직 서품 때 동정 생활을 맹세하고 실천하여 일생을 깨끗이 하느님께 바친다.	프로테스탄트 목사들은 극소수를 제외하고는 모두 혼인한다. 신자들에게 동정 생활을 권하지 않을 뿐 아니라 부자연스런 생활이라고 반대하는 사람도 많다.

위에 열거한 사실에 비추어 어떤 교회가 사도의 교리를 완전히 보존하고 있는지에 대하여는 독자의 판단에 맡긴다.

또 가톨릭 교회만이 사도로부터 내려오는 교회임은 2천 년의 계보에 명시되어 있다. 이것이 또한 그 유일하고 참된 교회임을 증명한다. 그 계보를 따라 올라가면 바로 사도 시대에까지 소급한다.

프로테스탄트의 모든 교파는 그 기원이 사도 시대에 있지 않고 모두 근대에 있다. 오늘날의 프로테스탄트의 주요 교파는 루터교회, 성공회, 감리교회, 장로교회, 침례교회이다. 이외의 교파는 대개 이 주요 교파에서 갈라져 나온 것들이다.

마르틴 루터는 작센의 수사 신부로서 파문을 당한 뒤 루터교회를 창립한 이다. 루터는 1483년 작센의 아이슬레벤에서 태어나 1546년에 죽었다.

성공회를 세운 이는 영국의 헨리 8세 왕(1534년)이다. 헨리 8세 왕은 일찍이 아라곤의 캐서린 왕비를 버리고 시녀였던 앤 불린과 재혼하려고 클레멘스 7세 교황에게 청하였다. 그러나 교황은 이를 준엄히 거절했다. 헨리 8세 왕은 드디어 원한을 품고 모든 일을 욕심껏 처리하여 우선 정숙한 왕비와 이혼을 하고, 또 폭력으로 즉시 온 영국의 교회를 가톨릭으로부터 이탈시켰다. 이것이 바로 성공회 성립의 직접 동기이다.

감리교회는 1739년 존 웨슬리가 창립했다. 존과 찰스 웨슬리는 영국의 옥스포드 대학 재학 시절, 몇몇 청년 동지와 함께 성경 연구와 기도에 노력하였다. 규칙 생활Methodical Life을 숭상하는 그들이 세운 교회를 감리교Methodist라고 부르게 되었다. 여기에도 남북파가 있다.

장로교회는 존 칼뱅으로부터 기원되어 존 녹스가 이를 전파하고,

1560년 스코틀랜드에서 열린 총회를 거쳐 비로소 또 한 파의 교회를 형성하였다. 이 교회는 정파正派, 신파新派, 협동파, 개혁파, 북파北派 등 여러 파로 갈라졌다.

그 밖의 수백 교파의 내력을 하나하나 열거하기는 어려우므로 주요 교파의 일람표만 제공하기로 한다. 이 표와 참고 서적은 모두 프로테스탄트 측의 저작임을 특히 말해 둔다.

교파의 명칭	창립지	창립자	창립연도	참고 서적
재세례교회	독일	니콜라스 스톡 Nicolas Stork	1521	V. L. Milner, 《종교 제 종파》
침례교회	미국	로저 윌리엄스 Roger Williams	1639	John Hayward, 《The Book of Religions》
자유의지 침례교회	미국	벤자민 랜들 Benj. Randall	1780	상동
프리컴뮤니언밥티스트교회	미국	벤자민 코프 Benijah Corp.	18세기말	Rev. A. D. Williams, 《각 교파의 역사》
제칠일 안식일 예수 재림교회	미국	교회 총회	1833	W. B. Gillett, *ibid*.
캠벨(그리스도인파)교회	미국	알렉스 캠벨 Alex. Campbell	1813	《The Book of Religions》
성결교회	영국	존 웨슬리 John Wesley	1739	Rev. Nathan Bangs, 《각 교파의 역사》
개혁감리교회	버몬트	감리교 지파	1814	상동
연합감리교회	뉴욕	상동	1820	Rev. W. M. Stilwell, *ibid*.

교파의 명칭	창립지	창립자	창립연도	참고 서적
감리 개신교회	미국	상동	1830	James R. Williams, *ibid*.
트루웨즐리언감리교회	뉴욕	감리교대표자회	1843	J. Timberman, *ibid*.
장로교회 구파	스코틀랜드	총회	1560	John M. Krebs, *ibid*.
장로교회 신파	미국	상동	1840	Joel Parker, D. D., *ibid*.
성공회	영국	헨리 8세 왕	1534	Macaulay and other historians
루터교회	독일	마르틴 루터	1524	S. S. Schmucker, 《각 교파의 역사》
유니테리언연합교회	독일	실라리우스 Celarius	1540	Alvan Lamson, *ibid*.
연합교회	영국	로버트 브라운 Robert Browne	1583	E. W. Andrews, *ibid*.
퀘이커교회	잉국	조지 폭스 George Fox	1647	《English Historians》
퀘이커교회	미국	윌리엄 펜 William Penn	1681	《American Historians》
가톨릭 교회	예루살렘	예수 그리스도	33	신약 성경

이처럼 프로테스탄트의 모든 교파는 모두 1,500년 이후에 창립되었다. 그러므로 사도 전래의 교회가 되려면 1,600년이라는 세월이 필요하다. 16세기 이전에는 장로교회도 없었고, 감리교회도 없

었고, 안식교회도 성결교회도 구세군도 없었다.

어떤 이는 말하기를 "프로테스탄트 교회는 비록 가시적으로는 존재하지 않았으나 비가시적으로 각 시대를 통하여 존재하였다."라고 한다. 이는 문자 그대로 공허한 억지이다. 이들은 아무 말이나 늘어놓기만 하면 '역사'로 인정되는 줄 아는 듯하다. 그뿐 아니라 예수께서 예언하시기를 교회는 산 위에 있는 마을처럼 항상 모든 이가 다 함께 볼 것이며, 그 성직자들은 구원의 진리를 밝은 데에서 설교하여 모든 이가 다 함께 들으리라고 하셨다(마태 5,14-15; 10,27 참조).

또 "여러 시대를 걸쳐 가톨릭 교회에서 갈려 나간 여러 교파는 신앙으로 연결되어 있었다."라고 우겨도 그것은 아무 유리한 말이 못 된다. 참된 교회는 반드시 신조信條가 일치해야 하는데 갈려 나간 교파들은 상반되는 이설異說을 제각기 주창하였을 뿐 아니라, 도덕에 어긋나는 사설邪說까지 퍼뜨렸다. 이런 종파에 자기 파를 연계시킴은 오히려 불명예스러운 졸책인 것을 깨달아야 한다.

가톨릭 교회는 사도로부터 직접 전래한 교회이므로 가톨릭 교회의 어떤 주교나 신부든 그 서품된 계보를 사도에게까지 쉽게 거슬러 올라갈 수 있다. 더 자세히 말하자면 우리나라의 모든 신부는 다 그 직권을 소관 주교로부터 받았고, 그 주교는 그 교권을 로마 교황에게서 받았다. 이렇게 각 세기를 통하여 정연한 계보를 밟아 올라가면 최후에는 그리스도의 대리자요, 최초의 교황인 베드로 사도에게 도달한다. 베드로 사도는 통치권을 직접 주 예수께로부터 받았다. 여기 대하여는 제9장에서 자세히 논하겠다.

4, 5세기에 벌써 이단이 생겼으므로 그때의 교부들은 다만 그의 '사도 전래 여부'로 그 진가를 규정하여야 한다고 말하였다. 이레네오 성인과 테르툴리아누스와 아우구스티노 성인 등은 그때까지 계승한 로마 주교의 연대순(열명표)을 만들어 가톨릭 교회의 정통을 표시하였다. 테르툴리아누스는 이단파에 대하여 말하기를 "저들로 하여금 교회의 기원을 밝히게 하라. 또 저들로 하여금 주교의 교권을 받은 내력을 명백히 하여 주교들이 과연 사도들에게서나 혹은 그 계승자들에게서 서품 임명된 사실이 있는가를 증명하게 하라." 라고 하였다.[14]

5세기 교부들은 그때까지 계승된 50여 위位 교황 역대표로 갈라져 나간 교파에 대한 유력한 논박의 무기를 삼았다. 하물며 오늘날 그 다섯 배 이상의 수에 이르는 일련의 교황 전승을 보는 우리에게 있어서의 놀라운 사실이 그 얼마나 유력한 무기가 되겠는가.

우리는 가톨릭 교회에서 갈라져 나간 모든 프로테스탄트 형제들에게 아우구스티노 성인이 일찍이 '도나투스파' 이단에게 한 말을 되풀이함으로써 이 장을 끝마치려 한다.

"형제들아, 원줄기에 붙기를 원하거든 우리에게로 오라. 우리

---

14 Lib. de Praescrip., c. 32

는 형제들이 원줄기에서 잘려 나간 것을 보기가 안타깝다. 교부들이 편성한 이 계보에서 제1대 교황인 베드로 사도로부터 계승된 교황의 수를 세어 보고 또 어떻게 그들이 계승되었는가를 상세히 고찰하라. 이것이 곧 오만 횡포한 지옥문도 쳐 이기지 못하는 반석이다."[15]

---

15 Psal. contra part Donati

제6장

교회의 영속성

교회는 이 세상의 존속과 함께 영속永續한다. 이것이 또한 진정한 교회의 표지이다. 교회가 영속한다는 것은 그저 어떤 그리스도 교회의 항구 존재를 말함이 아니고, 하느님께서 처음에 부여하신 표지를 교회가 영구히 손상치 않고 변질됨도 없이 계속 보전함을 의미한다. 만일 교회가 예수께서 처음에 주신 교회의 본원적 특성인 그 지일성至一性과 신성성神聖性을 상실하였다면 이를 영속하는 교회라고 할 수는 없다.

그리스도 교회의 영속성에 대하여는 성경에 여러 번 예언되어 있다. 가브리엘 천사가 마리아께 알리기를 그리스도의 교회는 "끝이 없을 것이다."(루카 1,32-33)라고 하였다. 예수께서는 베드로 사도에게 "너는 베드로다. 내가 이 반석 위에 내 교회를 세울 터인즉, 저승의 세력도 그것을 이기지 못할 것이다."(마태 16,18)라고 하셨다. 예수께서는 이와 같이 교회가 영구히 존속되고 절대로 패망되지 않으리라고 명백히 말씀하셨다.

마태오 복음의 마지막 구절에는 이와 같은 예언이 힘 있게 반복되었고 교회의 영속성이 충분히 드러나 있다.

"너희는 가서 모든 민족들을 제자로 삼아, 아버지와 아들과 성령의 이름으로 세례를 주고, 내가 너희에게 명령한 모든 것을 가르쳐 지키게 하여라. 보라, 내가 세상 끝날까지 언제나 너희와 함께 있겠다."(마태 28,19-20) 이 구절에는 세 가지 중요한 선언을 포함한다.

1. 예수께서 교회와 함께 계신다. "너희와 함께 있겠다."
2. 예수께서 교회와 항상 함께 계신다. "내가 언제나 너희와 함께 있겠다."
3. 주님의 영원하신 동거. "세상 끝날까지 언제나 너희와 함께 있겠다."

그러므로 진정한 교회는 창립하는 그날부터 하루도 그침 없이 예수 그리스도와 결합하여 항상 존재할 것이며, 세상 마칠 때까지 영속해야 할 것이다.

이미 말했듯이 프로테스탄트 교파들은 모두 그 기원이 근대에 있으므로 교회의 영속성을 운운할 수 없다. 동방 그리스 정교회는 9세기에, 그 밖의 프로테스탄트 교파들은 모두 16세기 이후에 시작되었다는 것은 다 아는 역사적 사실이다.

가톨릭 교회의 불멸성은 너무도 신기하여 이를 진지한 태도로 연구하는 사람은 누구나 감탄한다. 주님의 교회가 창립된 이후 오늘날까지 무수한 박해를 당했지만 그래도 꿈쩍 않고 우뚝 서 있는 자태를 보라! 이 한 가지만으로도 가톨릭 교회의 영속성을 넉넉히 추측할 수 있다.

가톨릭 교회는 늘 외우내환外憂內患에 시달려 왔다. 밖으로는 이교인과 불신자不信者들 때문에, 안으로는 배교자와 분열자들 때문에 편할 날이 거의 없다.

성령 강림일부터 콘스탄티누스 대제가 막센시우스를 쳐 이길 때까지 약 280년간 가톨릭 교회는 열 차례나 되는 참혹한 박해를 당했다. 그 잔악상이란 역사상 유례가 없는 것이었다. "그리스도교 신자는 사자에게 보내라Christianos ad leones"가 바로 당시 유명하던 함성이었다.

신자의 몸에 야수의 가죽을 씌워 맹견에게 물리게도 하고, 그 몸에 송진을 발라 로마 거리에서 불에 태워 죽이기도 하였다. 그리고 박해자들은 이런 폭행을 변명하기 위하여 결백한 희생자들에게 흉악한 죄명을 씌웠다.

약 3세기 동안 신자들은 로마 시외의 지하 묘지(카타콤바)에 숨어 하느님을 예배하였다. 이 카타콤바는 오늘까지 그대로 보존되어 순교 성인들의 용기와 당시 신자들의 신앙 실태와 참혹한 고초의 모습을 방문객들에게 역력히 보여 주고 있다.

천하를 지배하던 대로마 제국의 위력으로도 어리고 약한 초대 교회를 근절시킬 수는 없었다. 얼마 후엔 극도의 영화를 누리던 그

대제국도 어느덧 붕괴되고, 로마 황제가 박해의 칙령을 내리던 바로 그 도시는 전 세계 가톨릭 교회의 총본영이 되었다.

5, 6세기경 북방으로부터 고트Goths, 반달Vandals, 흉노Huns, 비시고트Visigoths, 롬바르드Lombards 등 야만족들의 벼락같은 남침으로 로마의 찬란한 문물은 하루아침에 까마귀 손에 돌아가 버렸다. 그들은 시내를 약탈하고 성당을 불살랐다. 남아 있는 건 폐허의 처참뿐이었다.

그러나 보라! 대제국을 정복한 야만족들은 얼마 되지 않아 진리의 복음에 정복당하게 되었다. 신자가 아닌 기본Gibbon도 다음과 같이 말하였다. "그리스도교의 발전은 두 가지 커다란 영광의 승리를 얻었다. 그 하나는 현학적이요 오만하고 사치스러운 로마 신민을 이긴 것이요, 또 하나는 로마 제국을 정복한 스키타이Scythia와 게르만Germany의 야만족을 로마인의 진정한 종교에 귀의시킨 것이다."[16]

7세기에 아라비아에서 이슬람교가 일어나 급진적으로 아시아에 전파되었다. 무함마드의 교도들은 15세기에 이르러 콘스탄티노플을 함락시키고 그 여세로 전 유럽을 지배하려 위협하였다. 그러나 당시 교황의 헌신적 주선으로 스페인과 베네치아의 연합군이 악전고투한 결과 1571년 레판토Lepanto 해전에서 드디어 이슬람 군을

---

16 《Decline and Fall of the Roman Empire》, ch. 37. 450

섬멸했다. 이로써 유럽의 문명과 참교회는 야만족의 침략을 면하고 보전되었다.

이 모든 어려움보다 훨씬 더 큰 고통을 교회는 맛보게 되었는데, 곧 4, 5세기경 아리우스의 주창에 네스토리우스, 에우티케스의 부응으로 이루어진 대이교大離敎 문제가 그것이다.

아리우스파 이교는 급속도로 유럽, 북아프리카, 동아시아에까지 번져 나갔다. 한동안은 수대數代 황제의 원조를 받아 그 세력이 퍽 강대하였다. 가톨릭 교회의 주교들은 교좌敎座에서 추방되고 아리우스파 침략자들이 그 자리를 점령하였다. 오랫동안 이교도의 칼 아래서 고민하던 교회는 또다시 아리우스파 이교의 독침에 걸려 번뇌하게 되었다. 그러나 일시적으로 번성하던 아리우스파는 얼마 되지 않아 내부 분쟁이 돌발하여 분열되어 드디어 절멸되어 버렸다.

독자 여러분은 이미 16세기의 소위 '종교 개혁'의 전말을 잘 알 것이다. 이 난폭한 먹구름은 북유럽에서 일어나 태풍처럼 번져 베드로 사도의 배(교회)를 뒤집어 놓으려 하였다. 독일의 대부분은 루터의 소위 '신복음新福音'에 귀의하고, 스위스는 츠빙글리의 새로운 설에 따랐다. 스웨덴은 구스타브 바사 왕의 위세에 눌려 참된 신앙을 잃고, 덴마크는 크리스티안 2세의 음모로 역시 새로운 설에 넘어가고, 노르웨이와 영국과 스코틀랜드의 가톨릭 교회는 거의 박멸되었다. 프랑스에서는 16세기의 칼뱅주의와 18세기의 볼테르주의가 각각 득세하였기 때문에, 이 빛난 가톨릭 민족은 두 번이나 공포

속에서 혈투하게 되었다. 북유럽 여러 민족 중 가톨릭 신앙을 사수한 충실한 민족은 아일랜드 민족 하나뿐이었다.

가톨릭 교회 2천 년 역사는 피의 역사이다. 그렇지만 신자 수는 나날이 늘었으니 이때까지 겪어 온 모든 박해와 내란으로 인한 손실을 보충하고도 남을 현상이다. 가톨릭 교회는 창립 이래 오늘날과 같은 성운盛運은 일찍이 보지 못했다. 오늘날의 가톨릭 교회는 결코 노쇠한 단체가 아니라, 생기발랄하고 건실하게 단합된 교회이다.

16세기의 소위 '종교 개혁 운동'은 5세기의 아리우스파 이교와 대체로 같은 것이다. 이 둘을 비교해 보자.

1. 둘 다 복음의 계율을 지키지 않고, 이상한 일을 좋아하고, 허영을 탐하는 신부에게서 시작되었다(아리우스와 루터는 신부였다).

2. 둘 다 당시 집권자의 보호를 받아 그 힘으로 많은 추종자를 얻었다.

3. 둘 다 한때는 대단한 기세로 전파되었다가, 그 세력이 쇠약해지자 여러 교파로 분열되었다. 아리우스파는 이미 절멸되었다.

프랑스의 드 메스트르De Maistre는 이에 대하여 다음과 같이 말한다. "만일 프로테스탄트(반항자라는 뜻)가 그 명칭을 언제까지나 보존하고 있다면(그 신앙은 변천하면서도) 이는 언제나 단순히 부정적이요 가톨릭 교회에 반항한다는 것밖에는 아무 의미도 없는 것이다. 즉 적게 믿을수록 더욱 많이 반항할 것이요, 따라서 더욱 충실한 프로테스탄트, 즉 반항자가 될 것이다. 이 명칭이 이렇게 계속적으로 사실화한다면 마치 우리 몸에 암이 생겨 온몸을 먹어 들어가다가 마침내 사람이 죽어 버리면 암도 저절로 없어지듯이, 프로테스탄트도 그 해독을 끼치는 동안은 존속되다가 종국에는 소멸되어 버릴 것이다."

동일한 원인은 동일한 결과를 낳는 법이다. 이 두 파의 혁명 운동은 모두 반역의 산물이요, 시작과 진행 과정, 흩어진 모습이 완전히 같다. 이는 결코 억측이 아니다. 다 알다시피 프로테스탄트의 속화俗化와 분열의 경향이 더욱 심해지는 사실을 누가 부인하겠는가.

가톨릭 교회는 하느님의 사업이므로 항상 "젊음이 독수리처럼 새로워진다."(시편 103,5 참조) 유다인이 주께 기적을 청하듯이 가톨릭 교회의 신성한 사명을 증명하는 기적을 요구한다면, 가톨릭 교회가 온갖 박해 속에서도 엄연히 존속되며 발전되어 가는 놀라운 사실을 보라.

가톨릭 교회를 한 부녀자에 비유해 보자. 그는 이미 여러 번 감옥의 추위와 허기, 참혹한 형벌을 겪어 죽을 지경에 이르렀다가 다시 출감되었다. 그 후에 건강이 회복되어 온갖 역경을 이기고 여러 세기를 살아오면서 많은 자식을 길러 냈다면 누가 이를 기적이라 하지 않겠는가.

우리의 자모慈母이신 가톨릭 교회의 역사가 바로 그런 형태이다. 우리 교회는 지금까지 헤아릴 수 없는 우환과 간난을 겪어 왔다. 여러 시대를 걸쳐 옥중의 고통을 당하고 여러 나라에서 순교의 피를 얼마나 많이 흘렸는가. 그러나 오늘날 자모이신 교회는 옛날과 다름없이 얼마나 많은 자녀를 양육하고 있는가! 세상에 생멸生滅 법칙의 제약을 벗어나는 존재는 없다. 그러나 오직 가톨릭 교회만은 이 법칙의 제약을 받지 않고 장장 2천 년을 엄연히 존립하고 있다. 이것이 기적이 아니라면 무엇이 기적이겠는가.

아우구스티노 성인은 교회의 영속성을 진정한 교회의 한 표징으로 삼았다. 하물며 난관을 극복한 2천 년! 오히려 번영과 전진의 위세를 보이는 가톨릭 교회의 영속성! 이 얼마나 큰 참교회의 표징이겠는가.

여기서 우리는 가톨릭 교회의 존립은 기적에 의한 것이지, 결코 인간의 힘에 의한 것이 아님을 잘 알 수 있다. 이는 교황의 세계 정책도 성직자들의 박식과 예지도 아니요, 다만 하느님의 섭리의 능력으로 되는 것이다. "주여, 우리에게 영광을 바치는 것이 아니라 주님의 거룩한 이름에 영광을 바치나이다." 여기서 우리는 가톨릭 교회를 적대시하는 자와 그 멸망을 꾀하는 자들에게 묻는다. 2천 년이라는 오랜 기간을 걸쳐 세속과 인간과 악마의 습격을 무난히 극복하고 당당하게 존립 발전하는 이 교회를 누가 감히 전복시킬 수 있겠는가. 혹시 이것을 괴멸시킬 심산이 있다 하자. 그렇다면 과연 어떤 방법으로 하려는가.

강렬한 탄압과 폭력으로 하려는가.

로마의 카이사르, 네로로부터 독일의 철혈 재상 비스마르크와 히틀러, 소련의 스탈린에 이르기까지 온갖 흉계로 가톨릭 교회를 핍박하였으나 모두 헛수고로 돌아가고 말았다. 일찍이 "유럽의 군주들은 교회의 옹호자이다. 그러므로 만일 그들이 보호의 손길을 거두면 교회는 멀지 않아 스스로 멸망할 것이다."라는 잘못된 견해로 교회 전복을 책동하는 사람이 많았다. 그러나 교회는 군주의 보호를 받기는커녕, 소위 신자인 그리스도인 군주(임금)와 제후王侯들이면서 도리어 교회의 적대자가 된 이가 많았다. 이는, 교회가 항상 민권 옹호를 주장하며 주권자의 횡포를 엄책하였기 때문이다. 이에 격분한 군주와 제후들은 교회의 규율을 범할 뿐 아니라 그 절멸을 꾀하기까지에 이르렀다. 우리는 시성詩聖 다윗 임금과 함께 확신을 가지고 말한다.

"어찌하여 민족들이 술렁거리며 겨레들이 헛일을 꾸미는가? 주님을 거슬러, 그분의 기름부음받은이를 거슬러 세상의 임금들이 들고 일어나며 군주들이 함께 음모를 꾸미는구나. '저들의 오랏줄을 끊어 버리고 저들의 사슬을 벗어 던져 버리자.' 하늘에 좌정하신 분께서 웃으신다. 주님께서 그들을 비웃으신다."(시편 2,1-4)

그러면 대립된 여러 교파들의 막대한 재력과 단결력이 가톨릭 교회를 멸망시킬 수 있을까. 부와 힘으로도 가톨릭에 대항하지 못한다. 세상에 둘도 없던 로마 제국의 세력과 그 완전한 조직으로도 가톨릭 교회를 이기지 못하였고 아리우스파 이단과 네스토리우스파의 이탈도 결코 가톨릭의 발전을 막지 못하였다. 하물며 근대 교파의 조직이 무슨 힘으로 원기 왕성한 가톨릭 교회의 발전을 막을 수 있겠는가.

어떤 이는 "로마 교황의 세속적 정권을 빼앗으면 가톨릭 교회는 자멸의 비운에 이를 것이다. 교황 영토는 교회 권력의 비원祕源이다. 만일 그것을 빼앗기는 날에는 마치 힘센 삼손이 머리카락을 잘린 듯이 하루아침에 힘이 빠져 영원히 수평선 아래로 침몰될 것이다."라고 하였다. 그러나 이는 일종의 억측일 뿐이다. 교황의 속권은 교회 창립 7세기 후에 비로소 생긴 것이다. 만일 속권이 교회 존속에 절대 필요한 요소라면, 속권이 아직 없었던 7세기 이전의 600여 년 동안은 어떻게 되었겠는가. 1870년 이탈리아의 비토리오 엠마누엘레 1세가 교황의 영토를 점령해 버렸지만 교회는 조금도 타격을 받지 않고 나날이 새로운 기세로 전진을 계속하고 있다.

교회가 20세기의 찬연한 과학을 감당할 수 있을까 염려하는 이도 있다. 그러나 보라! 교회는 조금도 과학을 두려워하지 않을 뿐 아니라, 과학을 주님의 사자使者로 환영하여 복음 전파에 이용한다. 옛날에는 목선木船을 타고 나침반도 없이 항해하고 길도 없는 눈 덮인 산과 밀림 사막을 다니면서도 오히려 땅 끝까지 전교하는 데 성공하였다. 하물며 온갖 통신 기관과 기차, 증기선, 비행기 등 이로운 장비가 갖춰진 오늘날에는 얼마나 더 쉽게 전교 사업을 촉진시킬 수 있겠는가.

어떤 이는 20세기의 발달된 학문이 교회의 빛을 점점 어둡게 하리라고 한다.

우리는 여러 천재들의 발명을 축복하며 현대의 새로운 발명을 맞아들여 교회 발전에 기여하기를 바란다. "불과 열아, 주님을 찬미하여라. …… 번개와 구름아, 주님을 찬미하여라. …… 주님을 경배하는 이들아, 모두 신들의 신을 찬미하여라. 그분을 찬송하고 그분께 감사하여라. 그분의 자비는 영원하시다."(다니 3,66.73.90)라고 하며 부르짖기를 주저하지 않는다. 참으로 교회는 학문을 옹호하는 자모이다. 유럽 대륙에 있는 여러 대학은 물론 영국의 최고 학부인 옥스포드와 케임브리지 대학은 종교 개혁 이전에 가톨릭 교회의 권고로 설립되었다. 스코틀랜드에 있는 네 개 대학 중 세 대학도 교회 대학이다. 세인트 앤드류스 대학은 1411년에, 글래스고 대학은 1450년에, 애버딘 대학은 1494년에 세워졌다. 만일 가톨릭 교회의 힘이 아니었다면 고대 문화의 보고는 영영 그 흔적조차 없어졌을 것이다. 고대 그리스 로마 문예는 전적으로 가톨릭 교회의 보존 노력에 힘입어 야만인들에게 파괴되는 것을 면하고 오늘날까지 남아 있게 되었다. 이에 관하여 사학자 할람은 말하기를 "중세 때 가톨릭 수도자들의 노력이 아니었다면 그리스-로마의 고대사에 관한 우리의 지식은 이집트의 피라미드에 관한 지식처럼 막연했을 것이다."라고 하였다.

또 가톨릭 교회가 예술에 관하여 공헌한 것도 실로 위대하다. 예술가들이 예술의 여러 부문의 최상의 전형典型을 구하려면 반드시 로마를 찾아간다. 가톨릭 성당은 예배의 전당일 뿐 아니라 종교 예술의 금자탑이라고도 할 만하다. 아일랜드의 물리학자 틴들Tyndall은 그의 저서 《물리학 연구》에서 말하기를 "19세기는 과거 여러 세기에 뿌리를 두고 그 속에서 양분을 섭취하였다."라고 솔직히 밝혔다. 즉, 오늘날의 진보 발달은 중세기 가톨릭 교회가 파종하여 준 결과라는 것이다.

자유주의가 교회를 전복시킬 수 있을까.

교회는 언제든지 진정한 자유를 존중하는 지역에서는 번영하였고 가혹한 폭정 아래서는 으레 박해를 받았다. 그러나 가톨릭 신자들은 어떠한 환경에 처하더라도 조금도 두려워하지 않는다. 이는 예수 그리스도께서 항상 교회와 함께 계시므로 멸망할 리가 없음을 확신하는 까닭이다.

로마의 정치가이자 장군인 카이사르는 일찍이 아드리아 해를 건너갈 때, 거센 풍파를 만나 선원들이 놀라자 "무엇을 겁내느냐? 카이사르를 태우고서Quid times? Caesarem vehis."라며 큰소리를 쳤다고 한다. 그렇다면 예수께서는 물론 "무엇을 겁내느냐, 그리스도가 함께 타고 있다."라고 하시지 않겠는가.

우리는 태양이 내일 동쪽에서 떠오를 것을 확신한다. 이는 하느님께서 천지를 창조하실 때 이렇게 천체의 법칙을 정하셨고, 또 태양이 아직까지 한 번도 이 법칙을 어기지 않았기 때문이다. 이와 같이 정신계의 빛은 교회이다. 이는 그리스도의 굳은 약속의 말씀이다. 또 그리스도께서는 교회에 대한 당신 약속의 말씀을 꼭 그대로 이루신다. 그러므로 교회는 역경이 닥치든 그렇지 않든 확고부동한 태세로 걸어왔다. 이 산 역사가 교회 미래의 당당한 발돋움을 약속한다.

인간의 모든 제도는 시대와 경우를 따라 변하는 것이다. 그러나 오직 가톨릭 교회만은 변하지 않는다. 모든 건축물은 머지않아 파괴를 면치 못하나, 하느님의 건축물인 교회만은 반석 위에 세워졌기 때문에 돌멩이 하나도 굴러 떨어지지 않는다. 온 세상을 누르던 대제국도 하루아침에 붕괴되기도 하지만, 가톨릭 교회만은 영구히 건재할 뿐 아니라 시대가 지날수록 더욱 발전되어 나간다.

가톨릭 교회는 유럽 어느 국가보다도 오랜 역사를 가지고 있다. 유럽의 모든 국가는 가톨릭 교회의 기도의 품안에서 성장하였고, 그가 넘어질 때 레퀴엠Requiem을 읊어 주었다 해도 과언이 아니다. 콜럼버스가 아메리카 대륙을 발견한 때는 벌써 교회가 1,400년의 나이에 이르렀을 때다.

가톨릭 교회는 동서 고트, 훈족, 색슨 등 여러 야만족의 물밀듯한 침략으로 전 유럽 여러 왕조가 멸망당하는 것과, 왕국이 공화국으로, 공화국이 제국으로 바뀌는 것을 낱낱이 보았다. 그러나 교회는 영원히 변함이 없다.

우리는 시성 다윗 임금과 함께 가톨릭 교회의 불변성을 노래할 수 있다. "그것들은 사라져 가도 당신께서는 그대로 계십니다. 그것들은 다 옷처럼 닳아 없어집니다. 당신께서 그것들을 옷가지처럼 바꾸시니 그것들은 지나가 버립니다. 그러나 당신은 언제나 같으신 분 당신의 햇수는 끝이 없습니다. 당신 종들의 자손은 편안히 살아가고 그들의 후손은 당신 앞에 굳게 서 있으리이다."(시편 102,27-29)

교회의 영구 존립은 이미 여러 번 언급했듯이 결코 사람 힘으로 된 것이 아니고 오직 하느님께서 영원한 보존을 섭리하셨기 때문임을 깊이 새겨야 한다.

로마 제국 전성 당시 국민은 오만하게도 "나는 로마 국민이다!"라고 큰소리치며 최고의 영예로 여겼다. 그들은 로마 국가의 장구한 역사와 많은 국민, 정치가의 지략이 뛰어남을 큰 영예로 삼았다. 로마의 국민 됨이 그렇게도 큰 영예라면 2천 년 역사와 현재의 전 세계적 보편성과, 장래 억만 년 영속되리라는 약속을 지닌 가톨릭 교회의 신자 됨이 과연 얼마나 더 큰 영광이겠는가.

바오로 사도는 신자들에게 말하기를 "여러분은 이제 더 이상 외국인도 아니고 이방인도 아닙니다. 성도들과 함께 한 시민이며 하느님의 한 가족입니다. 여러분은 사도들과 예언자들의 기초 위에 세워진 건물이고, 그리스도 예수님께서는 바로 모퉁잇돌이십니다."(에페 2,19-20)라고 하였다.

모든 신자들은 성도와 고향 사람이요 하느님의 가족이라 하였으며, 사람이 비록 그 부모 형제와는 이별하게 될지언정 교회와는 영영 떠날 수 없을 것이다. 교회는 늘 우리를 사랑할 것이며 예수께서는 사도들에게 하신 그 말씀으로 우리에게도 "내가 세상 끝날까지 언제나 너희와 함께 있겠다."(마태 28,20)라고 하신다.

제7장

교회의 무류성

하느님께서는 신앙과 도덕에 관하여 사람을 가르칠 권한을 교회에 주셨다. 교회는 그 교권을 행사하여 가르칠 때, 성령의 특별하신 보호를 받으므로 절대 오류에 빠질 수 없다.

교회의 무류성無謬性은 이미 말했듯이 진정한 종교의 성질에 따라 내려지는 결론이다. 오직 하나이고, 지극히 거룩하며, 지극히 보편되고 사도로부터 전래하고 시간과 공간을 초월하여 동일 신조를 가르치며 거룩하고 참된 것을 가르치는 참교회의 교리에 결코 오류가 있을 수 없다. 오류가 있어서는 아무리 하여도 하나이고 거룩하며 보편되며 불변하는 교회일 수 없다.

사도 시대의 교회가 무류성의 교회였음은 명백한 사실이다. 사도들은 1세기에 실로 교회의 유일한 권위였다. 우리는 교회에 대한 사도들의 견해를 조금도 의심하지 않는다. 즉, "여러분은 나를 업신여기지도 않았고 역겨워하지도 않았습니다. 오히려 나를 하느님의 천사처럼, 그리스도 예수님처럼 받아들였습니다."(갈라 4,14) "우리는 또한 끊임없이 하느님께 감사를 드립니다. 우리가 전하는 하느님의 말씀을 들을 때, 여러분이 그것을 사람의 말로 받아들이지 않고 사실 그대로 하느님의 말씀으로 받아들였기 때문입니다."(1테살 2,13) 이 모든 말씀은 그들의 설교가 무류함을 전제로 한 것임이 분명하다.

예수께서 그 무류성을 1세기의 지도자인 사도들에게만 주시고 20세기의 지도자들에게는 거절하실 리가 없다. 더구나 예수께서는 사도들이 세상을 떠나면 무류성도 종국을 고하리라고는 결코 말씀하시지 않으셨다. 사도들이 그 후계자들에게 선교와 세례와 서품과 견진과 기타 모든 성무 집행권을 전해 줄 때 절대 필요한 무류성도 동시에 주셨을 것이다.

하느님께서는 오늘날 우리를 초대 교회 신자들 못지않게 사랑하시고, 그리스도께서 저들을 위하여 죽으셨듯이 또한 우리를 위하여서도 죽으셨고, 저들에게 무류성이 필요하였듯이 우리에게도 필요한 것이다.

어떤 사람은 말하기를 "오늘날의 우리에게는 무류의 성경이 있으니 이것이 초대 교회 무류성의 대용이 될 수 있지 않으냐."라고 한다. 물론 성경 자체는 무류하다. 그러나 무류한 해석자가 없는 성경이 과연 우리에게 유익할 것인가. 이는 프로테스탄트의 역사가 너무나 명백히 증명한다.

교회가 신자들을 가르칠 때 그르칠 수 없다는 것은 결코 독단이 아니다. 성경이 그렇게 증명한다. 예수께서 베드로 사도를 택하실 때 "너는 베드로다. 내가 이 반석 위에 내 교회를 세울 터인즉, 저승의 세력도 그것을 이기지 못할 것이다."(마태 16,18)라고 하셨다. 이렇게 예수께서는 당신 교회 안에 오류가 감히 침입하지 못하리라고 말씀하셨다. 만일 교회가 오류에 빠졌다면 이는 지옥문이 교회를 정복한 것이 아니겠는가.

16세기의 소위 종교 개혁자들은 교회가 오류에 빠져 지옥문이 교회를 침략하였다고 단언하였다. 영국 성공회 내에서 사용하는 《성경 강의록》에도 "교회는 88여 년간 추악한 우상 숭배에 빠져 있었다."라고 하였다. 예수의 말씀과 소위 개혁자들의 말이 여기서 전혀 상반된다. 그러면 우리는 누구의 말을 더 진실한 것으로 믿어야 할 것인가. 예수의 말씀인가, 아니면 자칭 개혁자들의 말인가.

만일 예수가 예언하신 교회의 무류성이 헛소리라면 예수는 하느님이 아닐 것이다. 하느님은 헛소리를 하실 수 없다. 그렇다면 또 예수를 예언자라고도 할 수 없다. 진정한 예언자는 헛소리를 하지 않을 뿐 아니라 그 예언이 적중해야만 하기 때문이다. 만일 그렇다면 황송한 말씀이지만 예수는 세상을 현혹하고 백성을 기만하는 자일 것이다. 따라서 거짓 예언자에게 기초를 둔 소위 '그리스도의 교회'는 사기 단체라 할 수밖에 없을 것이다. 소위 개혁자들의 단언이 과연 어떠한 결론을 짓는가 보라!

만일 죽음의 힘이 교회를 정복하지 못하리라고 하신 예수의 말씀이 진정한 예언이라고 한다면, 누가 감히 이를 부인할 수 있겠는가. 가톨릭 교회에는 진리 배치의 사실도 없고 또 배치할 수도 없다. 세상에는 종교가 많으나, 무류성을 선언한 교회는 가톨릭 교회밖에 없고, 또 가톨릭 교회의 영속성은 모든 사람이 인정하는 사실이다.

참으로 예수는 전지全知하신 건축가이시다. 일찍이 말씀하시기를 "그러므로 나의 이 말을 듣고 실행하는 이는 모두 자기 집을 반석 위에 지은 슬기로운 사람과 같을 것이다. 비가 내려 강물이 밀려오고 바람이 불어 그 집에 들이쳤지만 무너지지 않았다. 반석 위에 세워졌기 때문이다."(마태 7,24-25)라고 하셨다. 이러하신 예수께서 오류의 침투로 넘어져 버릴 집, 즉 교회를 어떻게 세웠겠는가.

예수께서는 사도들을 전 세계에 파견하실 때 복음 전파의 전권全權을 주셨다.

"아버지께서 나를 보내신 것처럼 나도 너희를 보낸다."(요한 20,21)

"너희는 가서 모든 민족들을 제자로 삼아 …… 내가 너희에게 명령한 모든 것을 가르쳐 지키게 하여라."(마태 28,19-20)

"너희는 온 세상에 가서 모든 피조물에게 복음을 선포하여라."(마르 16,15)

"성령께서 너희에게 내리시면 너희는 힘을 받아, 예루살렘과 온 유다와 사마리아, 그리고 땅 끝에 이르기까지 나의 증인이 될 것이다."(사도 1,8)

그러나 사도들 자신이 땅 끝까지 가서 모든 사람에게 복음을 전하지 못한 것은 사실인즉, 이를 보더라도 이 큰 사명은 결코 사도들에게만 위탁된 것이 아니라 그 후계자들에게까지 위임한 것임을 알 수 있다.

예수께서는 사도들에게 복음 선포의 전권을 위임하시는 동시에, 그 복음을 받는 자들에게는 복음을 듣고 그대로 실행할 의무 수행을 엄명하셨다.

"누구든지 너희를 받아들이지 않고 너희 말도 듣지 않거든, 그 집이나 그 고을을 떠날 때에 너희 발의 먼지를 털어 버려라. 내가 진실로 너희에게 말한다. 심판 날에는 소돔과 고모라 땅이 그 고을보다 견디기 쉬울 것이다."(마태 10,14-15)

"교회의 말도 들으려고 하지 않거든 그를 다른 민족 사람이나 세리처럼 여겨라."(마태 18,17)

"믿고 세례를 받는 이는 구원을 받고 믿지 않는 자는 단죄를 받을 것이다."(마르 16,16)

"너희 말을 듣는 이는 내 말을 듣는 사람이고, 너희를 물리치는 자는 나를 물리치는 사람이며, 나를 물리치는 자는 나를 보내신 분을 물리치는 사람이다."(루카 10,16)

이 모든 인용 구절을 고찰하여 보면 다음과 같다.

1. 사도들과 그 후계자는 예수께로부터 복음 전파의 전권을 받았고,

2. 복음을 듣는 이는 누구든지 들어 두지만 말고 마음속으로 진실로 복음에 순종해야 할 절대 의무가 있다는 것을 알 수 있다.

진실한 신앙인은 하느님께 "주님, 당신은 교회의 가르침을 듣고 그대로 실천하라고 명하셨습니다. 만일 제가 교회에 순종함으로써 기만을 당하였다면 이 착오의 원인은 당신께 있는 것입니다."라고 할 것이다.

그러나 우리는 전능하신 하느님께서 이미 당신 교회에 당신의 거룩한 이름으로 온 세계를 교화하라고 명령하신 이상, 반드시 하느님의 전지全知하신 섭리로써 교회를 보호하시어 우리 신자들로 하여금 영영 오류에 빠지지 않도록 지도하실 것임을 확신하는 바이다. 하느님을 믿고 그의 교회에 순종하는 우리를 그릇되게 버려두실 리가 없다.

이 무류성은 특수한 은혜이므로 예수께서 이를 부여하신 시기가 바로 더욱 그 말씀의 엄숙성을 명확히 드러낸다. 즉, 예수께서 수난하실 때가 가까이 왔음을 미리 아시고 사도들에게 언약하셨다.

"내가 아버지께 청하면, 아버지께서는 다른 보호자를 너희에게 보내시어, 영원히 너희와 함께 있도록 하실 것이다."(요한 14,16)

"진리의 영께서 오시면 너희를 모든 진리 안으로 이끌어 주실 것이다."(요한 16,13)

"나는 하늘과 땅의 모든 권한을 받았다. 그러므로 너희는 가서 모든 민족들을 제자로 삼아, 아버지와 아들과 성령의 이름으로 세례를 주고, 내가 너희에게 명령한 모든 것을 가르쳐 지키게 하여라. 보라, 내가 세상 끝날까지 언제나 너희와 함께 있겠다."(마태 28,18-20)

예수께서는 우선 당신 권능과 사명이 하느님께로부터 나온 것임을 단언하시어 "하늘과 땅의 모든 권한을 받았다."라고 하셨고, 또 그 권능으로 사도들과 그 후계자들에게 교권을 위임하시어 "가서 이 세상 모든 사람들을 가르쳐라."라고 하셨다. '가르쳐라'는 것은 성경을 전 세계 사람들에게 배포하라는 것이 아니라, 직접 입으로 설교하라고 명령하신 것이다. 최후에 가장 신중한 태도로 중대한 성명을 발표하시기를 "내가 세상 끝날까지 언제나 너희와 함께 있겠다."라고 하셨다. 이런 성명은 구약 성경에도 종종 기록되어 있다(탈출 3,12; 예레 2,1-10; 15,20). 하느님께서 예언자나 성조聖祖들에게 특별히 와 계심과 감독 후원 보호를 나타낼 때 쓰시던 말씀이다. 예수께서 말씀하신 이 몇 구절을 풀어 말하면 다음과 같다.

1. 길이요, 진리요, 생명인 나는 너희와 함께 있어 너희가 오류에 빠지지 않도록 특별히 보호하겠다 함이며,

2. 이는 다만 너희의 일생 동안이나 혹은 몇 세기 동안만이 아니라, 세계가 존속하는 동안 항상 너희의 후계자들과도 함께 있겠다고 하신 것이다.

바오로 사도 역시 여기에 대해서 다음과 같이 말했다.

"그분께서 어떤 이들은 사도로, 어떤 이들은 예언자로, 어떤 이

들은 복음 선포자로, 어떤 이들은 목자나 교사로 세워 주셨습니다. 성도들이 직무를 수행하고 그리스도의 몸을 성장시키는 일을 하도록, 그들을 준비시키시려는 것이었습니다. 그리하여 우리가 모두 하느님의 아드님에 대한 믿음과 지식에서 일치를 이루고 성숙한 사람이 되며 그리스도의 충만한 경지에 다다르게 됩니다. 그러면 우리는 더 이상 어린아이가 아닐 것입니다. 어린아이들은 사람들의 속임수나 간교한 계략에서 나온 가르침의 온갖 풍랑에 흔들리고 이리저리 밀려다닙니다."(에페 4,11-14)

오류를 가르칠 수 있다면 "성도들을 준비시켜서 그리스도의 몸을 자라게 하기 위한 것"이 될 수 없다. 또한 "이리저리 밀려다니는 일이 있어서는 안 될 것"이라는 말씀은 무류성에 대한 얼마나 자신만만한 말인가!

교회의 무류성은 성경에 이와 같이 명백히 기록되어 있는데도, 가톨릭 교회의 이런 무류성 주장은 근거 없는 설이라고 생각하는 이가 있다. 만일 이를 부인한다면 그 결과가 과연 어떻게 될 것인가.

1. 무류성이 없다면 교회는 오류에 빠질 가능성이 있다는 말이다. 무류성의 특전特典을 가졌거나 그렇지 않으면 오류에 빠질 수 있거나 둘 중 하나에도 속하지 않는 중간적 교회는 있을 수 없다.

2. 만일 교회가 교리상 오류를 범할 수 있다면 진리 대신 오류를 가르칠 가능성이 있다.

3. 오류를 가르칠 가능성이 있는 이상 교회의 가르침이 진리인지

오설誤說인지를 식별할 수 없으므로 불안정 또는 의혹 상태에 있을 것은 명백하다.

4. 교리에 대하여 의혹을 가진 이상, 그 사람은 신앙을 가질 수 없다. 참된 신앙은 절대로 의혹을 용납하지 못하는 것이다.

5. 만일 참된 신앙을 갖지 못한다면 하느님께 기꺼이 받아들여지는 자가 될 수 없다. 성경에도 "믿음이 없이는 하느님 마음에 들 수 없습니다."(히브 11,6)라고 하였다.

그러므로 무류성은 마치 새의 양 날개같이 교회와 서로 떠나지 못할 긴밀한 관계에 있다. 교회에 무류성이 없다면 듣는 사람도 참된 신앙을 지닐 수 없게 된다. 그러므로 교회는 모름지기 가르치는 신앙 교리나 도덕 사항에 관하여, 오류가 없는 권위와 의심할 수 없는 신임성을 자기 직책의 본질상 갖추어야 한다.

과학에 무류의 법칙이 존재함은 인정하면서 오직 종교에만 그 무류의 구원 법칙이 존재함을 부인하려 함은 무슨 까닭인가. 천문학자들은 100년 후 일식이나 월식을 정확히 예언하며 몇 해 후에 어떠어떠한 행성이 어떤 위치에 이를 것임을 미리 알 수 있다 한다. 나침반을 지닌 선원은 먹구름이 온 세상을 덮어도, 성난 파도가 바다를 뒤흔들어도 확신을 가지고 목적지로 전진한다. 주님의 나라인 하늘나라를 향하여 세파와 싸우며 나아가는 우리에게도 불가류不可謬의 지도자가 필요하지 않겠는가.

우리는 현대 사회에서 변화무쌍한 사상의 흐름과 사회 여러 구성원의 다양한 의견 속에서 혼란을 겪기도 한다. 또한 오성悟性과 양심을 흐리게 하는 세상의 거짓된 목소리를 듣게 된다. 이런 시대의 흐름 안에서 "주님께서 이렇게 말씀하셨다."라는 권위 있고 믿을 수 있는 진정한 목소리를 듣게 될 때 신자들은 큰 위안과 행복을 느낀다.

가톨릭 교회는 진리를 가르치고, 진리의 전체를 가르치고 또 진리만을 가르친다. 가톨릭 신자들은 이 무류한 교회의 지체肢體가 되었음을 모름지기 하느님께 충심으로 감사해야 한다.

가톨릭 교회는 영원불변의 진리와 평화와 사랑을 대대로 전하여 주며, 신앙에 있어서나 도덕에 있어서나 신자로 하여금 옳지 않은 길에 들지 않도록 올바로 인도하여 왔다. 자유 연구를 유일한 지침으로 삼는 프로테스탄트 교회 신자들이 시달리는 모든 내적 충돌과 의혹과 불안과 번민이란 우리는 모른다. 저 불행한 형제들은 "언제나 배운다고 하지만 결코 진리를 깨닫는 데까지는 이르지 못한다." (2티모 3,7 참조)

가톨릭 신자들은 저들과 같은 막연한 의혹의 와중에서 정처 없이 떠돌며 "설교의 바람에 불려 다니는 사람들"도 아니요, "장님에게 끌려 다니는 장님들"도 아니요, 많은 갈림길이 교차되는 끝없이 넓은 광야와 같은 영혼의 세계에서 방황하는 빙랑객도 아니다. 도리어 이사야 예언자의 말처럼 어리석은 사람들도 길 잃을 염려가 없는 크고 정결하며 훤하게 트인 길(이사 35,8 참조)을 달리는 행운아들이다. '상파', '하파', '구파', '신파', '남파', '북파'라는 파별派別이 없는 '늘 오래고 늘 새로운' 세계적 대교회의 일원으로서, 그들이 받은 복음의 진리는 살이 되고 피가 되어 하늘의 평안과 반석의 평정을 누리는 행복한 이들이다. 다윗 임금과 함께 "보라, 얼마나 좋고 얼마나 즐거운가, 형제들이 함께 사는 것이!"(시편 133,1) 하고 노래할 만한 자들은 실로 가톨릭 신자들뿐이다.

다행히 가톨릭의 일원이 된 사람은 하느님께 진심으로 감사하라. 가톨릭의 눈은 날카롭다. 경건의 가면을 쓴 사이비 종교는 그 앞에서 정체가 폭로되고야 만다. 일부다처제를 용인하는 모르몬파나, 천년 왕국설 주장자나, 교회 여권론자들은 도저히 가톨릭 교회에서는 동지를 찾을 수 없을 것이다. 그들의 헛소리가 비록 비할 데 없이 교묘할지라도 가톨릭 교회의 경계망을 뚫고 들어와 해독을 끼칠 수는 없다.

그러므로 가톨릭 교회에는 개혁의 여지가 도무지 없다. 이는 교회의 일에 봉직하는 이들이 범죄할 수 없다는 의미는 아니다. 성직자에게도 범죄 가능성이 있다. 교황에게든 신부에게든 은총 지위地位로부터의 타락 상태를 바로잡기 위한 도덕적 개혁이 필요한 때도 있다. 우리는 누구나 다 "결백한 보물을 깨뜨리기 쉬운 질그릇에 담아 가지고 다니는 자들"인 이상, 자칫하면 그것이 깨져서 그 보물을 더럽히기 쉽다.

그러나 교회의 교리는 절대로 개혁하거나 변경할 수 없다. 교회는 예수 그리스도께서 몸소 세우신 최대의 사업이다. 하느님의 모든 다른 사업이 완전하듯이 교회도 완전한 것이다. 완전은 개혁하지 못한다. 사람으로서 감히 하느님의 완전하신 사업을 개혁하려 든다면 이야말로 지나친 행동의 극치이다. 루터, 칼뱅, 녹스, 헨리 8세 왕, 기타 자칭 개혁자들이 하느님의 창업을 마치 인간의 제도처럼 여겨 거기에 감히 개혁의 손을 대었음은 실로 어불성설이다.

1869년 제1차 바티칸 공의회 개최 전의 일이다. 미국 프로테스탄트 신자로서 자유주의 교육을 받은 한 신사가 필자에게 이런 질문을 했다.

"전에 로마에서 비밀 회의를 열어, 성모의 원죄 없으심 교리를 취소했다고 들었습니다. 그런데 이번 공의회에서 이를 다시 협의하여 정식으로 폐기하게 된다고 합니다. 그러면 1854년의 그 교리에 내렸던 정의가 오류여서 이번 1869년 공의회에서 이를 개정한다고 하니, 이 사실이 맞는 겁니까?"

이 괴이한 질문을 받은 나는 즉시 "그런 문제는 공의회에 제출될 리 결코 없습니다. 공의회에서는 일단 결정 공포된 교리에 관하여는 절대로 재론하거나 수정할 수가 없고, 한번 공포되면 영원히 변경하지 못하는 것이기 때문이지요."라고 대답하였다.

만일 교회에서 한번 성식으로 결정 공포한 신조를 후에 고치거나 없애버린 사실이 단 한 번이라도 있다면, 그 예가 바로 곧 교회의 무류성에 치명상을 주고 말 것이다. 감히 단언한다! 교회 역사상 신조를 고치거나 없앤 것은 한 건도 없었다. 또 훗날에도 없을 것이다. 일단 공포된 교리는 후대의 교황이나 공의회가 멋대로 고치거나 없애 버릴 수 없다. 이는 참으로 놀라운 사실이다. 과거가 그러했으니 미래도 으레 그럴 것이다.

이와 같이 교회가 하느님께로부터 만민 교화의 권한을 받아 진리를 가르치면, 신자들은 전적으로 그 가르침에 순종할 의무가 있다. 이는 명백한 일이다.

가톨릭 교회는 성령의 기관機關이요, 예수 그리스도의 대리자이다. 그리스도는 교회에 대하여 "너희의 말을 듣는 사람은 나의 말을 듣는 사람이고, 너희를 배척하는 사람은 나를 배척하는 사람이다."라고 하셨다.

또 교회는 진리의 자모이시다. 사람의 마음은 언제든지 진리를 탐구하며 이를 발견하면 받아들이고 받들어 실천한다. 만일 진리의 자모이신 교회의 명령을 거역한다면 이는 불효일 뿐 아니라, 실로 그리스도를 거역하는 부도덕한 행위이다.

한 나라의 법률이 비록 다소 정의에 어긋난 점이 있다 할지라도 국민은 이를 준수하여야 한다. 또 집안의 자녀, 비록 그 부모가 간혹 그릇된 판단을 내릴지라도 그것이 정의에 어긋나는 일이 아니라면 그 명령에 순종하여야 한다. 하물며 언제든지 공정한 권고와 영원불변의 교훈을 베푸시는 우리의 자모 가톨릭 교회의 교리에 정성을 다하여 순종하는 것이 중대한 의무가 아니겠는가.

제8장

교회와 성경

　교회는 하느님의 계시 진리를 가르칠 사명을 받은 유일한 교사이다.
　성경은 하느님의 말씀을 간직한 커다란 창고이다. 그러므로 교회는 하느님께로부터 성경의 보관과 해석의 전권全權을 받았다. 만일 각 개인이 성경의 의미를 자기 뜻대로 해석한다면 교회의 무류성은 쓸데없는 것이 되어 버릴 것이다.
　교회의 산 권위자의 존재를 부인하고 다만 성경만으로 신앙 준칙을 삼으려 하는가. 아니다! 이는 결코 하느님의 뜻이 아니다.
　세상에는 유다인보다 더 성경을 존중히 여기는 민족은 없을 것이다. 성경은 그들의 일대 영예이다. 평화 시에는 그들은 성경으로 국가國歌를 삼았고 재난과 유배를 당할 때에는 성경을 묵상과 위안의 글로 삼았다. 그러나 종교적 논쟁이 일어날 때에는 그들은 아예 주의 말씀에 대한 사견으로 이를 해결하려 들지 않았다.

민간에 종교적 논쟁이 일어난 경우에는 대제관大祭官과 중의소(衆議所, 72인으로 구성됨)에서 이를 결정한다. 이 대제관과 판관들의 판결에 불복하는 자는 사형이라는 엄벌을 받았다.

"너희 성안에서 …… 너희가 판결을 내리기 어려운 송사가 있을 경우에는, 일어나 주 너희 하느님께서 선택하시는 곳으로 올라가야 한다. 너희는 레위인 사제들과 그때에 직무를 맡은 판관에게 가서 문의해야 한다. 그러면 그들이 너희에게 그 사건의 판결을 알려 줄 것이다. …… 거기에서 주 너희 하느님을 섬기는 당직 사제나 판관의 말을 듣지 않고 제멋대로 행동하면, 그 사람은 마땅히 죽어야 한다. 이렇게 너희는 이스라엘에서 악을 치워 버려야 한다."(신명 17,8-12)

보라! 하느님께서 유다 민족의 종교 쟁의를 처리할 때 법률의 조문에 따라 하지 않고 당신의 특정 기관인 종교 법정의 산 권위로써 하셨다. 사제들은 하느님의 거룩한 법을 백성에게 가르치고 해석하는 사람들이므로 성경에 정통하지 않을 수 없었다. "사제의 입술은 지식을 간직하고 사람들이 그의 입에서 법을 찾으니 그가 만군의 주님의 사자이기 때문이다."(말라 2,7) 실상 이스라엘 민족 중에는 사제 외에 성경을 가진 사람이 극히 드물었다.

그러면 하느님께서 어떤 방법으로 여러 사람에게 성경의 말씀을 듣게 하셨는가. 성경을 대량으로 복사하여 나누어 주게 하셨던가. 아니다. 하느님께서는 다만 사제들과 레위들에게 명하여 그들로 하여금 각 지파에 흩어져 살면서 그들에게 거룩한 법에 관한 지식을 직접 가르치게 하셨다. 유다의 평민들은 30세가 되기까지는 성경의 어떤 부분은 읽기를 금지당하기까지 했다.

예수께서 이 오랜 관습을 변경하셨는가. 또 성경 연구에 각자의 견해를 표준으로 삼으라 하셨는가. 아니다! 절대로 아니다! 도리어 지명된 교사의 가르침을 듣고 복종하라고 명하셨다. "율법 학자들과 바리사이들은 모세의 자리에 앉아 있다. 그러나 그들이 너희에게 말하는 것은 다 실행하고 지켜라."(마태 23,2-3)

언젠가 예수께서는 "너희는 성경에서 영원한 생명을 찾아 얻겠다는 생각으로 성경을 연구한다. 바로 그 성경이 나를 위하여 증언한다."(요한 5,39)라고 하신 일이 있었다. 성경 자유 해석자들은 언제든지 이 구절을 논쟁의 무기로 삼는다. 이는 이 구절의 참뜻을 모르기 때문이다. 권위 있는 성경 학자의 주석에 의거하면 여기서의 '성경'은 곧 구약 성경이다. 그때에는 신약 성경은 아직 나오지도 않았다. 또 주님의 이 말씀은 모든 사람에게 하신 말씀이 아니고 다만 율법의 스승인 바리사이 사람들에게만 하신 말씀이다. 율법의 스승이면서 예수를 하느님으로 인정하지 않은 그들을 꾸짖기 위하여 하신 말씀이다.

즉 "너희와 바리사이 사람들은 성경을 너희 손안에 가지고 있다. 그리고 그 성경이 내가 하느님의 아들임을 증거 하는데도 너희는 어찌하여 나를 메시아로 인정하지 않느냐."라고 하신 말씀이다. 예수께서 당신의 천주성天主性을 증명하려는 목적으로 성경을 연구하라는 것이지 결코 계시된 모든 진리가 성경에 담겨 있으니 그를 깊이 연구하라는 것은 아니다.

또 당신께서도 당신의 천주성을 증거하실 때 성경만을 그 유일한 증거로 삼지는 않으셨다. 성경 이외의 방법으로도 증거하셨다.

1. 요한 세례자의 증언(요한 5,33; 1,34)

"보라, 세상의 죄를 없애시는 하느님의 어린양이시다."(요한 1,29)

2. 당신이 행하신 여러 기적의 증거(요한 5,36)

3. 성부聖父의 증언

"이는 내가 사랑하는 아들, 내 마음에 드는 아들이다."(마태 3,17)

"이는 내가 선택한 아들이니 너희는 그의 말을 들어라."(루카 9,35)

4. 구약 성경의 증거(특히 구세주에 관한 예언)

"비록 이처럼 가장 확실한 세 증거를 믿고 따르지 않을지라도 성경(즉 구세주에 관한 구약 성경)의 예언의 증거는 부인하지 못하리라."라고 하심이다.

이 여러 말씀으로 예수께서는 성경의 참뜻을 증명하셨다. "성경을 깊이 파고들어"라는 구절을 가지고 성경의 자유 해석 태도를 변명하려는 것은 심한 성구聖句 모독이다.

예수께서 새로운 교회를 세우실 때 당신의 복음이 성경의 전파로 널리 퍼지기를 꾀하셨는가. 혹은 당신 제자들이 입으로 하는 설교로 전교되기를 꾀하셨는가. 이는 참으로 중요한 물음이다. 우리는 힘 있게 확언한다. 예수께서는 입을 통한 설교로 만민을 교화하려 하셨고, 또 만민은 이 설교를 듣고 회개하였다고. '성경공회聖書公會'나 '기독교서회基督敎書會'의 힘으로만 회개한 국민은 아직 하나도 없다고 말이다.

예수께서는 한 줄의 성경도 친히 쓰지 않으셨고, 또 제자들에게 성경을 쓰라고 명하신 적도 없었다(요한 사도에게 묵시록을 기록하라고 이끄신 것은 예외). 또 당시 이미 있던 성경(구약)을 배포하라고 하신 바도 없었다. 제자들을 여러 곳으로 파견하실 때 다음과 같이 말씀하셨고 제자들은 이 가르침을 그대로 받들고 실천했다.

"너희는 온 세상에 가서 모든 피조물에게 복음을 선포하여라."(마르 16,15)

"너희 말을 듣는 이는 내 말을 듣는 사람이다."(루카 10,16)

주님의 열두 사도와 72제자와 초대 교회 신자들 가운데 여덟 사람만이 성경을 기록하였다. 네 복음서와 서간 등은 모두 어느 개인이나 어떤 교회에 보낸 것이다. 즉 그것들은 교회 내의 어떤 긴급한 문제의 해결을 목적으로 한 집필이었다. 그것은 오늘날 교회 내의 어떤 폐습을 바로잡을 목적 또는 신자들의 행동 규범을 세워 줄 목적으로 하는 주교의 교서와 같은 것이다.

사도들이 성경을 전파하였다는 사실은 없다. 다만 "제자들은 떠나가서 곳곳에 복음을 선포하였다. 주님께서는 그들과 함께 일하시면서"(마르 16,20)라고 하였을 뿐이다. 구약 시대에든 신약 시대에든 신자들은 모름지기 교회의 산 권위의 지도를 받도록 마련되었고, 결코 성경의 자유 해석으로 행동하지는 못하도록 되어 있다.

16세기 종교 개혁까지는 세상이 생긴 이래 죽은 법률 조문만으로 백성을 다스렸다는 사실은 듣지 못하였다.

국민에 대한 국법은 그리스도교 신자들에 대한 성경과 동일시할 수 있다. 국민이 국법 해석자의 판결에 복종하여야 하듯이 신자도 성직자의 성경 해석에 복종해야 한다.

우리는 "성경이 유일한 지도자이다."라는 유행어를 가끔 듣는다. 과연 그렇다면 큰돈을 써서 굉장한 예배당과 주일 학교를 세울 필요는 대체 어디 있으며, 성경만이면 그만이라면 목사의 설교를 들을 필요나 어린이들에게 교회 교육이 왜 필요한가. 또 주일에 예배당에 갈 필요는 어디 있겠는가.

바로 여기에 성경 만능을 주장하는 이들의 모순이 있다. 정말 "성경만 있으면 족하다."라고 할 수 있겠는가. 그렇다면 설교와 교리 교육을 중지해야 옳다.

나는 이제 프로테스탄트 형제들에게 성경이 결코 만능이 아닌 이유를 밝혀 보려 한다. 만약 한 목사가 성경 한 권을 주며 말하기를 "이 책을 받으십시오. 당신 구원을 위해서는 이 책만 있으면 됩니다."라고 하였다 하자. 그러나 책을 펴면 큰 의혹이 먼저 생길 것이다. 즉, 이 성경에 기록된 사실이 과연 계시의 말씀인지 아닌지를 어떻게 알 수 있으며 또 성경이 주님의 말씀 전부인지 아닌지를 어찌 알 수 있겠는가. 성경은 본래 이런 아름다운 단행본으로 되어 있던 것이 아니다. 여러 세기 동안 여러 단편으로 각지에 흩어져 있었으며, 또 그동안 위경僞經이 성경 행세를 하기도 했으므로 신자들은 그 진위를 분별하기가 어려웠다. 즉 당시에 유행하던 베드로 사도 복음, 야고보 사도 복음, 마티아 사도 복음 등은 모두 가짜 성경이었다. 드디어 가톨릭 교회에서는 교도권을 발동하였다. 397년 카르타고 제3차 공의회에서 똑똑히 정경正經과 위경을 판정하여 세상에 공포한 것이다. 프로테스탄트 신학자 바클라우스R. Barclaius 같은 이는 이 사실을 솔직히 인정한다. 그는 정경Canon은 몇 권의 책으로 된 것으로서 그보다 더 많지도 않고 더 적지도 않다는 것은 성경 자체로는 증명되지 않으므로, 여기에 대하여는 성령의 사적 감도私的感導나 그렇지 않으면 로마 가톨릭을 신임하는 수밖에 없다는 결론을 내렸다.

가톨릭 교회를 신임하지 않는 프로테스탄트 종파 중에서는 성경 중 어느 부분이 주님의 올바른 말씀인지에 대하여 서로 논쟁한다. 유럽의 어떤 교파는 마르코 복음사가와 루카 복음사가는 사도가 아니므로 그 복음서는 진짜가 아니라 한다. 또한 루터는 야고보 사도의 편지를 '허수아비의 편지'라고 불러 모욕하였다. 그러나 한국 프로테스탄트 신약 성경에는 루터가 없애 버린 야고보 서간이 들어 있다!

정경 · 위경 판정의 난공사가 이제 끝나, 주님의 말씀만을 실은 성경이 세상에 나타났다 하자. 그러나 그것이 올바른 번역인지 그릇된 번역인지를 또 누가 판단할 수 있겠는가. 성경의 원어인 히브리어와 그리스어에 정통한 사람이 아니고서는 엄두도 내지 못할 일이다. 성경 원어 정통자가 이 세상에 과연 몇이나 되는가.

그러므로 성경을 주님의 말씀으로 받아들이려거든 유일한 성경 보존자인 가톨릭 교회의 권위에 의존하는 길밖에는 없음을 알아야 한다. 또 만약 올바로 번역된 성경을 가졌다 하자. 그렇다 해도 그 성경만이 영혼 구원의 지도자 구실을 하지는 못한다. 그 해석은 반드시 교회의 가르침에 따라야 한다.

예수께서 기쁘게 받아들일 진정한 지도자의 특징은,

1. 그 가르침을 각 사람이 쉽게 받을 수 있어야 하고,
2. 명료하고도 쉽게 해석하여야 하고,
3. 신앙과 도덕의 모든 사항에 관한 우리의 의문에 충분히 해답할 수 있어야 한다.

이제 이를 더 자세히 설명하려 한다.

1. 그 가르침을 각 사람이 쉽게 받을 수 있어야 한다

구원의 완전한 지도자는 반드시 진리를 구하는 모든 사람이 쉽게 접근할 만한 것이어야 할 것이다. 이는 "하느님께서는 모든 사람이 구원을 받고 진리를 깨닫게 되기를 원하시기"(1티모 2,4) 때문이다. 그러므로 하느님께서는 누구든지 진리를 깨닫기 쉽도록 안배하

였을 것이다. 그러나 성경은 어느 시대에든지 사람마다 다 쉽게 얻을 수는 없었다. 초대 교회 신자들은 신약 성경이란 것을 보지도 못하였다. 교회 창립 후 오랫동안 성경은 없었다.

오늘날과 같은 내용과 형식을 갖춘 성경은 4세기에 가톨릭 교회에서 정경, 위경을 판정하여 공포한 후의 것이다. 그러나 성경이 없던 초대 교회 시대가 오히려 그리스도 교회의 황금시대가 아니었던가! 더욱이 경건한 신자들은 성경의 가장 중요한 부분이 나오기 전에 벌써 세상을 떠났다. 만일 성경이 구원을 위한 유일한 지도서라면 성경이 없던 시대의 신자들은 어떻게 구원되었겠는가.

인쇄술은 1440년에야 비로소 발명되었다. 그러므로 4세기경부터 15세기까지의 10여 세기 동안에는 모든 사람에게 성경 한 권씩을 공급하기는 불가능했다.

인쇄술이 발달하기 전 시대의 성경은 모두 손으로 쓴 것이었다. 당시 전 세계의 성경을 모두 모아놓아도 겨우 수백 권뿐이었으니, 이렇게 드물기에 성직자나 학자들만 겨우 가질 수 있었다.

마르티네는 말하기를 "프로테스탄트의 가르침에 의하면, 사도들에게 있어서 인쇄술은 성령의 은혜인 말 잘하는 재능보다 더 나은 것이었을 것이다. 루터가 구텐베르크의 인쇄기가 발명된 지 100년 뒤에 태어나기가 다행이지, 만일 그보다 백 년 전에 태어나 당시 5천만이나 되는 신자들에게 이 성경을 읽고 익힐 것을 주장하였더라면 큰 조소를 받아 강단에서 정신 병원으로 실려 갔을 것이다."[17] 라고 하였다.

인쇄 기계의 완전한 설비와 영국 미국 각처에 흩어져 있는 기독 교서회나 성경공회의 막대한 재정 후원으로 겨우 오늘날 각 방면에 번역 성경만은 공급하게 되었다.

설사 성경을 각 시대 각 개인에게 쉽게 공급할 수 있다 하더라도 주님의 말씀을 읽지 못하는 문맹자가 세상에 얼마나 많은가!

그러므로 성경 자유 해석주의는 수많은 영혼의 구원에 해가 될 뿐 아니라 불가능하게까지 한다.

2. 명료하고도 쉽게 해석하는 사람이어야 한다

완전한 구원의 지도자의 가르침은 간단명료하여 듣는 이들이 쉽게 이해할 수 있어야 한다. 그런데 성경의 내용을 모든 사람이 과연 쉽게 깨달을 수 있을까. 결코 그렇지 않다. 성경에는 어려운 곳이 많아서 문맹은커녕 저명한 학자라도 깨닫기 어려워한다.

베드로 사도 자신도 바오로 사도의 편지에 관하여 말하기를 "그는 모든 편지에서 이러한 것들을 이야기합니다. 그 가운데에는 더러 알아듣기 어려운 것들이 있는데, 무식하고 믿음이 확고하지 못한 자들은 다른 성경 구절들을 곡해하듯이 그것들도 곡해하여 스스

17　Martinet, 《Religion in Society》, Vol. Ⅱ. c. 10

로 멸망을 불러옵니다."(2베드 3,16)라고 하였고, 또 다른 곳에는 "무엇보다 먼저 이것을 알아야 합니다. 성경의 어떠한 예언도 임의로 해석해서는 안 됩니다."(2베드 1,20)라고 하였다.

에티오피아 여왕 칸다케의 내시가 마차에 앉아서 이사야 예언서를 읽고 있을 때, 함께 탔던 필립보가 지금 읽는 것을 알겠느냐고 묻자 그는 "누가 나를 이끌어 주지 않으면 내가 어떻게 알아들을 수 있겠습니까?"(사도 8,31)라고 하였다. 이는 성경을 깨달을 수 없다는 솔직한 고백이다.

학문 조예가 깊은 4~5세기의 교부들(아우구스티노, 아타나시오, 예로니모, 그레고리오 등)은 성경 연구에 일생을 바쳤으면서도 모두 성경의 난해함을 고백하였다. 그러나 오늘날은 얕은 성경 지식을 가지고 창세기부터 묵시록에 이르기까지 주님의 말씀을 완전 통달한 양 득의양양 하는 일들이 많은데, 이는 실로 "천사들도 밟기를 무서워하는 곳을 어리석은 자들이 뛰어든다."라는 시구에 해당하는 이들이다.

소위 종교 개혁가들이 성경을 임의로 해석함으로서 그 어리석음을 여지없이 드러내었다. 그들이 교회 무류의 판단을 무시하고 성경의 자유 해석으로 최고 지침을 삼은 그때부터 그들은 성경의 가장 중요한 점에 있어 서로 논쟁을 일삼게 되었다. 그들 손의 '바이블(성경)'은 '베이블(바벨탑)'이 되었다. 노아의 자손들이 무엄하게도 높은 탑을 쌓아 하늘에 이르려다가 언어의 혼란으로 그 계획이 물

거품이 되었듯이 종교 개혁자들도 교만하게도 성경의 자유 해석으로 사람을 하늘나라에 '인도'하려다가 마침내 혼란을 일으키고 종교 분열을 빚어내고 말았다. 성경 자유 해석 논쟁의 한 초점인 "이는 내 몸이다."라는 말씀에 대하여 종교 개혁의 혼란기 전에는 한 가지 해설만이 있었을 뿐이었다. 그러나 그 후로는 이 간단한 말씀에 대하여 처음에는 80여 종의 해석을 붙이더니 나중에는 100여 종이 나타나기에 이르렀다.

오늘날 프로테스탄트는 분파에 분파를 거듭하여 마침내 일 인 일 교파 상태에 이르고야 말 추세이다. 이것이 전교에 막대한 장애가 된다는 것은 누구도 부정할 수 없는 사실이다. 그리고 이런 교파 분열은 성경 자유 해석주의를 주장하면서부터 시작된 것이다.

경박한 풋내기 설교자들은 각기 새로운 교파 창립의 천명天命을 받은 양 그 이름을 역사에 길이 남길 교조敎祖가 되어 보려고 날뛴다. 또 그들은 영구불변의 성경으로 변화무쌍한 자기 교설을 변호해 보려고 무던히 애쓰기도 한다.

보라, 어떤 교파에서는 하느님께서는 오직 한 분밖에 없다고 성경을 인용하여 증명하는가 하면, 다른 교파에서는 똑같은 그 성경을 인용하여 하느님께는 삼위三位가 있다고 주장한다. 어떤 교파에서는 예수는 하느님이 아니고 다만 한 사람이라고 역시 성경을 인용하여 증명하는가 하면, 다른 교파에서는 똑같은 그 구절을 인용하여 예수의 신성神性을 증명하려 한다. 또 어떤 교파에서는 유아 세례가 영혼을 구하기 위해 불필요하다고 역시 성경을 인용하여 주장하는가 하면, 다른 교파에서는 역시 성경 인용으로 이를 반박한다. 어떤 신자는 성사는 없는 것이라고 성경으로 변증하는가 하면, 다른 신자는 성사란 두 가지밖에 없다고 말한다.

또 어떤 이는 지옥의 영벌永罰을 성구를 인용하여 가르치는가 하면, 다른 이들은 이를 정면으로 부정한다. 어떤 교회의 목사들은 강단에서 대담하게도 몇 년 몇 월 며칠 예수께서 재림하시고 세계가 멸망한다고 예언한다. 그날이 되어도 아무 이상이 없으면 뻔뻔하게도 하는 말이, 그 날짜가 연기되었다는 것이다.

소위 성령의 빛을 받아 진리를 가르친다는 목사들의 성경 해석 태도가 이렇게도 천차만별이며, 심한 경우에는 논쟁의 대립이 정도를 지나쳐 같은 예배당 안에서 서로 격투까지 벌어지는 실례를 가끔 보고 듣는 바이다. 대체 이래서야 양 떼는 누구를 믿고 따라가야 옳단 말인가. 하는 수 없이 신자도 역시 자기 의견과 비슷한 어느 하나를 골라잡게 될 것이다. 그러나 이는 위험천만한 짓이다. 장님이 문에 바로 들어가기를 어찌 꼭 기대할 수 있겠는가. 이런 투기 심리에 어찌 영원한 신앙의 뿌리가 깃들 수 있겠는가.

구원 문제는 인생의 최상 최후 최대의 문제이다. 그러므로 누구든지 자기 영혼을 구하기를 원한다면 모름지기 "나는 길이요 진리요 생명이다."(요한 14,6)라고 하신 주님의 엄숙한 말씀에 순종하여 주님의 길과 진리를 그대로 가르치는, 주님이 창립하신 가톨릭 교회의 인도를 겸손히 받아야 한다.

성경을 제 마음대로 해석함은 성경의 권위에 대한 치명상이다. 우리의 지력과 자유를 그리스도께 순종시키는(2코린 10,5 참조) 성경이지만, 한번 그것이 자유 해석의 포로가 되는 날엔 무제한의 자유와 자유, 의견과 의견이 다투어 일어나 드디어 아전인수의 해석을 제멋대로 붙이게 된다. 이러고서도 성경의 권위가 서게 될 것인가!

교회 역사의 역사적 사실로 보아 성경 자유 해석자가 삼위일체 교리를 반대하고 삼위를 차등하기도 하며 그리스도의 신성을 부인하기까지에 이르렀다. 성경 자유 해석이 사람의 자유를 근본적으로 부정하고 하느님의 은총의 필요를 인정하지 않았다. 성경 자유 해석이 교회를 부정하고 일곱 성사를 부인하고 선행 무용론을 제창하였다. 성경 자유 해석이 연옥의 존재뿐 아니라 천국, 지옥, 심지어 영혼의 존재까지 부인하였다. 프로테스탄트의 이 모든 그릇된 해석은 오로지 성경 자유 해석이 낳은 괴물들이다.

보라, 자유 해석의 포로가 된 성경이 얼마나 참혹한 모독을 당하고 있는가! 그리스도의 성경이 이렇게까지 그리스도를 반대할 수도 있는가!

자유 해석은 성경의 규범성規範性을 파괴해 버렸다.

성경은 인간의 신앙과 행동을 다스리는 한 규범이다. 그러므로 여기에는 고정성固定性이 없을 수 없다. 우리가 사용하는 미터법은 학자들의 수많은 노력으로 지구 자오선의 4000만분의 1을 기초로 하여, 미터 원기原器에 새겨 놓은 일정한 길이를 규범으로 한 것이다. 이 원기는 현재 파리 박물관에 있어 누구나 다 볼 수 있는데, 온도의 영향으로 늘었다 줄었다 하는 폐단을 막기 위하여 백금으로 만들고 그 단면을 'x'자형으로 한 것이다. 이만큼 미터기의 정확을 위해서는 고정성이 필요한 것이다. 만일 누구나 다 마음대로 늘이고 줄일 수 있도록 고무줄로 만든 미터기가 있다면 벌써 이것은 공공연한 도량형은 될 수 없고, 오직 교활한 장사꾼의 손에나 있을 수 있는 부정확한 단위가 될 것이다.

그러면 신앙과 도덕의 규범인 성경이 시중에서 통용되는 미터기만한 가치도 없고 중요성도 없어야만 되는가. 아무 고정성도 없이 누구나 다 자기 멋대로 이렇게 저렇게 해석하여, 고무줄로 된 부정확한 기구같이 줄이고 늘이기를 마음대로 할 수 있어서야 되겠는가.

어떤 사람은 사람들이 성경을 읽을 때 성령이 각자를 비추어 그 참뜻을 잘 알아듣게 하여 주신다고 말한다. 그러나 진리의 성령은 교회에 공공적公共的으로 허락되셨다. 그분은 결코 개인이 주관적이고 감흥적으로 받을 수 있는 존재가 아니시다. 수백 교파는 성경 자유 해석을 빙자하여 분열되지 않았던가. 분쟁의 하느님이 아니시고 오직 "평화의 하느님"(1코린 14,33)께서 이처럼 살풍경한 분쟁과 분열을 일으키셨을까! 일구이언은 점잖은 사람도 하지 않는다. 성령이 각 개인을 비추시어 성경을 잘 알아듣게 하신다 함은, 결국 성경 자유 해석을 구실로 한 수많은 오류와 이단 발생 책임을 성령께 돌리는 것으로 신을 모독하는 발언이다. "나는 길이요 진리요 생명이다."(요한 14,6)이시요 "교만과 거만과 악의 길을, 사악한 입을 미워한다."(잠언 8,13) 하신 성령께 이보다 더 큰 모욕이 또 어디 있겠는가!

성경 자유 해석주의의 폐해가 과연 이러한 것이다. 한 나라의 법률도 그 개인적인 해석을 금한다. 그 해석은 사법 당국에 위임되어 있다. 하물며 성경의 해석과 교회의 통리通理를 어찌 개인의 의견에 맡겨 버리겠는가.

항해하는 데 한갓 나침반과 조타操舵의 방향에 대해 왈가왈부 논쟁만 일삼고 일정한 뱃길을 잡지 못한다면, 그 승객들은 얼마나 불안할 것인가! 하물며 영원한 고향을 향하여 나아가는 대항해에서 선원들이 서로 항로에 대하여 논쟁만을 일삼는다면 그 위험이 과연 어떠하겠는가. 생사가 달린 구원 항해에는 반드시 권위자의 절대 그르침이 없는 조종이 있어야 한다. 이처럼 죽느냐 사느냐의 긴급 항해에 있어서 항로에 대한 논쟁이란 그야말로 어불성설이다. 항로에 관한 어떤 억측도 허용될 수 없다. 더욱이 성난 파도 속의 승객들은 으레 그 조타수의 권위 있는 한마디에 모든 존재를 내맡길 수 있는 신뢰를 가져야 한다.

3. 하늘나라로 사람을 인도하는 중책을 진 교도자는 반드시 구원에 필요한 모든 진리를 빠짐없이 가르치고 진리에 관한 모든 의문을 충분히 해답할 수 있어야 한다

실상 성경에는 신조 전부가 들어 있지도 않고, 또 거기에서 신자가 준수해야 할 세부 조목 전부를 찾아낼 수도 없다. 주일을 거룩하게 지킬 의무의 예를 보자. 이는 물론 신자의 중대한 의무 중 하나이지만 성경에서는 그에 대한 명백한 구절을 하나도 찾아볼 수 없다. 성경의 안식일은 토요일이지 일요일이 아니다. 또 우리는 성령께 기도를 드린다. 그러나 성령께 기도하라는 구절은 성경에서 발견할 수 없다. 이와 같이 가톨릭 교회에서는 성경 기록 외에도 주님과 사도들이 가르친 신앙생활상 주요 의무가 또 있다는 것을 가르친다.

성경에 기록되지 않은 주님의 가르침으로서 오늘날까지 전해져 온 것을 '성전聖傳'이라 부른다. 성전 존재에 관하여는 성경 여러 구절에서 찾아볼 수 있다.

"예수님께서 하신 일은 이 밖에도 많이 있다. 그래서 그것들을 낱낱이 기록하면, 온 세상이라도 그렇게 기록된 책들을 다 담아 내지 못하리라고 나는 생각한다."(요한 21,25)라는 말씀이 이를 증명한다.

"우리는 또한 끊임없이 하느님께 감사를 드립니다. 우리가 전하는 하느님의 말씀을 들을 때, 여러분이 그것을 사람의 말로 받아들이지 않고 사실 그대로 하느님의 말씀으로 받아들였기 때문입니다."(1테살 2,13) "굳건히 서서 우리의 말이나 편지로 배운 전통을 굳게 지키십시오."(2테살 2,15)

"나에게서 들은 건전한 말씀을 본보기로 삼으십시오."(2티모 1,13) 이러한 모든 말씀은 곧 성경에 기록되지 못한 가르침이 또 있을 것임을 가리키는 말이다. 그뿐 아니라 바오로 사도의 편지 중 분실된 것도 있다. 코린토 신자들에게 보낸 첫째 서간 5장 9절에 "나는 전에 써 보낸 편지에서 불륜을 저지르는 자들과 상종하지 말라고 하였습니다."라는 말이 있는데, 지금 우리가 가지고 있는 코린토서에는 이른바 전에 쓴 편지는 없으므로, 그때 또 하나의 코린토 서간이 있었음을 알 수 있다. 또 콜로새 신자들에게 보낸 서간 4장 16절에는 "여러분이 이 편지를 읽고 난 뒤에 라오디케이아 교회에서도 읽게 해 주십시오. 그리고 라오디케이아에서 가는 편지를 여러분도 읽으십시오."라고 하였는데, 라오디케이아 서간이라는 편지는 볼 수 없으므로 그것이 분실되었음을 알 수 있다. 따라서 성경에 기록되지 못한 주님의 말씀과 사도들의 가르침이 있음이 명백하다. 이를 우리는 '성전'이라 부른다.

성전으로 우리는 성경에 기록되지 못한 진리를 전해 받으며, 성경에 희미하게 기록된 사실을 해석하며, 성경에 산재한 모호한 문구의 참뜻을 알아낸다. 현재 모든 교파가 사용하는 성경은 결국 가톨릭 교회의 손에서 가져간 것이다. 그들은 당시 유행하던 정경·위경이 뒤섞인 가운데서(초세기에 사방에 흩어진 위경의 종류는 30가지가 넘었다) 참성경을 식별해 낸 가톨릭 교회의 권위를 그만큼 인증하기 때문이다. 그러면 모든 인간적 전설들 가운데서 하느님의 말씀인 성전을 철저히 구별하여 가르치는 가톨릭 교회의 권위 또한 승인해야 옳을 것이다. 그리고 어느 교리의 진위를 규명하려 할 때, 거기에 대하여 성경에 명백한 구절이 없을 수도 있음을 알아야 한다.

한마디로, 성경만이 완전한 구원의 지도자 구실을 할 수 없고, 또 성경만이 완전한 신앙 준칙이 될 수도 없다는 것이다. 그 이유는 다음과 같다.

1) 성경은 각 시대의 구도자求道者 전부가 쉽게 얻을 수 없다.
2) 성경은 그 기사 내용이 명료하지 못하여 뜻을 깨닫기 어려운 곳이 많으며 따라서 가장 중요한 곳이라도 쉽게 이해하기가 어렵다.
3) 성경은 계시 진리 전부를 싣지 못하였다.

그러나 어느 목사는 가톨릭 교회가 "성경보다 교회가 더 크다."고 하거나, 혹은 "성경보다 사도들이 더 크다.", "가톨릭 교회의 권위는 성경 위에 서 있다."라고 한다며 애매한 말을 늘어놓는다. 이렇듯 가톨릭 교회가 성경을 무시한다는 인상을 사람들에게 심어 주려고 애쓰는 것은 공정한 태도라 할 수 없다. 더구나 가톨릭 교회에서는 "신부만이 성경을 정확히 해석할 수 있다 하고, 신자 중에는 비록 대학자라도 성경을 그 본의대로 해석하지 못한다."라는 말은 거짓말이다.

'교회'라는 말이 주교 또는 사제단을 의미할 수 없음은 더 말할 여지도 없다. 어느 주교나 신부의 성경 해석이 교회의 전통적 해석에 배치될 때 교회는 가차 없이 이를 배격한다. 가톨릭 교회에서 주교였던 포티우스, 사제였던 루터와 위클리프, 츠빙글리 등을 파문한 사실을 떠올려 보면 이를 짐작할 수 있을 것이다.

그러면 이제 가톨릭 교회에서 표준으로 삼는 전통적 해석에 대하여 논하겠다. 어느 서적이든지 그 의미 해석에 대한 쟁론은 서적 자체가 해결하지는 못한다. 이 점에 대하여 플라톤은 "그 서적에게 백번 물어 보라. 백번 같은 대답을 하리라. 무식한 자에게나 궤변자에게나 다 같이 찢길 터이니 그 저자가 나와서 명백히 그 뜻을 해석하기 전에는 그 서적은 모욕만 받을 것이다."[18]라고 하였다.

성경은 물론 하느님의 말씀이다. 하느님의 말씀이 담겨 있는 이 성경도 생명 없는 문자로 표시되어 있는 만큼 그 예외가 될 수 없다. 그러므로 성경이 세상에 나온 지 2천 년인 오늘날, 여전히 오직 침묵을 지키는 그 문구에만 얽매여 각자 자기주장만을 일삼는 것은 다만 분열과 쟁론의 빌미인 주관적 해석의 난립 상태를 빚어낼 뿐이다. 이러고서는 엄연한 객관성을 띤 해석을 믿고 따를 리가 없다. 그렇다고 하여 물리 화학적 문제처럼 실험관적 해답을 구할 수도 없는 것이다.

---

18   Plato Phoed., 60

그 방도는 하나밖에 없다. 즉 성경에 기재되지 않은 하느님의 말씀인 '성전'과, 또는 성경이 저술되던 시대 또는 그와 가까운 후대에 살고 있던 초대 신자, 특히 교부들은 대체로 이를 어떻게 이해했는지 연구하는 것이다. 교부들도 사람인 이상 그들의 말도 결국 사람의 말이지 성경은 아니라 하여 이를 도외시하고 오직 성경 문구에만 집착하는 이도 있다. 우리는 물론 어느 교부 한 사람의 의견만을 절대시하지는 않는다. 그러나 우리는 대체로 성경과 교리에 대한 초대 교부들의 공통적 해석을 매우 존중한다. 기적을 행하며 진리를 전했던 그리스도와 사도들이 그 진리를 공공연한 진리로 후계자들에게 이해시키지 못하였을 리 없다. 또 진리를 위하여 목숨까지 희생한 당시 신자들과 교부들이 스승의 가르침을 알아듣지 못하고서 그것을 함부로 남에게 가르쳤을 리도 만무하다.

그러므로 초대 교회의 뛰어난 박학자요 또 순교까지 한 가장 경건한 교부들이 굳게 믿는 '성전'이야말로 그리스도와 사도들이 남긴 가르침임이 분명하다.

가톨릭 교회는 성전과 초대 교부들의 공공적公共的 신앙에 준거하여 성경을 해석한다. 한 성경 해석이 있다 하자. 신앙과 도덕적으로 문제 될 만한 사항이 아니면 이를 불문에 붙여 버릴 수도 있겠지만, 만일 그것이 신앙과 도덕적 관점에 있어서 어떤 논쟁의 초점이 될 때에는 교회는 단호히 흑백을 가려낸다.

이 글을 읽는 이는, 가톨릭 교회에서는 성경을 가볍게 보고 성경 읽기를 반대한다는 속단을 내리지 말아야 한다. 가톨릭 교회가 성경을 가볍게 본다는 등의 말은 천부당만부당한 중상모략이다.

우리의 자모이신 가톨릭 교회를 가리켜 성경을 경시하는 교회라는 비방은 마치 성모 마리아를, 그 가슴에 안은 '아기 예수를 눌러 죽이는 여자'라고 소송을 제기하는 것과 같은 것이다.

참으로 가톨릭 교회는 15세기 동안 유일한 성경 수호자였다. 만일 가톨릭 교회가 성경을 경시하였다면 1,500년을 흘러오는 동안 성경이란 존재는 벌써 소실되어 깊은 못에 빠져 버렸을 것이다.

예로부터 수많은 문예 대작이 오늘날 얼마나 많이 소멸되었는가. 그러나 성경은 이집트의 피라미드처럼 15세기 동안 전쟁 혁명 등 온갖 치명적 위험의 소용돌이에서 시달렸지만 조금도 손상되지 않고 온전히 살아 있다. 저 기막힌 치명적 위험에서 시달리는 성경을 몸 바쳐 지킨 가톨릭 교회의 공적은 그야말로 천추 불멸의 그것이다.

만일 우리 교회가 성경을 보호하지 않았더라면 "이스라엘 임금들의 실록"(1열왕 14,19)의 존재를 사람들이 알 수 없는 것처럼 신약성경의 존재도 뭇사람들은 모르고 말았을 것이다.

문명의 이기가 다 갖추어진 현대에 사는 우리로서는 성경 보관에 힘쓴 역대 교회의 기막힌 노고의 정도를 상상하기도 힘들 것이다. 성경을 후세에 전하기 위해 박학한 수도자들이 한 자 한 자 손으로 써간 노고와 또 이 귀중한 사본寫本 보관을 위한 그 후계자들의 고충이 과연 어떠했겠는가.

가톨릭 교회가 성경을 영구히 전하기 위하여 어떠한 기막힌 노력을 하였는지 그 사실을 간단히 적으려고 한다.

오늘날 우리가 읽고 있는 정경은 4세기에 정리 편성된 것이다. 당시의 다마소 교황은 성경 전부를 라틴어로 완역하라고 명령하였다. 라틴어는 당시 로마와 이탈리아의 국어일 뿐 아니라 서구의 여러 문명국 간의 국제어였다. 이 번역의 중대 사업을 맡은 이는 저명한 히브리어 학자였던 예로니모 성인St. Jeronimus이었다. 예로니모 성인은 번역을 마치고 모든 그리스도인 세계에 이를 배포하였다.

6, 7세기의 유럽 여러 나라의 국어는 라틴어에서 파생되었다. 따라서 성경도 점차 각국 말로 번역 출간되지 않을 수 없게 되었다. 8세기에 영국의 베다 성인은 당시 영국에서 쓰던 말인 색슨어로 성경을 번역하였다. 성인은 요한 복음서의 마지막 구절 구술을 마치고 별세했다.

영국의 캔터베리 애런델Arundel 대주교는 1394년 리차드 2세의 왕비 앤의 장례 조사弔詞 중 특히 왕비가 네 복음서를 열심히 읽었음을 칭송하였다. 토마스 모어(Thomas More, 헨리 8세 왕의 수상, 그 후 순교함)는 위클리프(Wicliff, 가톨릭 신부였으나 후에 이탈하고 성경을 영역하였다). 이전에 영역 성경이 벌써 있었고 "독실한 신자들은 경건하고 열성적으로 그 성경을 읽었다."라고 증언하였다.

15세기에 이르러 영국에서 성경 읽기를 부분적으로 제한한 일이 있었으나, 당시 위클리프와 그 일당이 그 신역 성경에다가 괴이한 유설誘說을 함부로 첨가하며, 또 그들이 전통에 어긋나는 해석을 선전하므로 그 해독을 막기 위한 일시적 조치였다.

교회가 주님의 말씀을 전파하는 데 오역誤譯 성경이 신자에게 해독을 끼칠까 두려워, 충분히 주시 감독하는 것은 당연한 의무요 권리이다. 이는 가톨릭 교회가 하느님의 말씀인 성경 존중에 대한 태도를 밝히는 좋은 예이다.

활자 인쇄술은 15세기에 발명되었고 소위 종교 개혁의 소동은 100년 후에 일어났다. 그렇지만 프로테스탄트 신자들 중에는 인쇄술 발명 이래 최초 간행 성경은 루터역 성경이라고 잘못 알고 있는 이가 오늘날에도 가끔 있다. 이는 역사 지식의 결여에서 오는 그릇된 견해다. 실상 루터의 성경 번역 시작 전에 유럽 대륙에는 이미 각국 언어로 번역된 성경이 많이 출판되어 있었다. 영역 성경 출판을 비롯 독일어역 22판, 스페인어역 1판, 프랑스어역 4판, 이탈리아어역 21판, 네덜란드어역 5판, 보헤미아어역 4판이 간행되어 있었다.

근대의 영역 가톨릭 성경 서론에서 비오 6세 교황의 서한을 볼 수 있다. 이는 신자들에게 성경을 경건하고 열심히 읽기를 간곡히 권한 편지이다. 교황의 교서는 교회 내에서 가장 권위 있는 글이다. 또 미국 내에서 발간된 헤이덕 출판의 가톨릭 성경 서문을 보면, 온 교우들에게 완전히 번역된 성경 읽기를 간곡히 권하는 미국 주교들의 교서가 들어 있다.

  이 모든 역사적 사실을 읽는 이가 진실로 편견이 없다면, 가톨릭 교회가 성경 읽기를 반대하기는커녕 오히려 열심히 읽기를 장려하는 사실을 잘 알 수 있을 것이다.[19]

  이제 필자의 긴 면학 기간 중 엄격한 성경 연구 규정 엄수 훈련 경험을 말하려 한다. 이는 전 세계 가톨릭 신학교 신학생의 공통 경험이다. 즉, 예과豫科 시절에는 매일 성경을 낭독하였고 철학과와 신학과 재학 중에는 성경이 그 중요 교과 과정의 하나였다. 이밖에도 매일 신약 성경 1장을 무릎 꿇고 거룩한 마음으로 봉독한 뒤 경건한 태도로 그 구절에 입 맞추었다. 식사 때에도 잡담은 금지되고 정숙히 성경 낭독을 듣는 것이 규칙이었다. 우리는 언제든지 신약 성경 한 권은 늘 지니고 있었다.

  신학생들은 이렇게 언제나 성경에 숙달되었으므로, 성경 몇 구절만 들으면 벌써 그것이 어느 부분 몇 장 몇 절임을 정확히 지적할 정도였다. 그리고 성경을 읽을 때엔 만에 하나라도 근신과 경건이 부족할까 늘 두려워하였다. 사제품을 받은 신부에게는 매일 한 시간 성경을 읽어야 할 의무가 있다. 성직자가 매일같이 성경을 읽어

---

19 북한에서 온 한 신사가 "얼마 전 내가 처음으로 서울 명동 성당 구내 서점에 들렀을 때 책꽂이에 성경이 많이 꽂혀 있는 것을 보고 놀랐다. 지금까지 나는 가톨릭 교회에서는 신자들에게 성경을 못 읽게 하는 줄로만 알았다."라고 하였다. 그는 그 후 가톨릭으로 개종하였다. 그러나 지금도 많은 프로테스탄트 교역자 중에는 가톨릭 교회에서는 신자들에게 성경을 못 읽게 한다고 공공연히 말하고 있는데, 우리는 그것이 무지無知인지 악의인지 알 수 없다. ― 역자 주

야 한다는 이 의무의 엄격한 규율은 가톨릭 교회에서만 볼 수 있는 사실이다.

성직자에게 성경 봉독이 필요하고 유익하다면 평신도에게도 또한 유익할 것이다. 가톨릭 교회에서는 성경을 읽지 못하게 하지 않을 뿐더러, 오히려 복음 말씀이 모든 사람의 가슴에 깊이 새겨지기를 간절히 원하고 있다.

제9장

베드로 사도의 수위권

가톨릭 교회에서는 예수께서 베드로 사도에게 교회 최고의 지위와 교회 통치의 최고권을 친히 주셨다는 것과, 그 계승자인 로마의 주교인 교황에게도 교회의 최고권이 있다는 것을 가르친다. 그러므로 그리스도의 진정한 제자가 되려면 성직자든 평신도든, 베드로 사도의 계승자가 통치하는 로마 주교좌와 반드시 연결되어야 한다.

우리는 여기서 하느님의 임명을 받은 구약 시대의 대사제 직위가 곧 신약 시대의 로마 교황 직위에 해당함을 알아야 한다. 고대 유다교에서는 사제인 레위인과 재판관이 제단에 봉사하기 위하여 서품되었고, 종교 최고 법정에는 제관장이 그 수좌首座에 임명되었다. 종교상 모든 논쟁은 다 이 법정에서 심리되며 최후의 판결은 제관장의 말 한마디로 좌우된다. 이 제관장의 한마디 말은 권위 있는 말이므로, 만일 그 판결에 순응하지 않는 사람이 있으면 그는 사형을 받게 된다.

"너희 성안에서 살인이나 다툼이나 폭력과 관련하여 너희가 판결을 내리기 어려운 송사가 있을 경우 …… 레위인 사제들과 그때에 직무를 맡은 판관에게 가서 문의해야 한다. 그러면 그들이 너희에게 그 사건의 판결을 알려 줄 것이다. …… 어떤 사람이 거기에서 주 너희 하느님을 섬기는 당직 사제나 판관의 말을 듣지 않고 제멋대로 행동하면, 그 사람은 마땅히 죽어야 한다. 이렇게 너희는 이스라엘에서 악을 치워 버려야 한다."(신명 17,8-12)

이와 같이 유다교에서는 제관이 모든 종교 사건에 관하여 최고권을 지녔으며, 이 권위의 행사로 신앙과 예배 규범의 일치를 보전하였다.

유다교는 바오로 사도의 말처럼 그리스도 교회의 유형類型이다. "이 일들은 본보기로 그들에게 일어난 것인데, 세상 종말에 다다른 우리에게 경고가 되라고 기록되었습니다."(1코린 10,11)

신앙과 예배의 일치를 보전하기 위해서는 권위 행사가 필요하다. 이는 모세 시대에도 그러했고 오늘날에도 그러하다.

나라마다 으레 권위를 가진 최고 통치권자가 있다. 만일 최고 통치권자의 권위 행사가 없으면 나라의 질서가 무너져 내란이 그치지 않을 것이다. 프랑스의 나폴레옹 3세 황제가 실각하였을 때 전국에 내란이 끊이지 않았던 참상을 보라. 가정의 평화와 단란함도 가장의 권위 있는 통솔이 있을 때 이뤄지는 법이다. 그리스도 교회는 유형有形의 단체이다. 산 인간을 그 구성 분자로 한 유기체有機體이다. 교회는 영적 단체인 동시에 유형한 조직체이다. 유형한 조직체에는 으레 유형한 권위 행사가 있어야 질서가 유지되는 법이다. 이는 자연법적 지혜이다. 식견을 지닌 자라면 누구나 긍정하는 이치이다. 그러니 어찌 하느님의 아들이 당신의 몸이신 교회를 교회의 우두머리 없이 내버려 두셨겠는가.

그러나 "우리는 교회의 우두머리의 존재를 부인하지는 않는다. 그 우두머리는 하느님 자신이시다."라고 주장하는 이도 있다. 이것은 궤변이다. 하느님께서는 만물의 창조주이시지만, 그 권능을 직접 행사하시지 않고 유형의 인간을 써서 행사하신다(잠언 8,15 참조).

교회에는 천상의 대주재자이신 하느님과 하느님의 권한을 대행하는 유형한 우두머리가 있다. 교회의 몸뚱이와 사지가 유형한 존재인 이상, 머리만 무형의 존재일 수는 없다. 만일 교회에 최고 통솔자가 없다면 그야말로 교회는 마치 장군 없는 군대, 선장 없는 배, 목자 없는 양 떼와 같고 머리 없는 사람 몸과 같을 것이다.

가톨릭 교회로부터 이탈한 프로테스탄트 여러 파는 베드로 사도의 수위권을 부인하며 따라서 로마 교황의 권위를 부인한다.

프로테스탄트 교회에는 하느님께서 임명하신 우두머리가 없으므로 곧 그 약체가 드러나며 또 분열에 분열을 거듭한다. 이는 반석과 같은 권위와 공통된 기본이 거기에 없기 때문이다.

가톨릭 교회에는 엄연한 권위의 최고 판관이 있어서 그가 모든 서로 다른 논리와 분쟁에 대한 일체의 최후 결정을 내린다. 교회 통일의 비결, 신앙 일치의 비결이 바로 여기 있다.

이미 언급했듯이 유다 교회의 반석인 제관장이 있다는 사실, 나라와 가정과 모든 집단의 질서 유지를 위하여 우두머리가 반드시 있어야 한다는 것, 특히 교회의 일치를 보존하기 위해서는 반드시 가시적인 최고의 권위가 있어야 한다는 절대 필요성에 대한 이치를 갖고, 그리스도께서 당신 교회를 설립하실 때 반드시 최고 행위를 가진 반석을 선정하였으리라고 미루어 단정할 수 있다. 과연 그리하셨다.

확실히 교회에는 예수께로부터 임명된 권위의 우두머리가 있다. 베드로 사도와 그 계승자들이 그러하다. 신약 성경이 이를 증명한다. 성실한 영혼은 이를 서슴없이 받아들일 것이다. 우선, 그 이유는 세 가지로 설명할 수 있다.

1. 예수께서 베드로에게 수위권首位權을 부여하시겠다고 약속하셨다.
2. 실제로 베드로에게 그 권위를 부여하셨다.
3. 베드로 사도가 사실상 그 권위를 행사하였다는 사실을 신약 성경에 의거하여 낱낱이 보여 주려고 한다.

1. 예수께서 베드로 사도에게 수위권 부여를 약속하셨다

예수께서 어느 날 사도들에게 물으셨다. "사람의 아들(당신을 두고 하시는 말씀)을 누구라고들 하더냐?" 사도들은 "요한 세례자라고 합니다. 그러나 어떤 이들은 엘리야라 하고, 또 어떤 이들은 예레미야나 예언자 가운데 한 분이라고 합니다."라고 대답하였다. 예수께서 또 물으셨다. "그러면 너희는 나를 누구라고 하느냐?" 시몬 베드로가 "스승님은 살아 계신 하느님의 아드님 그리스도이십니다."라고 대답하였다(마태 16,13-16). 그러자 예수께서는 다음과 같이 말씀하셨다.

"시몬 바르요나야, 너는 행복하다! 살과 피가 아니라 하늘에 계신 내 아버지께서 그것을 너에게 알려 주셨기 때문이다. 나 또한 너에게 말한다. 너는 베드로다. 내가 이 반석 위에 내 교회를 세울 터인즉, 저승의 세력도 그것을 이기지 못할 것이다. 또 나는 너에게 하늘나라의 열쇠를 주겠다. 그러니 네가 무엇이든지 땅에서 매면 하늘에서도 매일 것이고, 네가 무엇이든지 땅에서 풀면 하늘에서도 풀릴 것이다."(마태 16,17-19) 이는 베드로 사도가 예수의 천주성을 공증하자 이를 기특하게 여겨 그 보상으로 장차 교회의 최고 권위를 부여하시겠다고 약속하신 것이다.

베드로는 시몬을 당신의 제자로 삼으실 때 주신 새 이름이다(요한 4,2 참조). 또 그 새 이름을 주신 이유는 "내가 이 반석 위에 내 교회를" 하시는 말씀으로 명시되었다. 하느님께서 주시는 새 이름은 반드시 그가 새로 받는 지위나 직품을 표시하는 것이다. 아브람과 야곱을 이스라엘 백성의 성조聖祖로 삼으실 때, " 너는 더 이상 아브람이라 불리지 않을 것이다. 이제 너의 이름은 아브라함(모든 이의 아버지)이다. 내가 너를 많은 민족들의 아버지로 만들었기 때문이다."(창세 17,5) 하셨고, 그리스도를 보내실 때 "그 이름을 예수라고 하여라. 그분께서 당신 백성을 죄에서 구원하실 것이다."(마태1, 21)라고 하셨는데, '예수'란 곧 구세주란 뜻이다.

예수께서 그때까지 '시몬'으로 불리던 사람에게 '베드로'라는 새 이름을 지어 주신 데에는 특별한 이유가 있다. 베드로라는 말은 예수께서 사용하시던 시로 칼데익Syro-Chaldaic말로 반석이라는 뜻이다. 그러므로 예수의 말씀은 "너는 반석이다. 이 반석 위에 내가 내 교회를 세우리라." 하신 것이다. 이는 대부분의 프로테스탄트 성경학자들도 승인하는 바이다. 여기에 다른 해석을 붙일 수는 없다.

반석이란 말에 대한 성경 용례를 참고로 들어 보기로 하자.

"바위이신 그분의 일은 완전하고 그분의 모든 길은 올바르다."(신명 32,4)

"자기를 만드신 하느님을 저버리고 제 구원의 바위이신 분을 업신여겼다."(신명 32,15)

"이스라엘의 반석께서 나에게 이르셨다."(2사무 23,3)

"주님은 저의 반석, 저의 산성, 저의 구원자 저의 하느님"(시편 18,3)

"정녕 너는 네 구원이신 하느님을 잊어버리고 네 피신처이신 반석을 기억하지 않았다."(이사 17,10)

"주님의 산으로, 이스라엘의 반석이신 분께 가려고 피리 소리와 함께 나아가는 사람처럼 너희 마음이 기쁘리라."(이사 30,29)

이는 히브리어 원전에 의거한 것으로서, 만물의 기본이신 하느님을 '반석'이라 일컬었음을 알 수 있다.

그런즉 '반석'이란 말은 '인간을 구제하는 근본 바탕', '흔들림 없는 지조'라는 의미이다. 또 "보라, 내가 시온에 돌을 놓는다. 품질이 입증된 돌 튼튼한 기초로 쓰일 값진 모퉁잇돌이다. 믿는 이는 물러서지 않는다."(이사 28,16)라고 하신 하느님의 말씀으로 그것이 수억만 년의 기초를 의미하는 것임을 알 수 있다. 그러므로 "너는 베드로다. 이 반석 위에 내 교회를 세우겠다."라고 하신 말씀은 베드로 사도를 교회의 기초로 삼으시겠다는 뜻임이 명확하다. 그리고 '교회의 기초'는 곧 교회를 다스리는 권위의 우두머리이다. 여기에 다른 해석을 붙일 수는 없다. 건축의 기초에 건축의 '통일성'과 '견고성'이 있다. 기초가 무너지면 그 건물은 넘어진다. 그러므로 기초는 건축의 생명이다. 이런 의미로 보아 나라의 기초는 그 주권자이다. 주권자가 없으면 그 나라는 흩어지는 법이다.

그러므로 예수께서는 교회의 제1기초이신 당신의 대리로서 베드로 사도를 제2기초로 삼으시어, 당신 승천 후 교회의 가시적 최고 권위자가 되게 하셨다.

예수께서는 한 교회만을 세우셨고, 이를 베드로 사도 위에 세우셨다. 그러므로 베드로 사도를 그리스도 교회의 기초로 인정하지 않는 '교회'는 그리스도의 참교회가 될 수 없다. 그 교회는 영원히 존재하지 못한다. 이는 하느님의 사업이 아니고 인간의 조작이기 때문이다.

"그러므로 나의 이 말을 듣고 실행하는 이는 모두 자기 집을 반석 위에 지은 슬기로운 사람과 같을 것이다. 비가 내려 강물이 밀려오고 바람이 불어 그 집에 들이쳤지만 무너지지 않았다. 반석 위에 세워졌기 때문이다. 그러나 나의 이 말을 듣고 실행하지 않는 자는 모두 자기 집을 모래 위에 지은 어리석은 사람과 같다. 비가 내려 강물이 밀려오고 바람이 불어 그 집에 휘몰아치자 무너져 버렸다. 완전히 무너지고 말았다."(마태 7,24-27)

예수께서는 이어서 말씀하시기를 "내가 너에게 하늘나라의 열쇠를 주겠다."라고 하셨다. 고대, 특히 유다인들 사이에 열쇠는 통치권의 표지였다. 한 사람이 한 성의 열쇠를 받았다면 그는 그 성의 우두머리로 임명되었다는 뜻이다. 예수께서 "죽음과 저승의 열쇠를 쥐고 있다."(묵시 1,18) 하셨으니, 이는 예수께서 죽음과 지옥의 대권을 장악하셨다는 뜻이다. 또 "나는 다윗 임금 집안의 열쇠를 그의 어깨에 메어 주리니 그가 열면 닫을 사람이 없고 그가 닫으면 열 사람이 없으리라."(이사 22,22) "거룩한 이, 진실한 이 다윗 임금의 열쇠를 가진 이 열면 닫을 자 없고 닫으면 열 자 없는 이가 이렇게 말한다."(묵시 3,7)라는 말씀을 읽어 보면, 여기 말한 베드로 사도가 받은 하늘나라의 열쇠는 전능을 의미함을 알 수 있다.

오늘날에도 우리는 이런 사례를 볼 수 있다. 가장이 여행을 떠나려 할 때 친구에게 흔히 열쇠를 맡긴다. 이는 "내 집에 대한 모든 권리를 맡긴다. 내가 없는 동안 나를 대리하여 모든 일을 처리할 것을 위임한다."라는 의미다. 고대 전쟁에서는 항복할 때 성문의 열쇠를 으레 적장에게 바치는 법이다. 이는 그 성에 대한 권리를 그에게 맡긴다는 뜻이다.

"네가 무엇이든지 매면 …… 풀면 ……"이라는 말씀도 역시 하늘 나라, 즉 교회의 권위 행사를 의미하는 것이다. 파살리아Passaglia, 팔미에리Palmieri 같은 신학자들의 연구에 의하면, '매다', '푼다'라는 말은, 특히 그리스도 시대에 어떤 권능을 나타낼 때 쓰던 용어였다. 당시 역사가 플라비우스 요세푸스의 알렉산드라 왕비에 관한 기록 중 "바리사이 사람들은 알렉산드라 왕비의 권능을 이용하여 …… 모든 것을 다스리며 누구를 유배 보내거나 다시 소환하거나 매거나 풀거나 하기를 마음대로 하였다."[20]라는 말이 그 일례이다.

그러므로 주 예수께서 베드로 사도에게 말씀하신 "내가 너에게 하늘나라의 열쇠를 주니, 네가 무엇이든지 매면 …… 풀면 ……"이라는 말은 곧 "신앙의 성벽이요 지상의 예루살렘인 내 교회의 최고권을 네게 주니, 너와 네 후계자들은 세상 끝날까지 나를 대리하여 권위를 행사하라."라는 뜻이다. 또 특별히 명심할 것은, 이 엄숙

---

20 Flavius Josephus, 《*De Bello Judaico* I》, 1, 5

한 언약은 베드로 사도에게만 하셨고 다른 사도들에게는 하시지 않았다는 점이다. 베드로 사도 한 명만이 요나의 아들 시몬이었으며, 그만이 케파, 즉 반석이란 이름을 받았다. 또 예수께서는 '너희'가 또 '너희에게'라고 하시지 않고 오직 '네가' 또는 '네게'라는 단수 대명사를 쓰신 것을 보아, 이는 분명히 베드로 사도 개인을 가리킨 것임을 알 수 있다.

예수의 이 말씀을 베드로 사도의 위대한 신앙 위에 교회를 세운다는 뜻으로 해석하는 이도 있다. 그러나 보라, 이처럼 성경의 말씀을 이치에 맞지 않는 말로 억지로 설명하려 든다면 차라리 성경을 덮어 둠이 좋을 것이다. 물론 베드로 사도의 신앙이 수위권을 받게 된 한 동기일 수는 있으나, 이 동기와 수위권의 주체를 혼동할 수는 없다. 또 '반석'으로 '신앙의 표징'을 삼은 성경의 용례는 없다.

과연 예수께서는 "너는 베드로다. 이 반석 위에 ……", "네게 하늘나라의 열쇠를 주겠다 ……", "네가 …… 매면", "네가 …… 풀면 ……"이라고 직접 베드로 사도의 인격을 두고 말씀하셨음은 변함없는 사실이다. 이는 베드로 사도의 '신앙'을 기초로 하신다거나 또는 그런 신앙을 가진 그에게 하늘나라의 열쇠를 주신다는 것이 아님이 분명하다.

반석이라는 단어의 뜻은 건물의 통일성과 견고함을 이루는 든든한 기초라는 뜻이다. 즉, 교회의 반석이란 교회의 통일성과 견고함을 이루는 기초라는 의미이며, 교회의 기초는 교회의 수위자라는 뜻이 명백하다. 그런데 이 권위가 그 인격에 부여되지 않고, 다만 그 품성 혹은 그 신앙에 부여된다는 해석은 어불성설이다.

베드로 사도의 인격 자체가 아니라, 그의 신앙 위에 신자 단체인 교회를 창립하여 이와 같은 신앙에 기반을 두고 하늘나라의 열쇠를 주면 그 신앙만이 풀고 매는 권위 행사를 할 수 있다는 사상은 허술한 데카르트식 사고방식이다. 이는 마치 어떤 행정 관리 자신에게는 행정권이 부여되어 있지 않고, 다만 그의 해박한 지식과 수완에만 행정권이 부여되었다는 억측과 같은 것이다.

어떤 이는 바오로 사도의 "아무도 이미 놓인 기초 외에 다른 기초를 놓을 수 없기 때문입니다. 그 기초는 예수 그리스도이십니다."(1코린 3,11)라는 말씀과, 베드로 사도가 그리스도를 가리켜 "예수님께서는 '너희 집 짓는 자들에게 버림을 받았지만 모퉁이의 머릿돌이 되신 분'이십니다."(사도 4,11)라고 한 말씀으로 교회의 초석인 베드로 사도의 권위를 부인하려 한다. 그러나 그 문맥의 앞뒤 관계와 그 말씀의 동기를 살펴서 그 진의를 해득하여 놓으면, 교회의 제1반석은 예수 그리스도시요 제2반석은 베드로 사도라는 사실을 얼른 수긍하게 될 것이다.

보라! 예수 그리스도는 "나는 세상의 빛이다."(요한 8,12)라고 하시고, 주님의 빛을 받은 사도들에게도 또한 "너희는 세상의 빛이다."(마태 5,14)라고 하시지 않았는가. "너는 베드로(반석)이다. 내(그리스도)가 훼손되지 못하는 반석이요 모퉁잇돌인즉 너도 나의 능력으로 견고하게 될 것이다. 그러므로 너도 반석이다."[21]라고 한 대大레오 1세 성인 교황의 말을 음미하여 보라.

   또 어떤 이는 "여러분은 사도들과 예언자들의 기초 위에 세워진 건물이고, 그리스도 예수님께서는 바로 모퉁잇돌이십니다."(에페 2,20)라는 말씀과, "그 도성의 성벽에는 열두 초석이 있는데, 그 위에는 어린 양의 열두 사도 이름이 하나씩 적혀 있었습니다."(묵시 21,14)라는 말씀을 들어, 교회의 기초는 열두 사도이지 베드로 사도만이 교회의 기초가 될 까닭이 어디 있느냐고 한다. 그렇다면 열두 사도가 기초라고 하신 말씀은 그리스도가 제1차 기초이심을 부인하는 것인가. 이는 부인하지 못할 것이며 또한 베드로 사도가 제2차적 기초임도 부인하지 못할 것이다. 이 얘기는 다만 예언자들이 예언한 예수 그리스도를 그들이 전하였다 하여, 또는 최초로 그리스도의 복음을 전하여 교회를 세웠다 하여 그렇게 부를 뿐이다. 따라서 그것이 교회의 제1기초이신 그리스도를 계승한 베드로 사도가 제2기초임을 부인하는 말은 아니다. 또 예언자들과 사도들이 토대가 된다 하나 예언자들과 사도들이 동등한 토대가 되지 못함을 보면, 토대와 기초에도 등별이 있음을 알 수 있지 않겠는가. 다른 사도들은 다른 이들의 기초는 될지라도 자기가 자기의 기초는 될 수 없다. 이 사도들의 기초는 베드로 사도요, 베드로 사도의 기초는 주 예수이시다.

---

21 Sermo Lxxxiii in Natali S. Petr. Apost

2. 예수께서 베드로 사도에게 수위권을 부여하셨다

베드로 사도를 교회의 우두머리로 삼으시겠다는 예수의 약속은 "'요한의 아들 시몬아, 너는 이들이 나를 사랑하는 것보다 더 나를 사랑하느냐?' 베드로 사도가 '예, 주님! 제가 주님을 사랑하는 줄을 주님께서 아십니다.' 하고 대답하자, 예수님께서 그에게 말씀하셨다. '내 어린양들을 돌보아라.' 예수님께서 다시 두 번째로 베드로 사도에게 물으셨다. '요한의 아들 시몬아, 너는 나를 사랑하느냐?' 베드로 사도가 '예, 주님! 제가 주님을 사랑하는 줄을 주님께서 아십니다.' 하고 대답하자, 예수님께서 그에게 말씀하셨다. '내 양들을 돌보아라.' 예수님께서 세 번째로 베드로 사도에게 물으셨다. '요한의 아들 시몬아, 너는 나를 사랑하느냐?' 베드로 사도는 예수님께서 세 번이나 '나를 사랑하느냐?' 하고 물으시므로 슬퍼하며 대답하였다. '주님, 주님께서는 모든 것을 아십니다. 제가 주님을 사랑하는 줄을 주님께서는 알고 계십니다.' 그러자 예수님께서 베드로 사도에게 말씀하셨다. '내 양들을 돌보아라.'"(요한 21,15-17)라는 말씀으로 실현되었다. 이는 예수께서 부활하신 뒤 베드로 사도에게 하신 말씀이다.

어린양과 양을 친다는 말은 통치한다는 의미이다.

이는 "내 백성을 돌보라고 명령한 이스라엘의 어느 판관에게"(1역대 17,6),

"주님께서는 '너는 내 백성 이스라엘의 목자가 되고 이스라엘의

영도자가 될 것이다.' 하고 임금님께 말씀하셨습니다."(2사무 5,2),

"주님은 나의 목자"(시편 22,1),

"나의 종 다윗 임금이 그들을 다스리는 임금으로서, 그들 모두를 위한 유일한 목자가 될 것이다."(에제 37,24),

"나는 착한 목자다."(요한 10,11) 등등의 구절로도 그 의미하는 바를 알 수 있고, 저 유명한 그리스 시인 호메로스도 왕을 목자라는 말로 가끔 표현했다. 또한 중국 순우 시대에도 지역을 12주로 나누고 각 주에 장관을 두어 그를 '목牧'이라고 불렀으며, 한국에서도 통치자를 목민지관, 목사, 목백과 같은 말로 불러 왔다.

세 차례의 "요한의 아들 시몬아", "네가 …… 사랑하느냐." 하신 말씀도 단수 용법이어서, 오직 베드로 사도 한 사람만을 지적하셨음이 분명하다. 베드로 사도는 과연 주님 교회의 권위의 우두머리이다.

어린양과 양은 동의어가 아니다. '어린양'은 '아뉴스Agnus'를 옮긴 말인데 이는 어린양, 새끼양이란 말이요, '양'은 '오베스Oves'를 옮긴 말로 어미양이란 뜻이다.

'요한의 아들 시몬'을 세 번씩이나 거듭 부르시기까지 하시는 장중한 선언에 있어서 말은 다르지만 서로 같은 뜻을 무의미하게 썼을 리 없다. 세 차례의 부르심 때문에 베드로 사도는 슬픔에 잠기게 되었고, 또 사도의 주의가 이 한 점에 집중된 이런 엄숙한 장면에서 한마디의 말씀인들 어찌 함부로 하셨겠는가. 어린양, 즉 '아뉴스'는 평신도를 일컬으며, 양, 즉 '오베스'는 성직자와 교역자들을 가리키는 것이다. 이는 초대 교회 이래의 전통적 해석이다. 그리스도께서는 온 교회, 즉 신자들과 교역자들을 다스리는 권한을 베드로 사도에게 위탁하셨다. 다른 목자들은 교회의 부분직을 맡았을 뿐이다. 다른 사도들에게도 베드로 사도에게 말씀하시듯 '내 양 전체를 잘 돌보라.'고 하셨다는 기록은 성경에도 없고 성전에도 없다.

이는 수난을 당하시던 날 밤, 주님을 세 번 부인한 베드로 사도를 사도의 성직에 복직시키기 위하여 하신 말씀이라 하는 이도 있다. 이는 억측이다. 그때 베드로 사도의 통회를 보시고 인자하신 예수께서 그를 즉시 용서하셨음은 물론, 부활 후 베드로 사도에게만 특별히 나타나셨고(루카 24,24; 1코린 15,5 참조), 베드로 사도가 고기 잡으러 나설 때 다른 사도들이 여전히 사도인 그를 따랐으며(요한 21,3 참조), 베드로 사도도 이미 다른 사도들과 함께 성령을 받고 사죄권을 받은 그때에(요한 20,22 참조) 복직이라는 말은 얼토당토않다.

예수께서 베드로 사도에게만 새 이름을 지어 주시고, 당신과 베드로 사도를 위하여 세금을 내게 하시고(마태 17,26-27 참조), 베드로 사도를 위하여 특별히 기도하셨다. 또 특히 베드로 사도에게 "시몬아, 시몬아! 보라, 사탄이 너희를 밀처럼 체질하겠다고 나섰다. 그러나 나는 너의 믿음이 꺼지지 않도록 너를 위하여 기도하였다. 그러니 네가 돌아오거든 네 형제들의 힘을 북돋아 주어라."(루카 22,31-32)라고 하셨다. 우두머리 한 사람이 건재하면 사도단도 건재할 것이므로 예수께서는 베드로 사도 하나를 위하여 특별히 기도하시는 동시에, 다른 사도들의 약함을 도우라고 말씀하셨다. 부활 후 먼저 베드로 사도에게 나타나시고 그다음 다른 사도들에게 나타나셨으며(1코린 15,5 참조), 천사도 예수 부활의 기쁜 소식을 "가서 제자들과 베드로 사도에게 이렇게 일러라."(마르 16,7)라고 하였다. 천사도 실상 베드로 사도란 이름을 특별히 밝히고 있음을 알 수 있다.

공정한 독자여! 독자들도 또한 그리스도의 양 떼의 일원이라고 하지 않는가. 그러면 독자 여러분은 영적 양식을 베드로 사도와 그 후계자로부터 섭취하며 또 그 명령에 따르지 않는가. 그렇지 않고 베드로 사도의 권위를 무시하는 불신자의 세계에서 방황하는가.

이 중대 문제를 숙고하여야 한다. 베드로 사도가 그리스도의 양 떼를 칠 대권을 받은 이상, 모름지기 그의 명령에 순종함이 그리스도의 뜻이 아닌가. 그리스도의 뜻을 위반하고도 그리스도의 양 떼의 일원이라고 자처할 수 있는가.

3. 베드로 사도가 수위권을 행사한 사실

사도행전은 예수 승천 후 사도들의 행적에 대한 유일한 기록이다. 여기에 베드로 사도가 사도들의 우두머리의 권위로써 교회의 여러 사업을 처리한 사실이 역력히 기록되어 있다. 마치 사울 왕이 이스라엘을 다스리듯이 말이다.

　　1) 사도행전의 처음 12장의 대부분은 베드로 사도의 행적을

서술한 것이고, 그 나머지는 이방인의 사도인 바오로 사도의 전교 업적을 기록한 것이다. 사도행전에든 공관 복음에든 항상 베드로 사도의 이름이 사도들의 이름 중 첫 자리를 차지하고 있다. 또한 사도들의 이름을 나열할 때에도 언제든지 베드로 사도의 이름을 맨 앞에, 유다의 이름을 맨 뒤에 들었다(마태 10,1; 루카 6,14; 마르 3,16; 사도 1,13; 마르 1,36; 16, 7; 사도 2,14; 요한 21,13 참조). 마태오 복음사가는 베드로 사도를 '첫째 사도'라 부르기를 주저하지 않았다. 이는 베드로 사도는 나이로나 사도 선발 순위로나 첫 번째가 아니나(베드로 사도의 동생 안드레아가 먼저 선발되었다), 다만 그 지위와 존엄과 권위로 첫째이기 때문이다.

2) 베드로 사도는 사도 중 최초로 기적을 행한 사도이다(사도 3장 참조).

3) 성령 강림 후, 예루살렘에서 유다 군중에게 최초로 설교한 이도 베드로 사도이다. 베드로 사도가 성령으로 가득 차 열변으로 3천 명을 개종시킬 때, 다른 사도들은 다만 그 좌우에 서 있을 뿐이었다(사도 2장 참조).

4) 이방인을 최초로 개종시킨 사도도 베드로 사도이다. 베드로 사도가 고르넬리오를 비롯하여 다른 이방인들을 참교회로 개종시켰다(사도 10장 참조). 당시 유다에서 이런 일은 일대 혁신으로, 일찍이 없었던 행동이었다. 예수께서는

이를 오직 베드로 사도에게만 계시하시고 또 그가 행동으로 옮기도록 하셨다. 우두머리인 만큼 그만하면 넉넉하였기 때문이다.

5) 유다의 후계자를 선발할 때 베드로 사도의 사회로 모든 사도들과 제자들에게 유다의 후계자를 선발하여야 할 의무를 역설하였다. 사도들은 다만 베드로 사도의 지시에 따를 뿐이었다(사도 1장 참조).

6) 예루살렘의 사도 회의에서도 베드로 사도가 수위권을 행사하였다. 이방인의 할례에 관한 회원들의 "오랜 토론 끝에"(사도 15,7) 베드로 사도가 일어나, "다른 민족들도 내 입을 통하여 복음의 말씀을 들어 믿게 하시려고 하느님께서 일찍이 여러분 가운데에서 나를 뽑으신 사실을 여러분은 알고 있습니다."(사도 15,7)라는 말로, 사도의 대표로서 자기가 계시를 받고 또 그대로 실행하여 하느님께로부터 수위권을 인정받은 사실을 확인시키는 동시에 "그런데 지금 여러분은 왜 우리 조상들도 우리도 다 감당할 수 없던 멍에를 형제들의 목에 씌워 하느님을 시험하는 것입니까?"(사도 15,10)라는 말로 반대 의견을 가진 자들을 엄중히 꾸짖은 뒤, 할례가 구원의 필수 조건이 아니고 "우리는 그들과 마찬가지로 우리도 주 예수님의 은총으로 구원을 받는다고 믿습니다."(사도 15,11)라고 최후의 결정을 선언하였

다. 다시는 아무도 이의를 제기하지 못하고 "회중은 조용해졌다."

7) 베드로 사도가 교회의 우두머리 자격으로 징벌권(懲罰權)을 행사하였다. 하나니아스와 그의 아내 사피라는 자신들의 재산을 팔았는데, 판값의 일부를 떼어 놓고 나머지만 가져다가 사도들의 발 앞에 놓았다(사도 5,1 이하 참조). 베드로 사도는 하나니아스에게 "그대는 사람을 속인 것이 아니라 하느님을 속인 것이오."(사도 5,4)라고 말하며 그들을 엄벌하였다. 이처럼 주 예수께서는 베드로 사도에게 주신 "땅에서도 매면 하늘에서도 매일 것이고, 땅에서 풀면 하늘에서도 풀릴 것"(마태 16,19)의 권한을 드러내 보이셨다.

8) 야고보 사도는 헤로데 임금 때 투옥되었다가 후에 순교하였다. 야고보 사도는 주 예수의 친척이요 요한 사도의 친형으로서, 주님의 특별한 사랑과 교우들의 경애를 받았다. 그러나 위험에 빠진 그를 구출하려는 신자들의 노력은 그다지 크지 않았다. 그러나 베드로 사도가 체포되자 전 교회가 그를 구출하기 위한 뜨거운 기도를 바쳤다. 예루살렘뿐 아니라, 당시 각 지방의 신자 가정에서도 모두 열성으로 그의 구출을 위해 기도를 올렸다(사도 12장 참조). 목자 야고보는 잃어버릴지언정 으뜸 목자 베드로 사도는

잃어버리지 않으려는 노력이 역력하다.

교회의 적대자들은 교회를 없앨 목적으로 우선 으뜸 목자 베드로 사도에게 온갖 흉포한 짓을 했다. 마치 오늘날 교회의 적이 그 독화살을 베드로 사도의 후계자인 로마 교황에게 쏘듯이 말이다.

이 모든 사실이 베드로 사도의 우두머리로서의 권위에 대한 충분한 증명이다. 베드로 사도의 수위권의 사실은 너무도 명확하다. 그러므로 공정한 독자는 그 수위권을 스스로 수긍한다. 아니, 이는 이성의 필연적 결론이다. 그러나 아직까지도 베드로 사도의 권위에 대하여 반대하는 이들이 있다. 그들이 인용하는 논거는 대개 다음과 같다.

1) 예수께서 베드로 사도를 꾸짖으셨다(마태 16,23 참조).
2) 바오로 사도가 베드로 사도의 행동을 비난하였다(갈라 2,11 참조).
3) 베드로 사도의 권위가 그리스도의 권위와 상치된다.

이는 너무나 박약한 논거이다.

우선 첫 번째 주장에 대하여 간단히 반문한다. 예수께서는 베드로 사도의 스승이었다. 스승에게 꾸지람 한 번 들었다고 곧 그 특권이 없어지게 되는가.

두 번째 주장에 대하여 말한다. 바오로 사도가 베드로 사도를 비난한 것은 교리 문제로 인한 비난이 아니다. 바오로 사도는 오직 베드로 사도가 개종한 유다인에게 불쾌감을 줄까 두려워서, 개종 이방인 사회로부터 그가 잠시 은퇴한 행위를 비난했을 뿐이다. 하위 성직자가 교황에게 간절히 권할 수도 있다. 베르나르도 성인은 수도자로서 에우제니오 3세 교황에게 긴 편지를 올려 간권하였다. 에우제니오 교황에게 바친 베르나르도 성인의 충성이야말로 지극한 것이었다. 충직한 수령은 관찰사의 권위에 복종하는 심정으로 그의 행동을 본인 앞에서 비평할 수도 있지 않겠는가.

바오로 사도가 베드로 사도를 대놓고 비난한 것은 도리어 베드로 사도의 수위권에 대한 한 증거가 된다. 만일 바오로 사도가 야고보나 요한이나 바르나바 같은 동료를 비난하였다면 그다지 문제 될 것이 아니나, 교회의 윗자리에 있는 베드로 사도에게 한 충심으로 간청한 말이었기 때문에 특별히 기록할 가치가 있었던 것이다.

으뜸 목자의 일거일동은 교회 전체에 지극히 큰 영향을 준다. 이 경위를 잘 아는 바오로 사도인 만큼, 이때 베드로 사도에게 대놓고 비난을 감행했던 것이다. 이런 종류의 비난은 실상 주님의 몸인 교회에 대한 지극한 충성에서 나온 것이다. 한 집안의 장래를 깊이 걱정하는 아들로서 가장인 아버지에게 직접 옳은 말을 감행할 때도 가끔 있지 않겠는가. 바오로 사도의 이 비난을, 예수께서 부여하신 베드로 사도의 수위권을 부인하는 행위로 해석한다면 말이 아예 안 된다. 바오로 사도가 갈라티아 사람들에게 보낸 편지 중 베드로 사도가 자기 장상임을 명시한 구절이 있다. "그리고 나서 삼 년 뒤에 나는 케파를 만나려고 예루살렘에 올라가, 보름 동안 그와 함께 지냈습니다. 그러나 다른 사도는 아무도 만나 보지 않았습니다. 주님의 형제 야고보만 보았을 뿐입니다."(갈라 1,18-19) 이 말씀에 대하여 요한 크리소스토모 성인과 암브로시오 성인은 "그 방문은 일종의 사교적인 방문이 아니라, 사도의 으뜸인 베드로 사도에게 존경을 표시하기 위한 특별 방문이다."라고 해석하였다.

이제 베드로 사도의 대권은 그리스도의 지상권至上權에 저촉된다는 주장에 대하여 말하려 한다.

주님의 엄숙한 선언을 읽으면서도 오히려 어떤 이들은 아직까지도 다음과 같은 헛소리를 한다. 그들은 "베드로 사도에게 충성을 바치는 행위는 곧 주 예수께 대한 불충이다.", 즉 베드로 사도를 교회의 반석이라고 존칭하는 것은 주님을 배척하는 행위라고 말한다. 그러나 사실은 이와 정반대로 우리는 주 예수를 교회의 근본 기초요, 대건축 설계자로 승복한다. 또 그가 선택하신 대리자에 대한 충성은 곧 그리스도에 대한 충성이라고 생각한다. 대통령이 임명한 한 관리에게 순종하는 것은 곧 대통령에게 순종하는 것이 아니겠는가.

또 만일 베드로 사도가 으뜸 사도라면 왜 사도들이 누구를 제일 높게 볼 것이냐는 문제로 옥신각신(루카 22,24 참조)하였겠느냐고 하는 이도 있다. 베드로 사도 다음 자리에 대한 논의도 있을 법한 일이 아니겠는가. 또 그때는 예수 부활 전이므로, 그들에게는 아직 예수의 수난과 부활에 대한 이해도 없었듯이(마태 16,23; 20,17-19; 루카

9,45; 18,34; 24,25 참조), 이미 언약하신 베드로 사도의 수위권에 대한 의미도 아직 제대로 이해하지 못했을 수도 있다. 또 "너희 가운데에서 가장 높은 사람은 가장 어린 사람처럼 되어야 하고"(루카 22,26) 하신 말씀은 사도 중 으뜸 목자의 존재에 대한 암시이다.

베드로 사도의 수위권 부인 이유로, 베드로 사도도 다른 사도들과 함께 성령받기를 기도했다(사도 1,13-14 참조), 신앙이 두텁고 성령과 지혜가 충만한 사람 일곱을 뽑았다(사도 6,16 참조), 예루살렘에 있는 사도들은 베드로 사도와 요한을 사마리아로 보냈다(사도 8,14 참조), 베드로 사도가 고르넬리오의 경배를 거절했다(사도 10,25-26 참조), 베드로 사도가 이방인들에게 전교했다고 예루살렘 교회의 비난을 받았다(사도 11,1-14 참조), 바오로 사도와 바르나바는 베드로 사도와 상의도 없이 데르베 교회에 일꾼들을 뽑아 세웠다(사도 14,22; 20,28), "세상의 신자들을 한 사람의 손안에 붙여 두려 한다면 세계 전교의 큰 임무를 수행한 바오로 사도가 더 적임자일 것이다."라는 등등의 여러 말을 늘어놓는 이도 있다.

이런 종류의 말에 대하여는 독자의 비판에 맡긴다. 오늘날에도 가톨릭 교회에서는 주교와 신부가 한 성당 안에서 함께 기도드리며, 같은 성사를 받으며, 주교는 신부들이 추천한 이들을 부제직에 올린다. 신자들의 공손한 무릎 인사를 사양하기도 하며, 가끔 교회일을 처리하는 데 신부들의 힐난을 받기도 한다. 또한 평의원 신부들의 의견을 따라 어느 본당을 직접 시찰하러 가기도 하며, 로마 교황과의 상의 없이 신부를 서임하기도 한다. 그러나 이로써 가톨릭 교회의 교황, 주교, 신부 등의 엄연한 계급의 존재를 부인하려 드는 이는 없다. 그리고 세상의 신자들을 한 사람이 직접 다스리기로 말하면 바오로 사도도 맡기 어려운 일일 것이다. 또 베드로 사도의 수위권은 그의 전교 공적에 따라 부여된 것은 결코 아니다. 이는 다만 그리스도께서 직접 주신 권위이다. 우리는 그리스도의 뜻에 따를 뿐이다.

베드로 사도의 수위권에 대하여는 또한 초대 교회의 교부들이 한결같이 증거한다.

베드로 사도를 가리켜 아우구스티노 성인과 테오도레토는 '제1의 사도'라 하였고, 니사의 그레고리오 성인과 밀레비스의 옵타토 성인은 '사도의 우두머리'라 하였다. 몹수에스티아의 테오도로와 예루살렘의 치릴로 성인, 에피파니오 성인과 에우세비오 등은 '사도의 최고자'라 하였고, 힐라리오 성인과 에프렘 성인은 '사도의 수령' 또는 '사도직의 원수元首'라 하였다. 예루살렘의 치릴로 성인은 '사도의 최고 장상' 또는 '사도의 총수'라 하였고, 요한 크리소스토모 성인과 나지안조의 그레고리오 성인은 '사도들의 우두머리' 또는 '교회의 총수'라 하였고, 에프렘 성인은 '열쇠를 가진 수령'이라 하였다. 이 밖에도 증언이 많다.

사도의 수령인 베드로 사도는 그 교좌를 안티오키아에서 로마로 옮겼으므로 로마 최고 주교가 되었고, 또 거기서 바오로 사도와 같이 순교하였다. 베드로 사도가 로마의 교좌에 앉은 확실한 사실은 베드로 사도의 첫 편지에 실려 있으며 또 그의 후계자들의 증거도 뚜렷하며, 가톨릭 교회는 물론 프로테스탄트 학자들도 공인하는 바이다.

베드로 사도의 편지 중 '바빌론'을 성경 학자들이 다 '로마부府'로 해석하였다. 바빌론시市는 이미 멸망하였기 때문이다. 그는 당시 카이사르의 도성 로마부의 패배를 이렇게 풍자한 것이다.

제4대 교황 클레멘스 성인, 안티오키아의 주교였던 이냐시오 성인, 오리게네스와 예로니모 성인, 역사가 에우세비오와 그 밖의 대저술가들이 베드로 사도의 로마 거주 사실을 증명하였다. 고대 저술가 중에 이 사실을 부인하는 이는 하나도 없다.

존 칼뱅과 성공회의 유명한 평론가 케이브Cave와 그로시우스와 그 외 유명한 프로테스탄트 역사가들도 모두 가톨릭 교회 전래의 이 증언에 공감하였다. 베드로 사도의 로마 거주와 그 빛나는 순교 사실은 어떤 문헌으로도 부인하지 못한다.

초세기의 동서 모든 로마 주교의 이름 목록은 한결같이 베드로 사도가 제1대 주교라는 사실을 기록하였다. 3세기 초까지에 편성된 이에 대한 문헌만 하여도 20여 종이 있다. 그리고 현대에 이르러 로마에서 발굴된 여기에 대한 여러 가지 고고학적 증명이 많으나 그것은 생략한다.

베를린 프로테스탄트 신학 교수 한스 리츠만Hans Lietzmann은

"모든 초세기의 증거물을 보면 베드로 사도의 로마 거주 사실과 그의 로마에서의 순교 사실은 명확하다. 나는 이를 조금도 의심하지 않는다."라는 결론을 지었다.

제10장

교황의 수위권

가톨릭 교회는 베드로 사도의 죽음으로 종결되지 않는다. 세상 끝날까지 존속된다. 베드로 사도에게 수여된 교회 통치의 수위권은 대대로 계승되는 것이다. 사도 시대의 교회가 권위의 다스림을 필요로 했듯이, 계속 이어질 교회도 역시나 권위의 다스림을 필요로 한다. 근대주의의 해독으로 신음하는 현대인은 더욱 중앙 주권의 권위를 갈망한다.

사도 시대에는 소수의 신자들이었으나 오늘날에 와서는 몇 십억의 신자들이다. 이 큰 무리를 통솔할 책임을 진 이들은 사도들보다 그 특권을 훨씬 적게 받는 약한 인간이므로 신앙 일치를 보전하고 제도의 통일을 유지하기 위해서는 강력한 우두머리의 권위 행사가 절대적으로 필요히다.

그러므로 베드로 사도에게 수여된 교회 통치의 권위는 반드시 그 후계자인 로마 주교, 즉 교황에게 계승되는 것이다. 마치 초대 대통령의 헌법상 권력이 그 후임 대통령에게 전승되듯이 말이다.

권위의 교좌에 앉은 베드로 사도는 계시를 받으며 기적을 행할 수 있는 큰 특전을 받았다. 그러나 그 특전은 후계자인 교황에까지 전승되지 않았다. 이 특전이 베드로 사도의 경우에는 필요했지만 후세의 교회 통치자에게는 그다지 필요하지 않기 때문이다.

교회에 대한 하느님의 섭리는 묘목을 배양하는 우리의 수법과 같다. 우리가 처음에는 묘목을 심고 물을 주고 가꾸어 주나, 그것이 어느 정도 자라나면 자연법칙에 맡겨 둔다.

이와 같이 예수께서 어린 초대 교회는 기적의 힘으로 길러 주셨으나, 교회가 성장한 후에는 그 힘을 쓰지 않으셨다.

베드로 사도의 수위권과 교황의 수위권은 같은 것이다. 교회 통치에 대한 교황의 권위 행사는 실로 엄숙한 대사건이다. 막중한 대사건이다. 그러므로 확실한 역사적 증거를 들어 우선 사도 시대 이래로 서구에서는 종교 개혁 시대까지, 동방에서는 9세기의 대이교 시대에 이르기까지의 교황 권위 행사의 사실을 살펴보려 한다. 그때까지는 교황의 권위를 부정하는 사람은 아무도 없었다.

1. 상소上訴와 제재制裁의 역사적 사실

상급 법정에서 하급 법정에 기소하거나 또는 동급 법정에 제소하는 법은 없다. 그러므로 로마 교좌가 처음부터 동방 각 지역 교회로부터의 제소를 받아 처리하여 거기에 대한 최후 판결을 내렸다는 사실은, 곧 모든 교회에 대한 로마 교좌의 지상至上 권위를 증명하는 것이다.

그리고 로마에 있는 교황이 소아시아나 아프리카 등의 교회 내의 이단설을 논박하며, 그 이단설 제창자에게는 평신도든 성직자든 그에 상응한 제재를 가했다. 여기에 대한 아무 항의도 없었다는 사실이 또한 교황의 수위적首位的 권위를 증명하는 것이다. 동등한 성직자 사이에서 이렇게 하기는 절대 불가능한 것이다. 마닐라 주교가 서울이나 도쿄 주교에게 간섭할 권리는 조금도 없다.

베드로 사도의 제3대 계승자 클레멘스 성인 교황은 일찍이 바오로 사도가 그 빛나는 이름을 그의 편지에 얹어 칭찬한 성인이다. 이 교황의 재위 때 코린토 교회의 상소 사건이 있었다. 교황은 즉시 권위를 행사하여 코린토 신자들에게 책망하는 편지를 띄웠다. 이 편지에 대한 신자들의 경의는 지극하여 1세기 동안이나 이를 성당 안에서 낭독하는 관례를 만들기까지 이르렀다.

그런데 코린토 신자들이 이 사건을 어찌하여 가까운 에페소의 요한 사도에게 고소하지 않고, 먼 로마에 상소하였을까. 이 사실이 에페소의 통할권은 국지적인 것이고, 로마의 통할권은 세계적인 것이었음을 증명하는 것이다.

과연 그 편지에는 교황의 권위가 여실히 니타나 있다. "만일 어떤 자들이, 그리스도께서 나의 입을 통하여 말씀하신 사항에 불복한다면 그는 죄과와 적지 않은 위험을 스스로 택한 것으로 알라."[22]라는 구절을 읽어 보아도 그 권위의 절대성을 알 수 있다. 이는 프로테스탄트 학자 중 살몬G. Salmon, 손Sohn, 하르낙A. Harnack 등도 최초의 교황권 행사임을 인정하는 것이다. 그들은, 교황이 당시 정치·문화의 중심지인 로마에 있기 때문에 그런 권위를 행사하게 된 것이라 하나, 이것은 한갓 억측일 뿐이다. 그때 교회는 박해로 말미암아 숨어 있었는데 교황이 어떻게 정치·문화의 세계에 관여할 수 있었겠는가. 다만 베드로 사도의 후계자로서의 권위를 행사하였을 뿐이다. 거기 대한 증명은 얼마든지 있다.

빅토리오 1세 성인 교황 때, 소아시아 각 지역 교회에서는 주님 부활 대축일을 유다인의 파스카, 즉 니산Nisan 달 14일에 못 박혀 돌아가신 것을 기념하고 로마에서는 니산 달 14일 다음에 오는 일요일에 지냈다. 지금처럼 주님 부활 대축일을, 춘분(3월 21일) 다음에 오는 보름 후 첫 주일에 지내게 된 것은 325년 니케아 공의회에서 결의된 다음의 일이다. 빅토리오 1세 성인 교황이 가톨릭 의식의 일치와 유다인들의 기념일과의 혼동을 피하기 위하여 소아시아 모든 주교에게 로마가 지키는 날을 따르라고 요구하자 모두 이에 복종하였다.

제피리노 성인 교황은 소아시아와 아프리카에 퍼진 몬타니즘을

---

22 I ad Corinth, c. 50

추종하는 이들, 즉 몬타니스타 열교당裂教黨을 파문하였다.

갈리스토 1세 성인 교황은 삼위일체 교리를 그릇되게 가르치는 사베리오를 파문하고, 또 통회 보속에 관한 임시 교서를 선포하였는데, 교황은 '으뜸 사도(베드로 사도)의 후계자'이므로, 베드로 사도의 권위로 이를 선포한다고 천명하였다고 테르툴리아누스는 말하였다.

고르넬리오 성인 교황은 노바치아노와 그의 추종자들을 파문하였다.

카르타고의 주교로서 258년에 순교한 치프리아노 성인은 고르넬리오 성인 교황과 스테파노 1세 성인 교황에게 여러 번 상고한 적이 있었는데, 세례에 관한 그의 태도를 보든지 그의 저서와 서신과 교회를 다스리는 일의 취지를 읽어 보든지 또 아프리카 여러 주교의 태도를 보든지 하면, 모두가 로마의 주교, 즉 교황의 수위권을 인정, 지지한 사실을 역력히 볼 수 있다.

디오니시오 성인 교황은 알렉산드리아 대주교가 어느 신조에 관하여 그릇된 의견을 발표한다는 보고를 받고 그에게 해명을 요구하였다. 그 주교는 장상의 명령에 복종하여 즉시 그 신조에 대한 자기의 견해가 가톨릭 교회와 일치됨을 해명하였다.

알렉산드리아의 아타나시오 성인은 자기에게 대한 동방 주교들의 부정 결안不正決案에 관하여 당시 율리오 1세 성인 교황에게 상소하였다. 교황은 그 결안의 파기를 선언하였다. 그리고 주교 사이의 사건은 베드로 사도의 후계자인 로마 교황의 권위로써 해결할 것이라고 언명하였다.

리베리오 교황에게 콘스탄티누스 황제가 아타나시오 성인을 파면시키라고 청하였으나 교황은 거절하였다. 이것도 주교 파면권의 소재를 밝히는 처사이다. 황제는 결국 아타나시오 성인을 강제로 유배형에 처하였다.

인노첸시오 1세 성인 교황은 아프리카 지역 주교회의에 교서를 보내어, 그리스도께서 제정하신 대로 홀로 로마 교회가 최후 판결권을 지녔으므로, 교황청의 허가 없이는 아무 결정도 내리지 말라고 명령하였다. 그러므로 아우구스티노 성인은 "로마가 판결하여 사건은 종국을 지었다."라고 말하였다.

조시모 성인 교황은 펠라지안 열교도를 파문하는 동시에, 교황은 베드로 사도의 후계자로서 온 교회를 통치하는 만큼, 그의 최후 결정에 대하여는 아무 이의도 허용될 수 없다고 주교들에게 밝혔다. 주교들은 모두 이에 순종하였다.

5세기 초 동방 주교들과 유독시아 황후는 콘스탄티노플의 요한 크리소스토모 성인을 극심한 곤경에 빠뜨렸다. 이때 요한은 교황에게 구원을 청하였다.

치릴로 성인이 이단자 네스토리우스를 반박하여 첼레스티노 1세 성인 교황에게 상소하자, 네스토리우스도 치릴로 성인을 걸어 같은 교황에게 항소하였다.

444년 지방 회의에서 아를의 힐라리오 대주교는, 브장송Besancon의 첼리도니우스 주교를 주교 성성식 때 종규宗規 위반을 이유로 퇴장시켰다. 이때 그 주교와 힐라리오 대주교는 대大레오 1세 성인 교황의 판결을 받기 위하여 로마로 갔다. 교황은 이 사건을 접수하여 정밀 심사한 결과, 해당 지방 회의의 결정을 기각하고 그 주교에게 복직을 명하는 동시에 힐라리오의 경솔한 행동을 책망하였다. 대大레오 1세 성인 교황의 이 결정권 행사의 목적은 사건의 공정 처리에 있는 것이었으며, 힐라리오 규탄에는 결코 있지 않다. 힐라리오는 평소 경건하고 신앙심 깊은 주교로서 성인의 존경을 받았으며, 사후에도 대大레오 1세 성인 교황은 힐라리오의 행적을 늘 추억하고 있었다.

저명한 역사가요 치루스Cyrrhus의 테오도레토 주교는 449년 에페소 지방 의회에서 단죄, 파면당하여 대大레오 1세 성인 교황에게 이렇게 상소하였다. "저는 교황 성하의 판결만을 고대하며, 그 공정하신 판결로 저를 구호하시기를 엎드려 청합니다. 또한 저로 하여금 성하 앞에서 저의 주장과 사도로부터 내려오는 교회의 일치를 증명하게 하십시오. 저의 청을 멸시하지 마시고 이 불공평한 파면의 처우를 참고 기다려야 하는지 가르쳐 주시기를 간청 드립니다. 만일 성하께서 저에게 그대로 견디라 하시면 그렇게 하여 다시는 다른 이들에게 누를 끼치지 않겠습니다. 저는 다만 하느님의 공정하신 판결만 구하며, 전능하신 그분께 영광을 돌릴 뿐 사람들에게 받는 존경과 영화는 원치 않습니다. 다만 제가 이단에서 구출한 새 교우들은 교리의 옳고 그름을 구별하지 못합니다. 그러므로 그들이 지금 단죄받은 저를 정말로 이단자라 생각할까 두렵습니다."

대大레오 1세 성인 교황은 지방 의회의 결의를 무효로 선언하고 테오도레토 주교를 복직시켰다.

콘스탄티노플의 대수도원장 요한은 그 총주교가 결정한 단안에 대하여 대大그레고리오 1세 성인 교황에게 상고하였다. 교황은 총주교의 단안을 바로잡았다.

니콜라오 1세 성인 교황 때 포티우스Photius가 콘스탄티노플의 총대주교가 되려는 뜻을 알리자 교황은 이를 단연 거절하였다. 포티우스는 즉시 가톨릭 교회로부터 이탈하여 그리스 정교회의 첫 주교가 되었다.

이 모든 사실로 동방 교회의 최고 교직인 박학한 성직자들이 자기 직할 주교나 지방 의회의 단안을 로마 교황에게 상고하여, 교황청의 결정에 복종했음을 알 수 있다. 이것이 교황 수위권의 절대 권위에 대한 증거가 아니라면 대체 권위란 무엇이겠는가.

2. 교부들의 증언

그리스도인이라 불리는 자는 누구든지 초대 5세기 동안 교부들의 교리의 순수한 정의를 의심치 않는다. 바실리오 성인, 요한 크리소스토모 성인, 치프리아노 성인, 아우구스티노 성인, 예로니모 성인, 암브로시오 성인, 대大레오 1세 성인 교황 등 저명한 교부들과, 에우세비오, 테르툴리아누스, 오리게네스, 이레네오 성인, 디오니시오 성인, 헤르마스 성인, 파피아스 성인, 안티오키아의 이냐시오 성인 등 초대 교회의 유력한 증인들, 더구나 각 시대 각 지방 증인들이 일치하게 승복하는 이 교리의 순정성! 이 교부들은 이구동성으로 로마 교황을 장상으로 인정하고 섬기었다. 이제 교회의 권위에 승복한 그들의 언행 몇 가지를 보기로 하자.

이냐시오 성인은 로마인들에게 보낸 편지에서, 로마 교회는 "로마 지역뿐 아니라 전 세계 교회를 주관한다."라고 하였다.

이레네오 성인은 "로마 교회는 우두머리 교회이므로 전 세계 교회는 그와 합치할 필요가 있다."라고 하였다. 이는 로마의 주교인 교황이 그곳에 좌정하고 있는 까닭이다.

치프리아노 성인은 열교인(이교인)들이 후원을 얻으려 로마로 향하려 함을 고르넬리오 성인 교황에게 미리 알리면서 "이단과 결탁한 거짓 주교들이 사제적 일치의 본원인 베드로 사도의 교좌 우두머리 교회를 향하여 감히 승선하고 떠나려 하오니……."[23] 하여, 베드로 사도의 계승자인 교황의 권위에 솔직히 승복하였다.

프로테스탄트 자유 평론가 하르낙Harnack도 이에 대하여 "치프리아노 성인은 로마 교좌를 특히 엄숙히 존경하였다. 이는 그 위에

---

23 EpiSt. LIX, 14

그리스도께서 사도적 권위를 주시고 권위의 일치와 교회 일치의 유래를 극히 명료하게 보여 주는 사도의 성좌聖座인 까닭이다. 또 이 성좌의 교회는 전 세계에 널리 퍼진 가톨릭 교회의 어머니요, 근본인 까닭이다."[24]라고 하였다.

3. 교황과 공의회

교회 내의 대공의회도 교황의 권위를 입증한다. 대공의회는 전 세계 가톨릭 주교들의 회합이다. 교회의 대공의회는 마치 한 나라의 입법·행정의 결정 기관과 같은 중요한 기관이다.

이 대공의회는 오늘날에 이르기까지 모두 19회가 열렸다. 처음 8회는 동방에서, 나중 11회는 서방에서 모였다. 서방에서의 회합을 교황이 주재한 사실은 부인하는 이가 없으므로 이를 논증할 필요가 없고, 동방에서 열린 공의회에 관하여서만 말하려 한다.

최초의 대공의회는 325년 니케아Nicaea에서 소집되었고 제2회는 381년 콘스탄티노플에서, 제3회는 431년 에페소에서, 제4회는 451년 칼케돈에서, 제5회는 553년 콘스탄티노플에서, 제6회는 680년 콘스탄티노플에서, 제7회는 787년 니케아에서, 제8회는 869년 콘스탄티노플에서 소집되었다.

이 모든 공의회는 모두 로마 교황이 직접 소집하였거나, 또는 그

---

24 Dogmengeschichte i, 384

소집 요청에 대한 윤허로 모인 것이었다. 콘스탄티노플에서의 제1차, 제2차 공의회 이외의 모든 공의회는 다 교황 특사가 사회하였으며, 이 8회의 공의회가 모두 교황 특사 집전으로 윤허를 받은 후에야 비로소 정식 공의회로 인정되었다. 통과된 안건이 교회법으로 시행되려면 반드시 교황의 재가·서명이 있어야 한다.

이런 모든 사례는 교황의 수위권을 충분히 입증한다. 즉 교황은 자기 직권으로 이 모든 공의회를 소집·주재하며 의결안을 재가한다. 교황의 권위는 절대적인 것이기 때문이다.

431년 소집된 에페소 공의회에 첼레스티노 1세 성인 교황은 사절들을 보내어 공의회를 주관케 하였는데 그중의 필립보 신부는 200명의 주교와 여러 참석자들 앞에서 "지극히 복되신 베드로 사도는 사도들의 머리요 수령이며 신덕信德의 지주입니다. 그분께서는 가톨릭 교회의 기초로서 구세주 예수 그리스도께로부터 하늘나라의 열쇠를 받아 죄를 풀고 매는 권능을 받으셨음을 모든 세기에 알려졌습니다. 그러므로 아무도 이를 의심하지 않습니다. 그분께서는 오늘날까지 영구히 자기 후계자들 안에서 살아 계시어 권위를 행사합니다. 이 계승을 이어 받아 그의 후계자이며, 그 교좌에 앉으신 거룩하고 복되신 우리의 교황 첼레스티노 주교께서는 그 대리로 우리를 이 공의회에 보내셨습니다. 그러므로 네스토리우스는 교회의 사제적인 통공通功에서 제외된 줄 아십시오."라고 선언하였다.

451년 칼케돈 공의회에서 에우티케스 오류를 판단한 대大레오 1

세 성인 교황의 교서가 낭독되자 회원 600명은 이구동성으로 "베드로 사도께서 레오의 입으로 말씀하셨다."라고 하였다. 다른 공의회의 예는 생략한다.

4. 열교인裂敎人(이교인)들의 입증

교회 초기부터 크고 작은 열교의 기복起伏은 거의 그치지 않았다. 초기 열교인(이교인)들도 직접 간접으로 로마 교황의 권위에 대하여 증거하였다. 마르치온이나 몬타누스 같은 이들은 직접 그를 인정하였고, 다른 이들은 자기 소신과 로마 교황의 소신과의 합치를 설명하려 노력하기도 하고, 혹은 자기 소신의 정당성을 인정받으러 멀리 로마를 찾아가기도 하였다. 노바투스가 고르넬리오 성인 교황을, 펠라지오가 인노첸시오 1세 성인 교황을, 네스토리우스가 식스토 3세 교황을, 에우티케스가 대大레오 1세 성인 교황을 찾아간 사실이 좋은 예다. 어떤 이는 로마 교황으로부터의 최후 판결이 내리면 순종하기도 하고, 어떤 이는 불순 탓으로 완전히 고립된 처량한 처지에 빠져 참담한 최후를 마치기도 하였다.

5. 교황과 복음 전파

교황의 권위가 전 세계적으로 행사되는 역사적 사실의 다른 예를 들려 한다.

사도 시대 이후 오늘에 이르기까지 가톨릭 교회로 귀화한 여러 민족은 모두 교황이 보낸 전교 신부로부터 복음의 빛을 받았거나, 또는 교황과 주종 관계의 연락이 있는 지역 주교가 보낸 전교 신부로부터 교화敎化를 받았다. 교황청과 직접 간접으로 아무 연락 없이 한 나라의 교화가 이루어진 예는 없다.

아일랜드의 대전교 사도는 파트리치오 성인이다. 누가 이 성인을 보냈는가. 그는 5세기의 첼리스티노 1세 성인 교황이다.

스코틀랜드의 사도 팔라디오 성인도 역시 첼리스티노 1세 성인 교황이 보냈고, 앵글로 색슨 영국 국민은 성 베네딕도회 수사 아우구스티노 성인으로부터 신앙의 빛을 받았다. 아우구스티노는 6세기의 대大그레고리오 1세 성인 교황이 보냈다.

프랑스는 6세기 말 레미지오 성인으로부터 진리의 빛을 받았다. 레미지오는 언제든지 로마 성청과 밀접한 연락을 취하였다.

독일은 보니파시오 성인으로부터 교화되었는데, 그는 영국인으로서 8세기에 그레고리오 8세 교황으로부터 주교 성품을 받고 독일에 파견되었다.

9세기에는 치릴로와 메토디오 형제가 러시아와 슬라보니아Sclavonia와 모라비아Moravia와 여러 북유럽 국가에 복음을 전파하였다. 이 형제는 니콜라오 1세 성인 교황과 하드리아노 2세 교황과 요한 13세 교황의 권위에 승복한 시도이다.

노르웨이는 11세기에 올라프 성인 국왕의 초청으로 건너온 영국인 신부의 전교로 귀화되었다.

스웨덴은 11세기에 영국의 사도 울프리드 성인과 에스킬의 전교로 진리의 빛을 얻었다. 이 두 나라 국민은 귀화 직후부터 로마 성청에 해마다 Romescot, 즉 소액의 공물貢物을 바쳤다. 이 사실은 교황 성좌의 영적 주권에 대한 복종의 표현이다.

그 밖의 유럽 여러 나라는 소위 종교 개혁 전까지(즉 16세기) 모두 로마 가톨릭 교회 전교 신부들의 헌신적 노력으로 생명의 복음을 받았는데, 당시 교회 권위의 수령이 하나뿐이었기 때문이다.

이제 동아시아로 시선을 돌려 그 복음 전래의 경로를 더듬어보자. 16세기, 프란치스코 하비에르 성인이 교황의 명령을 받아 인도와 일본에 예수 그리스도의 복음을 전파하였다. 이야말로 아시아의 정신사精神史에 대전환의 획기적인 사실이다. 16, 17세기 동안 많은 전교 신부들이 역시 교황의 명령으로 남미 원주민과 멕시코에 전교하여 귀화시킨 사실 또한 남미 세계의 역사적 대사실이다.

미국 교회도 본래 로마 가톨릭의 신세를 진 역사적 사실을 알아야 한다. 영국, 아일랜드, 그 밖의 유럽 대륙 국민의 후손인 북미의 백인은, 로마 가톨릭 교회가 유럽 여러 민족을 교화시켰다는 사실을 직시하고 그 은혜를 알아야 할 것이다.

이 모든 사실이 교황의 수위권에 대한 실증이 아니고 무엇이겠는가. 전교 사도들은 모두 그 교권을 로마 교황으로부터 받았다. 그런즉 파견자의 권위가 파견받은 자의 권위보다 어찌 더 크지 않겠는가.

교황이야말로 교회 복음 전교의 최고 권위자이다. 그러므로 동방 주교들이 그 총대주교나 군주로부터 권위 침해를 당하게 되면 곧 로마에 청원하였으며, 교회 초기의 교부와 석학들은 모두 교황을 영계靈界의 대수령大首領으로 따랐으며, 전교 신부는 으레 교황에게로부터 교권과 축복을 받은 다음 출전하였다. 이단 사설邪說이 생길 때에는 세계의 시선이 로마 성좌로 집중되어, 교회의 권위로 단죄 선언을 내리기를 기다렸다.

교황의 교회 통치권을 부인하려는 행위는 마치 대지를 비추는 태양의 빛을 막으려는 짓과 같다. 국가의 사록史錄에서 원수의 행정 기록을 삭제할 수 없듯이, 교회 역사에서는 그리스도의 대리 통치자인 교황의 행적을 삭제할 수 없다. 만일 교황의 권위가 거짓이라면 어찌 2천 년이나 존속할 수 있겠는가.

교황 권위에 대한 논란이 아직도 그치지 않는 것은 곧 그 불확실성의 증거가 아니냐는 이도 있다. 그러나 보라! 교황의 권위에 대한 논란 혹은 부인은 고사하고, 하느님의 권위조차 문제 삼는 사람이 많으며 심지어 하느님의 존재까지 부인하는 사람은 또 얼마나 많은가. 어리석은 사람만이 하느님이 안 계신다고 한다고 하였다. 어리석은 사람이 하느님의 존재를 부인한다 하여 하느님 존재 사실이 없어질 수 있겠는가.

불효자가 아버지의 친권을 부인한다 하여 그 친권이 과연 없어지겠는가. 압살롬이 아버지의 왕호王號를 참칭僭稱하였다 하여 어찌 다윗 임금이 왕권을 상실하였다고 할 수 있겠는가. 교황의 권위는 방자한 탐욕자나 근대주의형 인간들만이 부인하려 드는 것이다. 그리스 정교회의 수뇌 포티우스는 본래 교황에게 성심껏 순종하던 이였다. 그러나 욕심과 오만에 빠져 콘스탄티노플의 총대주교 자리를 빼앗고 감히 그의 정식 승인을 요청하려다가 니콜라오 1세 성인 교황에게 파문당하였다. 성공회 창설자 헨리 8세 왕은 원래 가톨릭 신자로서 교황의 권위를 적극 옹호하던 이였으나, 왕비를 버리고 앤 불린과 재혼하였다. 앤을 정실 왕비로 승인해 달라고 클레멘스 7세 교황에게 강요하다가 드디어 파문당하였다. 프로테스탄트의 창설자 마르틴 루터는 교황에게 순명을 맹세한 수사 신부였으나, 반역죄로 레오 10세 교황에게 파문당하였다.

로마 교황은 바로 주 예수 그리스도의 임명을 받은 예수의 대리자이다. 그러므로 예수를 믿는다는 이로서 하느님의 임명을 받은 교회의 우두머리인 교황의 권위를 거역한다면 그는 곧 하느님을 거역하는 이다. 예수께서는 "나와 함께하지 않는 자는 나를 반대하는 자고, 나와 함께 모아들이지 않는 자는 흩어 버리는 자다."(마태 12,30)라고 하셨으니, 예수의 대리자를 반역하는 이가 어찌 감히 예수와 함께 있다고 할 수 있겠는가.

실로 종교계의 가장 큰 불상사는 그리스도 신자 사이에 수많은 교파가 분열되어 있는 것이다.

이런 불행한 끝없는 교파 분열에 실망한 많은 프로테스탄트 교파 신자들은 교회의 합동을 애절히 기원하고 있다. 이 불행을 구제할 목적으로 1873년 프로테스탄트 교파 대표들이 뉴욕에 모여 '복음 연합 협회'를 조직하고 교회 통일을 시도해 보았으나, 그 결과는 역시 아무 성과도 없는 결렬과 분산 그것이었다.

이 결렬의 결과, 합동은커녕 커민스Dr. Cummins의 주장으로 또 한 개의 새 교파를 낳았을 뿐이다.

커민스 역시 종교 개혁자들을 본받아 예수 그리스도의 사업에 무엄하게도 개혁의 손을 대보려는 생각으로 이 회의 개최를 촉진시켰다. 고대에 바벨탑을 세우던 무리들처럼 "우리가 온 땅으로 흩어지지 않게 하자."(창세 11,4)는 짓이었으나 결국 한바탕의 희비극으로 막을 내렸다.

이 협회가 흩어지고 만 것은 회원 중 견실한 지반을 가진 사람이 하나도 없고, 또 이 집회에서 "주께서는 이렇게 말씀하셨다."라는 권위를 가지고 선언할 수 있는 주재자가 없었기 때문이다.

이런 종류의 합동 시도는 그 후에도 계속되었으나 번번이 실패로 돌아갔고 또 앞으로도 계속될지 모르나 도저히 실현성이 없을 것은 뻔하다.

우리는 그리스도 교회의 통일을 위하여 성심으로 기도할 뿐 아니라, 이 목적의 달성을 위해서는 생명을 내걸고 노력하기를 주저하지 않는다. 그런데 그 달성에 있어서는 그리스도께서 보여 주신 유일한 방법이 있다. 즉 모든 신자는 그리스도의 대리자인 베드로 사도와 그 후계자인 역대 교황의 교회 통치권에 복종하여야 한다는 그것이다. 이런 반석의 기초 위에 서서 교회 일치의 대업을 이룬다면, 바벨탑을 재건하는 어리석음과 모래 위에 집을 짓는 것과 같은 붕괴를 면하게 될 것이다.

만일 그리스도의 교파가 확고한 중심에 일치 단합되어 강대한 교회를 이룬다면 곧 하나의 대군단이 되어, 저 엄청난 이교와 무신론의 대군세도 당장 그 위세에 눌려 버릴 것이다. 그때야말로 우리는 발람처럼 "야곱이여, 너의 성소는 얼마나 아름다우며, 이스라엘이여, 너희의 진영은 얼마나 아름다운가!"라고 할 것이다.

우리는 이 분열이 어서 그치기를 바란다. 전 세계의 그리스도인이 그리스도의 대리자인 한 수령의 권위에 복종함으로써 서로 일치하여 암흑의 세력을 무찌르고 예수 그리스도의 영광의 새 왕국이 빨리 건설되기를 고대하여 마지않는다.

제11장

교황의 무류성

교황의 무류성無謬性에 대한 프로테스탄트 목사들의 몰이해와 와전으로 말미암아 항간에 크나큰 악영향을 주고 있는 만큼, 우리는 여기에 대한 오해를 지적하고 그 근본 의의를 천명할 필요가 있다.

1. 교황의 무류성이란, 교황이 어떤 특별한 진리의 계시나 특별한 성령의 인도를 받는다는 것은 아니다. 사도들은 성령 인도의 특별 은혜를 입었으므로 그들이 기록한 성경을 계시 말씀으로 확신하지만 교황들에게까지 그런 종류의 은혜가 계속 부여되지는 않는다. 성령은 베드로 사도의 후계자인 교황에게 다른 새 교리를 계시하지 않는다. 다만 그의 인도로 그들은 사도 전래의 계시와 위탁받은 신앙 교리를 완전히 보존하며, 이를 바르고 밝게 해석할 따름이다.

2. 교황의 무류성이란, 교황은 죄가 선혀 없다든가 죄지을 가능성이 전혀 없다는 뜻은 결코 아니다. 이 교리에 대한 오해의 발화점이 바로 여기에 있는 듯하다. 물론 역대 교황 대다수는 성인이었다.

그중에는 순교자의 영관榮冠을 받은 이도 있으며, 260여 교황 중 79위는 완전한 성인으로 가톨릭 교회 제대 위에서 존경을 받고 있다.

가톨릭 교회를 적대시하는 이들은 이 260여 교황 중에서 단 5~6명을 지적하여 타락자라고 배척한다. 이를 사실이라 하자. 그러나 부덕한 교황 한 사람과 성덕을 갖춘 교황 43명과, 배반자 유다 이스카리옷 한 사람과 열한 사도와의 비교를 냉정히 고려해 보라.

가령 부덕한 교황이 있다 치자. 그러나 이 때문에 교황 무류성의 특권은 조금도 손상을 받지 않는다. 교회의 무류 특전이란, 본래 교황 개인의 덕을 보전하기 위하여 부여된 것이 아니고, 도덕과 교리 문제에 관한 정당한 최후 판단을 내리기 위한 것이다. 예언자 중에 발람 같은 이방인이 있었고, 제관 중에도 카야파 같은 악관惡官이 있지 않았는가.

이 책이 저술되었을 당시의 교황이었던 비오 9세 교황은 성덕이 뛰어난 어른이었다. 또한 덕이 높았던 전 교황처럼 작은 잘못도 고백하며 매일 아침 미사성제를 봉헌하기 시작할 때 제단 아래에 엎드려 "전능하신 하느님과 형제들에게 고백하오니, 과연 생각과 말과 행동으로 많은 죄를 지었으며"라고 하였다. 또한 미사 제물을 드릴 때 "주 하느님, 겸손한 마음으로 통회하는 우리를 굽어보시어, 오늘 우리가 어전에 드리는 이 제사를 기꺼이 받아들이소서."라고 하였다. 이런 사실을 목격하면서도 교황의 무류성이란 곧 교황의 범죄 불가능성을 의미하는 것이라고 선전한다. 이는 무지의 발로일

뿐이다.[25]

3. 하느님의 특별한 도움의 보증은 교황 개인 자격으로 받는 것이 아니고, 오직 교회의 우두머리라는 자격으로 신앙 교리와 도덕 문제에 대한 권위 있는 판단을 전 세계 교회에 공포할 때에만 받는 것이다. 이 점에 특히 유의하라.

가령 한 교황이 교회 법전에 관하여 저술하였다면(베네딕토 14세 교황이 그 예이다) 그도 한 평신도 학자의 저서와 마찬가지로 공개 비판을 받아야 한다. 개인 자격으로 쓴 교황의 저서를 오류가 없는 교리서로 치지는 않기 때문이다.

4. 교황 무류성의 범위는 신앙과 도덕 문제의 판단에 한정되어 있으므로, 천문학 지리학 등 자연 과학 영역에는 해당되지 않는다. 과학상의 오류가 그 과학의 범위를 넘어 계시 진리의 세계를 침범하기 전에는, 교황은 과학의 세계 또는 정치 문제에는 간섭하지 않는 법이다.

교황의 무류성은 국가 정치의 주권을 조금도 범하지 않는다. 그는 오로지 영적 사건에만 적용되는 것이다. 그러면 교황 무류성의 참뜻은 무엇인가. 교회가 으뜸 사도인 베드로의 계승자 자격으로 신앙 교리나 도덕 문제에 관한 판단을 전 세계 교회에 공포할 때,

---

25　"이 은혜가 보호되어 실수 없이 나아간다 하니 그러면 과거 역사상에 드러난 교황의 비법 행동은 눈을 꼭 감고 전연 부인하자는 말인가."(한성과 목사 지음, 《성서를 통하여 본 천주교의 오류》, 제6장)라는 등등이 그 좋은 예이다. ― 역자 주

예수 그리스도의 거룩하신 약속의 은혜에 힘입어 절대로 그릇된 판단을 내리지 않게 된다는 것이다.

교황은 새 법을 세운 이도, 새로운 계시를 받는 이도 아니다. 다만 이미 계시된 교리를 해석하는 사람일 뿐이다. 계시는 워낙 하느님의 특별한 은총을 받은 이만이 받을 수 있는 것이요, 또 계시는 교회 창립 시초에 벌써 완료된 것이다. 그러므로 교황은 계시로 쓰인 성경에 어떤 말이라도 보충하거나 삭제하지 못하는 법이다. 교황도 우리와 같이 하느님의 진리의 법을 섬긴다.

특별한 지위는 지위지만 교황의 지위는 한 나라의 대법원장 지위와 같다고 할 수도 있다. 법률 해석의 논쟁이 있을 때 대법원장이 최종 판단을 내리듯 교황의 경우도 마찬가지이다. 이런 권위 있는 최종 판단이 없다면야 무슨 수로 국가 사회의 안녕 질서를 유지해 낼 수 있겠는가.

계시된 하느님의 말씀은 교회의 기초를 구성하는 헌법이며, 그리스도인 자유의 대헌장이다. 대법원장이 나라 헌법의 수호자가 되듯이 로마 교황은 교회 헌법의 수호자이다.

성경 해석 논쟁이 생기면 교황이 최종 판결을 내린다. 교황은 추기경 회의 혹은 신앙 문제의 판사격인 전 세계 주교를 소집하여 공의회를 열든지, 또는 성령이 지도하시는 다른 방법으로 빛을 구하여 기도와 숙고와 토의를 거친 다음 최종 판단을 내린다. 그러므로 이 최종 판단의 선언에는 오류가 있을 수 없다. 만일 가톨릭 교회에 이런 대법원이 없었던들, 다른 종파처럼 수백 파로 분열되어 마침내 통일되지 않고 무질서한 상태로 돌아갔을 것이다. 가톨릭 교회가 전 세계적 발전을 이루면서도 일사불란한 일치와 단결이 엄연히 보존되고 있음은, 오로지 교황의 권위를 중심으로 하는, 오류가 있을 수 없는 법원이 있기 때문이다.

교황 무류성의 교리는 가톨릭 신앙생활의 기조이다. 총명한 영혼은 결코 이를 반대할 수 없을 뿐 아니라, 도리어 무조건 감탄을 아끼지 않게 된다.

그러나 이는 다만 전제적 설명일 뿐이다. 한걸음 더 나아가 이 교리의 근본 대의를 밝히고자 한다. 우선 성경에 의거하여 말하기로 한다.

예수께서 베드로 사도에게 "너는 베드로다. 내가 이 반석 위에 내 교회를 세울 터인즉, 저승의 세력도 그것을 이기지 못할 것이다."(마태 16,18)라고 하셨다. 즉 "우주 만물을 창조한 내가 세상 끝날까지 존속할 교회 하나를 세우겠다. 내가 이 교회를 극히 견실한 진리의 반석 위에 세워 허위와 사악함과 그릇됨의 광풍이 불더라도 흔들리지 않게 하겠다. 베드로야, 너는 이 교회의 기초가 되리라. 너는 영원히 흔들리지 아니할 것이며 이 교회도 영원히 파멸되지 아니할 것이다. 또 너는 진리의 반석인 나에게 의지하였으니 또한 영원히 파멸되지 않을 것이다."라는 말씀이다.

베드로 사도를 기초로 한 교회는, 오류와 허망의 싸움터에 우뚝

서 있는 난공불락의 요새라 할 수 있는 존재다. 어찌 흔들리는 기초 위에 움직이지 않는 큰 집을 세울 수 있겠는가.

"또 나는 너에게 하늘나라의 열쇠를 주겠다."(마태 16,19)라고 하셨다. 즉 "너는 진리의 열쇠를 맡아 그것으로 하늘나라의 오묘한 도리의 보물 창고의 문을 신자들에게 개방하라."라는 말씀이다.

"네가 무엇이든지 땅에서 매면 하늘에서도 매일 것이고"(마태 16,19)라고 하셨다. 즉 "네가 지상에서 선언하는 판결은 나도 또한 하늘에서 허락하겠다."라는 의미다. 물론 진리이신 하느님께서 그릇된 판결을 재가하실 리 없다.

또 말씀하시기를 "시몬아, 시몬아! 보라, 사탄이 너희를(사도들을) 밀처럼 체질하겠다고 나섰다. 그러나 나는 너의 믿음이 꺼지지 않도록 너를 위하여 기도하였다. 그러니 네가 돌아오거든 네 형제들의 힘을 북돋아 주어라."(루카 22,31-32)라고 하셨다. 예수께서 베드로 사도 한 사람만을 위하여 기도하신 것은 특별히 기록할 만한 사실이다. 베드로 사도만을 위하여 특별히 기도하신 이유는 무엇일까. 베드로 사도의 두 어깨에 교회의 책임이 놓여 있기 때문이다. 예수께서는 두 가지를 위하여 기도하셨다.

    1) 베드로 사도와 그 계승자의 믿음이 바르고 견고하여지게 하기 위하여,

    2) 베드로 사도가 형제들의 믿음을 굳건하게 하기 위하여,

예수의 기도가 언제나 틀림없이 허락되는 것은 무엇보다도 확실

한 사실이다. 그러므로 베드로 사도의 믿음은 늘 견고할 것이며, 베드로 사도는 그들의 중심적 존재였으므로 늘 사도들의 으뜸으로서, 모든 언행에 있어서 언제나 최고의 권위를 가진 첫째 사도였다. 베드로 사도는 진리의 별이며, 교회 통치상의 지위로 말하자면 모든 유성 가운데의 태양과 같다. 그래서 이를 중심으로 모든 운행이 질서 있게 이루어지고 있다.

가톨릭 교회의 정연한 질서는 바로 별의 세계와 같다. 이는 참으로 전지전능하신 하느님 예지의 표현이 아니고 무엇이겠는가.

예수께서 베드로 사도에게 "내 양들을 돌보아라."(요한 21,16)라고 하셨다. 전 세계 교회 내의 양과 어린양, 즉 모든 성직자와 평신도를 다스릴 권위를 친히 주신다는 말씀이다. 주교는 한 지역의 목자이지만 교황은 목자들의 목자이다. 교황은 모든 양 떼를 오직 확실하고 진정한 교리로 돌본다.

특히 십여 차례의 공의회 중 세 번에 걸친 결의안을 여기에 수록하여 교황 무류성의 확증적이고 힘 있는 전거로 삼으려 한다. 또 이 몇 공의회는 로마에서 개최되지 않았다는 사실, 그중의 한 공의회는 동방에서, 즉 콘스탄티노플에서 열렸다는 사실, 이 세 번에 걸친 공의회가 다 교회의 합일을 목적으로 한 모임이었다는 사실에 특히 주의하여야 한다.

869년 콘스탄티노플의 제8차 공의회에서는 엄숙한 신앙 고백을 이렇게 하였다.

"원래 구원은 진정한 신앙 기준의 견지에 의존한다. 우리는 주님의 '너는 베드로다. 내가 이 반석 위에 내 교회를 세우겠다.'라고 하신 말씀에 깊이 유의해야 한다. 사도 성좌(즉 로마 성좌)에서의 신앙의 순결성 보존 사실과 그 거룩한 교리의 전파 사실이 주님의 이 말씀이 진리임을 확증한다. 이 신앙과 이 교리에서 떠나지 말고 거기에 굳게 서서 하나 되기를 간절히 바란다. 참으로 교황 성좌는 완전하고도 참된 그리스도교의 견실한 본거本據인 까닭이다."

이 공의회는 로마 성좌가 언제든지 순결한 교리를 보존하고 전파하였다는 사실을 명백히 선언하였다. 만일 로마 성좌가 오류에 빠졌으면 어찌 이와 같이 선언할 수 있고, 또 성좌를 주관하는 교황이 신앙상 오류에 빠질 수 있다면 그 성좌가 어찌 사도의 성좌가 될 수 있겠는가.

"신성 로마 교회는 전 세계 가톨릭 교회의 최고권을 가졌다. 이 모든 권한은 예수께서 으뜸 사도(베드로 사도)에게 친히 수여하셨고, 역대의 로마 교황이 이 권한을 계승함에 승복한다. 로마 성좌는 모든 지역 교회의 상위上位에 있으므로 신앙 진리의 옹호 의무가 있으며, 만일 신앙에 관한 논쟁이 일어날 때에는 마땅히 로마 성좌의 판단으로 결정될 것이다."

리옹 공의회의 이 천명은, 곧 로마 교황은 신앙에 관한 논쟁이 일어날 때에는 그 권위로 최종 판단을 내린다는 것이다. 즉 신앙 문제에 관한 교황의 절대 무류의 최고 결재권에 승복하는 것이다.

1439년 피렌체 공의회는 그리스 교회와 로마 교회의 주교들이 회의한 결과 다음과 같이 밝혔다.

"거룩한 사도좌와 로마 주교가 온 세상에 대하여 수위권을 가지고 있고, 그 로마 주교는 사도들의 으뜸인 복된 베드로의 후계자이며 그리스도의 참된 대리자이고 교회 전체의 머리이며 모든 그리스도인들의 아버지요 스승이라고 정의한다. …… 우리 주 예수 그리스도께서는 성 베드로 안에서 그에게 교회 전체를 기르고 다스리고 통치할 전권을 주셨다."[26]

이는 곧 교황은 그리스도의 진정한 대리자이며 구세주의 기관으로서, 신앙과 도덕에 관한 주님의 재가를 대행한다는 사실을 천명한 것이다. 만일 교황이 신앙이나 도덕 문제에 있어서 오류를 하나라도 범한다면, 그는 결코 그리스도의 대리자가 될 수 없다. 마치 정부의 대외 방침을 대행하지 못하는 주외駐外 대사가 실격되는 것과 같다.

교황은 전체 교회의 유형한 우두머리인즉, 그리스도의 지체인 교회는 절대로 오류에 빠질 수 없다. 바오로 사도는 말하기를, "교회를 티나 주름 같은 것 없이 아름다운 모습으로 당신 앞에 서게 하시며, 거룩하고 흠 없게 하시려는 것이었습니다."(에페 5,27)라고 하였다. 그러니 어찌 오류가 없는 지체가 오류의 머리를 받들 수 있

26　J. 노이너 · J. 뒤퓌 지음, 안소근 · 신정훈 · 최대환 옮김, 《그리스도교 신앙》, 가톨릭출판사, 2017. 426.

겠는가. 오류의 우두머리가 어찌 그 지체를 진리로 인도할 수 있겠는가.

또 교황은 전 신자의 스승이라고 하였다. 못된 가장 밑에 원만한 가정이 이루어질 수 있겠는가. 배가 바다에서 항해를 할 때, 올바른 길로 나아갈 수 있도록 수평선 너머의 길을 가리켜 주는 이가 바로 교황이라고 말할 수 있다. 이처럼 예수께서 다른 사도의 배는 타지 않으시고 오직 베드로 사도의 배에만 타신 사실에 깊은 의미가 함축되어 있다. 베드로 사도의 배는 절대 침몰되지 않고, 미로에도 들지 않는다. 주 예수께서 타셨기 때문이다.

1870년 제1차 바티칸 공의회에서의 교황 무류성 교리 공포는 곧 새로 계시된 진리의 공포이며, 이것이 가톨릭 교회의 교리 불변성 주장에 대한 모순을 드러낸 것이 아니냐고 하는 이가 있다. 그러나 이는 결코 새로운 신조의 창작이 아니다. 다만 기존 신조의 재확인일 뿐이다. 교황 무류성의 진리는 벌써 첫 계시에 함축되었던 것으로 가톨릭 교회의 전통적 신조이다. 이를 이 공의회에서 의무적 신조로 확인했을 뿐이다. 헌법 조문에 대한 대법원장의 시의적절한 해석이 발표되었다 하자. 헌법 정신에 기초를 둔 것이기만 하다면 이를 어찌 법조문의 창작이라 할 수 있겠는가.

교회가 가끔 어떤 신조를 공포하는 것은 다만 전래 교리에 대한 시의적절한 재확인 행위일 뿐이다. 이렇게 교리를 풀이하여 반포하는 것은 반드시 이미 계시된 교리에 근거를 둔 것이다.

이에 관한 극히 두드러진 예는 예수의 신성神性에 대한 교회의 공식 선언이다. 교회 창립 때부터 모두 예수의 신성을 믿지만 그 공식 반포는 4세기 니케아 공의회에서 비로소 행한 것이다. 그렇다고 하여 예수의 신성에 대한 신앙이 4세기에야 비로소 시작되었다고 할 수 있겠는가. 그때 만일 아리우스의 예수의 신성 부인설이 교회를 괴롭히지 않았더라면 그 공포의 필요를 느끼지 않았을 것이다.

주교회의나 전국 교회 회의에서의 교리 선포나 사설邪說에 대한 단죄는 반드시 로마 성청의 재가가 있어야만 발효된다. 이는 교황의 무류성을 믿는 가톨릭 교회 유사 이래의 관행이다. 로마의 인정이 곧 전 세계 교회의 인정이요, 로마의 단죄가 곧 전 세계 교회의 단죄이다.

몇 가지 예를 들기로 한다. 3세기 스테파노 1세 성인 교황이 카르타고의 치프리아노 성인과 아프리카 여러 주교의 세례 문제에 관한 결의를 파기하였고, 5세기에는 인노첸시오 1세 성인 교황이 펠라지오파의 사설邪說을 단죄하였다. 이에 대하여 아우구스티노 성인은 "이 두 공의회의 결의가 교황청에 상신되어 이에 대한 교황청의 교시로 말미암아 이 문제는 모두 해결되었다. 우리는 이러한 사설이 다시 발생하지 않기를 하느님께 간절히 기도한다."라는 불후의 명언을 발표하였다.

14세기에 이르러 그레고리오 11세 교황은 위클리프의 이단을 단죄하였으며, 16세기에 레오 10세 교황은 루터를 파문하였고, 17

세기에 인노첸시오 10세 교황은 프랑스 주교들의 간청으로 얀센주의 신봉자들의 사설을 단죄하였다. 19세기에 이르러 비오 9세 교황은 '성모의 원죄 없으신 잉태' 교리를 선포하였고, 20세기의 비오 12세 교황은 성모 승천 교리를 선포하였다.

이 모든 역사적 사실에서 이단 단죄, 교리 선포에 대한 교황의 권위를 똑똑히 볼 수 있다. 또한 이 모든 사실이 교황 무류성의 엄연한 증거다. 로마의 주교인 교황이 일단 판정하여 선포하면 전 세계 교회는 다만 순종할 뿐이다.

독립 국가에는 법조문을 해설하고 서로 다른 해석에서 일어나는 쟁의爭議를 해결하기 위하여 최고 법정이 설립되어 있다. 가톨릭 교회에도 완전한 조직 체계 밑에 고유의 교회법이 있고 자치 기관이 있어, 그 법조문을 해석하고 분쟁을 해결하기 위한 상설 최고 법원이 설치되어 있다. 교회의 상설 최고 법원은 대체 어떻게 구성되어 있는가. 대공의회 의원인 주교단으로 구성되어 있는가. 그렇지 않다. 대공의회는 상설 기관이 아니고 100년에 한 번 소집될까 말까 하는 비상非常 특설 기관이다. 그러면 전 세계의 주교로 구성될 수 있을까. 그렇지도 않다. 일이 발생할 때마다 모이기는 불가능하다. 또 전 세계에 산재한 주교에게 안건을 일일이 토의에 부쳤다가는, 그 결의안을 얻기 전에 오류 해독이 교회 내에 퍼질 염려도 없지 않다. 그러므로 교회의 수장首長으로서 하느님이 부여하신 권위를 가진 교황 자신이 정당한 이유로 그 최고 법정을 구성한다.

교회의 신성한 직무는 모든 사람을 진리로 인도하는 데 있다. 그러므로 교회의 기초인 신앙과 도덕을 수호하는 성직에 임명된 이는 결코 오류에 빠질 가능성이 있어서는 안 된다. 즉 교회 으뜸 사도의 권위로 신앙과 도덕 문제에 관한 판정을 선언할 때에는 절대로 오류에 빠질 수가 없다. 교황의 특권은 반드시 그 수호하는 헌법의 정신에 부응한 것이라야 한다. 교회법은 신적인 것이므로 이를 해석하는 교황에게 하느님의 도움이 필요하다.

하느님께서 인간에게 어찌 이런 과대한 절대 무류의 특권을 허락하실 수 있겠느냐고 하는 이도 있다. 그러나 사도들은 능히 기적을 행했으며, 능히 예언을 했으며, 능히 계시를 받았으며, 능히 하느님의 말씀을 대신하기도 했다. 그 모든 거룩한 행위는 인간에게는 참으로 너무 큰 은혜였다. 그러나 교황은 이런 특별 은혜를 받지 않고 있다. 그는 계시된 구원의 진리에 대한 무류의 수호자일 뿐이다. 우리에게 계시의 말씀을 전한 사도들은 다만 교회를 오류에 빠지지 않도록 보호하는 교황보다 훨씬 더 큰 은혜를 받았다.

만일 예수께서 세상에 계셔서 복음을 직접 우리에게 말씀하신다 하자. 그렇다면 대리자가 필요 없을 것이다. 그러나 하늘에 계시는 예수께서는 지상에 당신의 대리자를 세우시고, 그로 하여금 복음 말씀을 해설하게 하신다. 이것은 마땅한 조치가 아니겠는가.

교황의 권위 있는 선언에 교회는 언제든지 복종한다. 또 듣고 따르지 않을 수 없다. 제7장에서 자세히 살폈듯이 교회의 무류성을 믿고 인정한다면 교황의 무류성을 으레 믿고 인정해야 한다.

어느 프로테스탄트 목사가 "나는 무류의 성경을 가졌으니, 내게는 이 책 한 권이 유일한 무류 지침이다."라고 하면서 교황 무류성을 반박한 사실이 있다. 얼핏 듣기에는 그럴 듯하기도 하나, 비판의 센 바람 앞에서는 역시 더할 나위 없는 궤변이다. 감히 묻는다. 어느 사람이든 과연 정확하고 오류 없는 성경 해석을 할 수 있는 자신이 있는가? 그런 사람이 있다면 모든 성경을 읽는 이들의 해석 무류성을 주장하는 것이다. 이는 곧 모든 사람이 교황이라고 주장하는 셈이 된다.

결국은 사람은 사람대로, 성경은 그 자체로 남을 것이다. 성경을 바로 해석하지 못하는 사람의 영혼은 번민의 심연에 빠질 것이다. 그렇다면 성경의 객관적 무오無誤가 무슨 이익이 있겠으며, 무류 해석의 권위에 복종하지 않고 봉독하는 성경이 어떻게 우리의 양식이 되겠는가. 성경 무류 해석자인 하느님의 대리자를 부인한다면, 로마 교황이 엄연히 존재하는 이상, 이는 곧 이 제도를 세우신 하느님의 뜻을 모독하는 행위가 된다. 하느님께서 진리를 사람에게 계시하시면서 그 참뜻을 틀림없이 가르쳐 주실 아무 방법도 마련하지 않으셨다고 주장한다면, 이는 곧 하느님의 예지를 부인하는 불경스런 태도이다. 그대는 하느님의 말씀인 성경의 해석을 무녀 시빌라Sybillus처럼 묻는 이의 뜻대로 응답하는 모순에 빠뜨리려는가.

　오늘날 수백의 미국 프로테스탄트 교파는 각기 성경을 유일한 권위로 삼지만 각자의 임의 해석으로 의견이 백출하여 논쟁 반목의 혼란 상태를 이루고 있다. 하느님께서 성경의 다의多義 해석을 허용하실 리 없다. 저 "무류의 성경 한 권이면 나는 족하다."라는 어리석은 주장이 결국 수습할 수 없는 '성경 임의 해석'의 소란을 일으켜 놓았다. 이 지긋지긋한 소란 현상이 바로 믿음직한 무오류 성경 해석자의 존재를 요구하는 필연적 조짐이 아니겠는가. 그대는 내게 생명수를 마시라고 권하나 그대의 '임의 해석'이라는 길을 통과한 생명수에는 오류의 독소가 섞여 있다. 중독될 염려가 있는 이런 위험한 물을 아무리 목마르다 해도 어떻게 안심하고 마실 수 있겠는가.

　이제 가톨릭 교회의 가르침을 들어 보라. 이 무류 교권敎權에 대하여 그리스도께서는 각 신자에게 이렇게 말씀하신다.

　"보라, 나의 아들아, 여기 하느님의 말씀이 있으니, 이 말씀의 깊고 어려운 뜻을 너에게 명확히 해설하여 줄 무류 해설자를 이 말씀과 함께 너에게 주겠다. 영원한 생명의 약수가 있으니, 약수는 내가 만든 수로水路를 통하였으므로 오류의 독소 없이 네게 공급될 것이다. 또 내 교회의 명문 헌장明文憲章이 있으니, 이 헌장을 수호하기 위하여 교회 최고 법정을 설치하고, '내가 하늘나라의 열쇠를 준 자'로 하여금 주관하게 하였다. 그는 이를 변화시키거나 손상하지 못하고, 서로 다른 각 개인의 견해에 따라 일으키는 분열을 허용하지 않는다. 그러므로 마치 내가 아버지와 하나가 되듯 내 아들인 너희도 하나가 되리라." 이것이 바로 가톨릭 교회의 거룩한 제도에 대한 표현이다.

제12장

교황의 속권

　현재 세계에서 가장 작은 나라는 바티칸이다. 바티칸의 면적은 44만 평방미터(약 13만 3천여 평), 국가 원수는 교황이다. 교황의 영토는 시대를 따라 크기도 작기도 했으나, 대체로 현재의 면적보다는 훨씬 넓었다.

　교황령은 1870년 사르디니아 비토리오 엠마누엘레 왕이 불의의 강탈로 이탈리아 왕국에 속하게 되었다. 역대 교황들은 이탈리아 정부에게 교황령을 반환할 것을 끊임없이 요구하였다. 마침내 그 요구가 효력을 발휘하여 1929년 2월 11일에 비오 11세 교황과 이탈리아 정부는 라테라노 조약을 체결했다. 반세기 넘게 끌어 오던 문제가 원만히 해결된 것이다. 다시 교황청 영토인 바티칸 시국市國의 주권이 인정되었다. 바티칸 시국은 불가침적 중립 지대로 선언되는 동시에, 이탈리아 정부는 옛 교황 영토와 교회 재산의 손실에 대한 배상을 변출하게 되었다(그러나 실제로는 교황청에서 아무것도 받지 않았다).

 그 영토와 원수와 1천여 명 시민과 국내법 등 국가 구성에 필요한 모든 조건을 갖추었으므로, 바티칸 시국은 이제 엄연한 한 독립국으로서 국제 승인을 받았고, 국기, 문장, 옥새, 화폐 등을 제정하였다. 교황으로서 한 독립국을 향유함은 결코 명리욕을 만족시키려는 것이 아니고, 다만 직무 수행상 완전한 자유를 얻으려는 것뿐이다. 이제 그 구체적 이유 몇 가지를 들겠다.

 첫째, 교황은 예수 그리스도의 대리자이다. 만일 교황이 한 영토의 주권자가 되지 못한다면 반드시 어느 나라 주권자의 시민市民이 될 수밖에 없는데, 이는 전 세계 교회 수장首長의 신분에 맞지 않다. 또 신성한 교회 통치 직무 수행에 있어서 해당 국가 정부의 간섭을 받을 위험이 없지 않으므로, 여러 나라 정부와의 관계상 또는 전 세계 교회를 다스리는데 상치되는 것이 적지 않게 된다. 더구나 그 나라의 국책 결정, 국제 관계 변동에 따라 반드시 교황 직무 수행상 자유의 제한을 받게 될 것이다.

 둘째, 교황은 전 세계 신자의 아버지로서 전 세계 성직자와 평신도에게 자유로이 영적 지도를 하여야 되므로 전시 때나 평화 때에나 절대 중립이어야 하고, 절대 중립을 지키려면 으레 절대 독립적이어야 한다.

 제1차 세계 대전 당시 교황청 주재 독일 대사와 오스트리아 대사는 로마로부터의 퇴거를 강요당하여서 교황청과 독일, 오스트리아 교회와의 연락에 지장이 많다. 만일 오늘날까지 라테라노 조약이 체결되지 못하였다면 제2차 세계 대전 때 이탈리아 참전과 동시에 반反일본, 독일, 이탈리아 등의 교황청 주재 대사와 공사는 모두 로마로부터 퇴거할 수밖에 없게 되므로 교황 직무 수행에 커다란 타격을 받았을 것이다.

그러나 바티칸 시국은 엄연한 독립 국가로서 절대 중립을 유지하고 있으므로 이탈리아 전황이 어떻게 되든지 초연히 그 현상을 보존하고 있다. 1943년 가을, 이탈리아 바돌리오 정권이 무조건 항복을 하고 무솔리니는 아직 구출되지 못하였던 때에도 도쿄 주재 교황 사절 마렐라 대주교는 이탈리아인 대우를 받지 않고 여전히 교황 사절로 지냈다. 다른 여러 나라 주재 교황 대사 사절들도 마찬가지였다.

바티칸 시국은 교회 통치에 필요한 모든 기관도 완전히 갖추었다. 교황청 내 각 성성聖省 사무는 학력이 탁월한 추기경과 고위 성직자들이 맡고 있다. 최종 결재권은 교황에게 있음은 물론이다. 교황청 내 각 성성은 다음과 같다.

> 1) 신앙교리성: 신앙과 도덕에 관한 문제를 관장하며, 사상 주의 비판, 도서 검열의 직책을 맡고 있다. 유해有害 도서는 금서 목록에 편입한다.
>
> 2) 주교성: 추기경 회의 준비, 주교구, 관구, 주교좌의 설립과 변경, 교황청 임시 관리자와 주교 선정 임명, 주교 교정敎政

감독, 5년마다 연차 보고 검열 등의 일을 맡고 있다.

3) 경신성사성: 각 성사와 미사성제에 관한 사건을 맡는다.

4) 성직자성: 사제와 평신도의 그리스도교적 행위를 감독하고 교회법 준수 상황과 교회 단체 운영 실태를 감시하며 교회 재정을 관장한다.

5) 봉헌생활회와 사도생활단 성: 모든 수도회의 규율, 학문 연구, 재산 특권에 관한 모든 사무를 관장하며 지휘 감독한다.

6) 인류 복음화성: 모든 전교회를 지휘 감독하며 전교 지역에 대하여는 대부분 다른 성성의 사무를 대행한다. 그러므로 프랑스의 파리 외방 전교회, 미국의 메리놀 외방 전교회, 그 밖의 독일, 네덜란드, 스페인 등 어떤 나라 전교회든지 자기 나라 가톨릭 교회와는 관계없이 직접 인류 복음화성의 감독과 지도를 받는다.

7) 시성성: 시성 시복 대상자에 대한 조사 및 심사, 성유물 보관에 대한 모든 사무를 관장한다.

8) 동방교회성: 같은 가톨릭이면서도 전례가 다른 동방 교회들에 대한 문제를 취급한다.

9) 가톨릭교육성: 교회의 교육 사업을 관장하여 교회가 운영하는 종합 대학 내지 단과 대학, 신학교 등을 감독하고 지휘한다.

이 밖에 상설 연구소와 종교 고고학 연구소를 두어 그 방면의 권위자들이 연구에 몰두하며, 서적과 사본이 풍부하기로 이름난 바티칸 도서관과 세계 최고, 최대의 기록 문고文庫로서 사료史料의 보고인 바티칸 기록 문고와 바티칸 박물관은 실로 그리스도교 2천 년 역사를 한눈에 볼 수 있게 한다.

하느님, 영혼, 양심 등, 인생 최상 최대의 문제에 대하여 양심적으로 심사숙고하며 열심히 일할 수 있는 설비가 완전히 갖추어진 기관은 오직 교황청뿐이다. 이 어찌 세계적 규모의 구원 복음 전파에 있어서 인류가 절대 신뢰하는 기관이 아니겠는가.

그러므로 권위로써 전 인류 사회를 바른길로 인도할 이는 오직 교황뿐이며, 또 어둠에 빠진 인류를 진리의 빛으로 각성시킬 이도 오직 교황뿐이다. 사실상 정의에 관한 교황의 교서가 한번 선포되면 언제나 전 세계의 주의가 거기에 집중된다.

보라. 약 20년 전 노사勞使 문제를 중심으로 사상계의 동요가 심할 때, 이에 대한 비오 11세 교황의 〈사십주년 *Quadragesimo Anno*〉라는 회칙이 이 방면 연구자들에게 큰 빛을 주었다. 또한 자유 결혼, 동성 결혼, 이혼, 산아 제한 등의 문제에 관한 교황의 〈정결한 혼인 *Casti Connubi*〉 회칙은 혼인의 신성성을 절규하는 권위 있는 회칙으로서 이 문제에 관하여 너무나 등한시하던 성공회에 커다란 충격을 주었다. 언제나 윤리 도덕의 난문제에 대한 논쟁이 일 때마다 전 세계의 시선은 로마 교황청으로 집중된다. 이것이 바야흐로 수세기 이래의 한 관례로 되어 있다. 그리고 저속한 영화가 순진한 청년들에게 큰 해독을 끼침을 크게 염려한 비오 11세 교황은 〈깨어 있는 관심Vigilanti cura〉이라는 회칙을 선포하였다. 이 회칙은 미국에도 큰 충격을 주어, 미국 교회에서는 할리우드 정화 운동이 일어났다. 따라서 영화관 출입자 수가 크게 줄어드는 현상이 나타났고, 할리우드는 앞으로 영화 제작에 특별 근신하겠음을 서약하기에 이르렀다. 베드로 사도의 후계자 로마 교황의 권위 있는 선언은 세상에 울려 퍼지는 권위 있고도 진정한 목소리이다. 그러므로 종교·도덕·윤리·정의에 관한 교황의 권위는 국제간에 널리 추앙된다. 그래서 가끔 국제적 난문제에 봉착한 문제들이 교황의 평화적 중재로 원만한 해결을 보게 된 경우가 한둘이 아니다.

이를 역사적 사실에 비추어 본다면, 440년 흉노족의 아틸라가 이탈리아를 침범해 왔을 때 대大레오 1세 성인 교황이 그를 설복시켜 전화를 면케한 것을 비롯하여, 그 후 역대 교황이 롬바르드 왕국, 영국, 프랑스, 독일, 러시아, 이탈리아, 오스트리아, 폴란드, 스위스, 포르투갈 등 여러 나라 분쟁을 18차에 걸쳐 중재 조정하였다. 또 1922년 제1차 세계 대전 직후 부상 포로병 억류, 비전투원 교환 문제 해결에 베네딕토 15세 교황의 공적이 컸음은 아직도 사람들의 기억에 남아 있다.

교황의 국제적 지위와 세계 평화를 위한 그의 위대한 업적이 이러하므로, 교황청과 대사 공사 사절 등을 교환한 국가가 40여 개국에 이르렀다. 교황 대사는 바티칸 시국 주권자의 대표자는 아니지만, 국제법상 외교 특권(치외법권 같은 것)을 지니며 흔히 외교단의 수석首席으로 공인되어 있다. 그리고 8·15 해방 후 얼마 안 되어 교황 사절이 한국에 주재하게 되었을 때, 이는 바티칸이 한국의 독립을 먼저 승인하는 친선 행위라 하여 국내의 감격은 매우 컸었다.

또 1948년 대한민국이 수립되어 UN 총회의 승인을 받았을 때, 이승만 대통령은 UN 총회 파견 한국 수석 대표인 장면(이 책의 편역자) 씨를 친선 특사로 교황청에 파견하여 한국에 대한 교황청의 정신적 협조를 요망한 사실은 참으로 시의적절한 신생 국가의 외교 첫걸음이었다.

이제 교황 영토와 그 속권俗權의 유래와 정당성, 로마 발전에 기여한 교황의 위대한 공적에 대하여 말하려 한다.

1. 교황의 속권 취득 경로

교황의 속권 취득 유래와 그 확대 경로를 명백히 이해하기 위해서는, 교회 역사를 세 분기로 나누어 이야기를 전개하는 것이 편리할 것이다.

제1기는 가톨릭 교회가 시작되던 때부터 4세기 콘스탄티누스 대제의 치세까지다. 제2기는 콘스탄디누스 대제부터 카를 대제까지, 제3기는 카를 대제부터 오늘날까지이다.

초대 교황 베드로 사도가 로마에 들어갈 때 교회는 손바닥만한 땅도 없었다. 이때 베드로 사도는 그 스승의 말씀대로 "여우들도 굴이 있고 하늘의 새들도 보금자리가 있지만, 사람의 아들은 머리를 기댈 곳조차 없다."(마태 8,20) 하였을 것이다. 이와 같이 베드로 사도는 가난하게 일생을 보냈다. 제자들의 경애밖에는 아무 소유물도 없이 살다가 청빈 속에서 세상을 하직하였다. 그의 일생은 비록 빈 털터리였지만 신자들의 가난에는 도움을 아끼지 않았다. "그들(신자들) 가운데에는 궁핍한 사람이 하나도 없었다. 땅이나 집을 소유한 사람은 그것을 팔아서 받은 돈을 가져다가 사도들의 발 앞에 놓고, 저마다 필요한 만큼 나누어 받곤 하였다."(사도 4,34-35)

교황에 대한 초대 교회 신자들의 충성이 이러하였으며, 또 그들은 모든 물질 분배를 교황의 청렴과 공평에 맡길 뿐이었다. 300년 동안 교회의 극심한 박해 때문에, 심지어 신자들은 살육까지 당하는 판이었으므로 당시 교황은 그야말로 가진 것이 하나도 없었다.

로마 신자의 대부분은 이 300년 동안 카타콤바 안에서 하느님을 예배하였다. 이 카타콤바는 로마 시의 지하 통로와 지하실이다. 길이 수십 리, 오늘날에도 순례자의 발길이 그치지 않는다. 초대 신자들의 기도실이 이곳이며, 용감히 순교하도록 서로 격려하던 성지聖地도 이곳이며, 그들이 죽어 매장되던 곳도 이곳이다. 이렇게 카타콤바는 산 이에게는 예배하는 성당이 되고 죽은 이에게는 묘지가 되었다.

콘스탄티누스 대제 때에 비로소 교회에 평화가 왔다. 끝나지 않을 것 같았던 어둠이 지나고 종교 자유의 서광이 비치기 시작하였다. 마치 예수께서 3일 동안 무덤에 묻히셨다가 영광으로 부활하심 같이. 가톨릭 교회의 선대 교우들도 3세기 동안 암흑 속에서 숨어 살다가, 이제 비로소 카타콤바의 묘소에서 나와 환한 태양 아래 활보하게 되었다.

콘스탄티누스 대제는 로마 교회에 자유를 허락하였을 뿐 아니라 넓은 면적의 토지와 많은 금전을 기증하였으며, 그 후대 황제들의 추헌追獻으로 점차 교회의 소유가 증대되었다. 반反가톨릭자인 볼테르Voltaire도 이렇게 취득한 교회 재산을 교황이 욕심을 부려 낭비하지 않고, 가장 훌륭한 방법으로 전교와 자선 사업에 쓴 사실을 증언하여 "역대 교황은 교회 재산을 유럽 여러 나라의 전교자 파견에 썼으며, 로마에 망명한 주교들을 보호하는 데, 빈민 구제에 썼다."라고 하였다. 특히 말하려고 하는 것은 이 너그러운 선대 교황들의 미덕을 후대 교황들도 충실히 본받았다는 사실이다.

콘스탄티누스 대제 때의 이 모든 사실을 계기로 마침내 프랑크 피핀Pippin 왕 시대에 이르러 교황은 그 영유領有에 대한 완전 통치권을 얻게 되었다.

327년 콘스탄티누스 대제가 콘스탄티노플로 수도를 옮겼다. 역대 황제는 이탈리아에 총독을 파견하여 서방 로마 제국을 통치하게 하였다. 그 총독은 라벤나Ravenna에 주재하였다.

멀리 떨어진 서방 넓은 땅의 정무政務를 총독 하나에게 위임한 실정이므로, 라벤나의 총독은 백성을 위한 일에는 힘쓰지 않고 오직 황제에게 아부하여 제 욕심을 채우기에만 힘썼다. 따라서 기강은 흐트러지고 민생은 도탄에 빠지게 되었다.

문물과 영화의 중심이던 로마에 북방 유목민들이 앞을 다투어 침입하였다. 즉 알라리크가 인솔한 고트족과, 젠세릭이 인솔한 반달족과, 아틸라가 인솔한 흉노족의 습격이 그것이다. 로마인들은 이 위기를 당하여, 멀리 동방에 있는 로마 황제와 라벤나의 총독에게 구원을 청하였으나 들어주지 않았으므로, 민심은 저절로 로마 교황에게 쏠리는 추세였다. 그들은 교황을 유일한 구출자요 보호자로 신뢰하게 되었다.

교황에 대한 그들의 신뢰는 결코 헛되지 않았다. 당시 교황은 영적으로만 자애로운 아버지였을 뿐 아니라, 사실상 가장 유력한 세속의 원수 역할을 겸임하였다. 흉노족의 아틸라가 50만 병력으로 한번에 로마를 섬멸하려 할 때, 대大레오 1세 성인 교황은 홀로 그를 영접하여 온화하게 설득했다. 살기가 등등하던 아틸라도 그 기품 있는 자태와 언사에 감복되어 자신의 행위가 잘못임을 뉘우치고, 아무 폭행도 없이 즉시 물러갔다. 이 사실은 역사상 유명한 미담으로 전해 내려온다. 그 후 반달족의 젠세릭이 로마를 침입했을 때에도 재산의 약탈은 면치 못하였으나 대大레오 1세 성인 교황의 헌신적 주선으로 시민의 생명만은 큰 해를 면하게 되었다. 이러한 위급을 당할 때마다 그들을 죽음에서 구해 내는 이는 교황뿐이었으므로, 당시 민심은 저절로 유명무실한 정권자들을 떠나 교황에게로 쏠리게 되었다.

　8세기 초 콘스탄티누스 대제의 후계자 중 하나인 레오 3세 황제는 영국의 헨리 8세 왕처럼 교회의 신권神權까지 찬탈할 뜻으로 조상 전래의 신성한 전통을 파멸하려 들었다. 레오 3세 황제는, 성당 내에 주 예수와 성인들의 성화를 모시는 행위는 곧 우상 숭배의 죄가 된다 하여 모두 철거하라고 명령하였다(726년 성상 파괴령). 당시 그레고리오 2세 성인 교황은 엄중히 항의하여 구세주의 성화를 존중히 보존하려 하였다. 그러나 황제가 이 항의를 무시하고 주님의 성화를 모욕하는 만행을 저지르자 황제와 로마 시민 사이의 원한은 날로 깊어지게 되었다.

　얼마 지나 이탈리아 영역에서 비잔틴 황제들의 세력은 물러가고 교황권의 기초를 확립할 기회가 될 만한 사건이 발생하였다. 즉 754년 롬바르드 아스톨푸스Astolphus 왕이 많은 병력을 이끌고 로마를 습격하였다. 이때 스테파노 3세 교황은 로마 시민의 위험을 염려하여 레오의 후계 코프로니무스 황제에게 청원하였으나, 황제는 냉정히 거절하였다.

　위기일발인 때이므로 곧 교황은 몸소 알프스를 넘어 프랑크 피핀 왕에게 알려 자기 나라 황제에게 버림받은 이탈리아 국민을 야만인들의 손아귀에서 구해 달라고 간청하였다.

　피핀 왕은 곧 직접 대군을 이끌고 와서 적병을 무찌르고 나서, 교황에게 정복한 롬바르드 지역의 수령이 되어 달라고 간청하였다.

피핀의 아들 샤를마뉴 대제는 선왕의 경건한 재정裁定을 확인하였을 뿐 아니라 그 구역을 더욱 확대시켰다. 교황은 그 영토의 통치자로서 1870년까지 계속하였다. 이야말로 정당하게 취득한 권리였다.

2. 교황 속권 취득의 정당성

영토권의 발생과 보유 조건으로 흔히 1) 오랜 기간의 소유, 2) 취득의 정당성, 3) 다른 이에게 넘겨 맡긴 정권의 정당한 행사를 든다.

1) 교황령은 가장 오랜 역사를 가졌다. 8세기 중엽부터 완전 통치권을 장악하게 되었으므로 이는 1,100여 년 동안의 참으로 긴 통치 기간이다. 영국의 아일랜드 예속 400년 전, 미 대륙 발견 700년 전, 교황령은 벌써 엄연히 존재하였다.

2) 교황의 속권 취득은 결코 총칼을 휘둘러 얻은 것이 아니다. 다만 이는 교황의 자비와 은혜에 감복한 민중의 애원으로 이루어졌을 뿐이다.

로마 성좌에 앉은 영계의 아버지는 하느님의 섭리로 세속 정권의 주권을 겸유하게 되었다. 이는 민중 스스로의 추대와 프랑크 왕의 정식 승인으로 이루어진 정당한 정권이다. 마치 국가라는 큰 배가 난항의 위기에 이르렀을 때, 선장인 황제가 방관하자 이에 실망한 승객들이 허둥지둥 교황에게 유일한 희망을 두게 되었는데, 마침내 승객들은 그 배 뒷전에 앉아 있던 교황의 필사적인 노력으로 죽음에서 살아나는 기쁨을 얻은 경우와 같다.

역대 교황의 이와 같은 고귀한 공적을 프랑스 프로테스탄트 사학자 기조Guizot도 인정하여 "교황권에 있어서 영적 권위와 속적 권위의 일치는 추상적 원리에서 또는 야심에서 나온 것이 아니라 …… 교황의 속권은 실제적 필요에서 나온 것이요, 끊임없는 필요성 때문에 더욱 증대되어 왔다."라고 하였다. 가톨릭 교회에 반대하는 영국 역사가 기본Gibbon도 솔직하게 칭송하여 "역대 교황의 영토권은 천여 년의 오랜 역사로 확보되었으며, 그 통치 주권은 시민들의 자발적인 추대로 발생된 것이다. 교황들은 그들을 노예의 굴레에서 구출한 은인이다."라고 하였다.

3) 교황 속권의 효용

교황령은 명리욕名利慾을 만족시키려는 대상이 아니다. 교황은 대체로 인간적 욕망의 불꽃이 꺼져 가는 노년기에 그 자리에 오르게 되며 또 교황은 평생 독신이므로 그의 생활비는 매우 적다. 또 교황직은 국가의 왕위와 같이 세습제가 아니고 선서제이므로 그 후계자와의 혈연관계는 전혀 없다. 그러므로 교황 개인에게 속권은 아무 필요도 없을 뿐 아니라 도리어 귀찮은 존재일 것이다. 차라리 그는 어려움이 태산 같은 속권과는 단절되기를 원할 것이다.

이와 같이 영토욕은 조금도 없으므로 교황은 영토를 넓히려고 애쓰지도 않고 현상 유지만 해 오다가, 1870년에 이르러 강탈당하고 말았다.

교황 영토에서 나오는 수입은 교황의 독립을 유지하기에는 족하였으나, 외국의 탐욕을 일으킬 정도의 것은 아니었다. 교황의 세력이 절정에 이른 중세기에, 만일 하려고만 했다면 그 영토 확장쯤은 문제가 안 되었겠지만 역대 교황은 있는 영토로 족하게 여겼다.

교황의 영토 소유의 유일한 목적은 오직 교회 통치의 완전 독립 보존에 있다. 독립하지 못한 교황은 군주의 제재를 받게 된다. 역사가 기본은 이렇게 말했다. "콘스탄티노플의 이교離教 주교들은 국왕의 노예가 되어 그의 한마디에 수도원에서 교좌教座에 나아가고, 한마디에 다시 교좌에서 수도원에로 가게 되었으니." 과연 그리스 정교회의 교직자들은 분열 당시부터 군주에게 예속되어 있었다.

당시 로마인들의 투표로 교황 영토는 이탈리아에 병합되었다는 이도 있으나, 이는 무지의 폭로일 뿐이다. 소위 당시 '투표'는 총칼 아래의 강제 투표와 모리배들의 기만적 불법 투표였다. 가령 로마 시민들이 원하였다 하자. 그들에게 베드로 사도의 교회 재산을 비토리오 엠마누엘레에게 병탄시킬 권한이 어디 있는가. 처음부터 자기 소유가 아니었던 것을 어떻게 남에게 넘겨 줄 수 있겠는가.

본래 교황령은 교회 공공 이익을 위하여, 즉 전 세계 신자들을 위하여 교황에게 기탁된 것으로, 이를 정당히 처분하려면 전 가톨릭 교계의 찬동이 있어야지 로마 시민들만으로는 할 수 없는 것이다. 그러므로 비토리오 엠마누엘레의 행동은 근대의 아합이 무죄한 나봇의 포도원을 강탈한 바로 그것이었다.

이 강탈 행위는 확실히 "도둑질을 하지 말라."는 하느님의 계명을 직접 침범하는 것이요, 소유권 불법 유린이며 국제 조약 부정 파기이다.

한걸음 더 나아가 이 교회 재산 약탈은 곧 매우 중한 독성瀆聖 행위이다. 더욱이 교회 원수의 행동 자유를 속박하여 그 세력을 좌절시키려는 야욕의 발악이었기 때문에 그 죄는 더욱 크다. 그러므로 비토리오 엠마누엘레와 그 후속자는 라테라노 조약으로 다시 문제가 해결될 때까지 교황으로부터 파문을 당했다.

3. 로마 발전에 기여한 여러 교황의 위대한 공적

교황의 속권 향유 여부는 전 세계 교회에 그 영향이 미친다. 교황령 강탈로 말미암아 특히 이탈리아 국민이 큰 타격을 받게 되었다. 로마 시민이 받은 손해는 더욱 컸다. 로마가 가톨릭 세계의 중심이 되며 학문 예술의 원천지가 된 것은 교황의 힘이었다.

여러 교황은 건설적이면서 보수적이어서 귀중한 사료史料를 모두 보관하고, 비할 데 없이 크고 화려한 성당을 많이 세웠다. 바티칸 교황청 내의 광대한 미술관에는 고대 그리스 로마 미술의 정화精華가 수집되어 있는데, 모든 이들이 그 아름다움에 감탄을 아끼지 않는다. 성 베드로 대성전을 비롯하여 수백의 화려한 성당은 실로 건축미의 정화이다. 그러므로 로마로 하여금 '영원한 도시'라는 아름다운 이름을 얻게 한 이는 바로 교황이다.

만일 교황이 로마에서 떠난다면 그 도시는 머지않아 황폐해질 것이다. 교황의 프랑스 아비뇽Avignon 유배 얼마 후인 1418년의 로마시 인구는 1만 7천으로 감소되었다. 그 반면 교황이 아비뇽에 머물 당시의 아비뇽의 10만 인구는 교황이 로마로 온 뒤 3만 6천으로 격감되었다.

또 19세기 초 비오 7세 교황이 나폴레옹 황제의 횡포로 4년 동안 그레노블, 사보나, 퐁텐블로 등지에 유폐되었을 때 로마시가에는 인구가 반감되었다.

지리적으로 보아 로마시는 상업 도시는 아니나 상업이 매우 성하다. 이는 교황 도시인 까닭이다. 그러므로 만일 교황이 로마를 떠난다면 신자는 흩어지고, 성당 순례자는 없을 것이고, 미술가들은 그 천재성을 발휘할 기회를 잃을 것이며, 영예로운 고적과 귀중한 사료는 폐기될 것이고, 신학·예술·과학의 보호자를 잃을 것이며, 수백만의 참배자와 관광객들은 발길을 끊을 것이다.

교황이 로마에서 떠난다면 로마는 오늘날의 예루살렘과 안티오키아처럼 적막해질 것이다. 베드로 사도가 비록 예루살렘에서 최초의 복음을 전하였으나, 그곳을 교회 성좌로 정하지 않았기 때문에 성지는 이슬람 교도의 유린을 당하였다. 안티오키아를 최초의 성좌지로 정하였으나, 하느님의 섭리로 이전하였으므로 안티오키아는 오늘날 폐허가 되었다.

만일 베드로 사도가 안티오키아에 성좌를 정하였다면 가톨릭 교회와 문화 중심지는 유럽이 아니고 시리아였을 것이며, 성 베드로 대성전의 영예로운 종탑은 테베레강가가 아니라 오론테스강 연변에 세워졌을 것이다. 그러면 분명 안티오키아는 예술·과학·신학의 중심지로서 '영원의 도시'라는 칭송을 받았을 것이다.

천여 년의 세월이 흐르는 동안 여러 교황은 주 예수처럼 박해도 당하고 평화도 누렸다. 그들의 생애는 수없이 모독받고, 수없이 찬미받음의 교착이었다. 여러 교황은 고통 중에 있을 때 더욱 '그리스도의 대리자'로서의 빛을 발하였다. 고통을 당하지 않았더라면 예수의 참된 대리자의 광휘를 발하지 못했을 것이다. 교황이 우수의 무거운 십자가를 질 때 그는 더욱 그리스도와 가까운 사람이 되고 그에 대한 신자들의 지성과 경애는 더욱 열렬하였다.

교황이 당하는 모욕과 재앙과 화禍를 통쾌하게 여기는 사람들은 그의 속권 상실이 곧 교회 으뜸 지위의 상실이라고 단언하였다. 그들은 "교황권은 이제 소멸되고 그 영광은 영영 땅속에 묻히리라."라고 하였다. 우선 거짓 예언자에게는 늘 역사 지식이 결여되어 있는 법이다. 그들은 가톨릭 교회의 찬란한 위세에 대하여서는 꿈에도 상상 못하였을 것이다. 속권의 유무는 교회의 영적 수위권에 아무 영향도 미치지 못한다.

원래 교황의 영토는 군주에게서 받은 것이므로 군주인 그가 이를 다시 빼앗아 갈 수도 있지만 하느님께로부터 받은 교황의 영적 주권은 어느 누구도 침범하지 못하는 것이다. 예수께서 "너는 베드로다. 내가 이 반석 위에 내 교회를 세울 터인즉, 저승의 세력도 그것을 이기지 못할 것이다."(마태 16,18)라는 선언과 함께 부여하신 교황의 권위는 태양처럼 영원히 빛날 것이다.

교황들 중에는 파란만장한 일생을 보낸 이도 있다. 초기 3세기 동안의 교황들은 카타콤바에서 일생을 보냈으며, 마르티노와 그레고리오와 비오 같은 교황들은 유배 중 서거했으며, 베드로 사도처럼 십자가형을 당한 이도 있다. 그러나 온 로마시가 지중해에 침몰될망정 베드로 사도의 성좌는 늘 엄연히 우뚝 서 있을 것이며, 베드로 사도는 대대로 이어질 후계자 안에 세상 끝날까지 생존할 것이다.

제13장

천사와 성인들의 기도

프로테스탄트 교파 중 대다수는 사도신경의 "모든 성인들의 통공通功을 믿으며"라는 구절을 외기는 하지만 그 참뜻은 깨닫지 못하는 이가 많은 것 같다.

이 구절의 진정한 의미는 이러하다. 즉 하느님의 의로운 자녀들 중에는 천국의 영예를 누리고 있는 사람도 있고 아직 세상에 생존하는 사람도 있다. 이 두 부류의 신자들은 서로 기도로써 통교한다. 하늘에 있는 신자들은 귀양살이에 있는 지상의 신자들을 위하여 늘 하느님께 기도한다.

가톨릭 교회는 사도신경을 신중히 연구한 뒤, 이 성인들의 기도에 대하여, 성인들께 전구轉求를 청하는 것은 참으로 유익한 것이라고 가르친다.

여기에 대한 교회 초기 교부들의 가르침을 하나하나 열거할 수는 없고 다만 성경에서 몇 구절을 들기로 한다. 우선 '천국의 성인들이 우리의 간청을 들을 수 있을까? 혹 듣는다 하여도 우리를 도울 능력이 있는가? 능력이 있다 하여도 과연 우리를 동정하겠는가?'란 질문에 대해서 성경의 분명한 해답을 들도록 하겠다.

1. 하늘의 천사와 성인들은 지상의 우리와 같지 않다. 우리는 육체가 있으므로 눈이 없다면 볼 수 없으며, 귀 없이는 들을 수 없다. 또 보고 들을 수 있는 범위가 제한되어 있기에 실상 보고 듣는 것도 몽롱한 것이다.

그러나 하늘의 성인에게는 눈귀가 필요하지 않다. 하느님 안에서 모든 것을 똑똑히 볼 수 있게 된다. 바오로 사도의 "우리가 지금은 거울에 비친 모습처럼 어렴풋이 보지만 그때에는 얼굴과 얼굴을 마주 볼 것입니다. 내가 지금은 부분적으로 알지만 그때에는 하느님께서 나를 온전히 아시듯 나도 온전히 알게 될 것입니다."(1코린 13,12)라는 말로 하늘나라의 생활 양상을 엿볼 수 있다.

현대의 통신 기관은 참으로 놀랄 만큼 진보되었다. 1세기 전에는 유럽과 미국 간의 통신에 60일이 걸렸지만 오늘날에는 몇 십 분 안에 가능하다. 무선 전화로 양대륙 간 마주 대하며 통화할 수도 있게 되었다. 만일 백 년 전에 누가 이를 예언했다면 분명 미친 사람이라고 했을 것이다. 그러나 오늘날에는 이것이 사실이 되지 않는가.

유한한 존재인 우리가 무한한 존재이신 하느님의 권능을 재 보려는 어리석음은 삼가야 한다. 무선 전화로 수만 리 떨어진 사람과도 통화할 수 있는데 하물며 과학의 신이신 하느님께서 우리와 하늘나라 형제들과의 상통 방법을 마련해 주시지 못하실 리 있겠는가.

하늘의 의인들이 지상의 우리 사정을 잘 알고 있다는 것은 성경에 의거하여 짐작할 수 있다. 성조 야곱이 임종을 맞아 아들과 손자를 위하여 "온갖 어려움에서 나를 건져내 준 하느님의 천사가 이 아이들에게 복을 내려 주시기를 빕니다."(창세 48,16)라고 기도하였다. 하느님이 선택하신 이스라엘 백성의 조상인 그가 알아듣지 못할 자에게 기도드렸을 리 없다.

라파엘 천사는 토빗에게 나타나 말하기를 "너와 사라가 기도할 때에 너희의 기도를 영광스러운 주님 앞으로 전해 드린 이가 바로 나다. 네가 죽은 이들을 묻어 줄 때에도 그러하였다."(토빗 12,12)라고 하였다. 만약 천사가 토빗의 이런 기도와 공로를 알지 못하였다면 어떻게 이것을 하느님께 말씀드릴 수 있겠는가.

이제 신약 성경을 보자. 예수께서 "이와 같이 회개하는 죄인 한 사람 때문에 하느님의 천사들이 기뻐한다."(루카 15,10)라고 하셨다. 언제든지 우리가 죄를 뉘우치고 회개할 때에는 천사들이 즐거워한다. 그러므로 천사와 성인들은 우리의 행동과 말만을 알 뿐 아니라, 숨은 내적 동향까지를 밝히 아신다는 사실을 주님의 말씀으로 알 수 있다.

또 바오로 사도는 "하느님께서는 우리 사도들을 사형 선고를 받은 자처럼 가장 보잘것없는 사람으로 세우셨습니다. 그래서 우리가 세상과 천사들과 사람들에게 구경거리가 된 것입니다."(1코린 4,9)라고 하였다. 즉 우리의 행동을 사람들이 보는 것과 같이 천사들도 본다는 뜻이다.

천사는 그렇거니와, 성인들도 천사의 행복과 천사의 지식을 갖게 된다. "부활 때에는 …… 하늘에 있는 천사들과 같아진다."(마태 22,30)라고 하신 주님의 말씀으로 하늘의 성인의 모습을 엿볼 수 있다.

악한 부자가 지옥에서 극형을 받으면서 아브라함에게 타는 목을 적셔 달라고 간청하자 천국에 있는 아브라함이 그에게 대답한다(루카 16,23-25 참조). 이와 같이 천국의 의인과 지옥의 악인이 서로 대화할 수 있다면, 하늘의 성인들과 땅 위의 형제들과의 상통이야 더욱 쉽지 않겠는가.

하늘의 영혼들이 우리의 기도를 듣는다는 사실은 성경에 의하여 잘 알 수 있다.

2. 하늘의 성인들도 우리를 위하여 기도한다. 이 사실도 성경이 증거한다. 전능하신 주께서 죄악의 도시 소돔과 고모라를 멸하려 하실 때 성조 아브라함이 그 도시를 위하여 하느님께 간절히 기도하자 하느님께서는 의인 열 명만 있으면 멸망시키지 않겠다고 하셨다. 아브라함의 열렬한 기도가 하느님의 의노를 그치게 한 놀라운 사실을 여기서 볼 수 있다(창세 18장 참조).

또 탈출기에는 아말렉족과 이스라엘 민족이 싸움을 벌이자 이스라엘 민족의 영도자요 주님의 대예언자인 모세가 산에 올라가 이스라엘 백성의 승전을 주께 기도드렸다. 모세가 두 손을 높이 들면 이스라엘 군대가 승전하고, 두 손을 내리고 기도를 중단하면 적군이 승리했다는 기록이 있다. 기도의 효과가 어찌 이보다 더 두드러질 수 있겠는가. 모세의 말 없는 기도는 여호수아의 창검보다도, 수만 군대보다도 더욱 무서운 것이었다(탈출기 17장 참조).

유다 민족이 바빌론 포로 생활 시대에 그들은 예루살렘에 있는 형제들의 기도를 간청하였으며, 또 제물 봉헌용으로 돈을 보내면서 "우리를 위해서도 주 우리 하느님께 기도해 주십시오. 우리가 주 우리 하느님께 죄를 지어, 이날까지 주님의 분노와 진노가 우리에게서 떠나지 않았습니다."(바룩 1,13)라고 하였다.

욥의 친구들이 말을 삼가지 않은 결과 하느님의 진노가 내리게 되었다. 그들은 두려워서 하느님께 용서를 간청하였다. 하느님께서는 욥의 전달을 청하라고 그들에게 명령하셨다. "나의 종 욥에게 가서, 너희 자신을 위하여 번제물을 바쳐라. 나의 종 욥이 너희를 위하여 간청하면, 내가 그의 기도를 들어주어, 너희의 어리석음대로 너희를 대하지 않겠다."(욥기 42,8) "욥이 제 친구들을 위하여 기도드리자, 주님께서는 그의 운명을 되돌리셨다."(욥기 42,10)

이를 보면 다른 이를 위한 기도의 힘이 얼마나 큰지 알 수 있고 또 이는 하느님의 명령임을 알 수 있을 것이다.

성경 집필자 중에 바오로 사도만큼 주님의 수난이 얼마나 컸는지를 절실히 깨닫고 주님의 사랑을 위하여 헌신적 희생을 바친 이는 없다. 또한 형제들의 기도의 힘을 바오로 사도보다 더 신뢰한 이도 없었다. 바오로 사도의 편지를 보면 언제든지 제자들에게 자기를 위하여 기도해 주기를 간청하였다. 즉 유다 불신자들의 박해를 면하고 예루살렘에서 전교가 성공하도록 늘 로마 신자들에게 기도를 청하였고, 이방인들에게 전하는 전교가 성공하도록 에페소 신자들에게 기도를 간청하였다.

우리도 늘 기도의 도움을 청한다. 먼 곳으로 여행을 떠날 때 아내와 자녀들에게 "나를 위하여 기도해 주기를 바란다."라고 하지 않는가. 죄인인 우리의 기도도 이같이 남을 도울 수 있는데 어찌 하늘의 성인들의 기도가 우리를 도울 수 없겠는가. 아브라함과 모세와 야곱이 귀양살이의 이 세상에서도 오히려 전능하신 하느님께 능력의 기도를 드렸는데, 더구나 천상 성인들의 기도에야 더 큰 힘이 있지 않겠는가.

솔로몬이 예루살렘 대성전을 하느님께 봉헌할 때, "이제 내가 눈을 뜨고, 이곳에서 드리는 기도에 귀를 기울이겠다."(2역대 7,15)라고 하신 주님의 말씀을 떠올리면서, 이스라엘 자손들은 예루살렘의 형제들에게 기도를 간청했을 것이다. 지상 예루살렘에서의 기도도 들어주시는데 하물며 천상 예루살렘 성인들이 하느님 앞에서 드리는 기도를 어찌 더욱 들어주시지 않겠는가.

3. 천국의 무한한 행복을 누리는 성인들은 그 행복에 겨워 지상

의 형제들을 돌아볼 여념이 없을 것이라는 이도 있다.

보라! 사랑의 바다인 천국에서 늘 사랑의 승전보를 듣고 있는 성인들이 어찌 지상의 우리를 사랑하지 않을 수 있겠는가. 그들에게 바람이 있다면 그것은 우리로 하여금 천국의 월계관을 받게 하려는 바로 그것이다. 그들에게 큰 걱정이 있다면 그것은 곧 우리가 지옥에 떨어지면 어쩌나 하는 그것이다.

유다 민족도 우리와 같이 천상 성인들의 전구를 확신하였다. 마카베오기에 보면 유다 마카베오는 적장 니카노르 군대와의 접전 전날 밤에 죽은 지 이미 오랜 대사제 오니아스와 예레미야 예언자가 나타난 것을 목격하였다. 오니아스가 하느님의 백성을 위하여 두 팔을 벌리고 기도하며 예레미야를 가리키며 유다 마카베오에게 말하기를 "동족을 사랑하시는 이분은 하느님의 예언자 예레미야로서, 백성과 거룩한 도성을 위하여 열심히 기도해 주시는 분이시다." (2마카 15,14)라고 하였다. 예레미아는 유다에게 황금 칼을 주며 유다의 승리를 예언하였다. 이 사정을 들은 병사들은 용기백배하여 드디어 그 예언과 같이 적군을 무찔렀다. 어떤 프로테스탄트 교파는 마카베오기는 성령의 감도로 쓰인 성경이 아니라고 주장하는데, 진정한 역사의 기록이라고 인정하지 않을 수 없다. 어쨌든 유다 민족들은 지상 형제들을 위한 천상 성인들의 기도를 믿었다는 것만은 명확한 사실이다.

요한 사도는 성인들이 하느님 앞에서 지상의 형제들을 위하여

기도하는 사실을 기록하였다. "어린양이 두루마리를 받으시자, 네 생물과 스물네 원로가 그 앞에 엎드렸습니다. 그들은 저마다 수금과, 또 향이 가득 담긴 금 대접을 가지고 있었습니다. 향이 가득 담긴 금 대접들은 성도들의 기도입니다."(묵시 5,8)

또 예언자 즈카르야는 세상 사람을 위한 천사의 기도와 이에 대한 하느님의 인자하신 응답을 기록하였다. "주님의 천사가 아뢰었다. '만군의 주님, 당신께서는 예루살렘과 유다의 성읍들을 가엾이 여기지 않으시고 언제까지 내버려 두시렵니까? 그들에게 진노하신 지 일흔 해나 되었습니다.' 주님께서는 나와 이야기하던 천사에게 다정하고도 위로가 되는 말씀으로 대답하셨다."(즈카 1,12-13)

천사들 또한 우리의 구원을 위하여 매우 노력한다는 것을 알 수 있다. 베드로 사도가 "여러분의 적대자 악마가 으르렁거리는 사자처럼 누구를 삼킬까 하고 찾아 돌아다닙니다."(1베드 5,8)라고 한 것을 보면 우리의 영혼을 삼키려는 악마의 활동이 얼마나 맹렬한지 볼 수 있다. 이런 마귀의 침해와 유혹의 소용돌이에 있는 우리를 천사가 어찌 도와주지 않겠는가. 우리와는 전혀 이질적 존재인 천사들도 오히려 우리를 이렇게 도와주는데, 하물며 우리와 혈육을 같이한 천상의 성인들이야 어찌 더욱 도와주지 않겠는가.

천상의 형제에게 기도를 청하는 것은 또한 인간의 순수한 본능이다. 가톨릭 교회가 가르치는 "모든 성인의 통공을 믿으며"라는 교리는 죽음에 대한 공포를 없앤다. 16세기의 소위 종교 개혁자들은 이 '성인 통공' 교리를 배척함으로써 사도신경을 모독하였을 뿐 아니라 인간의 순수한 자연성을 질식하게 했다. 그들은 하늘과 땅을 연락하는 성인들의 통공을 가로막아 버렸다.

형이 아우를 떠나보냈을 때 서로를 위하여 기도함은 형제애의 자연적인 발로다. 하물며 죽음의 바다를 건너 영원의 피안에 상륙하였을 때에야 그 기도가 얼마나 더욱 애절할 것인가. 그 영혼은 영원히 살아 있어 생각도 하고 기억도 하고 사랑도 하는 것이다. 죄악과 이기심과 증오의 정은 통회의 뜨거운 불로 이미 사그라지고 남은 것은 다만 순수한 애정뿐이다.

흔히 죽음이 형제와 친우들을 영영 분리시킨다고 하는데, 이 근거 없는 낭설을 극히 배척해야 한다. 우리와 천상 의인들을 영영 격리시키려는 해괴한 교리에 귀를 기울이지 마라. 그리스도의 품 안에서 평안히 운명한 부모 형제자매가 한번 떠난 후에는 영영 나를 잊어버린다고는 상상조차 하지 말아야 한다. 그들이 살아 있을 때 나에 대한 사랑은 이제 천국에서 더욱 정화되고 더욱 열렬해질 것이다.

세례의 은혜를 입은 자식의 이른 죽음을 지나치게 애통해 할 일은 아니다. 천사 같은 우리의 자식들은 지금 하느님 대전에서 부모와 영원히 즐길 날이 오기를 끊임없이 간구하고 있다. 그와 부모는 지금 기도의 금 사슬로 긴밀히 연결되어 있다.

어떤 이는 바리사이 사람처럼 "성인들에게 기도하는 것은 하느님께 불손한 짓이다. 즉 예수 그리스도께서 우리의 기도를 하느님께 전구해 주시는 중재를 무시하는 행위이다. 이는 피조물을 창조주 위에 올려놓는 행위이다."라고 한다. 이 역시 허튼소리이다.

만일 우리가 하느님을 제쳐놓고 오직 성인들에게만 구한다면 이는 물론 하느님을 능욕하는 행위일 것이다. 가톨릭 교회의 가르침은 결코 그런 것이 아니다. 하느님만이 온갖 선과 악의 근원이심을 가르친다. 성인과 하느님과의 관계는 달과 태양의 관계와 같다. 달 자체에는 원래 빛이 없다. 달의 빛은 태양에서 받은 것이다. 성인의 경우도 마찬가지이다. 성인들이 누리는 모든 행복과 영광, 능력은 모두 하느님께로부터 받은 것이다. 성인들은 그 빛을 "의덕義德의 태양"이시고 "하느님은 한 분이시고 하느님과 사람 사이의 중개자도 한 분이시니 사람이신 그리스도 예수님"(1티모 2,5)께로부터 받아 온다. 그러므로 우리는 성인들에게 언제든지 "예수 그리스도의 공로로 인하여" 주께 전구를 청한다. 또 예수께 직접 기도할 때에는 예수 자신의 공로로 인하여 구한다. "하느님께서 우리의 모든 기도를 다 들으실 텐데 성인에게 기도할 필요가 있느냐"라고 하는 이도 있다. 야곱도 천사에게 기도를 하였고, 하느님께서도 욥의 친구들에게 욥에게 기도해 달라고 부탁하셨다. 바빌론의 포로가 된 유다인들도 예루살렘의 형제들에게 기도를 부탁하였고, 바오로 사도도 신자들의 기도를 간청하지 않았는가.

또한 오늘날의 우리도 서로에게 기도를 간청하곤 한다. 이런 경건한 행위가 모두 잘못이란 말인가.

주임 성직자의 기도로 은혜를 받을 수 있는 우리는, 우리의 기도를 듣는 것을 기뻐하는 천상 성인들에게 기도를 청하는 것이 적어도 그만큼 유익할 것이다. 우리가 성인들에게 기도하면 그 기도 정도에 반비례하여 하느님께 대한 우리의 기도 가치가 감소된다고 오해하지 말아야 한다. 가톨릭 교회에서는 하느님께 기도함은 구원에 '필요'하고, 성인들에게 기도함은 구원에 '좋고 유익하다'고 가르친다. 천상 성인들에게 기도를 청하는 것은 정말 매우 유익하다. 우리의 미약한 기도를 그들의 열렬한 기도와 합하여 주께 바친다면 "주님께서는 …… 의인들의 기도는 들어 주신다."(잠언 15,29)

귀양살이의 세상에 사는 우리의 빈약한 기도는 천상의 영광스러운 성인들의 기원과 합치될 것이다. 그러므로 우리는 그들에게 그들의 하느님이시며 우리의 하느님이시요, 그들의 아버지이시며 우리의 아버지이신 하느님께, 우리도 저 복된 하늘나라에서 그들과 함께 우리 구세주 예수를 모시고 복을 누리게 되도록 기도해 달라고 간구해야 할 것이다. 프로테스탄트 교파 목사들은 흔히 "천사 경배란 분명히 성경에서 탈선한 행동이다."라고 규정하면서 콜로새서 2장 18절, 히브리서 1장 6절·7장 14절, 요한 묵시록 19장 10절을 들어 천사 공경을 반대한다.[27]

---

27 한성과 목사 지음, 《성서를 통하여 본 천주교의 오류》, 제4장.

성구의 말마디에 얽매이지 말고 위 성구의 한 장 전체를 통독해 보라. 그러면 성경 저자의 근본정신을 파악할 수 있을 것이다. 따라서 이 구절의 뜻도 저절로 드러날 것이다.

"예수에 의한 구원을 강조하는 동시에, 구약의 율법 준수를 주장하는 자들과 그리스도보다 더 '천사 숭배를 즐기는 자'(콜로 2, 18)를 배척한다."는 것이 바로 콜로새서 2장의 주된 정신이다. "머리이신 그리스도를 따르지 않는 자"라는 말씀만 읽어 보아도 알 만한 것으로서, 당시 그런 이단이 있었다는 것은 요한 크리소스토모 성인, 테오도레토, 테오필락토, 에쿠메니오 등 교부와 학자들이 이미 증언한 바이다. 그러면 그리스도보다 천사를 더 공경하는 이단은 가톨릭 교회의 천사 공경 정신과는 원체 어울리지 않는 것이므로 아예 문제도 되지 않는다.

"맏아드님을 저세상에 데리고 들어가실 때에는 '하느님의 천사들은 모두 그에게 경배하여라.'"(히브 1,6)가 히브리서 1장의 정신이다. 이 역시 가톨릭 교회의 천사 공경 교리와는 도무지 맞지 않는 말인데 왜 이런 동문서답을 하였는지 알 수 없다. 그리고 히브리서 1장 14절에는 "천사들은 모두 하느님을 시중드는 영으로서, 구원을 상속받게 될 이들에게 봉사하도록 파견되는 이들이 아닙니까?"라고 하였는데, 이 구절은 왜 지적하였는지 역시 알 수 없다. 도리어 이 말씀으로 천사들은 사람을 보호하는 임무가 있음을 알 수 있다. 그러면 그들에게 도움을 청하고 그들을 경배함은 오히려 당연하지 않은가!

요한 묵시록에는 "나는(요한 사도) 그(천사)에게 경배하려고 그의 발 앞에 엎드렸습니다. 그러자 천사가 나에게 말하였습니다. '이러지 마라. 나도 너와 같은 종이다. 예수님의 증언을 간직하고 있는 너의 형제들과 같은 종일 따름이다. 하느님께 경배하여라.'"(19,10)라고 하였는데, 아마 이 말씀을 천사 공경 교리 반대의 가장 좋은 무기로 삼았을지도 모른다. 그러나 사실은 그렇지 않다. 천사는 주 예수께서 가장 사랑하시는 요한 사도를 특별히 대접하여 자기에 대한 그의 경배 행위를 겸손하게 막았을 뿐이다. 우리는 이 사실로 요한 사도를 천사 숭배의 이단자로 판정하든지(주 예수의 가르침을 직접 받은 사도로서 그를 몰랐을 리도 없고, 알고도 일부러 그랬을 리도 없지만), 요한 사도를 천사 공경 실천자로 규정하든지 할 수밖에 없다. 어쨌든 요한 사도를 이단자로 친 이는 없다.

또 어떤 목사는 말하기를 "성인이라도 한번 세상을 떠난 뒤에는 살아 있는 이와 서로 기도로 돕는다든지 축복을 나눈다는 말은 성경에도 없다. 또 부자와 아브라함과의 대화를 보더라도 이는 명백하니 저들 '가톨릭인'의 주장은 성경을 잘못 읽어 나온 공론이다. 또 사도행전 10장 25-26절과 14장 11-15절을 보더라도 성인 경배는 가당치 않은 일이다."라고 한다.

악한 부자와 아브라함의 대화를 보면(루카 16,19-31 참조) 지옥에 빠진 자의 소원이 이루어지지 못할 것은 뻔하다. 그리고 지옥에 있는 악한 부자의 기도가 천국에 있는 아브라함에게 통한 것도 분명하다. 그러기에 서로 대화하지 않았는가. 그러면 지옥에 빠진 악인의 기도는 천국에 있는 이에게 통하지만, 세상에 살아 있는 의인의 기도는 천국에 통하지 못한다는 이유는 어디 있는가. 도리어 세상에 있는 의인의 기도는 어느 각도로 보든지 천상에 더 잘 통할 것이 아니겠는가. 통한다면 이미 말했듯이 그들은 당연히 우리를 위하여 기도할 것이다.

베드로 사도가 코르넬리우스를 방문하자 코르넬리우스는 "그에게 마주 나와 그의 발 앞에 엎드려 절하였다. 그러자 베드로 사도가 그를 일으키며, '일어나십시오. 나도 사람입니다.' 하고 말하였다."(사도 10,25-26)

코르넬리우스는 베드로 사도와 같은 주님의 사도가 자신을 방문하자 감격하여 절을 한 것이다. 그러나 겸손한 베드로 사도는 그 절을 받지 않았다. 이와 비슷한 예는 우리에게도 얼마든지 있지 않은가. 감히 묻는다. "저녁때에 그 두 천사가 소돔에 이르렀는데, 그때 롯은 소돔 성문에 앉아 있었다. 롯이 그들을 보자 일어나 맞으면서 얼굴을 땅에 대고 엎드렸다."(창세 19,1)와, 엘리사 성인이 수넴 여인의 아들을 다시 살렸을 때 "여자는 들어와 그의 발 앞에서 바닥에 엎드려 절을 하고"(2열왕 4,37)는 어떻게 해석하려는가.

바르나바와 바오로 사도가 "여러분, 왜 이런 짓을 하십니까? 우리도 여러분과 똑같은 사람입니다."(사도 14,15)라고 하며 자신들에 대한 사람들의 경배 행위를 거절한 사실이 있는데, 이 역시 사도들을 제우스 신과 헤르메스 신으로 잘못 알고 있는 사람들의 제사 행위를 전제한 말이라는 것을 또한 알아야 한다.

제14장

성모 마리아에 대한 여러 문제

복되신 동정 성모 마리아를 가장 큰 성인으로 공경하며 그를 우리의 전구자轉求者로 의탁하고 우리의 모범으로 삼음이 과연 옳은 것인지를 '1. 성모를 공경함이 옳은가, 2. 마리아는 하느님의 어머니이시다, 3. 마리아는 평생 동정이시다, 4. 마리아의 원죄 없이 잉태되심, 5. "은총을 가득히 입으신 이여", 6. 마리아 공경의 정당성, 7. 마리아께 기도함이 옳은가, 8. 마리아를 우리의 모범으로 삼는 것이 옳은가' 이렇게 총 여덟 가지로 논술하려 한다.

1. 성모를 공경함이 옳은가

예수 그리스도를 사랑하는 사람은 일찍이 예수께서 접촉하시던 사물에도 경의를 표하게 될 것이다. 더욱이 그분이 세상에 계실 때 그분과 가깝던 성인들에게는 사랑과 경의를 다하여 추모하지 않을 수 없을 것이다. 그중에도 주님과 유달리 가깝게 지내시던 성인에 대하여는 지극한 숭앙을 바치게 될 것이다. 마치 태양에 가장 가까운 별은 받는 빛과 열이 유달리 강렬한 것과 마찬가지다.

신앙인에게 예수께서 다니셨던 유다의 산천은 성지이다. 베들레헴 동굴에 들어갈 때 우리는 저절로 숙연해진다. 우리의 구세주가 탄생하신 성역이기 때문이다. 또한 예수께서 공생활 전 목수로서 생활하셨던 나자렛을 경건한 마음으로 순례한다. 골고타산을 올라갈 때 우리는 비통에 싸여 주님의 수난의 참혹한 광경을 회상한다. 예수께서 구속救贖의 성혈을 흘리신 제단이기 때문이다.

유적지도 이런데 주님의 친애를 받던 성인들에 대한 우리의 추모의 정이야 더 말해 무엇 하겠는가.

예수께서는 추종자들에게 많은 기적을 행하셨다. 오랫동안 하혈로 고생하던 부인이 주님의 옷자락을 만지자 곧 나았다(마태 9,20-22 참조). "군중은 모두 예수님께 손을 대려고 애를 썼다. 그분에게서 힘이 나와 모든 사람을 고쳐 주었기 때문이다."(루카 6,19)

우리가 사마리아 여인과 같이 주님과 이야기하며, 자캐오처럼 주님을 자기 집에 모시거나, 니코데모의 초대를 받아 주님과 함께 이야기를 나누게 되는 영광을 얻게 된다면 얼마나 행복하겠는가. 더 나아가 라자로와 마르타와 요한 세례자와 요한 사도처럼 주님께서 가장 사랑하시던 제자 중 하나였다면 우리도 저 성인들처럼 주님의 은혜의 바다에 잠겨 보았을 것이다.

유다의 온 땅이 예수께서 살던 땅인 까닭으로 성지로 일컬음을 받게 되고, 사도들은 주님의 선택을 입어 3년 동안 가르침을 받음으로써 성인의 전형典型이 되었다면, 예수를 친히 낳고 기르신 성모 마리아가야 얼마나 거룩하겠는가.

예수를 낳아 처음 안으신 이도 성모이시고, 십자가 위의 시신을 최후로 받아 안으신 이도 성모이셨으니, 성모의 성덕을 그 누가 숭앙하지 않겠는가. 주 예수의 지혜의 말씀, 그 거룩하신 말씀을 들은 한 여자는 성모께 대하여 "선생님께 젖을 먹인 가슴은 행복합니다."(루카 11,27) 하고 소리를 높여 찬미할 지경에까지 이르렀다.

하느님께서는 누구에게 큰일을 맡기시려면 으레 그 일의 완수에 필요한 모든 은혜까지 함께 주신다. 하느님께서 모세를 부르시어 유다 민족의 지도자로 삼으려 하실 때 모세는 자신의 서툰 말솜씨를 구실로 삼아 주저했다. 그러자 주님께서는 "네가 말할 때 내가 너를 도와, 무슨 말을 해야 할지 가르쳐 주겠다."(탈출 4,12)라고 약속하셨다. 또한 대예언자 예레미야에게 당신의 율법을 선포할 임무를 맡기기 위하여 하느님께서는 벌써 그를 태중에서부터 성별聖別하셨다. "모태에서 너를 빚기 전에 나는 너를 알았다. 태중에서 나오기 전에 내가 너를 성별하였다. 민족들의 예언자로 내가 너를 세웠다."(예레 1,5) 하신 말씀으로도 그에게 대한 하느님의 뜻을 알 수 있다. 성모가 예수를 잉태하시고 엘리사벳의 집을 방문하셨을 때 "엘리사벳은 성령으로 가득 차 큰 소리로 외쳤다."(루카 1,41-42)라고 하였다. 이는 하느님께서 성모와 그 배 속에 계신 예수께서 3개월 동안 머무시기에 적합하도록 엘리사벳의 집을 거룩하게 하신 것이다.

요한 세례자는 "어머니 태중에서부터 성령으로 가득 찰 것이다."(루카 1,15), "타오르며 빛을 내는 등불이었다."(요한 5,35)라고 하였다. 이는 그가 주님의 길을 예비할 사람이기 때문이다.

사도들도 풍부한 은총을 받았다. 그들은 전교 사업에 몸 바치기 전, 그 일의 성취에 필요한 말을 잘하는 재능과 그 밖의 특수한 은사를 받았다(사도행전 2장 참조). 그러므로 바오로 사도는 "하느님께서 우리에게 새 계약의 일꾼이 되는 자격을 주셨습니다."(2코린 3,6)라고 하였다.

주 예수의 구세 사업에 보필의 노고를 다하신 성모의 지위보다 더 숭고하고 신성한 것은 없을 것이다. 그리고 그 지위와 직무가 그처럼 숭고한 만큼 성모보다 더 성성成聖이 요구되는 이도 없을 것이다.

하느님께서 예언자들과 사도들로 하여금 '생명의 말씀'을 전하게 하기 위하여 미리 그들을 뽑아 두셨다. '생명의 말씀'을 위하여서도 그렇게 하셨는데 "생명의 영도자"(사도 3,15)이신 주 예수를 잉태하실 동정 마리아의 인격을 얼마나 더 성별하셨겠는가.

요한 세례자를 '주님의 길을 예비하는 이'라 히어 성자라 부른다. 그렇다면 주를 낳으신 성모는 얼마나 더 거룩하겠는가. 요한의 어머니도 거룩한데, 요한의 주님인 예수의 어머니는 참으로 거룩하시다. 하느님께서 구약의 제사장에게 "몸을 정결하게 하여라, 주님의 기물들을 나르는 자들아."(이사 52,11)라고 하셨으며, 성전의 기물을 특별히 축성하여 성별하셨는데, 하느님 자신의 성모로 특별히 뽑힌 마리아에게 털끝만한 죄인들 있을 리 없다. 이는 상상조차 못할 일이다.

2. 마리아는 하느님의 성모이시다

우리가 마리아를 '하느님의 성모'라고 부르는 데는 두 가지 의미가 포함되어 있다.

하나는 마리아의 아들 예수 그리스도가 참된 인간이심을 의미하는 것이요(만일 그렇지 않다면 성모란 말조차 있을 수 없다), 또 하나는 예수께서 참된 하느님이심을 의미한다. 만일 하느님이 아니시라면 마리아가 하느님의 어머니가 되실 수 없는 까닭이다. 하느님의 제2위인 성자 예수께서는 천주성으로는 태초부터 아버지와 같은 몸이시며, 태어날 날이 차자 동정 마리아의 태중에서 인성人性을 취하셨다.

그러나 어떤 이는 이에 반대하여 다음과 같이 말한다. "동정 마리아가 하느님의 모친이라고는 할 수 없다. 성모의 인간적 모성은 일시적이요, 하느님의 말씀(성자 예수)의 탄생은 영원의 탄생이므로 영원의 탄생에 관하여는 성모 마리아가 아무 간여하심이 없고 또 간여할 수도 없었다. 예수의 천주성은 성모 마리아를 조성하셨으며, 마리아는 한 피조물일 뿐이다. 그러므로 '사람이신 예수의 모친'이라 하든지 '하느님 아들의 인성의 모친'이라 함은 옳으나 '하느님의 성모'라 함은 옳지 않다."

여기에 대하여 반문하겠다. 우리 어머니가 우리의 영혼 조성에 관여한 바가 있는가. 육신보다 고귀한 영혼의 조성은 오직 하느님의 성업으로 이루어진 것이다. 그러나 누가 자신의 어머니를 '내 어머니'가 아닌, '내 육신의 어머니'라고 부르지는 않는다.

흔히 부모다, 자식이다, 혹은 어머니다, 아들이다 하는 말은 그 존재를 가리켜 하는 말이요, 결코 사람의 구성 요소를 지적하여 하는 말은 아니다. 그러므로 '내 육신의 어머니', '내 영혼의 어머니'라고 하지 않고, 누구든 '내 어머니' 혹은 '우리 어머니'라고 부르는 것이다. 즉 하느님께서 직접 창조하신 영혼과, 모태에서 받은 물질적 육체와의 합일로 생명을 이룬 자기 개체의 어머니라 부른다.

이와 같이 예수 탄생의 오묘한 교리도 자연계의 현상을 빌어 비교할 수 있다면, 동정 마리아는 보통 어머니들이 자기 자신과 같은 인성을 자식에게 주듯이 성령의 능력으로 말미암아 하느님의 제2위이신 성자께 인성을 주셨다. 그러므로 마리아는 참으로 주 예수의 어머니가 되신 분이다.

5세기에 네스토리우스가 마리아를 '하느님의 성모'라 부름을 반대하였을 때, 431년 에페소 공의회에서 마리아에 대한 이 고귀한 칭호를 옹호하기로 결의한 것도 이 논술의 의미에서였다. 어느 때든지 교회에서 마리아를 '하느님의 성모'라 부를 때에는 이 의미로써만 한다.

마리아가 주 예수의 어머니가 되시므로 그 지위는 지고한 것이다. 따라서 그는 단지 성자와만 지극히 가까운 관계를 맺고 계실 뿐 아니라, 성부와 성령과도 함께 맺고 계시다.

3. 마리아는 평생 동정이시다

시인 워즈워스는 성모 마리아를 "모성의 사랑과 동정의 순결을 한몸에 결합하셨다."라는 적절한 말로 칭송하였다. 성모 마리아는 평생 동정이시며, 결혼 전과 결혼 생활을 지나 남편 요셉이 죽은 뒤까지 온전히 동정의 순결을 보전하셨다. "하느님께서는 가브리엘 천사를 갈릴래아 지방 나자렛이라는 고을로 보내시어, 다윗 임금 집안의 요셉이라는 사람과 약혼한 처녀를 찾아가게 하셨다. 그 처녀의 이름은 마리아였다."(루카 1,26-27)라는 이 기록대로이다.

마리아가 예수를 낳기까지 동정녀로 계셨다는 사실은 복음사가가 명백히 기록하고 있으며(마태 1,25 참조) 그 후에도 계속하여 동정녀이시었음도 명백하다. 사도신경과 니케아 신경에도 마리아를 '동정녀'라 불렀다. 결코 구세주 탄생 때까지만이 아니다. 이 두 신경의 '동정녀'라는 말의 뜻은 결코 그렇게 해석할 것이 아니다. 마리아는 참으로 평생 동정이시다. 이 두 신경은 성모 마리아가 돌아가신 뒤에 이루어진 것이다.

오늘날의 미사 경문은 사도 시대로부터 전래된 것인데, 거기에 성모 마리아를 '영광의 평생 동정녀'라 하였다. 이는 참으로 성모께 대한 가톨릭 교회의 전통적 관념이다.

예수 탄생 후에도 마리아는 동정녀이심을 우리는 확신한다. 가톨릭 신자가 아닌 이들도 이를 믿고 따르는 이가 많다. 성공회 불Bull 감독은 "하느님의 궁전이 되기 위하여 한번 성별되었던 그릇(성모의 육신)이, 후에 인간 사욕의 그릇으로 더럽혀진다는 것은 도저히 상상조차 못할 부당한 일이다."라고 하였으며, 그로티우스Grotius, 칼뱅Calvin 등 프로테스탄트 저자들조차 같은 의견을 발표하였다.

마리아가 평생 동정이셨다는 교리를 헬비디우스Helvidius와 요비니안Jovinian과 같이 프로테스탄트 교인 중 이를 불신하는 이가 오늘날에도 가끔 있다. 그 이유는 다음과 같다.

1) 복음사가에 기록한 "잠에서 깨어난 요셉은 주님의 천사가 명령한 대로 아내를 맞아들였다. 그러나 아내가 아들을 낳을 때까지 잠자리를 같이하지 않았다."(마태 1,24-25)라는 말로, 그들은 예수 외에도 마리아에게서 다른 자녀들이 태어난 것으로 추측하는 듯하다. 그러나 그 '까지'라는 한정사는 결코 마리아와 그 남편 요셉과의 정결한 동거 상태가 예수 탄생 때까지만 계속되고 그 후에는 변경되었다는 의미는 아니다. 다만 이사야 예언자의 "젊은 여인이 잉태하여 아들을 낳고"(이사 7,14)라고 한 예언이 직중되었음을 명시하였을 뿐이다. 프로테스탄트의 후커Hooker도, 마태오 복음의 '까지'를 곡해하는 사람이 있어 성모 마리아의 존엄성을 욕되게 하려는 점에

통탄하여 "어떠한 일이 어떤 사건이 발생될 때까지 존재하지 않으셨다 함은 결코 그 사건이 발생된 후에는 필연적으로 그 일이 존재하였다는 것을 의미하는 것은 아니다."라고 하였다.[28]

성경에는 이러한 예가 많이 있다. 노아 홍수 때에 "까마귀는 밖으로 나가 땅에 물이 마를 때까지 왔다 갔다 하였다."(창세 8,7)라고 하였다. 이는 물론 그 까마귀가 영영 돌아오지 않았다는 뜻이다. 또 "사울의 딸 미칼에게는 죽는 날까지 아이가 없었다."(2사무 6,23)라는 것은 미칼이 죽은 뒤에도 물론 자식을 두지 못한 사실을 두고 하는 말이다. "주님께서 내 주님께 말씀하셨다. '내 오른쪽에 앉아라, 내가 너의 원수들을 네 발아래 잡아 놓을 때까지'"(시편 110,1 참조; 마르 12,36)라는 말씀은 주 예수께 대한 말씀인데, 이는 예수께서는 그 원수들을 정복하신 뒤에도 늘 하느님 오른편에 앉아 계신다는 사실을 두고 하는 말이다(마르 5,13-14; 마태 28,20; 1,25 참조).

2) 또 예수를 마리아의 맏아들이라고 했으니, 마리아가 다른 자녀를 낳은 것을 알 수 있지 않느냐고 하는 이도 있다.

그러나 반드시 그런 것은 아니다. 어떤 부인이 '첫아기'를 낳고 죽었다든가, 과부가 되었다는 말을 우리는 가끔 듣는다. 그렇다고 반드시 과부된 다음 다른 아이를 낳았다 할 수가 없고, 죽은 다음 둘째 셋째 아이를 낳았다고도 말할 수 없다.

---

28 Book V., ch. XIV

당시 유다 풍속에는 처음 태어난 아들은, 그 후 다른 자녀가 있든지 없든지 '맏아들'이라고 불렀다. 왜냐하면 맏아들에게는 특별한 권리가 있고 또 맏아들을 하느님께 봉헌하는 법이 있었으므로(탈출 13,2; 34,19 참조). 성모 마리아도 그 법을 따라 아기 예수를 주께 봉헌하셨다(루카 2,21 참조). 외아들이라는 말보다 '맏아들'이란 말이 더 적당한 법률적 용어가 되었다. 그러므로 므나쎄의 아들 마길도 독자였지만 마길은 "므나쎄의 맏아들이며"(여호 17,1)라고 하여 '맏아들'이라고 불렀다. 그리고 주 예수는 그 천주성으로 성부의 '독생 성자', 즉 외아들이시지만(요한 1,14-18 참조) 역시 '맏아들'이라 불렀다. "맏아드님을 저세상에 데리고 들어가실 때"(히브 1,6)라고 하였다. 구약 시대에 하느님이 택하신 백성은 이스라엘뿐이었지만 하느님께서는 "이스라엘은 나의 맏아들이다."(탈출 4,22)라고 하셨다.

3) 성경에 '예수의 형제'라는 말이 있으므로(마태 12,46; 13,55; 마르 6,3; 요한 2,12; 7,35; 사도 1,14; 갈라 1,19; 1코린 9,5 참조) 예수 외에 성모 마리아의 다른 자녀들이 있었음을 알 수 있다고 하는 이도 있다.

그러나 성경을 좀 더 신중히 읽어 본다면 예수의 형제라는 야고보, 요셉, 시몬, 유다 등은 성모 마리아가 낳은 자식이 아니라 다른 마리아의 아들임을 알 수 있다. 예수의 십자가 곁에 서 있던 이들이 누구였는지를 알면 곧 이해할 수 있는 사실이다. 마태오 복음사가는 이를 다음과 같이 기록하였다. "그들 가운데에는 마리아 막달레나, 야고보와 요셉의 어머니 마리아, 제베대오 아들들의 어머니도 있었다."(27,56)라고 하였고, 마르코 복음사가는 "그들 가운데에는 마리아 막달레나, 작은 야고보와 요세의 어머니 마리아, 그리고 살로메가 있었다."(15,40)라고 하였다. 이 마리아는 예수의 모친 마리아가 아님은 요한 복음서를 보면 알 수 있다. "예수님의 십자가 곁에는 그분의 어머니와 이모, 클로파스의 아내 마리아와 마리아 막달레나가 서 있었다."(19,25)라고 하였다. 그러므로 십자가 밑에 '마리아'라는 이름을 가진 여인이 셋이나 있었다. 즉 막달라 여자 마리아와 예수의 어머니 마리아와 클로파스의 아내 마리아이다. 클로파스는 또한 알패오라고도 불리는 사람인데, 이는 마치 마태오가 레비로 불리고, 시몬이 베드로 사도로, 사울이 바오로 사도로 불리는 경우와 같다.

그런데 예수의 아우라는 야고보는, 알패오의 아들 야고보(마태 10,3; 마르 3,18; 루카 6,15 참조)요, 타대오는 야고보의 아우이므로(루카 6,16; 사도 1,13 참조)이 야고보 형제의 아버지는 요셉 성인이 아니라 알패오라는 것을 알 수 있으며, 그들의 어머니는 성모 마리아가 아니고 다른 마리아, 즉 알패오라고 하는 클로파스의 아내인 마리아임을 알 수 있다. 그리고 이 마리아가 예수 어머니의 아우인즉(요한 19,25 참조) 예수와 야고보, 타대오 등은 사촌 형제임을 알 수 있다.

반대자의 말대로 성경의 '예수의 형제'가 모두 예수의 친형제라면 예수를 믿는 야고보, 요세, 유다, 시몬 외에 또 누이들이 있고(마르 6,3 참조) 또 예수를 믿지 않는 형제들도 있다(요한 7,5 참조). 그렇다면 겨우 서른이 지난 맏아들에게 장성한 형제자매들이 이렇게도 많으리라고는 믿기 어려우며, 예수께서 십자가 위에서 돌아가시기 바로 전에 어머니를 요한 사도에게 맡기시며 너의 어머니 받들듯이 받들라고 유언하신 것을 보아도(요한 19,26 참조) 예수께는 친형제가 없음을 알 수 있다.

야고보, 요세, 유다, 타대오, 시몬 등이 친형제라면, 어찌 그 어머니를 요한에게 부탁하셨겠는가.[29] 성경에도 이런 예를 여러 곳에서 볼 수 있다. "엘아자르는 아들 없이 딸들만 두고 죽었다. 그래서 그들의 일족 키스의 아들들이 그들에게 장가들었다."(1역대 23,22)라는 기록이 역시 '4촌 오빠'를 '형제'라 부른 한 예이다.

성경에는 이 '형제'가 넓은 의미의 호칭으로 쓰이기도 한다. 친척을 형제라 부르기도 하고(욥기 19,13 참조) 숙질간, 당숙·당질 간, 외숙·생질 간에도 '형제'라고 부르기도 했다. 즉, "아론의 두 아들 나답과 아비후는 저마다 제 향로를 가져다가, 거기에 불을 담고 …… 불이 나와 그들을 삼키니, 그들은 주님 앞에서 죽고 말았다. 이것을 보고 모세는 아론의 삼촌 우찌엘의 두 아들 미사엘과 엘사반을 불러 놓고 '어서 가서 너의 형제들을 성소에서 진지 밖으로 끌어내어라.' 하고 일렀다."(레위 10,1-2.4)라고 하였다. 이는 '조카'를 '형제'라

---

29 한국에도 4촌, 6촌, 8촌, 고종, 이종끼리 서로 '형님', '동생' 하는 칭호를 쓴다. 이를 보고 즉시 친형제 사이라고 속단하는 이가 있다면 그는 한국 사정을 모르는 사람이다. 유럽, 미국인들은 '형제'를 이상히 여길지도 모르나 한국인에게는 무난히 통과되는 말이다. — 역자 주

고 부른 예이다.

아브람의 조카가 롯임은 분명한데(창세 11,27-31 참조) 아브람은 롯에게 "우리는 한 혈육이 아니냐? 너와 나 사이에, 그리고 내 목자들과 너의 목자들 사이에 싸움이 일어나서는 안 된다."(창세 13,8)라고 하였다. "그는 모든 재물을 도로 가져오고, 그의 조카 롯과 그의 재물과 함께 부녀자들과 다른 사람들도 도로 데려왔다."(창세 14,16)라고 한 것은 삼촌과 조카를 '형제'라 부른 예다.

"야곱은 자기 외숙 라반의 딸 라헬 …… 야곱은 라헬에게 입 맞추고 목 놓아 울었다. 그리고 야곱은 라헬에게 자기가 그 아버지의 혈육이고 레베카의 아들임을 밝혔다."(창세 29,10.11-12)라고 한 것은 외삼촌과 조카를 '형제'라고 부른 예이다.[30]

이제 가톨릭 교회의 심오한 교리를 모르는 이들에게 성모 마리아와 요셉 성인의 혼인 관계에 대하여 설명하려 한다. 가톨릭 교회에서는 동정 생활을 매우 귀하게 여긴다. 그래서 동정 생활을 원하는 이들은 수도회에 입회하곤 한다. 그러나 수도회도 없고 주위 환경도 험난한 때에 동정 생활을 원하는 이들은 남녀 교우끼리 혼인의 모습을 취하나 실상으로는 동정으로 지내는 이른바 '동정 부부'

---

30 한국어판 프로테스탄트 성경에는 이를 모두 '골육', '친족', '조카', '생질'이라고 옮겼다. 그러나 원전에는 다 '형제'라고 기록되어 있다. 이 밖에 이웃 사람(창세 19,7), 신앙의 동무(사도 9,17; 야고 1,16; 필레 1,7.16.20), 동포(마태 5,22; 18,15)를 '형제'라고 불렀다. 성모가 평생 동정이심을 반대하는 이들의 논거는 '맏아들', '까지', '형제'뿐이다. 늘 성경의 중요성을 이야기하는 프로테스탄트 형제들의 이 박약한 논거는 도리어 성경의 역습을 당하여 산산이 분쇄되었다. — 역자 주

로 살았다.[31]

그 시대 그 환경에서는 나이든 처녀의 동정 생활은 매우 위험했다. 아니, 불가능한 일이었다. 따라서 뜻을 같이한 남자와 혼인하여 동정을 지키며 생활하는 것이 가장 안전했다.

성모 마리아와 요셉 성인과의 관계도 이런 동정 동거 생활이었다. 요셉 성인은 예수님이 사생아 대우를 받지 않게 하고, 성모 마리아가 부정한 여자로 몰리어 법률로 처벌받지 않도록, 또한 가정 생활의 안전한 보호를 위해서 그렇게 한 것이다. 과연 요셉 성인이 아니었다면 호적을 위한 예루살렘 행, 이집트 피난, 몹시 가난한 생활 등 모든 난관을 성모 마리아 혼자서는 도저히 이겨 낼 수 없었을 것이다.

어쨌든 성모 마리아는 평생 동정을 지키기로 하느님께 이미 맹세하였다. 이는 아우구스티노 성인, 니사의 그레고리오 성인, 베다 성인, 베르나르도 성인, 안셀모 성인 등 쟁쟁한 학자들이 일치되어 말하는 바이다. 이는 가브리엘 천사가 구세주의 탄생을 예고할 때, 이미 요셉과 약혼한 마리아는 "저는 남자를 알지 못하는데, 어떻게 그런 일이 있을 수 있겠습니까?"(루카 1,34)라고 한 사실만 보아도 알 수 있다. 만일 자식 낳을 목적으로 하는 평범한 혼인이라면, 더구나 이미 약혼까지 한 여자로서 이렇게 "이 몸은 처녀입니다."라고 말

---

31 한국 가톨릭 교회에도 동정 부부로 지냈던 이들이 있었다. 대표적으로 신유박해 때 순교한 이순이(루갈다) 복자와 유중철(요한) 복자가 동정 부부였다. — 역자 주

할 수 있으며, 아들을 낳는다는 "일이 어떻게 있을 수 있겠습니까?"라고 놀랄 수 있겠는가.

어느 모로 보든지 성모 마리아는 평생 동정을 지킬 수밖에 없으셨다. 성부의 최상 최대의 사업, 즉 성자를 낳고 기르는 거룩한 일을 맡길 여자는 가장 완전한, "은총이 가득한 이여, 기뻐하여라. 주님께서 너와 함께 계시다."(루카 1,28)라야 함은 매우 당연하다. 만일 성모 마리아가 반대자의 말처럼, 그 후 한 평범한 여자로 돌아갔다 하자. 그렇다면 하느님께서 이를 미리 모르셨을 리 없고 아시고서도 당신 아들의 어머니로 택하셨을 리도 없다. 우리도 어느 성덕 높은 이를 의형제로 삼으려 할 때 만일 그가 머지않아 평범한 이로 전락할 것을 안다면 아예 결의를 하지 않을 것이다.

가령 하느님의 아들에게 야고보, 요셉, 타대오 등 혈육의 형제자매가 있다 치자. 이는 곧 하느님의 외아들의 존엄을 모독하는 것이요, 또 성령께서는 "지극히 높으신 분의 힘이 너를 덮을 것"(루카 1,35)을 말씀하시어 정결을 보전하여 주신 마리아의 속화(俗化, 속화된다 치면 말이다)를 방관만 하셨을 리 없다.

가브리엘 천사 앞에서 엄숙히 동정을 밝히신 성모 마리아로서는 서원한 그 동정을 파기하신다는 것은 상상조차 못할 일이며, 하느님의 특별한 은총으로 보전된 그 동정을 헌 신처럼 버리셨을 리도 만무하다.

"의로운 사람"(마태 1,19)이요, 또 하느님의 아들이 성모 마리아의 혈육으로 탄생하실 것을 아는 요셉 성인은 '모성의 사랑과 동정의 순결'을 항구히 보전하기에 온갖 노력을 다하였다.

그러므로 제나디우스는 성모 평생 동정의 부인은 '광신이요, 모독'이라 하였고, 암브로시오 성인은 이를 '독성'이라 하여 대죄로 규정하였다.

성모 마리아의 평생 동정은 초대 교회로부터 일치하여 인정되어 오는 바이다. 이미 4세기에 에피파니오 성인은 말하기를 "어느 시대이든지 누가 자원하여 마리아라는 이름에 '동정'이란 말을 함께 부르지 않는 사람이 있었느냐. '동정 성모 마리아'라는 이름은 불변의 이름이다. 성모는 영원히 동정으로 계셨다."라고 하였다. 야고보 사도로부터 전하여 오는 기도문에는 "우리 지극히 영화로우신 평생 동정이신 천주의 성모 마리아"라고 쓰여 있다.[32]

4. 마리아의 원죄 없이 잉태되심

마리아는 성덕이 탁월하시다. 이는 '모성의 사랑과 동정의 정결'을 한몸에 결합하셨을 뿐 아니라, 원죄 없이 잉태되신 까닭이다. '원죄 없이 잉태되심' 교리를 "복되신 동정 마리아는 그 잉태되실 순간부터 전능하신 하느님의 특별한 은총으로, 인류의 구세주 예수 그리스도의 공덕으로 말미암아 털끝만큼도 원죄에 물들지 않고 보

---

32 Bibliotheca Max. Patrum, t. 2. p.3

전되셨다."는 의미로 설명할 수 있다.

성모 마리아는 아담의 다른 자손들과 같지 않다. 그 순결한 영혼이 육신과 결합하는 순간부터 모든 죄악에 물들지 않으셨다. 이렇게 원죄 없이 잉태되신 이는 온 인류 중 성모 마리아 한 분뿐이다. 이 특별한 은총은 교회의 선언과 같이 오로지 예수 그리스도의 공덕에 의한 것이다. 성모도 우리와 같이 구세주의 구속 은혜를 받아야 할 존재였지만 우리와는 달리 매우 특별한 방법으로 구속되셨다. 원죄를 씻기 위하여 예수의 피는 우리에게도 성모에게도 다 같이 필요하였다.

1854년에 비로소 원죄 없이 잉태된 마리아 교리가 믿을 교리로 선포되었지만(비오 9세 교황), 이 교리는 이미 처음부터 성경에 포함되어 있는 것이요, 초대 신자들도 이를 시종일관 믿어 왔었다.

"나는 너와 그 여자 사이에, 네 후손과 그 여자의 후손 사이에 적개심을 일으키니 여자의 후손은 너의 머리에 상처를 입히고 너는 그의 발꿈치에 상처를 입히리라."(창세 3,15) 한 것은 곧 인류의 조상에게 죄를 짓게 한 마귀에 대한 징벌 선언이다. 그 여인은 성모 마리아요, 그 아들은 구세주 예수이며 그 독사는 마귀이다. 이는 고금 성경 학자들의 일치된 해석이다.

마귀는 예수께도 성모께도 원수이다. 예수와 마귀와의 원수 관계는 절대적이요, 영구적인 것이다. 그런즉 성모가 어찌 한 순간인들 악마와 화해할 수 있었겠는가. 만일 잠시라도 원죄에 물들었다면 이는 곧 성모가 마귀의 종이 되셨다는 말이다.

창조 이래 인간의 범죄 장면에는 늘 아담과 하와, 마귀의 세 주역이 등장한다. 인류 구속 사업의 장면에는 제2의 아담이신 구세주 예수, 제2의 하와이신 성모 마리아와 가브리엘 대천사, 이 세 주역이 등장한다. 제2의 아담은 첫 번째 아담에 비하여 무한히 초월하시고, 가브리엘 대천사는 악신悪神에 비하여, 성모가 하와에 비하여 훨씬 탁월하시다. 만일 성모가 원죄에 물든 채 잉태되셨다면 성모는 하와에 비하여 훨씬 비천하실 것이다. 하와는 적어도 창조 당시에는 원죄가 없는 존재였기 때문이다. 어찌 카인의 어미 하와가 주 예수의 모친 마리아보다 우월하다고 상상인들 할 수 있겠는가. 한없이 정결하신 하느님께서 비록 한 순간일망정 사탄의 노예가 되었던 여인을 어머니로 삼는다는 것은 모독적인 말이다.

공식 예절에 쓰이는 가톨릭 교회의 기도문은 가장 권위 있는 경전이다. 그중에도 야고보 사도로부터 유래하는 전문典文에 성모께 대하여 "지극히 거룩하시고, 원죄 없이 잉태되신(無染始胎, Immaculata), 지극히 영화로우신 평생 동정이신 천주의 성모 마리아"[33]라는 구절이 있다. 또 마로나이트 전문에는 성모를 "우리의 거룩하시고 찬송하올 원죄 없으신 여인"이라고 불렀으며, 바실리오 성인의 알렉산드리아 전문에도 성모를 "지극히 거룩하시고, 지극

33　Bibliotheca Max. Patrum, t,2. p. 3

히 영화로우시고, 원죄 없으신 이"라고 하였다. 성모의 원죄 없으신 잉태는 곧 성모가 원죄에 물들지 않으심으로 이해할 말이다. 이는 초대 교회 이래 불변의 이해이다.

원죄 없이 잉태되신 동정 마리아 대축일을 지킨 것은 동방에서는 5세기에, 서방에서는 7세기에, 로마에서는 14세기 말엽에 시작되었다. 미국 대륙을 발견하러 타고 간 콜럼버스의 배를 '원죄에 물들지 않으신 마리아'라 이름 짓고, 그가 발견한 두 번째 섬에도 역시 같은 이름을 붙였다.

'성 삼위일체' 교리는 가톨릭 교리의 근본이나, '삼위일체 대축일' 제정은 5세기에 이르러 비로소 된 것이다.

5. "은총을 가득히 받으신 이"

마리아의 '하느님의 어머니', '평생 동정', '원죄 없이 잉태되심' 교리를 깊이 이해하는 이는 성경에 가끔 나타나는 "마리아는 복되다."는 말의 뜻을 잘 이해할 수 있을 것이다. 가브리엘 대천사는 마리아가 장차 구세주의 어머니가 되리라는 기쁜 소식을 마리아께 알렸다. 이 사자使者의 고귀한 품위로 보든지, 그가 전한 말의 내용으로 보든지, 그가 표시한 경의로 보든지, 참으로 마리아는 최상 최대의 은총을 받으신 분이다.

"여섯째 달에 하느님께서는 가브리엘 천사를 갈릴래아 지방 나자렛이라는 고을로 보내시어, 다윗 임금 집안의 요셉이라는 사람과 약혼한 처녀를 찾아가게 하셨다. 그 처녀의 이름은 마리아였다. 천사가 마리아의 집으로 들어가 말하였다. '은총이 가득한 이여, 기뻐하여라. 주님께서 너와 함께 계시다.' 이 말에 마리아는 몹시 놀랐다. 그리고 이 인사말이 무슨 뜻인가 하고 곰곰이 생각하였다. 천사가 다시 마리아에게 말하였다. '두려워하지 마라, 마리아야. 너는 하느님의 총애를 받았다. 보라, 이제 네가 잉태하여 아들을 낳을 터이니 그 이름을 예수라 하여라. …… '성령께서 너에게 내려오시고 지극히 높으신 분의 힘이 너를 덮을 것이다. 그러므로 태어날 아기는 거룩하신 분, 하느님의 아드님이라고 불릴 것이다.'"(루카 1,26-35)

전능하신 하느님께서 매우 중대한 사명을 마리아에게 맡기려 하실 때, 예언자나 제사장 같은 지상의 사자를 그에게 보내지 않으시고, 하늘의 사자 중에서도 특히 대천사를 보내신 사실을 보아도, 그 사명의 중대성과 마리아 지위의 존엄성을 엿볼 수 있다.

"은총이 가득한 이여!"라는 천사의 축사는 성모의 아름다움에 대한 찬미도 아니요, 그 가문의 존귀에 대한 흠숭도 아니다. 오직 하느님께서 간택하신 복된 여자임을 경축하는 말이다. 정말 성모는 아담의 원죄를 면한 유일한 존재이시므로, 그 성덕은 해와 달보다 더 빛나며 천사보다 더 순결하시다. 스테파노 성인과 사도들도 "하느님의 성령을 가득히 받았다."고 하였으나, 이들이 받은 은총은 성모가 받으신 은총과 같은 것은 아니다. 각 사람이 받은 주님의 은총은 각기 공로와 처지에 따라 받은 것이다. 그러므로 바오로 사도는

"해의 광채가 다르고 달의 광채가 다르고 별들의 광채가 다릅니다. 별들은 또 그 광채로 서로 구별됩니다."(1코린 15,41)라고 하였다. 성모 마리아의 지위와 직분은 첫 순교자 스테파노나 사도들의 그것보다 말할 수 없이 뛰어난 것이다. 따라서 성모가 받으신 주님의 은총은 그들의 것보다 훨씬 탁월한 것이다.

"주께서 함께 계시니"라는 구절을 살펴보자. 사람은 하느님의 존재를 알기는 하지만 사람의 보통 지능만으로는 하느님을 사랑하지는 못한다. 오직 경건한 성자만이 하느님을 사랑한다. 그러므로 하느님은 경건한 이와 함께 계신다. 그리하여 하느님의 의지와 성자의 의지는 늘 결합 일치된 상태를 보존한다. 그러나 하느님과 성모 마리아와의 결합은 매우 특별한 것이다. 이는 의지의 결합만이 아니고, 성자의 잉태로 말미암아 육체의 결합 상태에까지 이른 것이다.

이어 "여인 중에 복되시며"라는 구절을 살펴보겠다. 성경에 '복된 이'라고 부른 여인은 성모 외에 둘이 있다. 야엘과 유딧이다. 야엘은 시스라를 죽인 후에 복된 이라 불리었고(판관 5,24 참조), 유딧은 홀로페르네스를 죽인 후에 복된 이라는 칭송을 받았다(유딧 13,18 참조). 이들이 죽인 사람들은 모두 하느님 백성의 적장들이었다.

마리아는 하느님의 간택을 받아 인류의 영원한 원수인 악마의 머리를 짓밟았으니, 야엘과 유딧은 마리아의 상징이었다. 야엘과 유딧이 하느님의 손발이 되어 '이스라엘' 백성을 일시적 물질적 재난에서 구원하였다 하여 '복된 자'라고 불리었는데, 하물며 전 인류의 구세주를 낳아 기른 성모 마리아는 그야말로 절대적으로 '복되신 이'가 아니겠는가.

"그 무렵에 마리아는 길을 떠나, 서둘러 유다 산악 지방에 있는 한 고을로 갔다. 그리고 즈카르야의 집에 들어가 엘리사벳에게 인사하였다. 엘리사벳이 마리아의 인사말을 들을 때 그의 태 안에서 아기가 뛰놀았다. 엘리사벳은 성령으로 가득 차 큰 소리로 외쳤다. '당신은 여인들 가운데에서 가장 복되시며 당신 태중의 아기도 복되십니다. 내 주님의 어머니께서 저에게 오시다니 어찌 된 일입니까? …… 주님께서 하신 말씀이 이루어지리라고 믿으신 분!'"(루카 1,39-45)

천사로부터 주님의 어머니로 뽑혔다는 기쁜 소식을 들은 마리아는 그 기쁨을 사촌 언니 엘리사벳과 나누고자 찾아갔다. 마리아와 엘리사벳이 주고받는 인사를 보라. 윗사람이 아랫사람에게 먼저 인사하였다. 주님의 묵계默啓를 받은 엘리사벳 성녀는 사촌 동생 마리아가 온 것을 보고 놀라 감격하였다. 그리고 마리아의 믿음을 찬미하며 복되다고 하였다. 또 태중에 계신 아들 예수를 아울러 찬양하자 엘리사벳의 배 속에 있는 요한까지 뛰놀았다. 성령을 가득히 받은 엘리사벳이 성모 마리아께 드린 이 격외의 존경은 인간의 자연 감정에서 나온 것이 아니고, 오직 성령의 계시에서 나온 것임을 알 수 있다. 성령을 가득히 받은 엘리사벳이 손아래인 마리아에게 "주님의 어머니께서 나를 찾아 주시다니……." 하는 황송해 하는 태도와 공경의 태도를 프로테스탄트 형제들은 모름지기 주시하라!

이 존엄한 예찬을 받으신 성모 마리아는 저 유명한 '마니피캇'의 노래로 대답하였다.

"내 영혼이 주님을 찬송하고 내 마음이 나의 구원자 하느님 안에서 기뻐 뛰니 그분께서 당신 종의 비천함을 굽어보셨기 때문입니다. 이제부터 과연 모든 세대가 나를 행복하다 하리니"(루카 1,46-48)

성령께서 마리아의 정결하신 입을 빌려 장차 온 세상의 사람들이 그를 '복된 이'라고 할 것임을 예언하셨으며 이는 그가 받을 모든 찬미에 대한 시인이다.

아, 얼마나 과감하고 엄숙한 예언인가! 성경에 기록된 모든 예언 중 이보다 더 우리의 흠숭을 자아내는 것은 없다. 멀리 세계 문명의 중심지를 떠난 시골 마을의 한 정숙한 처녀가 받을 온 세상 사람들의 찬미에 대한 예언, 하느님의 감도로 쓰인 복음에 엄연히 자리 잡은 이 예언의 실현을 의심할 이가 누구냐. 세계만방에서 밤낮으로 '마니피캇'이 낭송되는 오늘날 이 예언의 진실성을 의심할 사람이 누구냐. 마리아를 복된 이라고 찬양하여 그 예언을 성취시키고 있는 이는 곧 가톨릭 신자들이다. 그러므로 그들은 하느님 사랑을 받는 유일한 신자들이다.

프로테스탄트는 성모 마리아에게 드리는 가톨릭 교회의 찬미를 비웃으며 혹평한다. 그들은 마리아를 '복되신 동정 마리아'라 부르지 않고, 다만 '처녀' 혹은 '마리아', '예수의 어머니'라 부른다. 그들은 마리아의 입을 빌어 하신 주님의 예언, 즉 "온 백성이 나를 복되다 할 것이다."라고 하신 '온 세상' 사람의 마리아 찬양 대열에 참여하지 않으려 한다. 그들은 구약의 사라, 레베카, 에스테르, 유딧과 신약의 엘리사벳, 안나, 막달레나, 마르타 같은 부인들은 회당 안에서 큰소리로 찬미하면서, 구세주 예수의 어머니 마리아의 거룩한 이름에 대하여는 '마리아 숭배'라는 비난을 받을까 두려워 부르기를 주저한다. 모순도 모순이려니와 정말 기괴한 현상이다.

　어머니에 대한 존경은 자녀에게 영예가 된다. 어머니의 얼굴을 둘러싼 빛은 자녀의 얼굴에 반영되고 어머니의 지위가 높아질수록 자녀의 영광도 더욱 빛나는 법이다. 이것이 어머니를 선택할 자유가 없는 일반 사람들이 생각하는 일반적인 사실인데, 하물며 당신 스스로 마리아를 어머니로 선택하시고, 받아들이신 주 예수께서는 어떠하셨겠는가. 이러한 사실을 보면 주 예수께서 어머니의 모든 영광이 당신 자신의 영광이 되도록 하셨다는 것을 명확히 확신할 수 있을 것이다.

　프로테스탄트 목사들 가운데는 마리아의 성덕을 알지 못하고 그 특별한 지위를 무시할 뿐 아니라 심지어 성모 공경 행위가 성자께 무슨 욕이나 되는 듯이 성모를 훼방하기를 낙으로 삼고, 무엄하게도 성모를 죄인이라고까지 한다.

　예수께서 과연 불명예스러운 죄인을 당신 어머니로 삼으셨다고 주장한다면, 이것이 주께 영예스러운 일이 되는가. 수치스러운 일이 되는가를 생각하여 보라! 성모를 모욕함으로 성자 예수를 모독함은 매우 심한 독성 행위임을 깊이 깨달으라.

이런 성모 모독자들은, 그리스도인 행세도 별로 하지 않던 시인 올리버 홈즈의 성모 찬가를 들어 보라.

> 그대 이름 마리아인가, 아리따운 아가씨여,
> 거문고 소리처럼 내 귀에 울리나니,
> 인간 중에 가장 어여쁜 이름이여
> 그대밖에 누구에게 그 이름 어울리랴,
> 일찍이 그로써 불리신 아가씨는
> 세상에 태어나신 하늘나라 사람이었나니.

마리아의 '복되신 이'라는 칭호에 대하여 더 말하려 한다. 예수에게 "선생님께 젖을 먹인 가슴은 행복합니다."(루카 11,27)라는 어떤 부인의 외침을 듣고, 예수께서는 "하느님의 말씀을 듣고 지키는 이들이 오히려 행복하다."라고 대답하셨다. 이를 두고 성모께 드리는 예찬을 깎는 말씀이라고 말하는 이가 있다.

이는 천부당만부당한 해석이다. 주님의 이 말씀은 곧 "내 어머니는 나를 밴 몸이시니 정말 복되시다. 그러나 그는 나의 말을 잘 지키시므로 더욱 복되시니 다른 사람들도 비록 나의 어머니처럼 하느님의 어머니가 되는 영광의 특전을 누리지는 못할망정 내 말을 잘 지키면 후에 그와 함께 천상 영복을 누릴 것이니 즐거워하라."는 뜻이다.

또 "예수님께서 아직 군중에게 말씀하고 계시는데 …… '스승님의 어머님과 형제들이 스승님과 이야기하려고 밖에 서 계십니다.' 하고 말하였다. 그러자 예수님께서 당신께 말한 사람에게, '누가 내 어머니고 누가 내 형제들이냐?' 하고 반문하셨다. 그리고 당신의 제자들을 가리키시며 이르셨다. '이들이 내 어머니고 내 형제들이다. 하늘에 계신 내 아버지의 뜻을 실행하는 사람이 내 형제요 누이요 어머니다.'"(마태 12,46-50)라는 말씀도 당신 어머니께 드릴 존경을 막는 말씀이 결코 아니다. 테르툴리아누스는 여기에 대하여 "예수께서는 하느님의 말씀보다 부모 형제를 더 중히 여기지 말라고 가르치셨는데, 그 어머니와 형제들이 왔다고 해서 하느님의 말씀을 중단해 버리셨다면 그야말로 해괴한 일이 아니었겠느냐."[34]라고 하였고, 암브로시오 성인은 "예수께서는 필요 없이 모성애의 감로(甘露)를 받기보다도 하느님 아버지의 깊은 뜻에 유의하여야 할 의무를 가르치셨다."[35]라고 하였다.

"포도주가 떨어지자 예수님의 어머니가 예수님께 '포도주가 없구나.' 하였다. 예수님께서 어머니에게 말씀하셨다. '여인이시여, 저에

---

34 De Carne Christi, 7
35 In Luc 8, 20

게 무엇을 바라십니까? 아직 저의 때가 오지 않았습니다.'"(요한 2,3-4)라는 구절을 성모 공경의 반대 자료로 삼으려는 이도 있다. 그 말씀을 직역하면 "저나 어머니에게 무엇이 있습니까?"인데 부를리에 Bourlier, 뒤플레시 Duplessy 같은 권위 있는 주석자들의 말에 의하면, 그 말을 라틴어나 그리스어나 그 밖의 말로 직역하여 놓으면 매우 딱딱하나, 히브리어의 관용구는 그렇지도 않다고 한다. 그 말에는 사건의 성질과 말하는 이의 태도에 따라 간섭하지 마라는 거절의 뜻도 들어 있고, 좀 간섭하여 볼까 하는 참견의 뜻도 들어 있다는 것이다. 그리스도께서는 후자의 의미로 말씀하셨음이 명백하다. 예수께서는 아직 때가 오지 않았다고 하면서도 어머니의 청에 따라 물로 술을 만드는 기적을 행하셨기 때문이다.[36]

여러 성실한 프로테스탄트 주석자, 특히 웨스트코트 Westcott, 블룸필드 Bloomfield, 엘리코트 Elicott, 알포드 Alford, 트렌치 Trench 등도 한결같이 예수께서 여기에 거친 말을 쓰지 않으셨다고 하였다.

트렌치는 "이 '여인이여'는 딱딱하지도 거칠지도 않다. 물론 영국인의 귀에는 그렇게 들릴 수 있지만, 예수께서 성모께 최후로 부드럽게 하신 여러 말씀 가운데도 이 말이 들어 있다. '여인이시여, 이 사람이 어머니의 아들입니다.'(요한 19,26)에서의 '여인'은 장중한 대

---

[36] 한국어의 "가만히 있거라, 그것이 무엇이냐."라는 말은 사건의 성질과 어조나 태도에 따라 거절 혹은 간섭의 의미가 될 수 있지만, 이것을 외국어로 직역하면 딱딱함을 면하기 어려울 것이다. ― 역자 주

칭 경어(對稱敬語)이다. '저나 당신께 무슨 상관이 있습니까.'도 얼핏 듣기에 엄격한 느낌을 주는 말 같지만, 그 태도는 반드시 부드러웠을 것이었을 것이다. 즉 성모의 요구를 곧 이루어 주시려는 것임을 알 수 있다."라고 하였다.

6. 마리아 공경의 정당성

성경에는 성모 마리아를 '복되신 이'라고 한 곳이 네 군데 있다. 우리가 성모를 찬미하여 '복되신 이'라고 하는 것은 조금도 지나친 찬사가 아니고, 오직 성인과 천사와 성령의 복음 말씀에 따른 것일 뿐이다.

시인 워즈워스는 가톨릭 신자도 아니었지만 마리아의 비할 데 없이 거룩하심을 바로 인식하고 이렇게 노래하였다.

> 어머니여! 동정녀인 그대 가슴엔
> 티끌만한 죄악의 그림자도 없나이다.
> 여인이여! 모든 여자 위에 영광받은 여인이여,
> 부정한 이 세상에서 오직 하나의 자랑이여
> 물결 이는 바다의 거품보다 더 깨끗이
> 동틀 때 찬란히 펴져 오는 장밋빛 하늘보다 더욱 빛나게
> 푸른 하늘 변두리에 이지러지기 바로 전의
> 흠 없는 만월(滿月)보다 더 광채 있게

그대 형상은 땅 위에 비추나이다.

그러나 생각하노니 사람들이 그대 앞에,

눈에 뵈는 권력에 수그리듯이

겸손되이 무릎 꿇고 기도할 적에,

모든 죄는 용서되어 없어지도다.

그의 권능 가운데 모든 것이 갖추어 있음이로소이다.

어머니의 사랑에다 동정녀의 순결을,

높고 낮음과 거룩함과 명랑함을 배합하고 조화시킨

그 모든 것이 기묘하게 어울리어 있음이로소이다.

  주 예수께서 몸소 어머니로 공경하시고 순종하시던 성모 마리아를 우리가 또한 어머니로 존경함이 어찌 지당한 행위가 아니겠는가. 하느님과 천사와 성인이 찬송하던 그분을 존숭하게 됨은 우리의 영광이요, 특전이다. 그리스도 교회가 존속할 때까지 이 찬송소리가 그치지 않으리라는 예언을 회상할 때, 이 특전은 우리의 신성한 의무를 더욱 증대시킨다. 하느님을 몹시 찬양하던 예언자 다윗 임금은 하느님의 벗들(성인)을 마땅히 존경하여야 한다 하여 "하느님, 당신의 벗들을 내게는 크게 존경할 자로 만드셨나이다."(시편 138) 하며 노래하였다. 하느님께서 가장 사랑하신 벗들은 곧 주님의 가르침을 가장 충실히 받들어 실천하는 이들이다.

  예수께서 "내가 너희에게 명령하는 것을 실천하면 너희는 나의 친구가 된다."(요한 15,14)라고 하셨다. 아드님의 모든 말씀을 항상 마음에 새기신 성모 마리아보다 더 충실히 예수의 가르침을 준수한 이가 어디 또 있겠는가. 예수께서는 "누구든지 나를 섬기면 아버지께서 그를 존중해 주실 것이다."(요한 12,26)라고 하셨다. 예수를 직접 낳아 키우시고 자모의 천직을 완전히 수행하신 성모 마리아보다 더 지순한 애정과 정성으로 예수께 봉사한 이가 또 어디 있겠는가.

충신열사의 기념행사에서도 그 추모 정신을 높이려고 갖은 노력을 기울이지 않는가. 가톨릭 교회에서는 지존지고至尊至高하신 하느님의 어머니 마리아를 공경 또는 기념하기 위하여 장려한 성전을 건축하고 성모상을 모시고 성화를 걸어 놓는다. 또한 매일 삼종 기도를 올려 주님의 강생과 거기에 관련된 성모의 위대한 공적을 기념한다. 성모의 탄생일과 그 밖의 기념일에는 행렬과 찬가로, 혹은 성체성사의 영적 축하연으로, 혹은 찬미의 강론으로 정성을 기울여 축하한다. 이는 가톨릭 교회 2천 년 동안의 전통적 미풍이다. 성모 찬미의 목적은 주 예수 탄생과 구속의 은혜를 영원히 기념하려는 데에 있다. 마리아는 주님의 은혜를 입어 구속 사업의 보필자가 되는 영광을 받으신 분이다.

실상 주님의 구속 사업에 참여하신 성모 마리아의 공적을 깊이 이해하면 할수록 더욱 풍부히 구세주께 대한 진리 지식을 얻게 되며, 마리아를 경애하면 할수록 더욱 구세주께 대한 믿음이 열렬해진다. 이는 오랜 경험으로 하는 말이다. 그러므로 성모 마리아를 무시하는 자의 영혼은 어둠에 빠지게 되는 법이다. 네스토리우스가 예수 그리스도의 신성을 부인하려고 할 때, 먼저 성모 마리아를 보통 어머니로 본 사실로도 성모 멸시자의 말로를 미루어 볼 수 있다.

가톨릭 교회에서 마리아를 경애하고 찬미하는 것은 곧 그 아들 예수께 대한 지극한 애정과 충성의 표현이다. 원래 성모가 지니신 모든 것은 다 지극히 성스럽고, 예수께로부터 오는 것인 까닭이다.

포위된 요새를 지키는 병사들은 먼저 외곽 보루와 망루부터 방비하기에 전력을 쏟는다. 외곽의 함락은 곧 요새 자체의 위기를 의미하기 때문이다.

예수 그리스도는 우리 신앙의 근거시요, 우리 영적 애정의 요새이시다. 성모 마리아는 '다윗 임금의 망루'라 불리고 또 주께서 야곱의 모든 막사보다 더 귀중하게 여기시는 시온의 성문이시며(시편 87,2 참조), 주께서는 세상에 오실 때 이 문으로 들어오셨다.

이 시온의 문은 우리 신앙의 전당이신 주 예수와 긴밀히 관련되어 있으므로, 이 문을 공격하면 저절로 전당까지 위험하게 된다. 네스토리우스파는 그리스도를 다만 보통 사람으로 보았기 때문에 마리아도 보통 사람이라고 주장했다.

우리가 시온의 문(마리아)을 방위하려고 달려드는 것은 하느님의 성을 사수하기 위함이다. 다윗 임금의 망루 주변에서 초소병 구실을 함은 예루살렘을 적의 침략으로부터 방어하기 위함이요, 더러운 손으로 '약속의 궤'를 만지지 못하게 함은 그 궤의 주인이신 하느님을 모든 모독에서 호위하여 드리기 위함이다. 우리가 성모 마리아의 명예를 보전하려고 심혈을 기울이는 것은 결국 그리스도의 사랑이 이를 요구하시기 때문이다. 우리가 성모의 아름다우신 머리를 장식한 한 송이의 꽃도 빼앗기지 않으려 함은 그리스도의 거룩하신 인성의 자그마한 그림자일지라도 가리어지지 않고 그의 영광이 전적으로 빛나시고 그 성덕이 완전히 현양되시기를 희망하기 때문이다.

어떤 이는 가톨릭 교회에서는 왜 하느님 흠숭과 성모 마리아 존경을 혼동하여, 그 거룩한 이름을 부를 때에도 "예수, 마리아여, 복되시도다." 하며 하느님의 이름과 인간의 이름을 같은 자리에 두느냐고 한다. 이는 가톨릭 교리의 참뜻을 이해하지 못하는 이의 피상적인 관측일 뿐이다. 가톨릭 교회에서는 하느님과 성모와 성인께 드리는 존경에 엄연한 차등을 둔다. 하느님께는 흠숭의 예를, 성모께는 상경上敬의 예를, 천사와 성인께는 공경의 예를 드린다.

이것을 모르고 다만 예수의 이름과 성모의 이름을 함께 부른다 하여, 이를 창조주와 피조물을 같은 지위에 두는 행동이라고 하는 것은 일종의 무지에서 나온 소리이다. 하느님과 성인을 한꺼번에 칭송한 예는 성경 여러 군데에서 볼 수 있다. 유딧이 적장 홀로페르네스의 진영에서 돌아올 때 노래 부르기를 "'하느님을 친양하십시오, 찬양하십시오. 하느님을 찬양하십시오. 그분께서는 이스라엘 집안에서 당신의 자비를 거두지 않으시고, 바로 이 밤에 제 손을 통하여 적군들을 쳐부수셨습니다.' …… 이어서 우찌야가 유딧에게 말하였다. '딸이여, 그대는 이 세상 모든 여인 가운데에서, 지극히 높으신 하느님께 가장 큰 복을 받은 이요. 하늘과 땅을 창조하신 하느님께서, 우리 적군 수장의 머리를 치도록 그대를 이끌어 주신 주 하느님께서 찬미받으시기를 바라오.'"(유딧 13,14-20)라고 하였다. 또 집회서(43장 이하)를 보라. 먼저 하느님께서 행하신 위대한 업적을 찬미하고 이어서 곧 에녹과 노아와 아브라함과 이사악과 야곱을 찬양하였고 모세와 아론과 사무엘과 나탄을 찬양하였으며, 다윗 임금과 요시야와 이사야와 예레미야 등 이스라엘 여러 왕과 예언자들을 칭송하지 않았는가. 또 엘리사벳은 "당신은 여인들 가운데에서 가장 복되시며 당신 태중의 아기도 복되십니다."(루카 1,42)라고 하였으며, 마리아도 "내 마음이 나의 구원자 하느님 안에서 기뻐 뛰니 …… 이제부터 과연 모든 세대가 나를 행복하다 하리니"(루카 1,47-48)라고 하였다. 이렇게 창조주와 피조물의 이름이 한꺼번에 찬양되는 경우에도 주께서는 노여워하지 않으셨다.

성모 마리아 공경이 하느님의 질투와 노여움을 일으킨다는 말은 당치도 않은 유치한 말이다. 자녀를 질투할 아비가 어디 있겠는가.

자기 재능으로 설계하고 세운 대성전이 웅장하고 화려하다고 감탄하는 사람들을 보고 질투하고 노여워할 건축가가 어디 있겠는가. 살아 있는 성전이신 마리아는 대건축가이신 하느님의 걸작이 아닌가. 성모께서도 다른 피조물과 함께 "당신의 두 손이 저를 지어 굳게 세우셨으니 저를 깨우치소서. 당신의 계명을 배우오리다." (시편 119,73)라고 하실 것이다. 더욱이 "전능하신 분께서 나에게 큰 일을 하셨기 때문입니다. 그분의 이름은 거룩하고"(루카 1,49)라고 하여 자기의 모든 것이 하느님께로부터 온 것임을 승복하고 주를 찬미하셨다.

하느님께서 가장 사랑하시는, 하느님의 완덕을 닮은 마리아에 대한 찬미 행위는 하느님을 무한히 기쁘게 하는 행위이다. 마리아는 하느님이 가장 사랑하는 딸이기 때문이다. 그러므로 우리가 주 예수와 성모 마리아를 함께 찬양하는 행위는 성경에 근거가 뚜렷이 있다. 이는 하느님과 유딧을 함께 찬미하던 베툴리아의 대사제 요아킴과 하느님의 백성을 본받는 것이며, 먼저 하느님의 위대한 업적을 찬양하고 이어서 에녹과 노아를 찬양하던 집회서의 저자를, 또는 예수와 마리아를 함께 찬미하던 엘리사벳을 본받는 행위이다. 하느님의 존엄을 해치지 않으면서 하느님의 거룩한 일들과 함께 유딧과 이스라엘의 왕들과 예언자들을 찬미하던 그들처럼, 우리 또한 하느님의 영광을 조금도 손상치 않으면서 복되신 동정 마리아를 찬미할 수 있다.

우리는 예수와 마리아가 함께 마구간에 계심을 보고, 이집트에 같이 계심을 보고, 나자렛에 같이 계심을 보고, 성전에 같이 계심을 보고, 십자가에 같이 계심을 보며, 예수와 마리아의 이름이 사도신경과 니케아 신경에 기록됨을 본다. 또한 우리 마음에도 같이 계신다. 그러므로 우리는 모름지기 그 이름을 함께 찬송하여야 한다. 성모는 우리의 기도를 받으시는 주님과 늘 함께 계셔서 그와 함께 우리의 기도를 들으신다.

"하느님께서 맺어 주신 것을 사람이 갈라놓아서는 안 된다."(마태 19,6)

7. 마리아께 기도함이 옳은가

가톨릭 교회는 성모 마리아를 공경할 뿐 아니라, 성모 마리아가 우리의 기도를 하느님께 전구해 주시기를 간구한다. 위에서도 말했듯이, 천상의 천사들과 성인들도 우리의 기도를 들어 도와줄 수 있다. 하물며 그들을 초월하신 성모 마리아의 우리를 위한 기도야말로 그 얼마나 힘 있는 것이겠는가. 지식도 하느님의 선물이다. 그 성덕이 천상 성인들을 초월하신 마리아가 지니신 지식 또한 그들을 초월한 것일 것이다.

첫 순교자 스테파노도 "성령이 충만하였다. 그가 하늘을 유심히 바라보니, 하느님의 영광과 하느님 오른쪽에 서 계신 예수님이 보였다."(사도 7,55) 바오로 사도도 "발설할 수 없는 말씀"(2코린 12,4)을 들었는데, 하물며 지금 천상에서 하느님과 함께 계신 마리아가 우리의 현재 상태와 바람을 밝히 보지 못하실 리 있겠는가. 성인들에게는 하늘에서 지상의 사정을 보거나, 지상에서 하늘의 사정을 보는 것이 마찬가지로 쉬운 일이다.

성모 마리아가 우리를 위하여 하느님께 대신 기도해 주는 힘은 천상의 모든 천사와 성인들과 예언자들의 것보다 훨씬 위대한 것이다. 이는 성모의 은총 지위가 그들보다 단연 탁월한 까닭이다. 하느님께서 종들의 기도를 그와 같이 인자하게 들어주실 바에야, 아들의 어머니요 가장 사랑하는 딸이신 동정 마리아의 간구를 거절하실 리 있겠는가. 죄인인 우리도 하느님께 기도함으로써 서로 도와줄 수 있는데, 모태에서부터 천사들의 노래 가운데 싸여 영광으로 승천하실 때까지 한결같이 결백하신 성모 마리아의 기도의 힘이야 얼마나 크겠는가.

마리아는 어머니의 권위를 행사하셨다. 예수께서는 마리아와 요셉에게 순종하셨다. "예수님은 부모와 함께 나자렛으로 내려가, 그들에게 순종하며 지냈다."(루카 2,51)라는 기록을 보라. 또 카나의 혼인 잔치에서 기적을 행하신 사실을 보라. 성모가 "포도주가 떨어졌구나."라고 하시자, 예수께서는 기적을 행하실 때가 아직 오지 않았지만 어머니의 청을 들어 주셨다.

마리아는 '예수의 어머니'라는 존칭과 권위를 하늘나라에서도 지니고 계신다. 하늘나라에서는 예수를 하느님으로 공경하시지만 모자 관계는 그대로 지속된다. 그러므로 성모의 기도는 예수께서 틀림없이 들어주신다.

하느님의 지엄함을 알고, 자신의 부족함을 잘 아는 우리는 인자하신 성모께 의탁하지 않을 수 없다. 죄인인 우리로서 하느님께 직접 기도하는 것보다 성모의 전구가 가진 크신 힘에 의탁하는 것이 허락받기 쉬운 길이라고 확신한다. 비신자인 시인 롱펠로우도 자신의 시 〈Golden Legend〉에서 성모의 전구에 대하여 이렇게 읊었다.

> 너무도 너그러운 아버지를
> 너무도 노엽게 한 아이들이
> 너무도 부끄럽고, 뉘우치고, 그러면서도
> 혼자 감히 그 앞에 나아갈 면목 없어서
> 문 앞에서 누나에게 고백하고 부탁하여
> 먼저 가서 빌어 주기를 기다리듯이
> 사람들은 악행을 뉘우치면서도
> 노하신 아버지의 귀에 가까이
> 하소연을 사뢰려 당돌하게 못 나아가
> 마리아께 기도와 고백을 드릴 제
> 하늘의 성모가 대신 빌어 주시도다.

'성모 마리아가 우리를 도와주실 능력은 지니셨겠지만, 과연 우리를 사랑하는 의욕까지 가지고 계실까?' 혹은 '하늘나라 영복의 바다에 잠겨 있는 성모가 과연 비천한 우리의 기도에 귀를 기울이실까?' 하는 걱정을 할 수도 있다. 그러나 "여인이 제 젖먹이를 잊을 수 있느냐?"(이사 49,15) 비록 성모가 하늘나라의 영복 속에 계실지라도 결코 우리를 잊으실 리가 없다. 양자인 우리를 성모가 얼마나 사랑하시는지는 예수께 대한 어머니 마리아의 지극한 사랑을 보아도 알 수 있다. 아기 예수는 어머니 마리아의 젖을 먹고, 마리아가 지어 준 옷을 입고, 마리아의 품안에서 폭군 헤로데의 칼날을 면하였으며, 십자가 위에서 운명하신 뒤 다시 마리아의 무릎 위에서 얼굴의 피를 씻으셨다.

우리는 예수의 형제들이다. 예수께서는 우리를 거리낌 없이 형제라고 부르신다고 바오로 사도는 말한다(히브 2,11 참조). 성모께서도 우리를 양자로 삼으시고 우리를 '아들'이라 부르시기를 부끄러워하지 않으신다.

성모 마리아는 십자가 위에서 요한 사도를 대표로 온 인류를 당신 아들로 삼으셨으므로(요한 19,26 참조) 예수를 사랑하시던 그 지성으로 우리의 영혼과 육신을 위하여 온갖 힘을 다 쓰신다. 성모는 곧 하느님과 한 손발로, 은총으로 우리를 먹여 기르시고 깨끗이 씻어 주신다.

우리와는 전혀 이질적인 존재인 천사들도 우리를 몹시 동정하며 죄인의 회개를 보면 기뻐하시는데(루카 15,7 참조), 어찌 같은 조상의 후손이며 같은 혈육을 가지고 우리가 경험하는 인간적인 고통을 다 맛보신 성모 마리아가, 불쌍한 당신 아들인 우리를 깊은 동정과 자애로 돌보지 않으시랴.

비신자인 시인 에드거 앨런 포도 하늘의 성모에게 기도드리기를 망설이지 않았다.

아침에나! 낮에나! 황혼에나!
마리아여! 나의 노래를 들으셨나니
기쁠 때나 슬플 때나 좋을 때나 언짢을 때나
천주의 성모시여, 나와 함께 계시옵소서.
내 시절이 찬란하게 피어오르고
하늘에 구름 한 점 안 가렸을 때
내 영혼이 곧바로 걷기 위하여, 그대 은혜는
아드님과 그대께로 나를 인도하셨나니
지금 나의 운명의 사나운 비바람이
오늘과 어제를 어둠으로 덮을 제도
내 앞날을 빛나게 밝혀 주소서
그대와 아드님의 따뜻한 희망으로.

"성모에게 기도드리는 것은 무익할 뿐 아니라, 피조물을 창조주 하느님과 동등하게 대하는 독성 행위이다."라고 하는 이가 있다. 가톨릭 교회를 이해하지 못하면 이런 망발도 나오는 법이다. 《천주교 요리 문답》을 읽은 신자라면 그 누가 하느님께만 드릴 흠숭지례를 피조물에게 바치겠는가. 우리는 또 마리아를 한 피조물로 인정하고 마리아가 누리는 모든 특권은 오로지 하느님의 선물임을 확신한다. 그리고 하느님께 대한 흠숭과 성모께 대한 존경을 분명히 구별하는 이상, 마리아의 전구를 간청하는 행위가 어찌 하느님의 존엄성을 모독하는 행위가 된다고 할 수 있겠는가. 이는 가톨릭 교회 기도문의 양식을 보아도 밝혀지는 사실이다. 마리아께 기도할 때는 "우리 죄인을 위하여 빌어 주소서."라고 한다. 이는 인자하신 하느님 앞에서 우리를 위한 인자이신 마리아를 두고 하는 말이다. 하느님께 기도할 때에는 "우리에게 일용할 양식을 주시고"라고 한다. 이는 곧 자비의 근원이신 하느님께 대한 직접 기원이다.

예수께서 사도들에게 말씀하시기를 "내 아버지께서 나에게 나라를 주신 것처럼 나도 너희에게 나라를 준다. 그리하여 너희는 내 나라에서 내 식탁에 앉아 먹고 마실 것이며, 옥좌에 앉아 이스라엘의 열두 지파를 심판할 것이다."(루카 22,29-30)라고 하셨다. 또 바오로 사도는 "우리가 천사들을 심판하리라는 것을 모릅니까?"(1코린 6,3)라고 하였다. 만약 사도들이 하느님의 권위를 손상하지 않으면서 하늘나라에서 주님과 같은 식탁에 앉을 수 있다면, 은총이 충만하신 성모 마리아도 하느님의 권위를 조금도 침범하지 않고 우리의 말을 대신하는 분으로서 주님 앞에 서지 못하시겠는가. 사도들이 예수의 심판권을 침범하지 않으면서 열두 지파를 심판하고 또 천사들까지도 심판하는 무서운 권위를 지녔다면, 주님의 어머니이신 마리아도 아들의 지존하신 대언권을 손상하지 않으면서 대언자 노릇을 하실 수 없겠는가.

심판관의 직권은 대언자의 직권보다 더 크다. 주님의 제자들이 심판권을 갖는 것에는 놀라지 않으면서 마리아가 대언권을 갖는 것에는 시비를 가리려 드니, 무슨 심사인지 도무지 이해할 수 없다.

8. 마리아를 우리의 모범으로 본받음이 옳은가

성모 마리아의 탁월하신 특권은 우리가 마땅히 공경하여야 하며, 그 거룩하신 전구의 힘에는 사랑으로 매달려야 하며, 그 성덕의 생활은 반드시 힘써 본받아야 한다.

가톨릭 교회가 성모 마리아를 이처럼 찬양하고 공경함은 하느님의 어머니라는 특권을 지녀서도, 혹은 우리를 위해 기도로 전구하는 힘 때문은 아니다. 바로 모범적인 성덕 때문이다.

사회나 가정이나 개인 성화의 원동력으로 절대적인 영향을 미쳐 온 인류를 선도하시는 분은, 주 예수 다음에는 성모 마리아뿐이다. 성모는 특히 온 가톨릭 교회의 자모이다. 보라, 아무리 허술한 성당이라도 성모 마리아의 상이나 그림을 받들지 않는 성당이 어디 있으며, 또 마리아의 성화를 모시지 않은 신자 가정이 어디 있는가. 성직자든, 평신도든 가난한 사람이든 부자든, 현명한 사람이든 어리석은 사람이든 따질 것 없이 모두 다 성모의 자애로우신 권능과 은덕에 승복한다.

가톨릭의 힘으로 이교 세계가 교화의 빛을 받게 되자, 부부의 믿음과 사랑, 부녀자의 정덕과 여성의 지위가 현저히 향상되었다. 이는 오로지 성모 마리아의 성덕의 힘 때문이다. 하느님의 아드님께서 한 여인을 간택하여 당신 어머니로 삼으신 놀라운 사실이 일어난 이래, 남자가 여자를 노예처럼 대하는 불의가 없어졌을 뿐 아니라 도리어 여자를 존경하기에 이르렀다.

시인 롱펠로우는 성모의 성덕을 찬양하여 이렇게 읊었다.

> 이곳은 참으로 복된 땅!
> 동정녀요 경애하는 구세주의 어머니이신 마리아의 땅!
> 모든 마음은 그 이름 앞에
> 오직 감동되고 부드러워지나니
> 손에 피 묻은 산 도적이거나
> 사제거나 군주와 제후거나 선비거나 농부거나
> 실행하는 사람이나 꿈을 좇는 사람이나
> 오직 그를 받들어 섬기도다!
> 비록 우리 믿음으로 얻어 가지는 바가
> 온 여인 가운데 모범되시는
> 온순하고 인자하고 굳세고 선하고
> 참을성 있고 평화스럽고 충성스럽고
> 자애와 순결의 본보기이신 그대 한 분뿐일망정
> 예로부터 알려진 모든 신조보다도 더욱 숭고하고
> 진리임을 증거하기에 넉넉하나이다.

한 여자로서 가장 영예로운 자리에 오르신 성모의 일상생활의 모든 선과 미를 가장 적절하게 그려 낸 암브로시오 성인의 글을 읽어 보기로 하자.

"우리는 모름지기 복되신 마리아의 일생을 늘 우리의 거울로 삼아 그 성덕을 본받자. 마리아는 육신만이 동정이실 뿐 아니라, 마음도 지극히 순결하셨다. 어떤 사욕 편정도 그 순결을 더럽히지 못하였고, 언제든지 겸손하고 단정하셨으며, 독서를 좋아하시고 말을 삼가셨다. 세상 영화를 뜬구름같이 보시고, 가난한 이의 기도를 귀하게 여기셨으며, 모든 일에 부지런하시고, 그 내심의 모든 움직임을 하느님께서 밝히 보시게 하셨고, 남에게 해를 끼치지 않으셨고 오직 그의 행복을 기원하셨으며, 노인을 존경하시고, 질투와 교만을 물리치시고, 이성의 가르침을 따르고 덕행을 애모하셨다. 부모에게는 평생 효성을 다하시고, 언행에는 교만 불손함이 조금도 없었으며, 겸손한 태도와 온아한 음성으로 일관하셨으니, 그 외모는 내심의 발로이며 경건의 완전한 초상이었다."

처녀 시절에만이 아니라, 한 집안의 주부로서 또한 어머니로서도 그러하셨다. 복음의 "그들에게 순종하며 지냈다."(루카 2,51)라는 구절이 가정주부의 전형인 마리아의 성덕을 넉넉히 보여 준다. 여기의 '부모'란 곧 마리아와 요셉 성인이다. 예수께서는 성모 마리아의 명령에 오직 순종하셨고, 그의 가르침을 따랐으며 어진 어머니께 대한 효자의 본분을 완전히 수행하셨다. 이 효성을 마지막까지 계속하셨다.

예수 그리스도는 하느님의 아들이요, "아드님은 하느님 영광의 광채이시며 하느님 본질의 모상"(히브 1,3)으로 절대 죄를 지을 수 없으시며, 또 성모는 불의한 명령을 내리실 수도 없고, 그의 아들 예수께서는 불의의 명령에 따를 수도 없었다. 성모의 예수께 대한 모든 명령과 가르침은 모두 하늘에 계신 아버지의 윤허로 그 뜻을 표현하신 것이다.

이것이 성모께 대한 가톨릭 교리의 개요이다. 신자들은 모름지기 성모의 탁월하신 성덕과 자애를 알고 경애하고 본받음으로써 하느님의 "당신의 아드님과 같은 모상이 되도록"(로마 8,29) 힘써 더욱 하느님께 사랑스러운 이가 되어야 할 것이다.

이처럼 교회에서 성모 마리아를 본받으라고 권장하는 것은 성모가 아드님의 가장 완전한 거울이 되시는 까닭이다.

제15장

성화와 성상

가톨릭 교회에서의 경배 행위에는 차이가 있다. 첫째는 흠숭지례로, 이는 오직 하느님께만 드리는 최상의 예배이다. 둘째는 상경지례로, 이는 하늘의 모든 천사와 성인을 초월하시는 성모 마리아께만 드리는 예이다. 셋째는 공경지례로 이는 모든 천사와 성인들에게 드리는 예이다.

흠숭지례와 상경지례와 천사 성인들께 드리는 공경지례에 대하여는 이미 말했으므로, 여기에서는 성화와 성상 공경에 대하여서만 말하려고 한다. 이 공경은 상대적Cultus relativus인 것이다.

고대의 유다 민족에서는 성상 제작 풍습이 오늘날처럼 성행하지는 않았다. 우상 숭배의 경향이 짙은 당시의 유다 민족에게, 또는 지리적으로 우상 숭배를 하는 이교 민족에 둘러싸여 있던 유다 민족에게는 성상 공경의 본뜻에 대한 오해가 일어날 우려가 있었던 까닭이다.

초대 교회 신자들도 이방인들에게 성상 제조와 성상을 공개하기를 매우 조심했다. 이는 가톨릭 교회의 성상이 이교도의 우상과 혼동될까 우려하였던 까닭이다.

그러나 그때에도 가톨릭 내부에서는 신앙에 관한 상징적인 것을 많이 사용하였다. 초기 3세기 동안 가톨릭 신자들의 밀회소인 로마 카타콤바의 유적을 보면 성령의 상징인 흰 비둘기를 그린 벽면과 유리병을 발견할 수 있으며, 또 거기에 십자가를 지신 그리스도의 형상과 어린양을 메신 그분의 형상을 새기기도 했으며, 그리스도의 상징인 어린양과 믿음의 표시인 닻 모양과 교회를 의미하는 큰 배를 그리기도 하였다.

성상에 대한 최초의 반대자요 폭행자는 8세기의 콘스탄티노플의 레오 이사우리안 황제이다.

레오는 예수 성화와 성인들의 성화를 성당 벽면에서 철거하여 불사르라 명했다. 또한 성당에서든 집에서든 성화와 성물을 강탈하고, 금·은·동·철제 성상을 깨뜨려 자기 초상을 새긴 화폐를 만들게 하였다. 헨리 8세 왕과 크롬웰처럼 겉으로는 신앙의 순결을 외치면서 이면의 동기에는 탐욕으로 가득 찬 것이었다. 레오 황제는 황궁 도서관 학자들에게 성상 파괴 칙령에 대한 찬사를 쓰라고 명했으나 정의의 양심을 지닌 그들은 거절하였다. 황제는 몹시 화가 나 그들을 도서관에 가두고 불 질러 버렸다. 3만 권의 책과 귀중한 그림들을 지닌 도서관은 그 안에 감금된 석학들과 함께 모두 불에 타 버렸다.

다음 콘스탄티누스 코프로니무스 황제도 부친의 만행을 계속하였다. 당시 용감한 수도자 스테파노는, 황제의 초상을 새긴 동전 한 닢을 내밀며 "폐하, 이것은 누구의 초상입니까?"라고 묻고는 "짐의 초상이다."라는 황제의 말이 떨어지기가 무섭게 그것을 내던지고 짓밟았다. 그는 즉각 사형 선고를 받았다. 형장에서 그는 황제에게 "아, 내가 한 국왕의 모습을 모욕하여 사형을 당하는데, 예수 그리스도의 성상을 태워 없앤 악당들은 어떠한 형벌을 받아야 마땅할 것이냐!"라고 하였다.

성상 파괴의 독성 행위는 16세기의 소위 종교 개혁자들도 저질렀다. 특히 영국, 독일, 네덜란드에서 성화와 성상을 난폭하게 파멸하는 독성 행위를 감행하였다. 그들은 우상 숭배 방지를 이유로 내세웠지만, 8세기의 성상 파괴자들이 성상의 금과 은을 욕심냈듯이, 16세기의 성상 파괴자들도 성상과 성화를 없애고는 성전을 온통 점유해 버렸다. 영국과 유럽 대륙의 수많은 프로테스탄트 예배당 중에는 당시 점거한 가톨릭 성당 그대로의 것도 많다. 유명한 영국의 웨스트민스터 성당이 그 좋은 예이다. 오늘날까지도 이런 교회의 벽면에는 파손된 성상들이 남아 있다.

이런 만행은 다만 극도의 독성죄가 될 뿐 아니라 예술에 대한 모독이기도 하다. 만일 이러한 만행이 남부 유럽에까지 침범하였더라면, 미켈란젤로와 라파엘로의 불후의 대작들도 흔적조차 남지 않았을 것이다. 성상에 대한 가톨릭 교리는 트리엔트 공의회에서 명백히 선언되었다.

"그리스도의 성화상들이나 동정녀이신 하느님의 어머니와 다른 성인들의 성화상들은 특히 성당들 안에 보유하고 보존할 것이며 마땅한 존중과 공경을 드릴 것이다. 이는 성상들 안에 그 성상들을 공경해야 할 이유가 되는 어떤 신성이나 능력이 있다고 믿거나 과거에 우상들에 희망을 두었던 이교인들이 했던 것처럼 성화상들에게 무엇을 청하거나 이들을 믿어야 하기 때문이 아니라(시편 135〔134〕,15 이하), 이들에게 드리는 공경은 그들이 표현하고 있는 원형을 향한 것이기 때문이다. 따라서, 우리가 입을 맞추고 그 앞에서 모자를 벗고 절하는 그 성화상들을 통하여 우리는 그리스도를 흠숭하고 성화상들이 표상하는 성인들을 공경하는 것이다."[37]

가톨릭 신자치고는 이교의 우상과 가톨릭의 성상과의 근본적 차이를 모르는 이가 없다. 이교인들은 우상 자체에 무슨 신적 영험이 있거니 하고 그를 숭배하므로 그야말로 우상 숭배 행위가 되지만, 가톨릭 신자들은 누구든지 성상 자체에는 아무 지성이나 도울 능력이 없음을 잘 안다. 다만 하늘에 실재하시는 하느님과 성인들을 숭배하는 마음으로 할 뿐이다.

여기 프로테스탄트 신자들을 위하여 말하려 하는 바는 성상 공

---

[37] J. 노이너 · J. 뒤퓌 지음, 안소근 · 신정훈 · 최대환 옮김, 《그리스도교 신앙》, 가톨릭출판사, 2017, 703.

경에 대한 프로테스탄트 학자 라이프니츠Leibnitz의 의견이다. 그는 이렇게 말하였다.

"우리가 비록 성상을 공경한다 하나 이는 영혼이 없는 물건을 공경함이 아니고, 트리엔트 공의회의 선언처럼 그 표상하는 존재에게의 공경일 뿐이다. 스콜라 학자들이 말하는 그리스도의 성상에 대하여 그리스도 자신께 대한 공경과 동일한 공경을 드린다는 것도 이런 의미에서다. 우리는 성상을 통하여 더욱더 주 예수의 존재를 감각하고 주의 사정을 더욱 깊이 명상하게 되는 까닭이다. 성상에 대한 근본 관념이 이러한 이상, 미친 사람이 아니고서야 어찌 성상에게 '물건이여, 나의 기도를 들어 주소서. 나무와 돌이여, 당신께 감사하나이다.'라고 하는 이가 있겠는가. 신자의 바른 기도는 '주여, 나는 주를 경배하나이다. 주께 감사하며 찬미의 노래를 드리나이다.' 하는 것이다. 그런즉 그 상징하는 존재에게 공경하지 않는 성상 공경은 없으며, 그 본뜻에 있어서는 하느님과 예수의 이름을 부를 때 나타내는 존경과 아무 차이도 없을 것이다. 이름도 하나의 표지이지만 표상 효력에 있어서는 상물만큼 직감적일 수 없으므로 상물에 비하여 표상 가치가 적다고 할 수 있다. 그러므로 성상 공경은 '예수의 이름 아래는 모든 이가 무릎을 꿇어야 한다.' 또는 '주의 이름은 복되시도다.', '주의 이름에 영광이 있기를 바랍니다' 하는 거룩한 이름에 대한 경의 표시와 같은 취지로 해석할 것이다. 유형의 성상에 대한 경의 표시와 무형의 내적 성상에 대한 경의 표시는 서로 다를 바 없다. 유형의 성상은 내적 심상의 물적 표현일 뿐이다."[38]

라이프니츠의 이 말도 논리 정연하지만 필자는 여기에 좀 더 명백한 설명을 붙이려 한다. 이탈리아 군인이 프랑스 국기를 모욕하였을 때, 프랑스 정부는 전쟁을 일으켜서라도 이 문제를 해결하려 하였다. 그런데 모욕당한 것은 하찮은 헝겊 조각이었다. 프랑스 정부는 이 작은 헝겊 조각 때문에 그처럼 분개하여 전쟁까지 일으키려 하였었던가.

어느 나라 국민이든지 자기 나라 국기 앞에 경례한다. 그런데 이것이 국기가 표시하는 조국에 대한 경례가 아니고 그 국기를 만든 재료인 헝겊이나 색깔 자체에 대한 경례라고 하는 사람이 있을까.

그러면 국기에 대한 모욕은 헝겊이나 색깔 자체에 돌아가는 것이 아니고 오직 그 국기로 표시되는 그 나라에 돌아가는 것이며, 국기 앞에서의 경례 역시 그 나라에 대한 경례라면, 오직 성상 앞에서의 경배만은 성상의 재료인 대리석이나 석고에 대한 경배로 규정하는 이유는 대체 어디 있단 말인가.

무릇 표시 행위는 '말'로도 할 수 있고 '글자'나 '그림'이나 '형상'으로도 할 수 있다.[39]

---

38 Systema Theologicum 142
39 이순신의 표시는 '이순신'이라는 말이나 '글자'로도 할 수 있고 그의 '초상화'나 '동상'으로도 할 수 있다. '말'이나 '글자'나 '초상화'나 '동상'이 표상하려는 그 자체는 물론 아니다. — 역자 주

제15장 성화와 성상

"저희가 날마다 하느님을 찬양하고 줄곧 당신 이름을 찬송합니다."(시편 43,9), "예수님의 이름 앞에 하늘과 땅 위와 땅 아래에 있는 자들이 다 무릎을 꿇고"(필리 2,10) 등의 말씀이 많다. 그러면 이 모든 말이 '예수'라는 이름 그 소리 자체를 공경하라는 말이겠는가. 그 소리 자체에 무슨 능력이 있다고 인정하라는 말이겠는가. 그렇지 않으면 그 이름으로 표시되는 주 예수를 공경하라는 말이겠는가. 어느 것이겠는가. 주의 이름을 통하여 그분을 공경할 수 있다면, 성화나 성상을 통하여 그분을 공경할 수도 있지 않겠는가.

라이프니츠의 "유형의 성상에 대한 경의 표시와 무형의 내적 심상에 대한 경의 표시와는 서로 다를 바 없다."라는 말은 적절하다. 우리가 무엇을 생각할 때에는 그 형상이 우리 머릿속에 어떤 형태로든지 나타나는 법이다. 이를 내적 심상이라 한다. 내적 심상이 없이는 아무 생각도 할 수 없다. 예를 들면 아버지의 형상이 어떤 식으로든지 머릿속에 나타나지 않고서는 아버지에 대한 생각이 날 수 없다. 그런데 내적 심상 역시 결코 실물 자체는 아니고, 오직 그 실물의 한 표시일 뿐이다. 이 점에 있어서 내적 심상과 외적 표상, 즉 말, 글자, 그림, 동상과 다를 바 없다.

우리는 흔히 누구를 미워하기도 하고 사랑하기도 한다. 이는 곧 그에 대한 내적 심상을 사랑하거나 미워하거나 하는 정을 발하는 것이다. 그러나 사랑이나 미움은 그 내적 심상으로 표시되는 인물에게도 돌아가는 것은 두말할 필요도 없다. 그러므로 라이프니츠의 말은 "그리스도 성상 공경 행위는 곧 그리스도 자신에게의 공경 행위와 다름없다. 그리스도를 생각하여 그 내적 심상 앞에 공경을 드림이 허용된다면 또한 그 외적 형상 앞에 공경을 드림도 허용된다."는 뜻이다.

"너는 위로 하늘에 있는 것이든, 아래로 땅 위에 있는 것이든, 땅 아래로 물속에 있는 것이든 그 모습을 본뜬 어떤 신상도 만들어서는 안 된다."(탈출 20,4) 이 구절을 프로테스탄트는 모든 상을 만들지 말아야 한다고 해석하고, 가톨릭 교회에서는 이와 해석을 달리하여 이는 어떤 상의 신격화를 금하는 계명이라 한다. 즉, 조각상을 제작하는 것을 무조건 금지하는 것이 아니라 다만 이를 신으로 숭배하려는 목적으로 제작하는 행위를 금한 계명이라 한다.

이 계명은 성경의 여러 곳에 이를 금지하였고 또 다른 곳에서는 제작할 것을 명하였으니 조각상 제작을 절대 금지한 것은 아니다. 하느님께서 모순을 행하실 리 없다. 하느님께서는 순금으로 커룹 상을 둘 만들라고 하셨고(탈출 25,18 참조), 또 모세에게 구리 뱀을 만들어 많은 사람들이 볼 수 있는 곳에 매달아 두면 뱀에 물린 자라도 그것을 보면 죽지 않을 것이라고 하셨다(민수 21,8 참조). 커룹은 하늘의 천사이며 뱀은 땅과 물속에 사는 양서 동물이니, 이 커룹의 금상과 뱀의 동상은 하늘의 것과 땅의 것과 땅 밑 물속의 것의 형상을 만든 것이 아니고 무엇이겠는가. 만일 무조건 절대 금지라는 프로테스탄트의 해석이 옳다면 우리는 모두 첫째 계명을 어긴 죄인이 될 것이다. 어느 가정에든지 산 자나 죽은 이의 초상을 걸어 두지 않은 집은 없다. 산 이의 초상은 '땅 위의 것'이고 죽은 이의 초상은 '하늘의 것'이 아닌가.

그러므로 이에 대하여 다마스쿠스의 요한 성인도 "유다인들에게는 우상 숭배의 경향이 심하므로 이런 명령이 있었다. 그러나 우리는 신학적으로 말하면 이미 미신의 오류를 면하고 진리를 알게 되어 하느님을 모시고 오직 그분께 흠숭지례를 드릴 줄 알며, 하느님께 대한 지식을 더 완전히 더 풍부히 가졌으므로 어린 시절을 지나 장성한 사람이 되었다. 우리는 유치원생이 아니며 하느님께로부터 식별 능력을 받아, 형상 표시의 가능, 불가능도 알 수 있게 되었다." 라고 하였다.

언젠가 프로테스탄트 목사 한 사람이 가톨릭 신자인 친구와 이런 이야기를 했다.

목사   가톨릭 신자들은 성상에 기도를 한다지?
친구   가톨릭 신자들은 성상 앞에서 기도하지만, 성상 그 자체에 기도하지는 않네.
목사   그러나 속으로 가진 그런 의향을 누가 알아주나?
친구   자네는 밤에 잠들기 전에 기도하지 않는가?
목사   안할 수 있나? 침상 앞에서 하지.
친구   그렇지. 침상 다리에 대고 기도하는 것이지?

목사 이 사람, 그럴 수가 있나? 그런 의향은 조금도 없네!

친구 그러나 속으로 그런 의향이 없다는 것을 누가 알아주나?

목사는 할 말이 없었다. 즉, 도덕적 행위는 그 품은 의향을 살피지 않고는 결코 그 선악 사정의 판단을 내릴 수 없는 것이다.

세상에는 가톨릭 신자는 우상 숭배자라는 선입견을 품은 이가 많다. 성당 안에서, 길에서나 성상 앞에서 하는 기도하는 가톨릭 신자를 보고는 곧 자기의 선입견이 적중했다고 속단하여 "가톨릭 신자는 과연 우상을 숭배한다."라고 말한다. 이런 피상적 속단의 태도를 버리고 모름지기 그에게 기도의 정신을 물어 보라. 그는 이렇게 솔직하게 대답할 것이다.

"성상은 산 존재가 아니니까 내 기도를 들을 수가 없다. 또 나를 도울 능력도 없다. 다만 우리는 그 앞에서 그가 표상하는 원존재에 대한 존경심을 더 깊게 할 뿐이다."

성상 공경을 반대하는 프로테스탄트 신자들에게 프로테스탄트 신학자의 저서 한 구절을 소개한다.

"롯이 두 천사 앞에 꿇어 엎드린 것은 고귀한 손님에 대한 경의의 표시요(창세 19,1 참조), 야곱이 에사우에게 경례함은 윗사람에 대한 아랫사람의 복종의 표시요(창세 33,3 참조), 솔로몬이 밧 세바에게 경배함은 어머니에 대한 아들의 효성의 표시이며(1열왕 2,19 참조), 나탄이 다윗 임금 앞에 엎드림은 국왕에 대한 신하의 복종의 표시요(1

열왕 1,23 참조), 사람이 하느님 앞에 엎드려 기도함은 창조주에 대한 피조물의 흠숭의 표시이다. 이런 모든 행위를 경배 혹은 흠숭이라 하나 그 행위의 정신을 살펴보아야 한다. 그래야 그 참뜻의 소재를 알 수 있다. 왕 앞에 엎드리는 이스라엘 백성을 우상 숭배자라고 비난하는 자는 없을 것이다. 그러나 그가 만일 어느 조각상 앞에 엎드렸다면 비록 그 동작은 전혀 같을지라도 이는 우상 숭배라고 판단할 것이다. 그의 행동이 우상 신격화의 의사를 표시한 까닭이다. 그러면 성인에게나 성물에 대한 가톨릭 신자의 경의 표시 행위는 어떠한가. 성인의 성상이나 성물 앞에서의 그들의 경의 표시 행동은 하느님께 흠숭례를 드리는 행위와 비슷하나, 그는 결코 우상이나 성물을 하느님으로 알고 경배한 것은 아니다. 어찌 가톨릭 신자들을 우상 숭배자라 할 수 있겠는가."[40]

몇 년 전 교육계의 은인인 어떤 사람의 동상 제막식이 있었다. 제막이 되자 그 동상의 웅장한 모습이 나타났다. 그 순간 관중은 본능적으로 모두 모자를 벗었다. 한 신사가 옆에 있던 프로테스탄트 신자에게 농담으로 "여보게, 모자는 왜 벗나?" 하였다.

"저분에게 경의를 표하기 위하여 벗었네." 그는 이렇게 대답했다.

"그러나 그분은 여기 있지 않고 저기 보이는 것은 동상뿐이 아

40　Encyclopedie, Edit, d'Yverdun, tom, I, art. Adorer

닌가."

"물론 그렇지만 나의 행위는 그분에 대한 경의 표시일세."

동상 앞에서 모자를 벗는 행위는 나무라지 않지만, 성모 마리아나 베드로 사도의 상 앞에서 모자를 벗는 것을 우상 숭배 행위라고 비난하는 이가 많다.

다윗 임금과 솔로몬은 하느님의 궤 앞에서 어떤 행동을 하였던가. "주님께서 하느님의 궤 때문에 오벳 에돔과 그의 모든 재산에 복을 내리셨다는 소식이 다윗 임금에게 전해지자, 다윗 임금은 기뻐하며 오벳 에돔의 집에서 다윗 임금 성으로 하느님의 궤를 모시고 올라갔다. …… 다윗 임금은 황소와 살진 송아지를 제물로 바쳤다."(2사무 6,12-13), "솔로몬 임금과 그 앞에 모여든 이스라엘의 온 공동체가 궤 앞에서, 헤아릴 수도 없고 셀 수도 없이 많은 양과 황소를 잡아 바쳤다."(2역대 5,6)

그러나 계약의 궤 안에는 "만나가 든 금 항아리와 싹이 돋은 아론의 지팡이와 계약의 판들이 들어 있었습니다."(히브 9,4) 물론 그들의 행동만을 보면 우상 숭배처럼 어떤 특정 물건에 공경을 드리는 것이었다. 그러나 솔로몬과 그 밖의 제사장들이 그 물체가 표상하는 하느님께 경배하지 않고 그 특정 물체에 경배, 즉 우상 숭배를 하였다고 단언한 사람은 하나도 없었다. 그렇지만 주 예수의 성상 앞에서의 경배 행위를 우상 숭배 행위라고 하는 사람들이 아직도 있으니 참으로 기괴한 일이다.

787년에 개최된 제2차 니케아 공의회에서도 트리엔트 공의회와 같이 성상 성화에 대하여 이렇게 선언하였다.

"하느님의 감도를 받은 우리 교부들의 지도와 가톨릭 교회의 우리는 (성령이 이 안에 기묘히 계심을 안다) 성전聖傳을 따라 상본(성화) 즉 주 예수 그리스도의 상본과 흠 없으신 하느님의 모친과 공경하올 천사들과 성인 성녀들의 상본을, 성당이나 가정에 적당하게 모심은 확실히 거룩하고 좋은 일임을 선언하는 바이다. 성상 성화의 공경은 그 표상하는 원존재에게로 돌아가는 것이니 바로 그로써 표상하는 이를 공경하는 것이다. 그러므로 감히 열교인(이교인)을 따라 달리 생각하거나, 달리 가르쳐 교회의 성전을 업신여기거나, 새 교리를 주창하거나 하여 가톨릭 교회에서 존중히 여기는 복음, 십자가, 상본, 순교자의 유해 등을 모욕하는 사람이 있다면, 그가 성직자인 경우에는 파면당할 것이요, 수도자나 평신도인 경우에는 통공通功에서 제외되리라."

그 밖에 초대 교회에 명성이 쟁쟁하던 테르툴리아누스, 바실리오 성인, 나지안조의 그레고리오 성인, 니사의 그레고리오 성인, 예로니모 성인, 아우구스티노 성인, 놀라의 바울리노 성인 등 이에 대한 석학들의 증언은 생략한다.

여기까지 읽고 나면 성상 공경의 정당성을 알 것이다. 이제 성상 성화가 우리에게 주는 이로움을 고찰해 보려 한다.

1. 성화는 하느님의 성전을 성전답게 장식하는 좋은 재료가 된다

성당은 하느님의 성소聖所이다. 요한 사도가 묵시록에(21,2) 아름답게 서술했듯이, 하늘나라의 거룩한 도성 예루살렘의 표상인 성당을 화려하게 장식하는 것은 가장 아름다운 행위이다. 솔로몬은 하느님의 성전을 커룹 천사의 성상과 그 밖의 표상물로 장식하였다. 천사상은 금을 입히고 성전 안팎의 바닥도 금을 입혔다(1열왕 6,28-29 참조).

주님의 궤를 모셨던 솔로몬의 성전을 이토록 성대하게 꾸밈이 마땅하다면 주께서 친히 와 계신 하느님의 성당을 화려하게 장식하는 것도 참으로 옳은 일일 것이다. 성당 장식이 잘 된 것을 볼 때 이곳에 주께서 계시다는 사실을 믿게 될 것이요, 또 그것이 주께 대한 지극한 정성의 표시이기도 하다. 솔로몬 왕의 영화의 극치도 백합 한 송이의 아름다움에 미치지 못한다고 했다. 인류가 살고 있는 대자연도 그만큼 화려한데, 하물며 하느님께서 계시는 성당은 더욱 아름다움의 정화를 다하여 아름답게 장식해야 마땅하지 않겠는가. 예수께서 세상에서 사실 때 효도하시던 성모 마리아와 여러 사도들과 모든 성인들의 초상으로 예수 그리스도의 지성소至聖所를 아름답고 거룩하게 장식함이 어찌 경건하고 지당한 행위가 아니겠는가. 자손이 그 조상의 초상을 집안에 모시고 대대로 그 유적을 추모하듯이, 온 세상의 가톨릭 교회 자손들도 그들의 인자하신 어머니 마리아와 역대 성인의 초상을 주님의 성전 안에 모시고 그들의 위대한 업적을 길이길이 기념한다.

2. 성화는 문맹에게 도움을 주는 해설 자료가 된다

국가와 종교 단체가 교육 사업에 힘쓰지만 아직도 인류의 많은 수가 문맹이다.

학자들이 독서로 얻는 지식을 문맹인들은 그림으로 해득할 수 있다. 만일 종교 성화로 가르침을 받지 못하면 가톨릭 교리를 몰라 구원의 은혜를 받지 못할 문맹이 얼마나 많겠는가. 영국의 사도 아우구스티노 성인이 처음 에델베르트 왕 앞에서 복음을 강론할 때은 십자가 한 개와 주 예수의 성화 한 장을 앞에 놓고 복음을 증거하였다. 눈으로 보는 성상과 성화가 귀로 듣는 강론보다 더 강렬한 인상을 왕에게 주었다. 동양의 사도 프란치스코 하비에르 성인도 성상과 성화로 많은 인도인을 참된 종교로 개종시켰으며, 드 스메 신부도 같은 방법으로 로키 산속의 사람들을 개종시켰다.

3. 집안에 성화를 모시는 것은 곧 감명 깊은 무언의 신앙 고백이다

실내 장식으로 주인의 기품과 성격을 알 수 있듯이, 실내에 십자가가 모셔져 있으면 예수께 대한 주인의 신앙을 알 수 있다. 또 이것은 "복음을 부끄러워하지 않는" 대외적 용기의 표시도 된다.

4. 성화는 그 대상에게 우리의 심정을 집중시켜 그에 대한 애모의 정을 더욱 열절케 한다

그림보다 더 직감적 영향을 주는 것은 없을 것이다. 사랑하는 아들 예수의 수난을 고통스러워하시는 성모의 성화를 보고 감동하지 않는 마음이 어디 있으며, 십자가의 길 성화는 얼마나 많은 열애의 눈물을 자아내게 하는가. 침묵 중에 기도하며 십자가의 길을 걸어가는 노부인의 애통해하는 표정을 보라. 주 예수의 뒤를 따라 골고타산 위로 한 걸음 한 걸음 옮길 때의 모습은 마치 파노라마와도 같이 추억과 애모의 엇갈림으로 그 마음에 불멸의 인상을 준다. 주님의 수난에 대한 아무리 열렬한 설교라도 열애와 통회를 자아내는 데는 말없는 한 개의 십자가를 도저히 따르지 못할 것이다.

5. 성인의 성상은 우리를 자극하여 그의 덕행과 위업偉業을 본받게 한다

성상을 모시도록 장려하는 교회의 근본 취지는 여기 있다. 성상을 모시는 목적은 물론 그 표상하는 성인 공경에 둔 것이지만, 그의 거룩한 일생을 본받으려는 것이 주목적이다. "내가 이 산에서 너에게 보여 준 모형대로 만들어라."(탈출 25,40)라고 하셨듯이, 경건한 인간이 되게 하는 데는 성인의 모범을 들어 이를 따르게 하는 것보다 더 효과적인 방법이 없을 것이다.

실내에 걸린 위인의 초상이 소년의 마음을 자극하여 그를 본받게 하듯이, 자나 깨나 늘 보는 성인의 초상은 청소년에게 무언의 감명을 주어 간절히 그를 본받도록 격려하여 준다.

얼마 동안 각종 부정한 그림과 조각 등이 널리 퍼져 청소년을 타락의 구렁에 몰아넣은 적이 있었다. 그들은 사탄의 독니에 물려 타락하였다. 사탄도 악한 것을 불러일으키기 위하여 사람의 시각으로 우리를 교묘히 자극한다. 우리는 우리 자손을 성화聖化하기 위하여 성상과 성화로 경건하게 그들의 시각을 자극하지 않으려는가! 악마들이 인간의 눈을 멸망의 기관으로 삼는다면, 우리는 어찌하여 이 눈을 성화의 도구로 쓰지 않으려 하는가. 화가의 붓과 조각가의 끝은 결코 악마적 비루한 작품 제작에 악용되지 말고, 마땅히 인류의 윤리 생활 고양을 위한 종교의 사용 기구가 되어야 한다. 이것이 곧 그에게 주어진 사명에 충실한 것이다.

인간은 끊임없이 시각을 통하여 밖으로부터의 무수한 인상을 받아들인다. 무수한 인상은 그 대상의 성질에 따라 도덕에 유익한 것도, 해로운 것도 있다. 성당에나 가정에 성화를 모심으로써 받는 영적 이익은 실로 큰 것이다. 성화를 보면 곧 의인을 대하고 있는 분위기가 되어 우리 마음을 정화, 향상시킨다.

최근에는 프로테스탄트도 성상을 모시는 의의를 차츰 깨닫고, 이를 우상 숭배라고 혹평하던 태도를 버리는 듯하다. 프로테스탄트 예배당 꼭대기에도 십자가가 보인다. 일찍이 보이지 않던 이상한 현상이다. 2천 년 동안 가톨릭 교회에서는 성상과 성화로 영적

이익을 받아 왔다. 프로테스탄트에서도 구원의 표지를 우리 교회와 같이 공경할 뿐 아니라, 마침내 우리와 하나가 되어, 동일 제대 앞에서 하느님을 흠숭하게 될 날이 빨리 오기를 충심으로 기원한다.

제16장

연옥과 죽은 이를 위한 기도

연옥에 관한 가톨릭 교리는 이러하다. 의인이 영원한 복을 누리는 천국과, 악인이 영원한 벌을 받는 지옥 사이에는 중간 장소가 있다. 작은 죄를 지은 상태로 죽은 사람이나, 이미 죄 용서의 은총을 받았으나 그 죄로 손상된 주님의 공의公義를 완전히 보상하지 못한 영혼이 충분히 정화되어 승천할 때까지 잠벌暫罰의 단련을 받는다. 이를 '연옥煉獄'이라 한다. 이 중간 장소에 있는 영혼들은 스스로의 힘은 없으나 세상에 있는 신앙심 깊은 신자들의 기도로 큰 도움을 받을 수는 있다. 연옥 존재의 교리에는 연옥 영혼을 위한 기도의 교리까지 포함되어 있다. 연옥 영혼들은 아직 천국에 이르지 못하고 다만 자비로운 하느님의 처분만을 고대하고 있을 뿐이다.

이 중간 장소에 관한 교리는 트리엔트 공의회에서 가장 명백히 선언하였다. "연옥이 존재하며 그곳에 갇혀 있는 영혼들은 신자들의 전구 특히 미사성제를 통하여 도움을 받는다."[41] 이렇게도 위안의 원천인 이 교리에 대하여 16세기의 종교 개혁자들은 의심을 품으며 배척했다. 정말 이해하지 못할 일이다. 연옥 교리는 구약 성경에 명백히 기록되어 있을 뿐 아니라 신약 성경에도 암시되어 있으며, 초대 교회 교부들도 한결같이 이를 가르쳤고 초대 동서 교회로부터 내려오는 경전에도 기록되어 있으며, 우리 이성에도 합치될 뿐 아니라 큰 위안을 주는 교리이다.

1. 연옥 교리는 구약 성경에 명백히 기록되어 있으며 유다인들이 충실히 신봉하던 것이다. 유다 마카베오는 적군과의 격전 뒤에 모든 전사자를 위하여 기도와 희생을 드리라 명령하였다.

"각 사람에게서 모금을 하여 속죄의 제물을 바쳐 달라고 은 이천 드라크마를 예루살렘으로 보냈다. 그는 부활을 생각하며 그토록 훌륭하고 숭고한 일을 하였다. 그가 전사자들이 부활하리라고 기대하지 않았다면, 죽은 이들을 위하여 기도하는 것이 쓸모없고 어리석은 일이었을 것이다. …… 그가 죽은 이들을 위하여 속죄를 한 것은 그들이 죄에서 벗어나게 하려는 것이었다."(2마카 12,43-46)

이 구절의 내용은 너무도 명백하므로 해설을 붙일 필요가 없다. 16세기의 종교 개혁자들은 이를 보고, 몇 구절을 바꾸어서는 도저히 그 명백한 뜻을 흐려 버릴 수 없음을 알았다. 그리고 외람되게도

---

41 J. 노이너 · J. 뒤퓌 지음, 안소근 · 신정훈 · 최대환 옮김, 《그리스도교 신앙》, 가톨릭출판사, 2017, 1252.

마카베오기 모두를 성경에서 없애 버렸다. 음험한 이가 반대편의 증인을 암살하듯이 말이다. 이는 예수의 기적으로 부활한 라자로를 살해하여 예수의 전능의 증거를 없애려던 유다인들의 심술과도 같다. 그들은 마카베오기를 감히 위경僞經이라 주장한다. 말도 안 되는 행동이다.

마카베오기는 다른 모든 성경과 같이 정경正經이다. 원래 정경, 위경은 오로지 가톨릭 교회의 권위로 판정된 것이다. 가령 마카베오기를 정경이 아니라 치자. 그래도 그 사실성史實性만은 부인할 수 없다. 이를 역사적 문서로 인정하지 않을 수 없는 이상 당시 유다 민족이 죽은 이를 위하여 기도하고 희생 봉헌하던 사실도 부인할 수 없는 것이다.

2. 신약의 주인이신 구세주 예수께서는 세상에 오셔서 우선 유다교 법전 중 쓸모없는 조문을 빼버리고, 그 교리 중 조작된 전습傳習 부분은 폐기하여 이를 정화하셨다. 안식일을 지키기 위해 남을 돕는 일조차 못하게 하던 바리사이들을 꾸짖으셨고, 또 그들의 교리와 규칙의 모순점을 낱낱이 지적하여 그들을 호되게 꾸짖으셨다(마태 23장 참조).

그러나 당시 유다인 사이의 전통적 관행인 사후 중간 장소 존재를 믿는 마음으로, 죽은 이를 위한 기도 행위에 대하여는 비난하시거나 꾸짖으신 적이 전혀 없다. 꾸짖으시기는커녕 연옥의 존재에 대하여 아주 똑똑히 말씀하시기까지 하셨다. "사람의 아들을 거슬러 말하는 자는 용서받을 것이다. 그러나 성령을 거슬러 말하는 자는 현세에서도 내세에서도 용서받지 못할 것이다."(마태 12,32) 성령을 거스른 죄는 내세에서도 용서받지 못하리라는 말씀에는 내세에서 용서받을 수 있는 죄도 있다는 의미가 함축된 것이 분명하다. 그곳은 천국도 지옥도 아니다. 천국에는 작은 죄라도 있으면 들어갈 수 없으며 지옥의 벌은 그야말로 영벌永罰이므로 사죄란 있을 수 없다. 그러므로 그곳은 일종의 중간 장소로서 죄 없이 깨끗하게 하기 위하여 단련받는 연옥이라고 볼 수밖에 없다.

바오로 사도도 연옥 존재에 대하여 말한 적이 있는데, 모든 사람의 행적이 최후 심판 날에 낱낱이 드러날 것이라고 하였다. "심판 날에 모든 것이 드러나기 때문에 저마다 한 일도 명백해질 것입니다. 그날은 불로 나타날 것입니다. 그리고 저마다 한 일이 어떤 것인지 그 불이 가려낼 것입니다. 어떤 이가 그 기초 위에 지은 건물이 그대로 남으면 그는 삯을 받게 되고, 어떤 이가 그 기초 위에 지은 건물이 타 버리면 그는 손해를 입게 됩니다. 그 자신은 구원을 받겠지만 불 속에서 겨우 목숨을 건지듯 할 것입니다."(1코린 3,13-15)

영혼은 결국 구원받을 것이나 충분히 결백해질 때까지 연옥불 속에서 잠깐 단련을 받으리라는 뜻이다.

이는 필자의 개인 의견이 아니고 가톨릭 교부로부터의 전통적 해석이다. 그러면 유서 깊은 이 연옥 교리를 누가 감히 배척하였는

가. 가톨릭 교회 창설 1,600년, 교회의 거룩한 명예를 벗어 버리려는 불평 교역자들이 이를 배척하였다. 감히 묻는다. 독자들은 교회의 정당한 해석을 들으려는가, 반교회적인 자들의 헛소리에 합세하려는가. 한 나라의 헌법상 중대 문제의 해결에 있어서 권위 있는 법관의 해석을 따르는 것이 옳겠는가, 법학 연구의 업적도 없고 권위도 없고 다만 이기적 편견에 사로잡힌 자의 헛소리를 따름이 옳겠는가. 이런 편견을 배척하고 신뢰할 만한 법관의 해석을 따름이 옳다면, 모母 교회를 배반하고 자의로 이설異說을 선전하는 자칭 개혁자들을 물리치고, 가톨릭 교부 전래의 진정한 연옥 교리를 믿고 따름이 옳을 것이다.

3. 연옥에 관한 교부들의 증언은 너무나 많으므로 모두 인용할 수는 없으나 가장 저명한 것만을 들기로 한다.

테르툴리아누스는 "충성스런 아내는 죽은 남편을 위하여 기도하며 특히 그 기일에는 기도한다. 만일 이를 실행하지 않는다면 이는 허위로써 남편을 배신하고 버리는 사람이다."[42]라고 하였다.

역사가 에우세비오는 콘스탄티누스 대제의 장례 광경을 묘사하여 "황제의 시체는 높은 관대棺臺에 안치되었고 하느님의 제관들과 군중은 눈물과 비애 속에서 그의 영혼의 안식을 위하여 기도와 제물을 봉헌하였다. 이는 황제의 평생소원의 성취이니, 그는 자기가

---

42 De Monogam., n. X

죽은 뒤 신자들이 모여 자기를 추억하며 기도하기 위해서 콘스탄티노플에 사도들을 주보로 삼은 대성전을 건설하였다."[43]라고 하였다.

또 치릴로 성인은 "우리는 별세한 교황과 주교들을 기도 중에 기념한다. 이는 지극히 성스럽고 지고한 제례를 봉헌할 때 주께 드리는 우리의 기도가 그들의 영혼에 크게 도움이 된다고 믿는 까닭이다."라고 하였다.

에프렘 성인은 임종을 앞에 두고 말하기를 "나의 형제들과 친구들이여, 나를 부르시는 하느님의 거룩한 이름으로 부탁한다. (죽은 뒤에) 형제들이 기도하러 모이거든 부디 나를 잊지 말고 기억하여 주기를 바란다. 나의 시체에 향료를 발라 장례지내지 말라. 향료는 하느님께 바치고 죄 중에서 잉태된 나는 비애 속에 매장하라. 내게는 향액을 주지 말고 기도로 도와 달라. 죽은 자의 영혼은 산 성인의 기도로 큰 이익을 받는 법이다."[44]라고 하였다.

암브로시오 성인은 그라티아누스 황제와 발렌티아누스 황제가 별세하였을 때 "제 기도가 유효하다면 폐하는 행복할 것입니다. 제가 폐하를 위하여 기도하지 않은 때가 없었으며, 모든 제례 중에 폐하를 기억하였습니다."라고 하였고, 테오도시우스 황제가 별세하였을 때에는 이렇게 기도하였다. "주의 종 테오도시우스에게 주께서 성인들을 위하여 예비하신 평안을 주소서. 지의 영혼이 죽음의

---

43 Euseb., B. iv, c. 71
44 《Apud Faith of Catholics》, Vol. Ⅲ., 162 이하

가시가 쏘지 않는 평안한 곳으로 돌아가게 하소서. 내가 저를 사랑하였으니 천국에까지 저를 좇아가리이다. 내가 눈물과 기도로써 저를 우수와 비애가 없는 불사불멸의 주님의 산 위로 인도하기까지 저를 떠나지 않으리이다."[45]

예로니모 성인은 친구 팜마키우스가 아내의 상을 당하였을 때 조서弔書에 "다른 남편들은 죽은 아내의 묘를 장미 같은 아름다운 꽃으로 꾸미나, 우리 팜마키우스는 바울리나(아내)의 거룩한 묘에 희사의 향유를 뿌린다."[46] 하였고, 또 요한 크리소스토모 성인은 "사도들이 지극히 거룩한 제사 중에 죽은 이를 위하여 기도하라고 명령한 것은 실로 지당하다. 이는 죽은 이들을 위한 기도가 저들에게 유익하다는 것을 잘 아는 까닭이었다."[47]라고 하였다.

아우구스티노 성인은 어머니의 마지막 유언인, "나의 육체는 아무데나 묻어라. 매장했다고 조금도 걱정할 필요가 없다. 다만 한 가지 소원이 있다. 언제든지 주의 제대 앞에 설 때 나를 위하여 기도하라."는 말씀에 따라 효성이 지극한 그는 죽은 어머니를 위하여 다음과 같은 눈물의 기도를 주께 드렸다.

"내 마음의 하느님이시여, 내 어머니 죄를 위하여 주께 간구하옵나이다! 십자가에 달리신 상처의 구속 능력으로 말미암아 내 기도

---

45 《Faith of Catholics》, Vol. Ⅲ., 176
46 *ibid*, 177
47 *ibid*, vol. Ⅱ

를 들어 주소서. 어머니가 아버지와 함께 평안히 쉬게 하여 주시옵소서. 주여, 또한 내 마음과 소리와 붓으로 봉사하는 나의 형제들로 하여금 이 기도문을 읽을 때마다 주님 제대 앞에서 주님의 종 모니카(그의 어머니)를 기념하도록 북돋아 주시옵소서."[48]

이는 죽은 이를 위한 기도 관습에 대한 교부들의 일치한 의견 몇 가지이다. 이로써 연옥 영혼을 위하여 기도하는 좋은 관습은 근대의 발명이 아니고, 초대 교회 때부터 널리 실행되어 오는 교리임을 알 수 있다. 또 이 교리는 결코 어떤 작가의 공상이 아니다. 가톨릭 교회의 저명한 교부와 학자들이 권위 있게 가르친 경건한 교리이다. 연옥 영혼을 위한 기도는 다만 추상적 원리로서가 아니라 신자로서 다른 기도와 같이 날마다 반드시 실행하여 오는 매우 중요한 과업이다. 그들은 매일 아침, 저녁 기도와 경본을 통독할 때와 미사성제 중에 반드시 죽은 이의 영혼을 위하여 기도하였으며, 주일에는 모든 신자들에게 또한 이를 간청하였다. 또 죽은 이를 위하여 세운 당시의 비문을 보더라도 죽은 이를 위한 기도를 간청하는 의미의 글이 쓰여 있다. 그 몇몇 비문은 오늘날까지 보존되어 있다. 카타콤바에서 이러한 실증을 얼마든지 발견할 수 있다. 이런 위안의 교리를 가진 가톨릭 신자는 얼마나 행복한가.

4. 죽은 이를 위하여 기도하는 풍습은 가톨릭 예절 경본에 명기

---

48 《Confessiones》, Book ix

되어 있듯이 사도 시대부터 전해 내려온 관행임이 분명하다. 예절 경본이란 가톨릭 교회가 공식 예절에 사용하는 기도문집이다. 제대에서 매일 미사성제에 사용하는 미사 경본은 예절 경본의 일부분이다.

이 예절 경본의 주요 부분은 예루살렘 교회 창립자 야고보 사도의 경본, 알렉산드리아 교회 창립자 복음사가 마르코 복음사가의 경본, 로마의 초대 교황 베드로 사도의 경본이다. 이외에 야고보 사도의 경본을 기초삼아 저작한 요한 크리소스토모 성인 및 바실리오의 경본이 있다. 이 모든 경본에는 죽은 이를 위한 기도문이 실려 있다. 이는 연옥 교리가 사도로부터 전해 내려온 진정한 교리임을 증거하는 귀중한 자료이다.

그리스 정교회는 9세기에 로마 가톨릭에서 갈라져 나간 것이므로, 그 당시부터 오늘날까지 가톨릭 교회의 예절 경본을 그대로 사용하고 있다. 필자는 제1차 바티칸 공의회에 참석하였는데, 그때 여가를 이용하여 동방 정교회의 예절 경본을 특히 유의하여 심사하였다. 그 결과로 죽은 이들을 위한 기도문이 로마 교회의 그것과 거의 일치하는 사실을 발견하였다. 즉 "주여, 일찍이 주를 섬기다가 별세하여 평안히 쉬는 주의 종들을 기억하소서. 주여, 저들과 그리스도 안에서 휴식하는 모든 이에게 광명 중 평안히 쉬게 하시되 우리 주 그리스도를 위하여 하소서."가 그 한 부분이다.

또 나는 동방 정교회의 경본 심사에 그치지 않고, 당시 공의회에 참석했던 아르메니아, 칼데아, 콥트, 마로나이트, 시리아 의식을 따르는 동방 교회(로마 관하管下)의 여러 주교를 찾아가 이 점에 관하여 질문하였다. 그 주교들도 한결같이 동방 정교회 여러 파에서도 죽은 이를 위하여 기도와 제례를 봉헌한다 하므로 나의 믿음은 더욱 견고하게 되었다. 그러면 동방 이교離敎들은 가톨릭 교회의 연옥 교리를 언제부터 믿게 되었을까. 9세기 이후에 시작되었다고는 할 수 없다. 그때 그리스 이교離敎는 벌써 가톨릭 교회에서 분리되어 지금까지 연락이 끊어졌기 때문이다. 그렇다고 4세기부터 믿기 시작했다고도 할 수 없다. 그 전신인 아리우스파, 네스토리우스파, 에우티케스파 등 이단은 4세기 이래 가톨릭과는 절연되었기 때문이다. 그러므로 그들의 연옥 교리는 곧 분리되기 전 가톨릭 교회에서 널리 믿어 오던 그것이다. 실로 연옥 존재 교리와 연옥 영혼을 위하여 기도하는 행위는 사도로부터 전해 내려온 것임이 분명한데, 실상 이는 주님의 말씀에 근거한 것이다.

5. 옛날 유다인들이 죽은 이를 위하여 기도했다는 사실에 대하여는 이미 서술하였다. 유다 민족이 오늘날 마치 목자 없는 양 떼처럼 전 세계를 방황하면서 죽은 형제들을 위하여 기도하는 의미만은 충실히 지키고 있다. 유다교 공인 기도서에도 죽은 이의 영혼을 위하여 드리는 기도문이 실려 있다.

"우리를 떠난 형제여, 너 천국의 문이 열릴 때 화평한 도성과 안전한 거주를 보며, 너를 향하여 기뻐 급히 마주 나오는 천사들을 만날지어다. 지극히 높으신 하느님께서 너를 받으시러 서 계시며 편안히 휴식하다가 다시 부활할지어다. 천상 영복소永福所가 하느님의 뜻으로 말미암아 이 세상을 이별한 우리 형제들 영혼의 안식소가 될지어다. 하느님, 당신의 무한하신 인자로써 저를 당신 안에 감추시며, 훗날(심판날)에 저를 부활하게 하시어 당신 영복의 감천甘泉을 마시게 하소서."[49]

영국의 셰익스피어가 세계 문단에 기여함도 물론 크지만 특히 그의 각 시대 풍속 습관의 묘사는 매우 놀랍다. 그의 명저 《햄릿》을 읽다 보면 당시 햄릿이 살던 8세기 초반, 신자들의 연옥 존재에 대한 확신이 얼마나 깊었던가를 알 수 있다. 살해된 아버지의 혼이 햄릿에게 말하는 장면을 보아도 알 것이다.

"나는 네 아비의 혼이다. 내가 세상에 있을 때 지은 모든 죄가 온전히 타버리고 정화될 때까지 한동안 밤낮으로 불 속에서 형벌을 받게 되었다."

프로테스탄트 교파 중에도 성공회에서는 근래 점차 연옥 교리를 믿기에 이르렀다. 따라서 죽은 이를 위하여 기도까지 하게 되어 그 기도문을 기도서에 삽입하게 되었다.

연옥에 관한 이 모든 논술을 종합하여 보자.

　　1) 옛 유다 교회에서 죽은 이를 위해 기도하라고 명령한 사

49　《Jewish Prayer Book》, Edited by Isaac Leeser

실이 있는데, 이 전습이 오늘날까지 유다교에서 실행됨을 볼 수 있다.

2) 예수께서 교회를 세우신 이래 각 시대의 교부들이 한결같이 이 교리를 열성으로 공공연히 선포하였다.

3) 예로부터 동서 가톨릭 교회의 경본 가운데는 으레 죽은 이를 위한 기도문이 실려 있다.

4) 그리스 이교離教와 기타 동방 각지의 이교파離教派들이 이 교리를 신봉한다.

5) 오늘날 전 세계 가톨릭 신도와 일부 성공회 신자들이 이 교리를 신봉하며, 죽은 형제들의 영혼을 위하여 열심히 기도함을 볼 수 있다.

이와 같이 역대 성현과 학자들의 권위 있는 가르침이요, 또 예수께서 교회를 세운 이래 2천 년 동안 수억의 가톨릭 신자들이 신봉하여 오는 이 위안의 교리를 개인의 사견으로 배척하려 함은 실로 이성과 역사를 무시하는 짓이다.

전 가톨릭 세계가 죽은 이를 위하여 끊임없이 기도하는 것을 보고 냉소하기만 하는 것은 불신의 태도이다. 성경이나 성전이나 이성에 아무 근거도 없는 사견을 보아도, 죽은 부모 형제 친지를 위하여 한마디 기도도 드리지 않는 것은 참으로 냉혹한 태도가 아니겠는가. 여행 중인 형제의 안전을 기도하는 것이 사람의 정이다. 하물며 죽음의 바다를 건너 영원의 피안에 이른 그를 위하여 어찌 기도

하지 않을 수 있겠는가.

죽음이란 다만 육신과 영혼과의 분리이다. 육신은 죽으나 영혼은 "생존하며 움직이는 뚜렷한 존재이다." 육체가 죽은 뒤에도 여전히 생활하고 그 의사와 기억과 애정이 그냥 계속되는 것이다. 하느님께서는 현세도, 무덤의 저편 세계도 다 통치하신다. 아브라함이 죽은 지 2천 년 후 주 예수께서 "나는 아브라함의 하느님, 이사악의 하느님, 야곱의 하느님이다.' 그분께서는 죽은 이들의 하느님이 아니라 산 이들의 하느님이시다."(마르 12,26-27) 하셨다. 기도가 산 자를 돕는다면 어찌 죽은 이는 돕지 못하겠는가.

여기 한 사람이 있다 하자. 그가 작은 죄를 짓고(인내심이 부족하여 잠시 화를 냈다거나 남의 흉을 보았거나, 쓸데없는 잡담을 하였거나) 죽었다면, 이 영혼이 즉시 천국에 갈 수 있을까. 아니다. 하느님의 신성神性은 이를 절대로 용납하지 않는다. 조금이라도 흠이 있는 자는 천국에 갈 수 없다고 하셨다(묵시 21,27; 하바 1,13; 이사 25,8).

소죄는 소죄인 만큼 쉽게 범하게 되고 또 자주 범하게 된다. 그러면 소죄투성이의 영혼이 육신을 떠난 그 순간 즉시 하느님 앞에 나아가 결백한 천사의 대열에 든다는 것은 상상도 못할 일이다. 하느님의 공의公義가 이를 용납하지 않으신다. 그렇다고 작은 죄를 지은 영혼이 간음자, 살인자들과 같이 지옥불 속에서 영원한 고통을 받아야 옳을까. 아니다! 하느님의 공의와 인자가 이를 또한 용납하지 않으신다. 그러므로 건전한 상식 판단으로 일종의 중간 처소의 존재를 인정하게 된다. 작은 죄를 지은 영혼들은 다 이곳에 머무르게 되어 그 흠의 최후 흔적까지 정화할 때까지 잠벌暫罰을 받다가, 완전히 정결하여진 다음에 비로소 천국에 들어가 하느님 앞에서 무궁무진한 영복을 누리게 될 것이다.

하느님께서는 모든 사람을 각자의 공적대로 보답하신다. "나의 상도 가져가서 각 사람에게 자기 행실대로 갚아 주겠다."(묵시 22,12) 순결하고 착한 사람에게는 천국 영복을 주시고, 흉악한 죄인에게는 지옥의 영원한 고통을 주시며, 작은 죄만 있는 영혼에게는 연옥 잠벌을 주시는 법이다.

예수께서 가르치신 신앙 교리 중 죽은 이를 위한 기도의 유효성을 말씀하신 이 연옥 교리보다 더 위안을 주는 교리는 없다. 이 위안은 죽음의 모든 비통을 완화하여 희망의 빛을 주며, 살아 있는 이들 사이에 편지를 주고받음으로써 우의를 보전하듯이, 죽은 이와의 기도를 통하여 애정의 기억을 날로 새롭게 할 수 있다.

사랑의 정이 유별나던 부모 형제들을 사후에도 기도로써 도와 연옥 고통의 기간을 단축시켜 하루바삐 천국 본향에로 가게 할 수 있음을 믿는 우리가 받는 위안은 과연 어떨까. 이 신앙은 생명의 영원성을 더욱 깊이 깨닫게 하고, 다시 이별의 비애도 없고 죽음도 없는, 다만 환희와 평화만이 가득 찬 안식향安息鄕에서 영원히 함께 즐길 수 있게 된다는 확고한 희망을 주는 것이다.

나는 일찍이 임종을 맞은 부친을 지극한 효성으로 간호하는 신앙 깊은 한 프로테스탄트 여인을 보았다. 그는 고민과 불안 속에서 밤을 새워 가며 아버지의 타는 입술을 적셔 드리기도 하고, 이마를 식혀 드리기도 하며 베개를 높여 드리기도 하였다. 증상의 일진일퇴를 따라 표정이 밝았다 어두웠다 하여 자식으로서 우러나오는 정을 숨길 길 없었다. 그러나 결국 아버지는 돌아가시고 말았다. 그 여인은 비록 가톨릭 신자는 아니었으나 관 옆에 서서 북받쳐 오르는 비애의 울음소리로 "주여, 아버지의 영혼을 불쌍히 여기소서!" 하며 부르짖었다.

그는 연옥을 부인하는 프로테스탄트 교파의 냉혹한 편견의 쇠사슬을 힘차게 끊고 인정과 종교 양심의 솔직한 부르짖음을 그대로 외친 것이었다.

가톨릭 신자들은 행복하다. 죽은 형제들을 위한 기도 행위는 교회의 가르침에 위반되지 않을 뿐 아니라 온전히 합치되는 행위임을 알고, 아우구스티노 성인처럼 병든 어머니께 효도를 다하다가 별세하신 뒤에는 애원의 기도를 주께 드릴 수 있다. 이 기도의 황금 사슬이 주의 품안에서 안식하는 이들과 우리를 연결하여 우리가 그들에게 말하며 그들을 위하여 기도할 수 있음을 알게 되니 이 얼마나 큰 기쁨이며 위안이겠는가.

시인 테니슨의 다음 시는 이미 죽은 주인공이 자기 영혼을 위하여 기도해 달라고 아직 살아 있는 베디베르 경 Sir Bedivere에게 간청하는 것을 읊은 것으로, 가톨릭 신자가 아닌 그로서 가톨릭적 감회를 여실히 그려 냈다.

> 나 이제 살 만큼 살았으니
> 내 평생 소행이 하느님 안에 깨끗해졌으면!
> 친구여 내 얼굴 다시 못 볼지라도
> 이 세상이 상상 못할 하고많은 일
> 기도의 힘으로 이뤄졌느니
> 나를 위한 그대의 기도소리
> 샘솟듯 밤낮없이 이어지리다
> 하느님을 안다면서 나와 남의 영혼 위해
> 손들어 기도할 줄 모른다면
> 양이나 염소 같은 얼없는 짐승보다
> 낫다 할 것 무엇이랴
> 아느냐!
> 이 땅이 황금 사슬로 하느님의 발에 매여 있음을

    이 위안은 죽음의 고통을 덜어 주며, 가까운 사람과의 잠시 사별을 참아 견디게 하는 것이다.

    죽은 그들에게 우리의 기도가 필요하지 않다 해도 우리의 기도만은 결코 속절없는 것은 아니다. 마치 한번 내린 비가 태양열로 마르기는 하지만 다시 단비가 되어 우리의 발을 적시듯이, 죽은 이들을 위한 우리의 기도도 의덕義德의 태양이신 하느님께로 모였다가 다시 우리에게 은총의 단비로 내리곤 한다.

"네 빵을 물 위에다 놓아 보내라. 많은 날이 지난 뒤에도 그것을 찾을 수 있으리라."(코헬 11,1)

제17장

민권 자유와 종교 자유

　양심의 지시대로 하느님을 경배할 수 있고 또 경배 의식 거행의 자유를 가지게 될 때, 비로소 인간은 종교의 자유를 누리게 된다. 종교의 자유는 인간의 참된 권리이다. 하느님께서 당신께 대한 의무 부과와 함께 이 권리도 주셨기 때문이다. 그러므로 양심의 자유를 침해하는 모든 행위는 곧 종교의 자유를 침해하는 행위라고 할 수 있다.

　집권자의 억압을 받지 않으며 사회의 공익 증진을 위한 공의정법公義正法의 통치를 받게 될 때, 인간은 비로소 민권의 자유를 누리게 된다. 국민으로서의 준법 의무를 다하는 내가 국민으로서의 권리를 행사하려 할 때, 어떤 예외적 제한을 가한다면 그것은 곧 민권 자유의 침해 행위이다. 나는 지금 감히 단언한다. 가톨릭 교회가 예나 지금이나 언제나 종교 자유와 민권 자유의 주창자요, 추진자였다는 뚜렷한 모든 사실은 나의 이 단언에 동의할 것이다. 가톨릭 신자로서 만일 이 신성한 권리를 침해하는 이가 있다면 교회는 그런 이의 행동을 묵과하기는커녕, 그 행위를 교회 권위의 침해 행위로 규정하고 항쟁한다.

인간은 자유 의지로 하느님을 배반했으니 또한 자유 의지로 하느님의 은총을 회복하여야 한다. 이것이 바로 가톨릭 교회의 교의敎義이다. 개종과 강제와는 워낙 어울릴 수 없는 것이다. 사람을 예수께로 개종하게 하려고 노력할 때 국왕이나 선교사의 강압과 부정한 세력이 행사되지 말아야 한다. 이는 역대 교황과 주교들이 가르친 기본 원칙이다.

대大그레고리오 1세 성인 교황의 명령으로 영국 국민의 개종에 힘쓰던 아우구스티노 성인과 동료 전교 신부들은 에델베르트 왕과 여러 각료에게 참신앙의 세례를 베풀게 되었다. 이는 실로 기뻐할 일이었다. 왕은 그 열심에 몰려 국민에게 자기의 본을 따라 빨리 개종하라는 명령을 내리고 싶어 견디지 못할 지경이었다. 이때 전교 신부들은 개종시키는 데 강제 수단을 쓰지 않도록 해야 한다고 왕에게 경고하였다. 그리스도교는 원래 자발적으로 믿어야 하는 것이기 때문이다. 니콜라오 1세 성인 교황은 폭력으로 우상 숭배자를 개종시키려는 불가리아의 미카엘 왕에게 경고하여 비가톨릭적 행동을 그치게 하였다.

가톨릭 교회의 권위 있는 회합인 633년 제4차 톨레도 공의회에서는, 사람의 자유 의지에 반하여 강제로 그리스도교 신앙을 고백시키지 말라고 명하였다. 때는 바야흐로 가톨릭 교회가 거의 무제한의 권세를 잡은 때였다. 또 유럽 여러 민족 중 가장 열광적이고 가장 완고한 민족인 스페인에서, 더구나 스페인의 주교들로 구성된 공의회였지만 이런 올바른 명령을 내린 사실에 특히 유의하여야 한다.

중세를 대표한 이로서, 유명한 클레르보Clairvaux 수도원장 베르나르도 성인을 따를 이는 없을 것이다. 성인은 중세 시대의 정신을 구현한 이였다. 성인의 일생은 바로 당시 주류인 관용 정신의 참모습을 열어 보이는 유일한 열쇠이다. 열광적 설교사가 유다인들을 그리스도교의 적으로 돌리고 그들에게 흉포한 짓을 하도록 부추겼다는 소식을 들은 성인은 무섭게 일어나 그 설교사의 입을 막는 유창한 변론으로 위기일발의 궁지에 빠진 유다인들을 구출했다.

인노첸시오 3세 교황은 기댈 곳 없는 유다인들을 옹호할 목적으로 하나의 교서를 발표했다. "유다인에게 강제로 세례를 시키지 말아야 하며, 영세의 뜻이 없는 자를 괴롭히지 말아야 한다. 그들의 재산을 몰수하지 말고 그들의 분묘를 헐지 말고 그들의 제의 행사를 방해하지 말아야 한다." 그 후 여러 교황, 특히 그레고리오 9세, 인노첸시오 4세도 같은 종류의 가르침을 내렸다.

더 많은 예를 들지 않겠다. 다만 캉브레의 페늘롱Fenelon 대주교가 영국의 제임스 2세 왕의 왕자에게 보낸 우아한 편지 한 통을 인용하기로 한다. 그 편지는 그의 섬세하고 아름다운 정서의 표현일 뿐 아니라, 특히 편지 자체가 곧 교회의 율령律令을 이루기에 이르렀다. 편지 내용은 이렇다.

"무엇보다 먼저 여쭐 것은, 전하의 신하와 백성을 결코 강제로 개종시키지 말아야 한다는 것입니다. 인간의 자유 의지의 깊은 영역에는 아무리 강력한 집권자라도 침입하지 못하는 법입니다. 강권을 쓰면 위선자를 만들기는 하지만 인간을 마음으로부터 승복하게 하지는 못합니다. 전하는 백성들에게 민권의 자유를 주셔야 합니다. 이는 바람 부는 대로 물결치는 대로 내버려 두라는 말은 아닙니다. 모름지기 하느님의 관용을 본받아 끝까지 질긴 인내로 관용하셔야 된다는 말입니다. 사람을 개종시키려면 온유한 태도로 그를 설복시키려고 노력하셔야 합니다."

가톨릭 교회는 인류의 영혼에 진정한 신앙을 일으키기 위하여 어떠한 어려움과 희생도 마다하지 않는다. 그렇지 않으면 그의 말은 높고 큰 사명에 성실하지 못했다는 책망을 면치 못할 것이다. 그러나 보라! 사람을 개종시키려고 성급하게도 의롭지 못한 세력을 펴려는 행동을 교회는 절대 용납하지 않는다.

가톨릭 교회는 사람을 참된 신앙에로 인도하기 위하여 온갖 노력을 다하고 있다. 그러나 이 목적 달성을 위하여 이론과 설득으로 할 뿐이지, 결코 부당한 압력을 쓰는 것은 없다. 가톨릭 교회의 유일한 법정은 양심의 법정이요, 가톨릭 교회의 유일한 무기는 '성령의 칼', 즉 하느님의 산 말씀이다. 미국 가톨릭 교회가 경영하는 여자 고등학교에는 프로테스탄트 신자들까지 자녀 교육을 맡긴다. 교사 수녀들을 향한 학생들의 존경과 사랑은 남다르며, 학교 분위기는 매우 청신하다. 이런 경건을 길러 내고 자유분방하며 정결한 백합꽃을 낳을 수 있는 가톨릭 교회에 귀의하려는 이가 적지 않다. 이 또한 세상 모든 사람이 다 아는 사실이다. 그러나 수녀들이 이런 상황을 이용하여 학생들에게 강제로 개종하도록 하지는 않는다. 학생들의 종교적 양심에 대한 교사 수녀들의 주의야말로 매우 주도면밀하다. 따라서 교회의 교리를 철저히 배우기 전에는, 또 부모와 보호자의 승낙이 있기 전에는 학생 자신의 원의만으로 세례를 받는 것을 허락하지 않는다.

가톨릭 교회는 진리와 비진리가 뒤섞이는 것을 절대 용인하지 않는다. 이런 의미로 보아서는 가톨릭 교회는 관용이 없는 교회라면 관용이 없는 교회이다. 진리의 준엄한 요구를 잘 인식하면서 의식적으로 아무 거리낌 없이 그 진리를 배척하는 자는 절대 용납하지 않는다. 프로테스탄트 측에서는 가톨릭 교회에 대하여 무던히 의심을 품고 있다. "가톨릭 교회에서 흔히 양심의 자유를 표방하지만, 그는 그들이 소수당少數黨이기 때문이다. 일단 그들이 다수당이 되어 정권을 잡게 되는 날엔, 표방하던 자유를 용인하지 않을 것이다. 그들은 가톨릭 이외의 교리는 관용하지 말라고 가르치기 때문이다. 그러므로 그들로 하여금 정권을 잡지 못하게 하는 것, 즉 다수당이 되지 못하게 하는 것이 절대 필요하다."

이는 가톨릭 교리에 대한 무지에서 나온 오해이다. 이런 종류의 오해에 구태여 변명하지 않겠다. 도리어 임기응변적 변명으로 여길지 모르기 때문이다. 그러므로 여기서 나는 다만 가톨릭과 프로테스탄트 사이에 격렬한 논쟁이 벌어졌을 때 교리학을 강의하던 대신학자 베카누스의 말을 인용하기로 한다. "종교를 억압하여 국가 사회에 더 큰 해독이 생길 조짐이 보일 때, 집권자는 종교의 자유를 용인해야 한다. 집권자는 국민의 종교 자유에 대한 보증을 엄숙히 약속하여야 한다. 일단 약속했으면 다른 모든 정당한 계약을 이행하듯이 이 약속의 모든 조항도 철저히 지켜야 한다." 이미 법률로써 양심의 자유를 확보한 국가에 있어서는 가령 가톨릭이 정권을 잡을지라도 그들은 그 엄숙한 교의의 명에 따라 국민의 당연한 권리를 끝까지 존중한다. 그런즉 가톨릭이 정권을 잡은들 프로테스탄트에게 무슨 걱정될 것이 있겠는가. 이는 바람 소리에 놀란 불안이다. 성실한 마음에는 그런 불안은 침입하지 못하는 법이다.

일찍이 가톨릭 교회가 군주, 제후王侯와 결탁하여 민중을 탄압한 것으로 아는 그릇된 견해를 가진 이들이 오늘날에도 있다. 이야말로 터무니없는 중상모략이다. 엄연한 역사적 사실 앞에서 이런 종류의 중상모략은 배겨내지 못한다. 실상 교회 최대의 적은 군주와 제후였다. 소위 그리스도인으로 자처하는 군주와 제후조차 종종 교회를 괴롭혔었다.

교회는 언제든지 군주와 제후의 학정 규탄을 의무로 여겼기 때문에 교회와 정권과의 충돌은 그치지 않았다. 엄정한 교회 계율을 무시하는 군주와 제후도 많았는데, 그들은 교회 계율의 멍에를 벗어 버리고 오직 방탕한 생활을 원했던 것이다. 미국 프로테스탄트 평론가 브라운슨 박사는 말하기를 "폭군 앞에 구리벽처럼 버티고 서서 '여기까지는 와도 되지만 그 이상은 안 된다. 너의 도도한 파도는 여기에서 멈추어야 한다.' 할 수 있는 교회의 권위, 헤로데 임금을 꾸짖은 요한 세례자의 말, 즉 '그것은 불법이다.'라는 직언을 할 수 있는 교회의 권위, 칼날이 목을 겨누어도 옛날 다윗 임금을 대놓고 규탄하던 나탄의 말, 즉 '당신이 바로 그다.'라는 폭군 규탄의 손가락을 겨눌 수 있는 교회 권위의 존재는 하느님의 축복이었다. 교회는 '국민에게는 의무가 있으며 당연히 권리도 있다. 국민이 카이사르의 것은 카이사르에게 돌려야 한다면 카이사르는 하느님의 것은 마땅히 하느님께 드려야 한다.'라고 하였다."

그렇다. 교회는 사람의 영혼을 하느님께 인도하는 사명에 충실함과 동시에 민권 옹호에도 힘을 다한다.

집권자의 압박에 대항하여 민중의 이익을 옹호하기 위해 가톨릭 교회가 분투노력하는 두드러진 예를 보인 이는 밀라노의 암브로시오 대주교이다. 테오도시우스 황제의 정당한 권위를 침범한 일부 테살로니카 시민의 행동은 정말 준엄한 벌을 받아야 마땅한 것이었다. 그렇기는 하나 이 죄스런 행동에 대한 황제의 처벌은 그 중정中正을 잃어 오싹할 정도로 잔혹한 것이어서 마침내 황제의 위대한 품격에 커다란 오점을 남기었다. 하루는 황제가 마차 경기 대회 명목으로 주민을 모아놓고는 병사를 시켜 남녀노소 칠천여 명을 학살했다. 얼마 후 황제가 밀라노 대성당에 나타났을 때 곧고 과감한 암브로시오 대주교는 성당 문을 막고 서서 황제의 손이 백성의 피로 더럽혀졌다고 단호하게 한마디를 황제에게 던지고는 비참에 빠진 테살로니카 주민에게 보상을 치를 때까지는 성소 참배를 허락하지 않았다.

악인에 대한 교회의 파문 선고에 대하여 때때로 사람들은 충격을 받는다. 이것도 교회가 벌을 내리는 한 예이다. 누가 이를 지나치다고 나무라겠는가. 이는 죄인에게 유익한 처벌이요 군주와 제후의 어리석음을 깨우쳐 자기 의무에 충실하게 하는 유일한 길이다.

민권 자유의 최대 보루는 저 유명한 영국의 대헌장이다. 이는 영국과 미국의 헌법 자유의 기초이다. 헌법의 모든 혜택 중 배심 제도, 인신 보호법, 의원 선출권을 안 주고는 과세를 못하는 제도가 그 가장 놀라운 것이다.

대체 이 유명한 대헌장을 구상한 이는 캔터베리 대주교 랭턴 및 가톨릭 귀족들이었다. 그들은 1215년 러니미드 언덕에서 왕의 독선적 행위에 대한 치명타이자, 헌법 정치의 초석인 이 대헌장에 서명하도록 존 왕에게 끈질기게 맞섰다.

눈을 돌려 미국을 보라. 미국 초기 식민지 13개 주 가운데 가톨릭 신도의 손으로 건설된 메릴랜드 주만이 양심 자유의 깃발을 높이 날렸다. 메릴랜드 주는 그때 압박에 신음하는 다른 식민지 주민들의 피난처 노릇을 했다. 메릴랜드 주야말로 민권 자유, 종교 자유의 요람지였으니 이 사실은 가톨릭 교회의 명예요, 기쁨이다.

이 놀라운 메릴랜드 주의 관용 정신을 높이 칭송하면 자화자찬이 될까 봐, 여기에 대하여는 다만 저 뉴잉글랜드 주 프로테스탄트 목사 밴크로프트Bancroft가 지은 《미 합중국사》에 실린 엄연한 역사적 사실을 예로 들겠다.

1634년 3월 영국 가톨릭 이민자들을 실은 아크 호와 도브 호가 포토맥에 도착했다. 인솔자는 볼티모어 경의 아우인 레너드 캘버트였다. 그 가톨릭 이민자들은 고요하고 작은 마을을 차지하고 '세인트메리'라는 이름을 붙였다. 그 넓은 세상에서 종교 자유의 기쁨을 누릴 수 있는 고장은 오직 여기뿐이었다.

메릴랜드 식민지의 터는 순조롭게 닦였고, 그 반년 동안의 발전상은 버지니아 주가 몇 년 동안 발전한 것을 능가하였다. 특히 놀라운 것은 메릴랜드 주의 관용 제도이다. 압제 정법이 널리 실시되던 당시 세계에, 메릴랜드 주만은 처음부터 종교 자유가 인정되어 예수 그리스도에 대한 신앙을 자유로이 고백할 수 있도록 하였다. 볼티모어 경의 포근하고 부드러운 다스림으로 황량한 들이었던 메릴랜드는 생기가 넘치는 평화로운 마을로 바뀌었다. 이주해 오는 사람이 날로 늘어 원기 왕성한 번영의 마을이 되었고, 영국의 학정 아래 괴로워하던 가톨릭 신도들은 안온한 체서피크 항의 평화로운 안식처에 이르러 편히 쉬게 되었다. 프로테스탄트조차 이곳에 와서 프로테스탄트주의적 불관용의 폭풍을 피할 수 있었다. 저 훌륭한 다스림의 보호 밑에서 건설된 메릴랜드 주의 역사는 바로 인자, 관용, 은혜에 감사하는 마음으로 이루어져 있다.

메릴랜드 주는 자유와 행복의 마을이며 양심 구속이 없는 복된 땅이었다. 온화하고 인자한 지주는 주민의 요구에 선선히 응했으며 가정의 화목, 주 정부 요원의 화애 협동, 이민의 증가, 무역의 증대, 천혜의 비옥한 토지……. 이 모든 조건이 주민 행복의 배경이 되었다. 볼티모어 경에게는 주의 번영에 대한 생각뿐이어서, 매사추세츠 주의 청교도에게 농토와 특권과 종교 자유를 주어 메릴랜드 주로 이주하게 하려고까지 했다. 그러나 그 주선을 맡은 기본Gibbon은 뉴잉글랜드 풍이 골수에 박힌 이로서 저 아일랜드 귀족(볼티모어 경)의 호의의 계획을 진척시키기는커녕 마침내 호의를 사절하고 말았다.

1649년 4월 2일, 메릴랜드 주의회에서는 놀라운 법령을 통과시켰다. "종교 행정에 있어서 양심을 억압하는 행정은 가끔 국가 사회에 위험한 영향을 주므로 평화로운 주정州政, 즉 주민 간의 친화 일치 상태를 유지하기 위하여 이제부터 우리 주에서는 예수 그리스도를 믿는 자는 누구든지 그 신앙이나 예배 행사 때문에 권력의 간섭으로 인한 어려움을 당하지 않는다. 또 원하지 않는 종교를 강제로 믿게 하거나 의식에 참여하게 하는 행위는 일체 허용하지 않는다."

는 것이다. 자유 존중 이념이 사라지지 않는 이상, 이 법령은 메릴랜드 주의 불멸의 영예이다.

이 놀라운 법령에 대하여 밴크로프트 씨는 솔직하고도 총명한 평론을 붙여 "메릴랜드 주의 법령 제정 목적은 양심 자유의 수호에 있다. 이 법령이 시행된 지 몇 년 후 볼티모어 경의 변호인은 종교 신앙에 있어서는 메릴랜드 주민 한 사람도 고통받지 않도록, 또 세계 어느 민족에 못지않은 양심 자유 정치 자유를 누릴 수 있도록 그가 시정했다고 단언했다. 공권을 박탈당한 매사추세츠 주의 감독파와 버지니아 주의 청교도도 메릴랜드 주에 와서는 가톨릭 교도의 환영을 받아 양심 자유와 정치적 권리를 누리는 데 아무 차별 대우도 받지 않았다."라고 했다.

그로부터 5년 후 청교도가 메릴랜드 주에서 우위를 차지하게 되자, 그들은 일찍이 그들에게 후의를 베푼 가톨릭 교도의 공권을 박탈해 버렸다. 이는 실로 엄청난 배은(背恩) 행위이다. 그들은 "그들을 이주시켜 길러 준 주정부의 은혜를 잊고 그를 존경하지 않으며, 그들에게 안락한 생을 마련해 준 주정부의 너그럽고 관대함을 본받으려는 아량이 없었다. 양심의 자유를 금하는 그 종교 법안은 교황, 주교 추종자나 자유 사상 주창자에게까지 적용되었다."[50]

가톨릭 신자가 아닌 존스 홉킨스 대학교 영문학 교수 윌리엄 핸

---

50 밴크로프트 저, 《미 합중국사》 Vol. Ⅰ., 7장

드 브라운은 메릴랜드 주 관용 정치의 특수 면모에 대하여 이렇게 말했다.

"온 그리스도교계에 종교 자유가 보장되지 않았을 때, 특히 영국 하원이 종교 관용에 반대 태도를 공공연히 선언하였을 때, 캘버트 씨는 한 사회 집단을 창설하고 그 집단 내에서는 아무도 종교를 믿는 자유의 침범을 받지 않도록 마련하여 놓았다. 전제 정치가 대의 정치를 압박하여 자유민의 국회가 언제 다시 열릴지 막막할 때 그는 자유민의 승낙 없이는 어떠한 법령도 제정하지 못하는 민주적 자유 사회 집단을 세웠다. 1634년, 영국 가톨릭 이민자들을 태우고 온 아크(방주) 호와 도브(비둘기) 호는 참으로 좋은 조짐을 의미했다. 아크는 파탄에 이른 정치 자유를 구출하였고 도브는 종교 평화의 올리브 가지를 가져왔다."

그 후 청교도가 득세하자 가톨릭 입정立政의 제도는 전복되고 주 선거법은 개변되어 가톨릭 신도는 의원으로 도시에서 선출되지 못하게 하고 투표권까지 박탈당하였다. 이와 같이 가톨릭 의원을 모조리 제거해 버린 주의회는 1649년에 종교 관용법을 폐지하고 신종교법을 발표하였다.

이 신종교법에 보장되었다는 소위 종교 자유란 프로테스탄트 교도에게만 적용되는 것이고 가톨릭 교도에게는 거부된 것이다(프로테스탄트 교파 중에도 비청교도적인 브라우니스트, 퀘이커, 재세례파는 제외). 얼마 후 청교도가 몰락하고 감독 교파가 정권을 잡게 되자 주의회는 감독 교파를 메릴랜드 공인 종교로 지정하고, 교회를 짓고 목사를 부양하기 위하여 주민에게 인두세로 해마다 연초煙草 40파운드를 부과하였다. 브라운 씨는 다시 세 종류의 관용주의에 대하여 다음과 같이 말한다.

"가톨릭이 마련한 관용 정책은 50년 동안 계속되었다. 가톨릭 치하에서는 적어도 그리스도를 신봉하는 사람은 누구나 법률 앞에 평등하며 교회 유지비와 교직자 봉급이 신도의 자진 헌금으로 충당되었다. 청교도의 소위 관용 정치 6년 동안에는 가톨릭 교인, 감독 교파 기타 반청교도주의자들은 모두 '관용'에서 제외당하여 배척을 받았다.

앵글리칸의 소위 관용 정치 80년 동안에는 자기 교파만이 교회 영토 및 회당을 독차지하여 가졌고, 비국교도는 본체만체할 뿐 아니라 가톨릭 교인에게는 벌칙을 세웠으며 일반인에게는 인두세 40파운드를 부과했다.

실상 그때 가혹한 압박이 생겼다. 즉 신하의 의무를 다하겠다는 선서를 하는 외에 패자霸者의 선서보다도 더욱 심한 혐기嫌忌 선서가 강요되었다. 그러므로 가톨릭 변호사는 주 안에서는 개업할 수 없었다."[51]

오늘날 가톨릭 교도는 그 조상을 본받아 애국심과 관용 정신을

---

51 Maryland, 《The History of a Palatinante》, 11장

십분 발휘한다. 그러므로 프로테스탄트 형제들로부터 애국의 열성이 없다느니 편협하다는 등의 비난은 받을 수 없다. 미국사를 뒤져 보라. 가톨릭 성당은 여러 번 모독당하였으며 심지어 불태워지기도 여러 번이었다. 수도원은 습격당하거나 파괴당하고 성직자는 능욕과 학대를 수없이 받았다.

이 모든 폭행은 저 가톨릭 증오심에 날뛰는 방화放火 폭도가 빚어낸 것이다. 가톨릭 교인은 이 모든 폭행이 벌어지는 지방에서 분명 우세하였으나, 이 폭도의 도전을 결코 악으로 갚지는 않았다. 오늘날까지 미국 내에서 가톨릭 교인이 프로테스탄트 회당이나, 교육기관을 파괴했다거나, 프로테스탄트 목사 한 사람을 모욕한 일이 없다. 이런 단언을 할 수 있는 것은 가톨릭의 자랑이다. 주여, 이런 종류의 아름다운 기록이 가톨릭 안에서 언제든지 쓰여지게 하여 주소서.

양심의 신성한 권리를 침해하려는 군주와 제후의 학정에 대하여 교회는 가끔 학살당하는 희생까지 치러 가면서 용감히 반항해 왔다. "주님을 거슬러, 그분의 기름부음받은이를 거슬러 세상의 임금들이 들고 일어나며 군주들이 함께 음모를 꾸미는구나."(시편 2,2)는 말이 어느 시대에든지 실현된다. 그렇다, 양심을 위하여 또는 정의를 위하여 여러 교황과 주교가 군주와 제후의 학대를 받은 기록이야말로 교회사의 휘황찬란한 가장 감격적인 페이지이다.

5세기 민중이 떠받들던 콘스탄티노플 대주교 요한 크리소스토모 성인이 바로 그 두드러진 예이다. 그는 요한 세례자의 용기로 궁정의 음란함, 특히 당시의 이사벨 격인 아르카디우스 황제의 아내 유독시아 황후를 맹렬히 꾸짖었다. 마침내 그는 교좌에서 쫓겨나 말할 수 없는 능욕을 받으며 학대가 심한 귀양살이로 기진맥진한 채 기구한 일생을 마쳤다.

독일의 하인리히 4세 황제와 끝까지 싸운 용감한 힐데브란트, 즉 그레고리오 7세 교황도 훌륭한 예이다. 그는 11세기 프랑스와 독일 교회에 만연된 악폐를 바로잡기 위하여 온 힘을 기울였다.

당시의 독일 황제는 자국의 주교 임명 및 지명권指名權을 휘두르고 있었다. 그러므로 늘 비열한 후보자가 성직을 차지하게 되었다. 심지어 오늘날 터키의 그리스 정교회에서 하듯이 무엄하게도 가끔 성직을 경매에 붙여 많이 부른 자에게 주기까지 했었다. 이렇게 황제의 은전으로 주교직에 앉은 이들은 그 은혜에 감격하여 노예처럼 황제의 비위 맞추기에 급급했다. 강직하고 용감한 그레고리오 7세 교황은 목숨을 바쳐 싸워 어느 정도 그 해악을 근절하는 데 성공했지만, 노한 하인리히 4세 황제는 로마를 침입하여 그레고리오 7세 교황을 쫓아냈다. 그러나 교황은 절대 굴복하지 않고 "나는 정의를 사랑하고 불의를 미워한다. 그러므로 추방되어 나는 죽는다."라고 외치면서 운명했다.

저 불의에 무릎을 꿇지 않은 캔터베리의 토마스 아 베케트 대주교도 영국의 헨리 2세 왕이 보낸 자객에게 제단 아래서 살해당했다.

보라, 19세기 초엽 비오 7세 교황이 나폴레옹 황제의 학대를 얼마나 받았는가. 유럽 제패의 백일몽을 실현하기 위하여 그때 나폴레옹은 자기의 형제와 친지를 대륙 여러 나라의 주권자로 삼아 프랑스 황실의 울타리를 만들려 했다. 나폴레옹은 교황에게 두 가지를 요구했다. 첫째, 왕의 동생 제롬과 볼티모어의 패터슨 양과의 약혼을 파기하라는 것이었다. 그 구실은 문제의 패터슨 양은 프로테스탄트 신자이기 때문이라고 했으나, 사실은 미국인인 그녀를 물리치고 황족 결혼을 성립시키려는 심산이었다. 둘째, 교황 영토 내의 항만에서 나폴레옹의 적국인 영국과의 무역을 금지하여 영국에 대한 조치에 협력하라는 것이었다. 교황은 이를 거절했다. 첫째, 교회의 제대 앞에서 성립된 모든 약혼은 다 정당한 것이다. 비록 배우자가 가톨릭 신자가 아닐지라도 이혼은 허락하지 않는다. 둘째, 교황은 온 그리스도교 세계의 아버지이므로 어떤 국민에게든지 항만 출입을 막을 수는 없다고 교황은 황제에게 항의했다. 드디어 교황은 포박되어 여러 해 동안 귀양살이를 하였다.

이때야말로 교회와 전제 정부의 오랜 충돌이 유럽 전역에 맹렬히 재연되는 때였다. 요한 세례자와 헤로데 사이에서 생긴 장면이 오늘날에도 세계 도처에 나타난다. 이는 하늘이 준 양심 질서와 폭력과의 끊임없는 싸움이다.

우선 제정 러시아에서 일어난 사태를 보라. 플로크 주교가 알렉산더 황제의 교회 수장권首長權을 부인하였기 때문에 시베리아 유형으로 생을 마치지 않았는가.

이탈리아에서도 관권의 탄압 때문에 경건한 가톨릭 신자는 가정의 단란함을 누릴 수 없게 되었고, 수도자와 학자들이 여러 세기를 거쳐 수집하고 열람하던 도서관도, 그들의 집도 모두 정부의 수탈을 당했다. 도대체 그들에게 무슨 죄가 있었는가. 폭력에 항거하지 않은 것을 그들의 죄라 할까.

1871년 3월, 여러 개의 머리를 가진 괴수라 할 수 있는 프랑스 혁명 정부는 파리의 대주교와 사제들을 암살했다. 그 성직자들은 국법 준수와 질서 유지의 시범자들이었기 때문에 그런 참변을 당하게 되었다.

스위스 공화국에서는 당당한 제네바 시민이요, 가톨릭 주교인 메르밀로드를 그 지역 밖으로 쫓아냈다. 정부는 성실한 주교의 교회 관리권을 빼앗았고 배교자가 교회 관리 지위를 강제로 차지하는 등, 목자는 내쫓기고 이리는 양 떼를 마음대로 노략질하는 참상이었다.

프로이센에서는 어떤 사태가 벌어졌는가 보라. 프랑스와의 전쟁에서 이긴 재상 비스마르크는 의기양양한 윌리엄 1세에게 독일 황제의 왕관을 씌우는 것만으로는 만족할 수 없어 교황의 삼중관까지 씌워 보려 했다. 비스마르크는 크세르크세스 왕의 재상 하만처럼, 교회가 자기에게 머리 숙여 경배하는 정정政情에 이르기 전에는, 아무리 높은 자리도 만족해하지 않았다.

드디어 비스마르크는 난폭을 자행하여 네센 포센의 여러 프로이센의 주교를 거듭거듭 벌금형에 처하고 가재도구를 빼앗기도 했다. 마지막에는 그들을 종신 금고형에 처하기까지 했다. "바오로 사도가 셋째 하늘에 올라가 본 것도 놀랍지만 그가 로마 감옥에 갇힌 것은 더 영광스러운 것이다."라는 요한 크리소스토모 성인의 유명한 말처럼, 포센의 레도코프스키 대주교에 대하여도 이런 말을 할 수 있다. 제1차 바티칸 공의회에서의 그의 뛰어난 모습도 모습이지만, 프로이센 옥중에서 굴하지 않고 홀로 감금되어 있는 모습이 더욱 찬란한 빛을 내뿜는다고 말이다.

프로이센 가톨릭 성직자의 충성이란 말할 수 없이 지극한 것이다. 주교들은 정부에 신학생 양성의 자유와 사제 서품권을 끝까지 주장하였기 때문에 마침내 옥에 갇히게 되었다. 정부는 비밀 결사 단체인 일명 프리메이슨Freemason과 독일 내의 모든 단체가 누리는 권리를 가톨릭 교회에만 주지 않았다. 이미 언급했듯이 가톨릭 교회에 가해졌던 가증스런 형벌의 성질을 밝히려 할 때 한 간단한 가정을 세워 생각하면 쉬울 것이다. 가령 미국 정부에서 그리스도교 각 파의 교직자가 되려는 자는 국립 대학에서 교육을 받아야 한다든지, 교직자는 취임 전에 먼저 국가 관리 앞에서 선서해야 된다고 강요한다든지, 워싱턴 정부의 허락 없이는 교직자를 서임 또는 면직시키지 못한다든지 하는 법안을 공포했다 하자. 미국인은 분연히 궐기하여 이런 양심의 자유를 억압하려는 법안을 반대하지 않겠는가. 그러나 보라, 프로이센 정부가 가톨릭 교회에 강제로 시행한 법안이 바로 이런 것이었다. 가톨릭 교회가 이 법안에 반대한 것은 자위自衛 행위에서뿐 아니라, 양심 자유의 대원칙을 위한 싸움이다.

헨리 8세 왕 이래 속권에 항복한 성공회는 국왕을 교회의 우두머리로 추대하고, 교회의 자주성을 완전히 상실한 정부의 예속 단체로 전락되어 버렸다.

제2차 세계 대전 직전, 소위 이탈리아, 독일 등 여러 주축 국가들의 독재 정권 하에서 가톨릭 교회가 얼마나 부당한 압박을 받아 왔는가는 아직도 독자의 기억에 새로울 것이다.

이제 눈을 돌려 소련을 비롯한 공산 국가들의 가톨릭 교회 박해 상황을 한번 보자.

무신론에 기초를 두고 권력 장악을 위해서는 수단 방법을 가리지 않는 공산주의자로서는, 가톨릭 교회를 최대의 원수로 여겨 온갖 꾀를 다하여 이를 없애려 한 것은 필연적인 추세라 할 것이다. 그리고 세계 도처에서 그 현실을 볼 수 있다.

1917년 공산 혁명 이래 그들이 정권을 잡게 되자 무엇보다도 먼저 착수한 것은 종교에 대한 국가 관리 장악에서 한걸음 더 나아가 발본색원의 종교 박멸 운동이었다. 그 수단 방법의 악마적 잔학성은 이미 아는 사실이므로 여기서 논할 필요조차 없다.

공산 정권은 양심에 깊이 뿌리박은 종교 의식은 어떠한 권력이

나 포악으로도 근절할 수 없음을 비로소 깨달았다. 그리하여 1943년에는 종교 금지법을 철회하고 소위 종교의 자유를 허락하는 동시에 자기들의 정책에 복종할 만한 인물만 교직에 임명하여 제법 종교의 완전 통제를 실시하고 있다. 가톨릭 교회를 박멸하려는 그 위성 국가들의 상투적 수법으로는 국내의 가톨릭 최고 책임자와 성직자를 불법 체포하여 옥사시키거나, 반역자라는 누명을 씌워 처형함으로써 일반 신자들을 공포에 떨게 하는 것이다.

몇 년 전 체코슬로바키아에서는 프라하의 베란 대주교를 소위 '비협조'라는 이유로 처벌하였고, 헝가리에서는 민젠티 추기경을 소위 '모반죄'로 몰아 지금까지 복역시키고 있으며, 그 후임 요셉 그로츠 대주교 또한 같은 죄목으로 15년 금고형에 처하였다. 기타 여러 주교, 신부들이 당하는 체포, 감금, 처형에 대해서야 더 말해 무엇 하겠는가. 루마니아에서는 81세의 파카 주교를 '스파이'라는 죄목으로 18년 금고형에 처하였고, 유고슬라비아에서는 티토 정권이 스테피나크 대주교를 감금하였다가 서유럽 국가들의 환심을 사기 위하여 1953년에 비로소 석방하였으나 아직도 연금 중에 있다.

중국 공산 정권은 교황 사절 리베리 대주교를 추방하고 여러 주교, 신부들을 학살, 감금 또는 추방하였다.

북한에서는 평양대목구의 홍용호 주교와 한국인 신부, 수녀 거의 모두가 체포되었다. 원산대목구 주교 겸 성 베네딕도회 덕원 수도원장 보니파시오 사우어 주교 아빠스와 그 관하의 신부, 수사, 수녀가 거의 모두 체포되어, 보니파시오 사우어 주교 아빠스는 옥사하였고 다른 이들의 거처는 알 길이 없다.

6·25 전쟁 때, 북한군들은 한국 주재 교황 사절 패트릭 번 주교를 체포하여 평안북도 만포진에서 동쪽으로 100리가 되는 지점(하창리)까지 압송하였다가 옥사시키고, 겨우 죽음을 면한 전 춘천교구장 토마스 퀸란 주교는 휴전 협정의 결과로 석방되어 패트릭 번 주교의 후임으로 귀한歸韓하였다. 그 외 100여 명의 신부, 수녀들을 현장에서 학살하거나 납치하여 한꺼번에 없애려 하였다. 남북한을 통하여 공산당 세력 하의 교회 수난상은 이미 우리가 뼈아프게 체험한 바이니 새삼스럽게 쓸 필요도 없다.

현재 수난 중인 체코슬로바키아, 유고슬라비아, 동독, 헝가리, 루마니아, 불가리아, 알바니아, 중국 등 공산 정권 하의 박해 실상은 대동소이하다. 이제 그 공통점을 들면 대개 다음과 같다.

1) 성직자를 학살하거나 체포, 감금, 협박하고 누명을 씌워 처형한다.
2) 배교 성직자를 매수하여 국립 교회 단체를 조직하게 한다 (참가를 거부하는 자는 처형).
3) 교회 재산 몰수.
4) 수도원을 강제 폐쇄하고 수도자들을 강제 노동에 징용한다.
5) 교회 경영 자선 사업 기관을 폐쇄하고 직원(주로 수도자)들

을 강제 노동에 징용한다.

6) 신학교를 무신론 선전 기관으로 전환하거나 이를 정부 보조로 운영시킨다. 루마니아에서는 모든 학교에서 조회 때 학생들이 교사에게 하는 인사로서 "하느님은 없다."라고 제창하면 교사는 "본래부터 없었다."라고 응수하도록 규정되어 있다.

7) 교회 관계 출판물은 일체 출판을 금한다.

8) 주일과 교회 축일에 신자들이 교회에 모이는 것을 방해하기 위하여 주일을 '국민 근로일'로 정하거나 일부러 '국민 대회'를 열어 강제 출석시킨다(미사 시간에 맞물려서).

9) 성직자와 평신도의 접촉을 금하여 완전히 이간시킨다.

10) 신자들을 체포, 감금하거나 강제 노동으로 혹사한다. 그렇지 않으면 적어도 여러 가지 권리 박탈과 차별 대우로 박해한다.

이런 참상 가운데 눈물을 머금고 참는 가톨릭 신자가 소련에 800만, 발트 3국에 270만, 동독에 220만, 체코슬로바키아에 850만, 헝가리에 620만, 폴란드에 2천 3백만(전 인구의 90퍼센트), 유고슬라비아에 570만, 루마니아에 310만, 중국에 325만에 이른다.

공산 세력이 아무리 악랄한 방법을 다하여 신앙의 질식과 교회 전복을 꾀하고 있을지라도 그 노력에 정비례하여 신앙은 더욱 견고하여지고 교우의 단결은 더욱 강인하게 되어 꾸준히 용감한 투쟁을 계속하고 있다.

교회는 원래 구원 사업에 힘쓰는 것을 본래의 사명으로 삼지만, 사회 질서를 파괴하는 폭력에 대하여도 온 힘을 다하여 투쟁한다. 교회는 신앙의 자유와 도덕을 보장하는 정당한 국가 권력에의 복종과, 인권과 재산권의 존중을 언제나 역설한다. 그러나 국가가 교회를 예속시키려 하거나, 국민에게 반종교적, 반도덕적 법률의 준수를 강요할 때에는 분연히 일어나 자유 수호의 투쟁을 벌인다.

폴란드 공산 정권 하에서는 천여 명의 신부가 투옥되고, 500여 명의 종교 교육자(주로 수녀)가 추방을 당하고 100여 명 이상이 행방불명, 50여 명의 신부가 사형을 당하였으나, 박해가 심하면 심할수록 신앙의 불꽃은 더욱 활활 타오르고 있다. 지극히 거룩하신 그리스도의 성체 성혈 대축일이었던 1953년 6월 4일, 폴란드의 비신스키 추기경은 "신자들은 순교를 각오하고 유혈을 볼 때까지 국가의 탄압에 대항하지 않으면 안 된다."는 비장한 연설로 교우들을 격려한 사실이 있다. 이로써 수난 중의 가톨릭 정신이 과연 어떠한가를 엿볼 수 있다.

오늘날 신앙의 자유를 보장하는 국가에는 평화와 번영이 있다. 그중에도 미국 같은 나라가 실로 그 모델이라 할 수 있다. 그러나 미국에서도 아직까지 유감스러운 현상이 가끔 일어난다. 프로테스탄트 측의 가톨릭에 대한 몰이해가 빚은 터무니없는 반감으로 종종 상식을 벗어난 불상사를 빚어내고 있다.

특히 종교 문제를 정치에 결부시켜 가톨릭 교회를 헐뜯는 선전을 하는 것은 매우 유감스러운 일이다. 그 예로 1928년 대통령 선거전에서 당시 미국 정계의 거물 뉴욕 주지사 알프레드 스미드(민주당)의 당선이 유력해졌다. 그러자 프로테스탄트 계열에서는 스미드가 가톨릭 신자라는 이유로 맹렬한 반대 운동을 전국적으로 펼쳐 스미드의 당선을 방해한 일이 있었다.

그들의 주장은 만일 가톨릭 신자가 대통령이 되면 그가 로마 교황의 지시에 따라 국가 행정에 커다란 영향을 미칠 염려가 있다는 것이었다. 국가 원수 위에 그를 통제하는 누가 또 있어 국가 통치에 영향을 준다면 이는 국민으로서 도저히 용인할 수 없는 중대 사건이라는 것이다.

이런 허무맹랑한 소리는 가톨릭 입장에서 본다면 쓴웃음을 짓지 않을 수 없는 난센스일 뿐이다. 무지한 대중은 교묘한 선전에 기만되어 실상 웃지 못할 나쁜 결과를 가져오기도 한다. 이런 헐뜯음을 일삼는 사람들은 무지해서가 아니라 배타적 편견에 사로잡혀 의식적 훼손 행위를 하는 것에 가깝다.

오늘날 가톨릭 신자로서 국가 원수나 또는 행정의 최고 책임자로 있는 사람이 얼마나 많은가 보라. 프랑스, 벨기에, 스페인, 포르투갈, 이탈리아, 룩셈부르크, 서독을 비롯하여 라틴 아메리카 20개국 거의 모두가 가톨릭 신자인 군주, 대통령 또는 수상의 통치를 받고 있다(캐나다, 필리핀도 그렇다).

독자에게 묻겠다. 이 여러 나라 중 원수나 행정 수반이 가톨릭 신자로서 교황의 지시를 받아 국정에 영향을 끼치는 나라가 하나라도 있다면 지적해 보라. 교황이 어느 한 나라에 내정 간섭을 할 리도 없고, 만약 한다 치더라도 국가가 그 간섭을 받아들일 리도 없다.

한 나라의 책임자가 신자라면 그의 신앙 행위는 다만 그 개인의 사적 사건일 뿐이지, 국가 행정을 교황의 지시에 결부시킬 수는 없다. 교황과 속권 책임자와는 본래 그 영역이 전혀 다르므로 아무런 상호 간여도 있을 수 없다.

1952년, 트루먼 대통령은 교황청에 미국 대사를 파견할 필요를 깨닫고 후에 UN군 총사령관이 되는 마크 클라크 장군을 지명하였다. 그러나 프로테스탄트 일부에서 또다시 종교적 편견의 추태를 보여 반대 시위를 일으키고 온갖 방해를 하여 실현 불가능하게 되었다.

만일 그들이 선전하는 대로 교황청과의 사절 교환이 국가에 그 다지도 해로운 일이라면, 현재 교황청에 사절을 파견한 40여 개국은 그만한 안목이 없어서 적지 않은 국비를 써가며 사절을 파견하였겠는가.

정신계에 군림하는 교황의 유구한 역사와 세계 평화의 상징인 그의 국제적 지위에 비추어 세계 주요 국가는 물론, 비그리스도교 국가인 이집트, 인도, 파키스탄, 일본 등도 사절을 교환하고 있으며, 적대적인 관계의 유고슬라비아까지 사절을 파견하고 있다.

미국처럼 대국이며 기타 그리스도교 국가에서 교황청에 사절을 파견하는 것은 매우 당연하고, 정부 당국의 희망임에도 불구하고 일부 편견을 가진 자들의 계략으로 오늘날까지 이를 실현하지 못하고 있음은 그 국가를 위하여 개탄할 일이라 아니할 수 없다.

우리는 아직까지도 미국이나 기타 정부에서 프로테스탄트 신자를 요직이나 사절로 임명, 파견하는 데 대하여 가톨릭 신자들이 방해하였다는 소리를 듣지 못한 것을 다행으로 여긴다.

제18장

'종교 박해' 문제

1. 스페인 종교 재판

　세상에서는 이 종교 재판을 이단자와 유다인에 대한 극도로 잔학한 처사라고 비난하는 이가 많다. 우리는 스페인 종교 재판의 지나친 점을 변명하려 하지는 않는다. 오히려 이 재판에 조금이라도 불공평이나 강압적 폭행이 있었다면, 이를 혐오하며 논죄한다. 인간 양심 탄압의 그릇됨을 공박함은 나쁜 아니라 가톨릭 성직자 평신도 할 것 없이 다 이를 맹렬히 공박한다.

　우리 신앙의 조상들은 300년 동안이나 신앙의 자유를 빼앗기고 잔학한 박해를 당하였다. 따라서 만일 가톨릭 후손들이 종교 박해를 주창하거나 변호한다면 모두 일어나 우리를 무섭게 질책할 것이다. 그들이 생명보다 더 중하게 여긴 종교의 자유의 원칙을 유린하는 행위는 그들에 대한 막중한 모욕이다.

　이 종교 재판의 잔학성에 대한 우리의 항변은 결코 교회를 이탈한 행위가 아니고 도리어 오직 교회의 본지本旨에 의거한 행위이다. 유혈과 박해는 가톨릭 교회의 본지에 대한 절대 위반이다.

가톨릭 교회에서는 남의 피를 흘린 사람이나 또 흘리게 한 사람을 성직자로서 제대 앞에 서지 못하게 한다. 이로써 교회가 유혈을 얼마나 혐오하는지 알 수 있을 것이다. 가톨릭 교회의 교황이나 공의회가 인간 양심을 속박하는 폭력 고문이나 사형 집행을 실행하거나 허락한 사실은 없다. 반대 입장에서 세계사를 뒤져 보아도 도저히 발견하지 못할 것이다. 다만 교회가 절대 용서하지 못할 사실이 하나 있다면 이는 곧 오류의 침입이다. 그것을 막는 유일한 무기는 바오로 사도가 티모테오에게 지시한 대로 "말씀을 선포하십시오. 기회가 좋든지 나쁘든지 꾸준히 계속하십시오. 끈기를 다하여 사람들을 가르치면서, 타이르고 꾸짖고 격려하십시오."(2티모 4,2)라는 것이다.

그러나 이 종교 재판의 주모자들은 모두가 가톨릭 신자들이며 교회 명의로 모든 법에 벗어나는 폭행을 하지 않았느냐고 트집을 잡는 이가 있다. 만약에 이를 사실이라 쳐도 교회에는 아무 책임이 없다.

원래 교회에서는 이런 기관을 설치한 일도 장려한 일도 없고 다만 교회의 본지에 어긋나는 행위를 감행하는 타락한 신자들의 정치적 모략적 비행이었을 뿐이다. 불효자의 행실에 대한 책임을 그 아버지가 질 까닭이 없듯이, 타락한 신자들의 비행을 교회에서 책임질 이유가 없다.

　세계사를 냉정히 읽어 보라. 종교의 자유를 속박한 나라는 스페인만이 아님을 알 수 있을 것이다. 다른 나라에서도 그런 예를 얼마든지 볼 수 있다. 스페인 사건만이 이렇게 불명예스럽게 논란되는 것은 불공평하다. 공평한 사안史眼을 가진 이라면 이른바 16세기의 종교 개혁자들이 승세를 타게만 되면 언제든지 가톨릭 신자에게 갖은 폭행을 서슴지 않던 사실을 알 것이다. 이는 당시 스페인 정부의 태도를 변호하려는 말은 결코 아니다. 다만 "가마 밑이 솥 밑을 나무라지 말라."는 말일 뿐이다.

　종교 개혁자의 주창자 칼뱅이 미카엘 세르베투스를 이단자라는 죄명으로 화형에 처하고 이를 세상에 공공연히 떠벌릴 뿐 아니라, 자기 행동을 정당화하기 위한 변명문을 공표하기까지 하였으며, 제네바에 사설 종교 재판소를 두고는 자기에게 불복하는 사람을 가차 없이 처형하였다.

　루터가 유다인에게 가혹한 제제를 가하도록 주장한 것은 유명한 사실이다. 그 변호자인 세켄도르프의 말에 의하면 루터는 "유다교 회당과 유다인 가옥은 모조리 파괴하여야 하며, 그들의 기도서와 구약 성경은 압수하고 그 교사들의 설교를 금지하고 강제 노동으로 생계를 꾸리게 하는 것이 지당하다."라고 주장하였다.

　또 성공회 창설자 헨리 8세 왕의 포악을 잊지 못할 것이다. 그는 국왕의 신분으로 신권神權을 범하려고 강압 수단으로 빼앗은 교회 수반 지위에 대한 승인을 각료 서민들로부터 받으려 했다. 여기에 따르지 않는 자는 재산을 몰수하거나 옥에 가두고 또는 사형에 처하였다. 헨리 8세 왕 당대뿐 아니라 대대로 가톨릭 교회에 대한 잔혹한 박해를 계속했었다. 이 참담한 종교 박해는 거의 300년 동안이나 계속되었다. 그 오랜 세월로 보나 형의 잔혹성을 보나 도저히 스페인 종교 재판에 비할 수가 없다.

프레스코트Prescott는 "엘리자베스 1세 영국 여왕의 잔학은 이사벨라의 그것보다 조금도 덜하지 않다."[52]고 하였다. 이로써 프로테스탄트 치하의 가톨릭 교회에 대한 박해가 얼마나 심했는지 엿볼 수 있을 것이다.

영국 크롬웰 치하에 아일랜드 가톨릭 성직자들은 모두 국외 추방을 당하였다. 출국하지 않는 자는 사형에 처하고, 가톨릭 신학생들은 강제 추방을 당하였으므로 그들은 모두 국외에서 공부하게 되었다. 또 성직자가 몰래 귀국하다가 발견되면 극형을 받았고, 그를 숨겨 준 이까지 사형에 처하였으며, 성직자가 숨어 있는 곳을 알고서도 고발하지 않는 사람은 귀를 잘라 버리는 야만적인 형벌을 서슴지 않았다.

또한 가톨릭 신자의 생명뿐 아니라 재산까지도 몰수하였다. 당시 영국, 아일랜드, 스코틀랜드, 네덜란드 등 여러 나라의 프로테

---

52 《Ferdinand and Isabella》, Vol, Ⅲ., 202

탄트들이 강탈한 가톨릭 성당을 오늘날까지 그들의 회당으로 사용하는 예는 많다. 특히 이 모든 박해는 으레 프로테스탄트 교회의 창설자나 그 주창자의 지휘 또는 명령이었다는 사실을 기억해야 한다.

미국 뉴잉글랜드에서도 청교도가, 신앙을 달리하는 사람들을 가장 흉악한 수단으로 처형하였다. 매사추세츠 주에서 그들은 "퀘이커 교도를 매질하고 불에 지지며 양쪽 귀를 잘라내고 혀끝을 뚫으며, 주에서 모두 추방하고 귀향자는 교수형에 처하였다."[53]

17세기 말엽, 뉴잉글랜드주의 프로테스탄트들은 무죄한 사람들에게 '마술사'라는 기괴한 죄명을 씌워 참살했다. 이는 모든 사람이 다 아는 사실이다. 이런 조상을 가진 오늘날의 일부 프로테스탄트 교도가 스페인 종교 재판을 들어 가톨릭 신도를 꾸짖는다는 것은 정말 몰염치하기 이를 데 없다.

1884년 미국 필라델피아에서 종교 소요가 돌발하였을 때, 프로테스탄트 명의로 가톨릭 성당에 불을 지르고 신자들의 집을 약탈하였다. 당시 이를 목격한 한 노인의 증언에 따르면 집주인들은 프로테스탄트 폭도들의 방화와 약탈을 면하려고 문 앞에 '이 집은 프로테스탄트 교도 소유'라는 패를 붙일 지경이었다 한다. 이러한 만행에 대하여 가톨릭 신자 측에서 아무 복수 행동이 없었다는 것은 참으로 역사상의 미담이다.

---

53 Blue Laws

관용을 자랑하는 오늘날도 겉으로는 비록 폭행으로까지 나타나지는 않으나, 가톨릭 신자들에 대한 보이지 않는 압박은 여전히 계속되고 있다. 이것이 희생자에게 얼마나 두렵고 견딜 수 없는 가혹한 고통인지 생각하여 보라.

필자는 다년간의 성직 생활 경험 중 프로테스탄트주의를 버리고 양심이 시키는 것을 따라 가톨릭 신앙으로 개종하였다는 단순한 이유로 가정에서 쫓겨나고 부모에게 버림받고 친구들에게 의절당한 웃지 못할 예를 얼마든지 보았다. 이것이 문화인으로서 당하는 가장 혹심한 보이지 않는 악형이 아니고 무엇이겠는가. 가족 아무에게도 속마음을 털어놓지 못하는 이 감금이야말로 지하 감옥의 가장 비참한 금고 생활이 아니고 무엇인가.

백정이 휘두르는 칼보다 더 흉악한 칼날은 내 몸에 퍼붓는 모욕적인 독설이며, 먼 나라로 유배시키는 것 못지않은 귀양살이는 부모에게 쫓겨나고 친구들과 절연당하는 정신적 비애 생활이다.

이 모든 흉포한 박해가 성공회와 루터교회와 장로교회와 연합교회 등 여러 교파의 창설자 또는 그 상위 교직자들의 주모로 일어났다고 해서 그 교회 신도 전체에게 이 책임을 지우려는 것은 아니다. 이러한 잔악한 행위가 결코 프로테스탄트 교회의 신조가 아님은 우리도 잘 안다. 우리는 어려서부터 다른 교파 사람들과 같이 지냈으며, 그중에도 친우가 적지 않으므로 그들의 심정을 잘 알고 있다. 그들에게는 다른 교파 신자들을 박해하려는 뜻이 조금도 없을 뿐 아니라 도리어 박해 행위를 죄악으로 여긴다. 이런 프로테스탄트의 폭행은 당시 혼란한 사회 환경으로 말미암은 일종의 집단악의 추세에 몰려 야기된 것뿐이지, 결코 그들의 교리 자체로 말미암아 일어났던 일이 아님을 잘 안다.

스페인 종교 재판도 이와 같은 이유로 발생한 것이다. 그 잔악한 행위의 책임을 가톨릭 교회로 돌리는 것은 부당하다. 프로테스탄트 측의 박해 행동은 그 교회 창설자 자신이나 그 우두머리들에 의해 저질러진 것이지만, 스페인 사건은 평신도와 하급 성직자가 로마 교황에게도 알리지 않고 그 명령을 어겨 가면서 저지른 것이다.

이 종교 재판의 진상을 밝혀 보자. 우선 그 희생자 수가 과장되어 있다. 이 재판 사건에 관하여 미국 역사가들은 로렌트Llorente의 저서를 가장 많이 인용한다. 로렌트는 타락한 신부로서 종교 재판소의 서기로 있다가 파면된 사람이다. 파면당하자 그는 극도의 원한을 품고 복수적 필치로 종교 재판 사건을 과대 허구하여 거기에 흉악한 가면을 씌워 놓았다. 그러므로 누구든지 로렌트의 저서를 읽으면 곧 허위로 가득 찼음을 알게 된다.

예를 들면 세비야와 카디스 교구 내에서는 만 일 년 동안 종교 재판의 희생자 2천 명이 사형을 당하였으며 이 사실은 역사가 마리아나의 저서에서 인용하였다고 하였다. 그러나 마리아나 저서를 보니, "토르케마다Torquemada 치세 15년간 스페인 전국에서 사형을 당한 이가 2천 명"이라고 적혀 있었다.

재판 기관의 진상을 검토하기 전에 한 가지 분명히 알아둘 것은, 이 기관이 결코 교회가 세운 기관이 아니라 정부와 교회 직원의 혼성 기관이라는 사실이다. 그러나 이 기관의 개발과 사건의 진행, 처리 방법 제정, 직원 배치, 기능 부여, 유죄자 처형 등 모든 중요 업무는 오로지 국왕의 재량권이었던 것이다.

이제 그 진상을 밝혀 보자. 우선 당시 페르디난드 국왕으로 하여금 이러한 기관의 필요를 절실히 느끼게 한 동기부터 고찰해야 할 것이다. 15세기 말엽의 스페인 민족은 8세기 동안의 악전고투로 국내의 이슬람족을 완전히 정복하고 비로소 전국을 통일하였다. 드디어 십자기旗는 반달기를, 즉 가톨릭교는 마호메트교를 이기게 되어 스페인 국민은 페르디난드 국왕과 이사벨라 왕비의 통치 하에 개가를 부르게 되었다.

그러나 국내에는 불화의 원인이 아직도 남아 있었다. 판도 내에는 서로 원수처럼 대하는 스페인인과 무어인, 유다인이 섞여 있었던 것이다. 마치 오늘날 미합중국에 백인, 흑인, 아시아인 등이 서로 화합할 수 있도록 위정자가 부심하듯이, 당시 스페인 정부도 정복한 이민족의 처우를 극도로 고심했다. 유다인과 무어인과의 분열 원인은 정치적 또는 종교적인 것이었다. 기회만 있으면 대거 호응하여 반기를 들려는 판이었다. 페르디난드 국왕은 깊은 걱정에 잠겨 있던 즈음 드디어 종교 재판소를 설치하기까지 이르렀다. 이는 신앙을 지키려는 뜻에서라기보다도 정치적 목적 달성을 위한 것이었다. 유다인과 무어인은 제단의 적으로 공인되었을 뿐 아니라 왕권의 적으로서의 혐오를 받았으며, 가톨릭 신도들은 종교적 신앙보다 국왕에 대한 충성으로 국가의 특별 애호를 받게 되었다. 일단 세례받은 유다인과 무어인으로서 가톨릭 교회를 이반離反하는 자는 이단자로 압박을 당하였다. 가톨릭 교회에 대한 이반은 곧 '정치적 반란'으로 규정되었던 까닭이다. 그때에는 이단자, 특히 드러난 이단자는 종교적으로 죄인이었을 뿐 아니라 국가에 대한 역적으로 간주되었으므로, 그들은 국법의 처단을 받게 되었다. 이는 스페인에서뿐 아니라 프로테스탄트 국가인 영국에서도 이런 종류의 법적 처단을 베푼 바 있다. 보라! 무죄한 국민을 가톨릭 신자라는 단순한 이유로 극형에 처한 헨리 8세 왕과 그 계승자들의 포악은 다 아는 사실이 아닌가.

스페인의 이 기관은 종교적으로라기보다 정치적 목적으로 시종일관했다. 평민과 성직자로 구성된 심판관들은 오직 국왕의 독단으로 임면했다. 따라서 그들의 직권도 국왕이 준 것이며, 교황은 전혀 간여한 바 없었다. 모든 벌금과 몰수품은 모두 왕가의 곳간을 채웠을 뿐이었다. 한마디로 스페인의 종교 재판 제도는 교회와는 아무 상관없이 국왕 마음대로 세우고 운영된 것이다.

이를 확증하기 위하여 독일의 프로테스탄트 역사가 랑케Ranke의 저서에서 몇 구절을 인용하겠다. 그는 프로테스탄트 신자이지만 솔직하게 그 진상을 천명하여, 가톨릭 교회가 이 사건에 간여한 것이 전혀 없었음을 증명하였다. "그 재판관들은 국왕 마음대로 임면하는 왕가 직할 관원들이었으며 법정도 다른 법정과 같이 왕가의 감독하에 있었다. 국왕이 시멘스에게 말하기를 '이 법정의 재판권은 국왕에게서 나온 것임을 아느냐?'라고 하였다. 이를 보아도 그 직권의 유래를 알 수 있을 것이다.

또 이 법정 판결의 모든 벌금과 몰수 재산은 모두 왕가의 소득이 되었다. 당시 끊임없는 모든 몰수 재산은 왕가의 경영 수입이 되었고, 이 재판 기관의 설치는 신앙을 옹호하려는 열성에서가 아니고 빈곤한 재정난을 해결해 보려는 간계에서 나온 것이다. 이 기관은 설치 정신으로 보나 결과로 보나 순전한 정치적 기관이었다. 로마 교황은 이를 반대하고 저지하기에 노력한 결과 드디어 성공하였으나, 국왕은 이를 계속 지지하려고 온 힘을 다하였다."[54]

이 종교 신문 법정은 교황청과는 독립하여 행동하였을 뿐 아니라, 교회의 고위 성직자들을 체포하여 모욕과 고통을 준 사실까지 있었다. 트리엔트 공의회 소집 후 톨레도의 카란자 대주교는 '이단자'라는 허망한 죄명으로 이 법관들에게 체포되어 감금되었으나, 당시 비오 9세 교황의 중재와 공의회의 항의로도 그를 감옥에서 구출하지 못하였다.

처음에는 국내 치안 유지에 이러한 기관이 절대 필요함을 느낀

---

54 The Ottoman and Spanish Empires

스페인의 이사벨라 왕비가 그 설립 허가를 여러 번 간청하였고, 드디어 식스토 4세 교황의 동의를 얻어냈다. 그러나 다음해, 즉 이 기관 설치 일 년 후인 1482년에 유다인들이 교황에게 그 신문 진행과 형벌의 가혹에 대하여 호소하였다. 그러자 교황은 재판관들을 문책하고 경계하였으며 페르디난드 국왕과 이사벨라 왕비에게는 죄인에게 너그럽고 인자한 것이 가혹함보다 하느님께서 더 기쁘게 받아들이신다는 것을 깨우쳐 주었다. 그러나 이 악습이 근절되지 않자 교황은 스페인 국내의 이교인들에게 로마로 피난하기를 권하였고, 교황의 보호로 그들의 신앙 자유와 생명, 재산의 안전을 누리게 하였다. 2년에 걸쳐 로마로 피난한 사람은 450명에 이르렀다. 교황이 자기의 영토 내에서 이와 같이 그들을 애호하면서 어찌 스페인에서 공공연히 실시되는 살인과 악법을 장려하였겠는가. 교황이 자기 영토 내에서 종교가 다르다는 이유로 사형을 선고한 예는 지금까지 한 번도 없었다. 이뿐 아니라 교황이 희생자들을 직접 구원하지 못하게 되는 경우에는 그 신문자와 판관들에게 파문을 선언하였고, 재산을 몰수당한 희생자들의 자녀들을 특별 보호하는 조치를 여러 번 실시하였다. 종교 재판소를 이렇게도 미워하는 교황은 스페인 정부가 속지屬地 나폴리와 밀라노에도 이를 설치하려 할 때 극력으로 막아 버렸다.

여기까지 읽어 보면 결국 스페인 종교 재판소의 모든 행위에 가톨릭 교회는 아무 책임도 없다는 사실을 알게 될 것이다. 즉,

1) 남을 압박하는 것은 가톨릭 신조에 대한 절대 위반 행위이다.
2) 그 재판 기관에 관련된 모든 비난은 대부분 악의에서 나온 과장된 중상모략이다.
3) 그 법정은 종교적 법정이 아니고 철저한 정치적 법정이었다.
4) 가톨릭 교회 성직자들도 유다인과 무어인처럼 이 법정에서 단죄되었다.
5) 여러 교황들이 이 잔인한 법정 폐지를 위해 끝까지 노력하였다.

2. 바르톨로메오 성인 축일에 일어난 대학살 사건

이 흉악한 대학살에 대한 우리의 증오감은 그 만분의 일도 형언할 수 없다. 이 희생자 수에 대한 저술가의 과장도 과장이려니와 어쨌든 피해자 수의 많고 적음이 이 죄악 자체의 흉악성을 경감시킬 수는 없다.

우리는 먼저 이 잔악한 살육 사건에 가톨릭 교회는 조금도 간여한 바 없다는 사실을 단언하고 이어서 그 진상을 밝히려 한다.

1) 프랑스의 샤를 9세 왕 때 위그노Huguenots라는 정치적 색채를 띤 교파가 있었다. 그 세력은 꽤 컸다. 이는 늘 반란을 선동하던 단체로 당시 왕위 찬탈 음모자 콜리니Admiral

Coligny가 통솔하고 있었다. 샤를 9세 왕은 신변에 위험을 끼치려는 콜리니의 세력을 매우 두려워하여 이를 근절하려고 애쓰던 무렵이었다. 더구나 왕의 어머니인 카트린 드 메디시스의 교사로 드디어 1572년 8월 24일에 콜리니와 파리에 있는 그의 일당을 모두 암살하기로 음모하기에 이르렀다. 이 흉계가 1차 파리에서 실행되자 이에 광분한 민중은 광란적 도륙을 전국적으로 자행하게 되었다.

2) 교회는 이 도륙에 아무 간여한 바 없었다. 콜리니와 그 부하들의 이와 같은 죽음은 결코 종교 관계가 아니라, 순전히 왕가에 해를 미치려던 그들의 반역 음모가 탄로 남에 따라 발생한 것이다. 콜리니 일파와 국왕과의 반목이 다만 신앙적 원인이었다면 이러한 참극은 일어날 리가 만무하다. 샤를 왕과 그 모후가 평소 가톨릭 교회를 위하여 무슨 특별한 열성을 보였다거나 프로테스탄트 교파를 특히 미워한 사실은 도무지 없고, 다만 왕위에 위급한 기운이 있을 때에만 갑자기 임기응변적인 종교적 색채를 띠었다.

3) 이 흉악한 학살을 단행한 후 샤를 왕은 유럽 국가들의 궁정에 급히 특사를 보내 이 변고를 보고하였다. 그러나 마치 국왕과 왕족이 흉적의 칼날을 겨우 피하여 생명의 위급을 면하고, 모반한 역적들은 법에 따라 처벌된 듯이 거짓으로 꾸며 광란적 학살상을 감쪽같이 숨겼다. 그 특사

의 말은 "잊을 수 없는 그 밤, 여러 명의 괴한을 죽임으로써 위기에 직면한 국왕의 생명은 구원되고 내란의 공포는 제거되었습니다."라는 것이었다.

샤를 왕은 당시 그레고리오 13세 교황에게도 특사를 급파하여 이와 같은 거짓 보고를 전하였다. 교황은 이를 믿고 각 교회에 '사은謝恩 찬미가'를 부르게 하고 감사패를 만들게 하였다. 그 이면의 흉악한 음모와 잔혹한 살육 사실은 전혀 모르고, 다만 특사의 보고를 믿어, 프랑스 왕이 급작스런 죽음을 면한 일과 프랑스인이 내란의 참화를 면한 일을 하느님께 감사하기 위하여 이와 같이 한 것이었다.

프로테스탄트 역사가 시스몽디는 말하기를 "파리 주재 교황 사절에게는 일부러 샤를의 흉계를 알리지 않았다."라고 하였고, 또 랑케는 그의 《내란사內亂史》에 "샤를과 그 모후는 교황 파견 특사와의 대면을 피하여 갑자기 파리를 떠났다."라고 하였다. 그 진상이 드러나는 날 견책을 당할까 두려워한 까닭이었다.

4) 당시 프랑스 주교와 성직자들이 학살 사건에 간여하지 않았다는 사실에 대하여는 변명할 필요조차 없다. 가톨릭 교회에 심한 반감을 품은 역사가라도 이에 대하여는 한마디 비난도 쓰지 않은 사실로도 잘 알 바 아닌가. 성직자들은 이에 가담하지 않았을 뿐 아니라, 이 비인도적 폭행을

막고 피난민을 보호하기에 온 힘을 기울였다. 리옹 시 대주교관에 피난한 칼뱅파 신자들은 300여 명이었으며, 리지외, 보르도, 툴루즈 등 도시의 주교에게 생명과 재산의 보호를 위해 운집한 프로테스탄트 신자들은 이루 헤아릴 수 없을 지경이었다.

이와 같이 가톨릭 교회에서는 이 흉포한 만행의 참극을 전혀 모르고 있다가 갑자기 일어난 소요 바람에 비로소 잠을 깨어 이 광란자들에게 "조용하라."라고 명하였을 뿐이었다. 마치 파도가 거센 갈릴래아 호수의 배 위에서 주무시던 예수께서 잠을 깨시어 성난 파도에게 "잔잔해지라."라고 명령하시듯 말이다.

3. 영국의 메리 여왕

어떤 이는 "가톨릭 신자인 메리 여왕이 영국의 프로테스탄트 신자들을 박해한 허물은 어떻게 덮어 둘 수 있겠느냐."라고 한다. 성공회가 창설된 1534년부터 종교의 사유가 허락된 19세기까지 300년 동안 영국과 아일랜드에서 국법으로 공공연히 가톨릭 신자들을 벌금형이나 사형에 처한 말할 수 없는 박해에 대하여는 언급이 없다. 또 짧은 기간 동안 재위했던 메리 여왕의 프로테스탄트 신자 박해만을 거론하여 늘 가톨릭 신자를 문책하는 심사는 참으로 알 수 없다. 엘리자베스 여왕의 독수毒手가 언제든지 가톨릭 신자와 청교도와 재세례파 교도의 피로 젖어 있었다. 이 모든 흉포를 눈 감아

버리고 오직 메리 여왕의 횡포만을 선전하는 것은 역사적 사실의 엄청난 은폐이다.

이제 공정한 태도로 메리와 엘리자베스 자매의 소행을 검토하여 보자. 얼마나 엘리자베스가 잔혹하였던가를 알게 될 것이다.

1) 메리의 재위 기간은 5년 4개월이요, 엘리자베스의 재위 기간은 44년 4개월이다. 엘리자베스는 메리보다 아홉 배나 넘는 기간을 재위했다. 따라서 희생자 수도 적어도 아홉 배는 될 것이다. 역사가 할람은 "엘리자베스 치세 후기에 이르러 런던탑 안의 고문대는 조용한 날이 없었다."[55] 라고 하였고, 링가드는 "엘리자베스 치세는 그 등극 당일부터 (가톨릭 박해를 목적으로) 치우친 법령 발표로 더러워졌다."[56]라고 하였다.

2) 메리 치세 중 비난의 표적이 되는 최대의 더러운 행위는 제인 그레이Lady Jane Grey에게 사형 선고를 한 것이다. 그러나 제인은 메리 여왕의 재위 9일간 영국 왕위를 찬탈한 무거운 반역 죄인이 아닌가. 엘리자베스는 여동생 스코틀랜드 여왕 메리를 왕위 찬탈 죄로 몰아 오랫동안 옥에 가둔 뒤 목을 베어 죽였다.

3) 메리는 천 년 가까운 역사를 가진 조상 전래의 신앙을 옹

55　Constitutional History;Elizabeth, Chap. Ⅲ
56　See Lingard, Vol. Ⅶ., 2445

호하기 위하여 열성을 기울였다. 그러나 엘리자베스는 아버지 헨리 8세 왕이 격정에 몰려 마음대로 조작한 새 교리를 다시 마음대로 고쳐 강제로 선포하였다. 이러한 조작된 교리를 강제로 선포한 행위와 전래의 국민 신앙 보전 행위를 비교하여 보자. 얼마나 엄청난 폭행인가.

4) 메리는 예수 그리스도께서 가르치신 영원불변의 진리의 종교를 지지하고 선전하기 위하여 전력을 다하였다. 그러나 엘리자베스는 아버지 헨리 8세 왕과 자신의 공소空疎한 의견을 선전하기 위하여 모든 잔학을 서슴지 않았다.

5) 메리의 프로테스탄트 교도 압박은 개인적 혐의에서가 아니고, 오직 조상 전래의 신앙을 보존하려는 지나친 열성 때문이었다. 그러나 엘리자베스의 가톨릭 신자 박해는 엘리자베스의 여왕 즉위에 무효 선언을 한 로마 교황을 증오하는 마음 때문이었다. 이는 헨리 8세 왕의 이혼을 승인한 프로테스탄트 교회가 크게 성공해야 여왕으로서의 지위를 세계적으로 인정을 받게 될 것이라는 걸 알았기 때문이었다(메리는 정비 소생이요, 엘리자베스는 소실 소생임을 덧붙여 둔다).

6) 영국의 역사가이자 평론가인 매콜리는 이렇게 말하였다. "메리는 가톨릭 신앙에 진실하였거니와, 엘리자베스는 프로테스탄트교에 대하여도 냉담하였다. 자기 한 몸의 안전

을 위해서는 로마 가톨릭으로 개종하기를 주저하지 않으여 평생 동안 가톨릭 교리와 예절을 좋아하면서도, 한 편으로는 동생 메리의 프로테스탄트 신자 탄압보다 몇 배 더 잔학한 행위로 가톨릭 신자를 박해하였다. 메리는 가톨릭에 대한 신앙이 매우 견고하여 이를 구원을 위한 절대 진리로 확신하고 이를 옹호하기 위해서는 물불을 가리지 않았다. 엘리자베스는 그 신심으로 보아 미온적 신자일 뿐이었으므로, 유리한 기회만 만나면 곧 가톨릭 신자로 표변하기가 일쑤였다. 이렇게 변절 무상한 여왕을 무슨 말로 변호할 수 있겠는가."[57]

오늘날까지도 오로지 가톨릭 측의 '잔학'만을 시끄럽게 떠드는 사람이 많은 것은 한 편에 치우친 역사가의 저술에 현혹되어 이 진상을 모르기 때문이다. 만일 공정한 태도로 사건의 진상을 성실히 검토하여 본다면 도리어 이와는 전혀 상반되는 사실을 발견하게 될 것이다.

---

57 Macaulay's Essays, "'Review of Nares' Memoirs of Lord Burleigh"

제19장

세례성사

은총-성사-원죄-세례
세례의 필요와 효과, 그 양식

은총이란 하느님께서 우리 영혼을 구원하기 위하여 예수 그리스도의 공로로 우리에게 주시는 초자연적 은혜를 말한다. 이 은총은 인간의 자연적 능력으로는 도저히 얻지 못하는 것이므로 이를 초자연의 도우심이라고 부르는 것이다.

하느님의 은총 없이는 우리 영혼을 성화聖化하지 못한다. 바오로 사도는 "그렇다고 우리가 무슨 자격이 있어서 스스로 무엇인가 해냈다고 여긴다는 말은 아닙니다. 우리의 자격은 하느님에게서 옵니다."(2코린 3,5)라고 하였다. "하느님은 당신 호의에 따라 여러분 안에서 활동하시어, 의지를 일으키시고 그것을 실천하게도 하시는 분이십니다."(필리 2,13)

주 예수께서도 말씀하시기를 "너희는 나 없이 아무것도 하지 못한다."(요한 15,5)라고 하셨다. 그러나 하느님의 도우심의 효과를 얻으려면 우리는 반드시 그 도우심에 협력하여야 한다. 적어도 주님의 은총을 거역하지 말아야 한다. 언제나 갈망하며 그 은총의 효력이 우리에게 충분히 드러나도록 협력 태세를 갖추어야 한다.

하느님의 은총을 얻는 데는 두 가지 좋은 방법이 있다. 곧 기도와 성사가 그것이다. 성사聖事란 주 예수께서 직접 세우신 유형의 예절이다. 이로 말미암아 우리 영혼에 은총이 내리게 된다.

성사를 성립하는 데는 꼭 필요한 조건이 있다. 첫째, 유형한 예식. 둘째, 보이지 않는 은총. 셋째, 주 예수께서 직접 제정하신 예절, 이렇게 세 가지이다. 세례성사를 보자. 세례받는 이에게 물을 부음과 동시에 입으로 외는 기도문이 곧 그 유형한 예절이니, 세례로 영혼이 받는 은혜가 곧 무형의 은총이다. 베드로 사도는 "회개하십시오. 그리고 저마다 예수 그리스도의 이름으로 세례를 받아 여러분의 죄를 용서받으십시오. 그러면 성령을 선물로 받을 것입니다."(사도 2,38)라고 하였고, "너희는 가서 모든 민족들을 제자로 삼아, 아버지와 아들과 성령의 이름으로 세례를 주고"(마태 28,19)라고 하신 주님의 말씀은 곧 이 성사를 당신께서 친히 세우셨다는 증거이다.

예수께서는 일곱 성사를 세우셨다. 즉, 세례 · 견진 · 고해 · 성체 · 병자 · 성품 · 혼인성사이다.

인간은 처음엔 결백하고도 신성한 피조물로, 지상에서 일정한 기간을 산다. 그러다 그 기한이 되면 죽음의 고통 없이 그대로 승천하여 천국의 일원이 된다. 그리하여 주님과 더불어 영원한 복락을 누리게 안배되었던 존재이다(지혜 2,23 참조). 그러나 불행히도 주님의 계명을 어긴 탓으로 인간은 이러한 고귀한 상태에서 타락하였다. 그 영혼은 죄악으로 더러워지고 그 육신은 죽음이란 벌을 받게 되어, 영혼에든 육체에든 온갖 고통이 그치지 않을 뿐만 아니라 천국의 복락을 누릴 은혜까지 상실하게 되었다.

원조인 아담의 죄벌은 그 개인에 국한되지 않고, 비참하게도 그 후손에게까지 전래된다. 이 죄는 인류의 조상으로부터 전래하는 것이므로 '원죄原罪'라고 부른다.

"한 사람을 통하여 죄가 세상에 들어왔고"(로마 5,12)

"우리도 다 한때 그들 가운데에서 …… 하느님의 진노를 살 수밖에 없었습니다."(에페 2,3)

"그 누가 부정한 것을 정결하게 할 수 있습니까? 아무도 없습니다."(욥기 14,4)

태어난 지 하루밖에 안 된 아기가 죄를 지을 수는 없다. 그러므로 그 흠은 조상 아담에게서 전해 내려온 원죄 때문임이 분명하다.

다윗 임금의 유명한 통회 시에도 원죄를 가리켜 "정녕 저는 죄 중에 태어났고 허물 중에 제 어머니가 저를 배었습니다."(시편 51,7)라고 하였다. 또 예레미야 예언자와 요한 세례자가 출생하기 전 "태중에서 성화되었다.", "죄악에서 정화되었다."라고 하였는데, 저들이 태중에서 제 마음대로는 도저히 죄를 지을 수 없으므로 성경의 이 말씀은 곧 원죄로부터의 정화를 가리키는 것이다.

  이 성경 구절을 보면 조상의 죄악이 유전되어 우리는 나면서부터 벌써 하느님의 원수임을 알 수 있다. 인간인 이상 하루를 살아도 혹은 100년을 살아도 인류는 원죄 중에 있음이 분명하다. 설사 성경이 밝혀 주지 않더라도 우리 자신의 존재를 살펴보라! 육체의 온갖 질병과 고통, 우매한 오성, 곧지 못한 의지, 선행보다 악행으로 기울음, 강렬한 욕정의 충동 등……. 이 모든 참담한 모습을 어떻게 설명하여야 할 것인가. 가톨릭에서는 이를 원죄의 교리로 설명한다. 파스칼은 "원죄 아니고서는 인생은 곧 수수께끼 이상의 수수께끼다."라고 하며 원죄의 교리가 아니고는 인생의 비밀은 도무지 열 수 없다는 의미의 말을 하였다. 이러한 대사상가도 원죄의 교리를 떠나서는 인생을 해석할 수 없다고 솔직히 고백했다. 원죄를 물려받았다는 사실은 그렇거니와, 가톨릭 교회는 유일한 예외가 있음을 가르친다. 즉 구세주 예수 그리스도의 공로로 말미암아 그 어머니이신 동정 성모 마리아 한 분만은 원죄에 물들지 않았으며 따라서 평생 동안 한 순간도 사탄의 노예가 된 적이 없다는 것이다. 이 교리를 '성모의 원죄 없으신 잉태'라고 부른다.

  하느님께서 아담에게 벌을 내리실 때 훗날 구세주 탄생을 약속하심으로써 그를 위안하셨다.

"나는 너와 그 여자 사이에, 네 후손과 그 여자의 후손 사이에 적개심을 일으키니 여자의 후손은 너의 머리에 상처를 입히고 너는 그의 발꿈치에 상처를 입히리라."(창세 3,15) 그 여인(즉 마리아)의 아들 되시는 예수께서는 악마의 머리를 밟아 없앨 분으로 뽑히신 분이다.

"때가 차자 하느님께서 당신의 아드님을 보내시어 여인에게서 태어나 율법 아래 놓이게 하셨습니다. 율법 아래 있는 이들을 속량하시어 우리가 하느님의 자녀 되는 자격을 얻게 하시려는 것이었습니다."(갈라 4,45)

구세주 예수 그리스도께서는 죄에 물든 우리 영혼을 깨끗이 씻어 주시고 아담이 하느님 명령을 어김으로써 잃었던 하느님 총애를 회복하여 주시려고 세상에 오셨다. 그는 '첫 번째 아담'의 죄를 바로잡아 구원하여 주신 '두 번째 아담'이시다.

세례가 우리 원죄의 오염을 깨끗이 씻어 주는 필요 불가결한 방법이며 제2의 낙원인 교회로 들어오는 문임을 주 예수께서는 복음에서 분명히 말씀하셨다. 누구든지 천국에 들어가려는 자는 반드시 세례성사로 거듭나는 길을 밟아야 한다. 이 거듭나는 세례성사에 쓰는 특정 재료는 바로 '맑은 물'이다. 이 물은 영혼의 내적 씻음을 표시하는 것이며 재생의 근원은 성령이시니 성령은 우리에게 영적 생명을 주시는 분이시다.

가톨릭 교회는 어린이나 어른이나 누구에게든 세례가 절대 필요함을 선언한다. 이는 예수께서 니코데모에게 "내가 진실로 진실로 너에게 말한다. 누구든지 물과 성령으로 태어나지 않으면, 하느님 나라에 들어갈 수 없다."(요한 3,5)라고 하신 말씀에 그 근거를 둔 것으로, 이는 곧 인류 전체에게 하신 말씀이다.

사도행전과 바오로 사도의 편지에도 사도들이 세례를 베푼 사실이 기록되어 있다. 비록 단편적 기록일망정 사도들이 어린이들과 어른들에게 한결같이 세례를 베푼 사실을 엿볼 수 있다.

"리디아는 온 집안과 함께 세례를 받고 나서"(사도 16,15), "간수는 그날 밤 …… 온 가족이 세례를 받았다."(사도 16,33) 바오로 사도가 "내가 스테파나스 집안 사람들에게도 세례를 주기는 하였습니다."(1코린 1,16) 한 것이 그 예이다. 어린이들이 세례받았다는 글은 없으나 가족 중에는 으레 아기들도 섞여 있지 않았겠는가. 아기 세례의 사실에 대하여 의혹이 든다면 초대 교부들의 저서를 읽어 보라. 그 의혹은 곧 풀릴 것이다. 교부들은 사도들의 직접 계승자이므로 사도들의 교리와 그 실행 사실을 잘 아는 이들이다. 사도들의 교리에 대한 그들의 해석이 가장 정확하다.

스미르나의 폴리카르포 성인은 요한 사도의 제자이며, 이레네오 성인의 스승이기도 하다. 이레네오 성인은 "그리스도께서는 당신으로 말미암아 모든 사람을 구원하시고자 오셨다. 내가 말하는 '모든 사람'은 그리스도로 말미암아 새로 태어난 (즉 세례를 받은) 아기들과 유아들과 소년들과 청년들과 노인들을 두고 하는 말이다."[58]라고 하였고, 이레네오 보다 몇 년 뒤인 오리게네스도 "교회는 아기들에게까지 세례를 베푸는 거룩한 전통을 사도들로부터 받아왔다."[59]라고 하였다.

초기 아프리카 교회는 아기 세례에 대하여 가장 확실히 증거한다. 253년 카르타고에서 치프리아노 성인을 비롯한 63명이 주교회의를 열었을 때, 피두스라는 지방 주교가 아기 출생 후 여드레가 되기 전에 세를 주는 것이 옳은가, 유다인의 할례처럼 여드레째 되는 날에 세를 주는 것이 옳은가를 서면으로 물었다. 그에게 회의 중인 주교들은 만장일치로 아래와 같은 답을 주었다.

"아기 세례에 관하여는 우리 모두 다음과 같이 판단한다. 즉 하느님 자비와 은총은 벌써 출생 순간부터 부여된다. 아무도 이를 물리치지 못한다. 큰 죄를 지은 사람에게도 오히려 용서의 은혜를 베푸시려 하는데, 하물며 새로 태어나 아담에게서 전해 온 죽음(원죄)에 물든 어린 자손들은 어떠하겠는가."[60]

아프리카 주교회의의 가르침은 두 가지 중요한 교리를 선언한 것이다. 즉 아담의 죄로 인류가 원죄에 물들었음과, 어린이든 어른이든 원죄를 면하려면 반드시 세례를 받아야 한다는 것이다. 이 주

---

58 Lib. II. adr. Haer.
59 In Ep. ad Rom.
60 EpiSt. ad Fidum

교회의의 결의에 대하여 우리는 이렇게 본다. 즉 피두스 주교의 질문은 아기 세례가 필요한지 아닌지에 대한 것이 아니고 오직 유다법에 의한 출생 후 여드레 되는 날에 해야 되는가 아닌가를 물은 것이다. 그는 이미 아기 세례를 인정하였으므로 거기에 대하여 문제를 제기할 필요는 없었던 것이다. 당시 모였던 주교들의 이 판정은 각기 관하 수백 사제들과 수만 신자들의 신앙을 대표한 것인 만큼 실로 중대한 판정이었다.

아우구스티노 성인은 이 결의를 평하여 "치프리아노 성인과 그 동료들의 결정은 새로 규정한 교리가 아니고 다만 가톨릭 전통 신앙을 더욱 확실하고 견고하게 지지한 행위이다."라고 하였으며, 또 "이것이 사도 시대부터 오늘날에 이르기까지 전통적으로 믿어 오는 가톨릭 전체의 믿음이다."라고 하였다.

이런 역사적 근거를 지닌 반석 같은 신앙에 기초를 둔 구원에 필수 불가결한 이 성사에 대하여 16세기 독일 일부에서 일어난 반대야말로 근거가 희박하며, 무모하기 짝이 없다 할 것이다.

사도로부터 전해 내려온 가톨릭 교리와 유아 세례를 부인하는 재세례파 교회를 신중히 비교하여 보면 쉽게 그 가부를 판단할 수 있을 것이다. 만일 세례와 같은 중대 성사에 관하여 가톨릭 교회에서 처음부터 오류에 빠졌다면 과연 가톨릭 교회는 오늘날 어떤 참담함 속에 빠졌겠는가. 이는 도저히 상상조차 못할 사태일 것이다. 바오로 사도가 말했듯이 원죄는 보편적이므로 누구든지 태어날 때부터 조상 아담의 죄에 물들어 있다. "부정한 것은 그 무엇도, 역겨운 짓과 거짓을 일삼는 자는 그 누구도 도성에 들어가지 못합니다."(묵시 21,27)라고 선언된 이상, 원죄를 씻어 버리는 세례는 어른에게 필요하듯이 아기에게도 절대적으로 필요한 것이다.

이미 말했듯이 세례로 말미암아 다시 태어나는 것은 구원을 위해 모든 사람에게 필요하다. 그런데 물로 하는 세례 외에 재생의 은혜를 얻는 길이 있다. 즉 누구나 죄를 뉘우치고 하느님을 진심으로 경애하고 주님의 계명을 지킬 원의를 품고 또 세례받기를 원하였다면, 비록 그 기회를 얻지 못하였거나 또는 그 필요를 충분히 이해하지 못하여 영세하지 못한 경우에라도 하느님께서 특별히 그를 관용하시어 그 선의를 받아들이신다. 그러므로 이러한 경건한 상태에서 죽었을 때에는 수세水洗는 못 받았을지라도 열망의 화세火洗로 구원될 수 있다.

로마의 발렌티니아누스 황제가 화세를 받은 좋은 예가 될 것이다. 그는 세례 준비 중에 죽었는데, 당시의 암브로시오 성인은 "내가 재생시켜 주려고 했던 이를 비록 잃었으나 그는 그 구하던 은총을 잃지 않았다."라고 하였다.

또 화세 외에도 만일 예수 그리스도를 위하여 자기 생명을 희생하였다면 이 치명은 수세 이상으로 하느님의 상을 받는 것이다. 그는 자기 피로써 혈세血洗를 받아 성화하였을 뿐 아니라 또한 순교자의 영예로운 관을 받은 이다. 이와 같이 사람이 천국에 들어가는 유일한 문인 세례에는 수세, 화세, 혈세의 세 가지가 있다.

아무 죄도 없는 많은 아기들이 세례를 받지 못하였다는 이유만으로 천국에 들어가지 못한다는 것은 너무나 가혹한 교리가 아니냐고 하는 이가 있다. 그러나 하느님 스스로 세례는 모든 사람에게 필요하다고 선언하시지 않으셨는가. 또 주께서는 전지전능하시고 공평무사하시지 않으신가. 그러므로 하느님 안배에 무슨 가혹이나 불공평이 있을 리 없다. 우리가 이미 하느님의 선언을 긍정하는 이상 무엄하게도 회의하는 태도로 주님의 섭리를 비평하지 말고, 오직 바오로 사도처럼 "오! 하느님의 풍요와 지혜와 지식은 심오합니다. 누가 그분의 판단을 헤아릴 수 있으며, 그분이 하시는 일을 이해할 수 있겠습니까?"(로마 11,33) 하고 탄복하여야 할 것이다.

우리에게 천국을 누릴 고유한 권리는 없다. 천국은 오로지 하느님 자비로 우리에게 허락되었을 뿐이다. 하느님께서는 하늘나라의 복을 우리에게 주실 때, 당신 뜻대로 우리를 취사선택하시며 아무 불공평도 없이 당신의 뜻대로 조건을 세울 수 있다.

가령 우리 아기가 세례의 은혜를 받지 못한 채 죽어서 천국의 복을 누리지 못하게 되었다 하자. 그래도 이는 그 아기에 대한 하느님의 불공평한 처우는 아니다. 그 아기에게는 천국을 누릴 고유의 권리는 없기 때문이다. 만일 다행스럽게 우리 자녀들이 세례의 은혜를 입었다면 다만 하느님의 끝없는 은총에 감사드릴 뿐이다.

이제 가톨릭 교회에서 가르치는 세례를 받지 못하고 죽은 아기들의 장래에 대하여 간단하게나마 이야기하겠다. 가톨릭 교회에서 비록 하느님의 말씀을 받들어 세례를 받지 못하고 죽은 아기는 천국에 들어가지 못한다고 선언하지만, 이 천국에 들어가지 못한다는 말이 반드시 지옥에 빠진다는 말은 결코 아니다. 자기 죄로 하느님의 진노를 사서 주께 벌 받을 만한 사람 외에는 지옥에 빠지는 법이 없기 때문이다.

가톨릭 교회는, 다만 재생의 은혜를 입지 못한 아기들은 천국진복의 근원이신 하느님을 직접 뵙는 특은(特恩)을 받지 못한다고 가르칠 뿐이다. 하늘나라 영복과 지옥 영벌과는 무한한 거리가 있으므로 거기에 광대한 범위의 중간 지대가 있다. 세례를 받지 못하고 죽은 아기들은 모두 이러한 중간 지대에 머물러 있어 태어나기 전보다 더 행복한 생을 누린다는 데 대하여는 모두가 긍정한다. 저명한 신학자 중에는 이러한 어린이들은 태어날 때부터 지닌 하느님께 대한 총명한 깨달음과 애정으로 어느 정도의 행복을 누린다고 단언까지 하는 이가 있다.

그러므로 가톨릭 신자로서 자녀들을 출생 후 속히 영세시키지 않아 자기와 무죄한 자녀의 영혼을 위험한 지경에서 방황하게 한다면, 이는 정말 무서운 태만의 죄이다. 초대 교회 신자들을 보라. 아우구스티노 성인이 증언했듯이 그들은 아기가 출생하면 즉시 세례대로 데리고 가서 재생의 은혜를 받게 하였다.

아기가 앓으면 부모가 그 생명을 구하기 위하여 간호에 온 힘을 다하며, 잠자고 먹는 일을 잊으면서까지 간호에 열중한다. 이것이 인지상정이다. 이처럼 부모는 자녀의 육신 생명을 구하는 것에 온 힘을 다하고, 심지어 자기 생명까지 희생한다. 그러나 그 영혼의 초자연적 행복과 새 생명을 위해서는 영세를 미뤄 무자비하게도 그 영혼을 위험에 이르게 한다면 이는 정말 무서운 죄악이자, 무서운 태만이다.

자기의 주의主義를 지키기 위해 분별分別 나이(8세 전후) 미달자에게의 세례를 부인하는 교파에 속한 사람들이 있다. 이들은 초대 교부들의 가르침과 교회 전래의 보편적 절대적 예전禮典을 무시하고 편견과 고집으로 아기들에게 베풀 재생의 은혜를 배척한다. 자녀의 세례를 지연시키는 부모를 이와 같이 나무라는데, 그들이 받을 벌은 과연 어떻겠는가.

세상에는 가끔 해괴한 신학설神學說이 튀어나오기도 하는데 그 설이 아무리 기괴하고 오류에 찬 것일지라도 중대한 해독을 끼치지 않는다면 웃어 넘겨 버려도 좋을 것이다. 그러나 그 그릇된 설이 일단 구원을 그르치기에까지 이른다면 그 책임이 어찌 크지 않겠는가! 아기 세례의 필요에 대하여 이를 주장하며 실행하는 가톨릭 교회와 이를 반대하는 모든 프로테스탄트 교파, 특히 침례교회의 상황은 마치 솔로몬 왕 앞에서 한 아기를 놓고 다투던 두 여인의 태도와 비슷하다. 왕이 칼을 가져오게 하여 "그 산 아이를 둘로 나누어 반쪽은 이 여자에게, 또 반쪽은 저 여자에게 주어라." 하자 아이 어미가 아닌 여인은 "어차피 내 아이도 너의 아이도 안 된다. 자, 나누시오!"라고 하였으나, 아이 어미는 자식의 생명을 진심으로 가련히 여겨 왕에게 "저의 임금님! 산 아기를 저 여자에게 주시고 제발 그 아기를 죽이지 마십시오."라고 애원했다(1열왕 3,16-28 참조). 이렇듯이 침례교회에서는 아기들의 영적 죽음은 돌보지 않지만 진짜 어머니인 가톨릭 교회는 진심에서 우러나는 소리로 "그 아기의 영적 생명만 구원된다면 네게 맡겨서라도 기르게 하겠다. 남의 손으로라도 결백한 옷을 입히게 하겠으며, 계모의 가슴에서라도 기르게 하겠다. 자식의 죽음을 보느니 나 없이라도 아기가 살아 있는 편이 훨씬 낫다. 아기가 비록 나를 모를지라도 여전히 그의 어미이다."라고 부르짖는다.

침례 교도들이여! 아기의 구원에 정말 세례가 필요하지 않다고 생각하는가. 수천 년의 역사를 지닌 가톨릭 교회에서는 그와는 정반대의 교리를 가르친다. 만일 거기에 오류가 있으리라는 의혹이 생기거든, 또 그 오류가 이만저만한 것이 아니고 당장 아이가 영원히 죽고 사는 중대한 것이라면 지체 말고 세례를 시켜 재생의 은혜를 누리게 하라.

어른 영세에서는 그 원죄뿐 아니라 그 본죄도 사하여진다. 세례의 정화 능력에 대하여 에제키엘 예언자는 "너희에게 정결한 물을 뿌려, 너희를 정결하게 하겠다. 너희의 모든 부정과 모든 우상에게서 너희를 정결하게 하겠다."(에제 36,25)라고 분명히 예언하였

다. "너희에게 새 마음을 주고 너희 안에 새 영을 넣어 주겠다."(에제 36,26)

유다인이 베드로 사도에게 자기들의 구원을 위해서는 어찌하여야 옳을지 물었을 때 베드로 사도는 "회개하십시오. 그리고 저마다 예수 그리스도의 이름으로 세례를 받아 여러분의 죄를 용서받으십시오. 그러면 성령을 선물로 받을 것입니다."(사도 2,38)라고 하였다.

하나니아스는 사울이 개종한 뒤 그에게 말하기를 "일어나 그분의 이름을 받들어 부르며 세례를 받고 죄를 용서받으십시오."(사도 22,16)라고 하였다.

또 바오로 사도는 "우리도 다 한때 그들 가운데에서 …… 하느님의 진노를 살 수밖에 없었습니다."(에페 2,3)라고 하였으나 세례로 다시 살려 주시어 그리스도를 믿는 사람이 되고 또 하느님의 아들이 된다 하였다.

"여러분은 모두 그리스도 예수님 안에서 믿음으로 하느님의 자녀가 되었습니다. 그리스도와 하나 되는 세례를 받은 여러분은 다 그리스도를 입었습니다."(갈라 3,26-27) 즉 우리는 세례로 그리스도의 가족이 되었다.

우리는 은총을 입어 하느님의 자녀가 된다. 따라서 그리스도와 형제 되는 신분을 가지게 된다. 또한 그 신비체인 교회의 구성 요원으로서 밀접하게 그와 일체를 이룬다. 세례는 영혼을 성화한다. 이는 성령이 거처하시기에 합당한 자리가 되게 하기 위함이다. 세례로 말미암아 하느님의 형상이 우리 영혼에 새겨지게 되는 것이다.

바오로 사도는 당시 이방인의 죄악을 코린토 사람들에게 열거한 뒤 "여러분 가운데에도 이런 자들이 더러 있었습니다. 그러나 여러분은 주 예수 그리스도의 이름과 우리 하느님의 영으로 깨끗이 씻겼습니다. 그리고 거룩하게 되었고 또 의롭게 되었습니다."(1코린 6,11)라고 하였다.

세례는 우리로 하여금 천국의 상속자가 되게 하며 그리스도와 공동 상속자가 되게 한다.

"사실 우리도 한때 어리석고 순종할 줄 몰랐고 그릇된 길에 빠졌으며, 갖가지 욕망과 쾌락의 노예가 되었고, 악과 질투 속에 살았으며, 고약하게 굴고 서로 미워하였습니다. 그러나 우리 구원자이신 하느님의 호의와 인간애가 드러난 그때, 하느님께서 우리를 구원해 주셨습니다. 우리가 한 의로운 일 때문이 아니라 당신 자비에 따라, 성령을 통하여 거듭나고 새로워지도록 물로 씻어 구원하신 것입니다. 이 성령을 하느님께서는 우리 구원자이신 예수 그리스도를 통하여 우리에게 풍성히 부어 주셨습니다. 그리하여 우리는 그분의 은총으로 의롭게 되어, 영원한 생명의 희망에 따라 상속자가 되었습니다."(티토 3,3-7)

바오로 사도의 이 말을 읽어 보아도 세례를 마땅히 받으면 죄를 용서받고 하느님의 자녀가 되고 영혼이 거룩해지며 영생의 은혜를 받을 자격을 얻게 됨을 알 수 있다. 어느 프로테스탄트 교파의 주장대로 "세례는 신자의 내부적 구원의 경험을 외부적으로 증명하는 사실일 뿐"이 결코 아님을 알 수 있다.

세례에 쓰는 물이나 기도문 자체에 어떤 고유의 효능이 있는 것은 아니다. 예수 그리스도께서는 오직 당신 전능으로 세례 예식에 영혼 질병을 치료하는 절대 효능을 부여하셨다. 그로 말미암아 영세자는 다시 나는 은혜를 입게 된다. 예수 그리스도의 말씀은 곧 창조 능력이다. 마치 벳자타 연못에서 육신 질병을 고치신 놀라운 효능을 부여하듯이(요한 5장 참조). 이 언급에 의거하여 독자들은 1872년에 소집된 성공회 볼티모어 회의의 세례에 대한 결의 내용을 고찰하여 보라. "'다시 난다'란 말은 '도덕적 변화'란 의미로 이해할 것이 아니다."라는 그 회의의 결정이다. 세례로 말미암아 영혼에 아무 유형적 변화도 보이지 않는 만큼 세례성사에서 '도덕적 변화' 즉 '영적 변화'가 일어나지 않는다면 거기에서는 변화라 할 만한 변화는 도무지 일어나지 않는다는 말이 된다. 과연 그렇겠는가.

만일 죄악으로부터 성덕의 길로 옮아감이 변화가 아니고, '진노의 자식'이 '하느님의 사랑하는 아들'로 인정됨이, 부패에서 성화의 영역으로 옮아감이, '죽음의 상속자'가 '하늘나라의 상속자'로 됨이 도덕적 변화가 아니라면 이 모든 변화라는 말은 그 참뜻을 잃어버리게 될 것이다.

수세授洗(세례) 양식

침례교회는 영세 양식에 관하여 일종의 오해를 품고 있다. 즉 정당한 세례가 되려면 반드시 물에 담가야 한다는 것이다. 그러나 세례는 세 가지 양식으로 정당히 수여할 수 있다. 세례를 받는 자를 물속에 담그는 침수례와, 맑은 물을 흘려 붓는 주수례注水禮, 맑은 물을 뿌리는 살수례撒水禮가 그것이다.

세례성사를 베푸는 데 관하여 예수께서 특정 양식을 제정하신 바가 없으므로 가톨릭 교회에서는 때와 곳에 따라 가장 편한 방법을 재량껏 택한다. 교회 창립 후 수세기 동안에는 대체로 침수례를 택하였으나, 12세기 이후에는 침수례보다 간편한 주수례로 오늘날에 이르렀다.

세례에 있어서는 주수례나 살수례도 침수례와 같이 정당한 효과가 있다. 이는 침수례로 하던 초대 교회에서도 가끔 주수례와 살수례를 병행하던 예를 보아도 알 수 있다. 베드로 사도가 성령을 받은 후 최초의 설교를 하던 날 3천여 명에게 세례를 베풀었다(사도 2,41 참조). 이 3천여 명이라는 많은 사람에게 주요 교리를 해독시킨 다음, 그 하루 동안에 그들 각자에게 침수례로 할 수는 없었던 것이다. 또 바오로 사도와(사도 22,16 참조) 간수가 자기 가족들과 함께 세례를 받은 정황을 더듬어 보면(사도 16,33 참조) 그런 경우에는 침수례로 받을 수는 없고 반드시 주수례나 살수례로 받았을 것이다.

또 초대 교회사를 뒤져 보라. 병자에게 임종 때에 세례를 베풀고 죄수에게 감방에서, 선원에게 배 위에서 세례를 베푼 예가 매우 많다. 이러한 수세의 정당성과 효과에 대하여 이론을 제기한 교부는 하나도 없었다. 이러한 경우에 침수례를 행하기는 불가능한 일이다. 위에서도 말했듯이 세례는 인간 구원에 절대 필요한 전례이므로 예수께서는 누구든지 다 받을 수 있도록 최대한의 편의를 허용하셨을 것이다.

그러나 만일 침수 세례만이 효과가 있다면, 무수한 환자와 허약자와 죄수와 항해자와 한대 지방 사람들은 어떻게 세례를 받을 수 있겠는가. 또 날씨가 험악한 날엔 어떻게 침수 세례를 받을 수 있겠는가. 이러한 환경에 있는 이들은 아무리 다시 나는 은혜를 받고자 하는 간절한 원의를 가졌을지라도 사정상 그 뜻을 이룰 수 없게 되거나, 그렇지 않으면 생명을 내걸고 모험을 하지 않을 수 없게 될 것이다. 하느님께서는 결코 우리에게 이런 무리한 고통을 강요하지는 않으신다.

더욱이 침수 세례만이 정당한 것이라면 가톨릭 교회가 2천 년 동안 세계 곳곳에서 베푼 주수례나 살수례로 한 세례로 다시 난 수억 영혼들은 하늘나라를 누리지 못하겠는가. 그렇다면 이는 교회의 무류성에 비추어 용납될 수 없다.

로빈슨은 베드로 사도의 수세에 관하여 말하기를 "예루살렘 근처에는 백 보 가량 흐르는(그다음 땅속으로 들어감) 실로에 내 외에 다른 냇물은 없다. 시민들이 사용하는 물은 우물뿐이다. 8천 명에게 침수 세례를 줄 만한 물을 길어 올 수는 없다."[61]라고 하였다. 그러므로 당시에는 침수례로는 하지 못하고 주수례나 살수례로 하였을 것이다.

1세기 말에 저술된 《디다케-열두 사도들의 가르침》에는 세례에 대하여 "흐르는 물이 없거든 다른 물로 세례를 베풀라. 냉수로 할 수 없으면 온수로 하라. (침수하기에) 둘 다 불가능하거든 '성부와 성자와 성령의 이름으로' 이마에 세 번 물을 부으라."라고 하였다. 기타 예증과 증언이 많으나 생략한다.

---

61   Robinson, 《Biblical Researches in Palestine》, Vol., I

제20장

견진성사

견진은 주교의 안수와 기름 바름과 기도로써, 이미 영세한 신자가 성령을 받아 그 신앙의 견고함을 얻고 일생을 성결히 지낼 만한 특은을 받는 성사이다. 이 성사를 견진성사라고 부르는 것은 이 성사로 하느님의 은혜를 받아 영혼이 강하고 용감해짐을 표시하기 때문이다. 또 안수례按水禮라고도 하는 것은 이 예절을 행할 때 주교가 신자의 머리 위에 안수하기 때문이다.

견진성사에 관한 성경의 예를 들기로 하자.

"예루살렘에 있는 사도들은 사마리아 사람들이 하느님의 말씀을 받아들였다는 소식을 듣고, 베드로와 요한을 그들에게 보냈다. 베드로와 요한은 내려가서 그들이 성령을 받도록 기도하였다. 그들이 주 예수님의 이름으로 세례를 받았을 뿐, 그들 가운데 아직 아무에게도 성령께서 내리지 않으셨기 때문이다. 그때에 사도들이 그들에게 안수하자 그들이 성령을 받았다."(사도 8,14-17)

또 에페소에 있는 제자들이 "이 말을 듣고 주 예수님의 이름으로 세례를 받았다. 그리고 바오로 사도가 그들에게 안수하자 성령께서 그들에게 내리시어, 그들이 신령한 언어로 말하고 예언을 하였다." (사도 19,5-6) 히브리 신자들에게 보낸 서간 6장 12절에도 견진성사를 세례와 고해와 기타 기본 교리와 같이 뚜렷이 기록하였다.

바오로 사도는 코린토 신자들에게 "우리를 여러분과 함께 그리스도 안에서 굳세게 하시고 우리에게 기름을 부어 주신 분은 하느님이십니다. 하느님께서는 또한 우리에게 인장을 찍으시고 우리 마음 안에 성령을 보증으로 주셨습니다."(2코린 1,21-22)라고 하였다.

하느님께서는 견진성사로 우리의 믿음을 굳게 하신다. 주교가 우리 이마에 긋는 십자 성호로 표상되는 영적 기름 바름으로 기름 발라 주신다. 또한 십자 성호로써 우리 영혼에 영원불멸의 표지를 주신다. 또 우리가 견진성사를 받을 때 하느님께서 우리 마음에 성령을 주시어 장차 영광이 되게 하신다. 견진성사를 베푸는 주교는 외적 증거로 기름을 바르고 "모든 사람 안에서 모든 활동을 일으키시는 분"(1코린 12,6)께서는 그 내적 증거로 그 영혼을 성화하신다.

안수례와 이로 말미암아 받는 은총은 다만 사도 시대에뿐 아니라 그 후에까지 계속되어 온 것이다. 계속되지 않는다 함은 근거 없는 얘기이다.

안수례는 사도 시대부터 오늘날까지 강론, 세례, 서품 등의 성무처럼 권위 있는 불변의 전례요, 오늘날까지 실행되어 온 것이다. 그러므로 이 사도들의 성직을 계승하는 오늘날의 주교들도 강론, 세례, 서품에서와 같이 반드시 안수례를 행하는 데 있어서도 권위와 의무를 가지고 있다.

처음에 사도들로부터 견진성사를 받은 이들은 미래를 예언하거나, 신령한 언어를 말하는 능력, 기적을 행하는 특은까지 받았다. 그러나 오늘날에는 이러한 특은이 견진성사에 수반되지는 않는다. 장성한 오늘날의 교회에는 이러한 예외적인 특은이 필요하지 않기 때문이다.

사도와 제자들이 받은 이러한 특은은 그들의 자기 성화를 위한 것이 아니라 다른 이들의 교화를 위한 것이었다. 여러 언어를 구사할 수 있는 특은은 여러 외국인에게 복음의 진리를 알리기 위함일 뿐 아니라 사도들의 성직이 하느님께로부터 온 것임을 알리기 위해서였다. 오늘날의 교회는 이미 확고부동한 기초 위에 서 있으며 그 성직은 하느님께로부터 온 것임이 뚜렷이 인정되었으므로, 이러한 기적적 특은이 필요하지 않게 되었다.

그레고리오 성인은 이 사실을 평범한 비유로 말하였다. "마치 정원사가 어린 묘목을 옮겨 심고 자주 물을 주고 가꾸어 주어 충분히 뿌리내릴 때까지는 인공 배양에 노력하다가 다 자란 뒤에는 자연에게 맡기듯이, 교회도 초기에는 하느님께서 기적과 권능으로 기르시다가, 전 세계에 널리 퍼진 뒤에는 당신의 자연 섭리에 맡겨 두신다."라고 하였다.

아우구스티노 성인도 이 문제에 대하여 "교회 초기에는 성령이 사도들에게 강림하시어 그들은 배우지 않은 여러 언어에 능통하였다. 이는 그 시대에 적응한 기적이다. 그러나 오늘날에는 안수례를 받고 외국어에 능통한 은혜를 기대하는 이가 어디 있으며, 또 안수례를 받은 소년에게 외국어를 통역할 수 있는 재능을 바랄 이가 어디 있겠는가. 그렇다면 기적의 표시가 없이 어찌 성령의 강림 여부를 알 수 있을까. 보라! 성령 강림의 확실한 표지는 이것이다! 즉 내가 진실로 남을 사랑하는지 않는지를 각자 자문하여 보라. 내가 만약 남을 나처럼 사랑한다면 이는 성령께서 내게 와 계신 확실한 증거다."[62]라고 하였다.

사도들의 가르침을 따라 모든 교부들도, 교회 초기부터 견진성사는 하느님께서 세우신 것이며, 이로써 큰 영적 이익을 받게 된다고 선언하였다. 테르툴리아누스는 "육신에 기름 바름은 그 영혼의 축성이요, 육신에 십자 성호를 그음은 그 영혼이 강해지게 하기 위함이요, 머리 위에 안수함은 성령의 빛으로 그 영혼을 비추고자 함이다."[63]라고 하였고, 치프리아노 성인은 사마리아에서 영세한 교우들에 대하여 "그들은 정당하게 영세하였으므로, 그들의 모자람을 베드로 사도와 요한이 채워 주었다. 즉 그들을 위하여 기도하고 안수하며 성령이 강림하기를 기도하였다. 이는 지금 우리 가운데서

---

62 Tract VI. in Ep. Joan.
63 De Resur. car.

도 실행되는 성사이다. 교회에서 영세한 이를 주교에게 인도하여 그의 기도와 안수로 그들이 성령을 받으며 주님의 표지로써 완전하게 한다."[64]라고 하였다.

예루살렘의 치릴로 성인은 견진 때의 성유聖油를 성체에 견주어 말했다. "너희는 기름 바름을 받아 그리스도의 지체가 되었다. 이 성유를 여느 기름으로 여기지 말라. 성체의 제병이 성령께 기도드린 후에는 벌써 제병이 아니고 성체로 변하듯이, 성유도 성령께 기도드린 후에는 여느 기름이 아니고 하느님의 전능으로 효능을 발하는 그리스도와 성령의 선물이 된다. 이 성유를 너희의 이마에 바름은 하느님의 명령을 거역한 최초의 인간이 늘 경험해 온 부끄러움에서 구원해 주기 위한 것이요, 하느님의 영광을 가리지 않고 보게 하기 위한 것이다. 그리스도께서 세례와 성령을 받으신 후에 모든 고난과 역경을 이기셨듯이, 너희도 세례와 신비의 기름 바름을 받음으로 말미암아 성령의 도움으로 튼튼하게 무장하고 모든 고난을 당할 때 '나를 강하게 하시는 그리스도로 말미암아 나는 무엇이든지 할 수 있다.'라고 용감히 부르짖으며 이를 극복하게 하시기 위한 것이다."[65]라고 하였다.

암브로시오 성인은 바오로 사도가 말한 "하느님께서는 또한 우리에게 인장을 찍으시고 우리 마음 안에 성령을 보증으로 주셨습니

---

64 EpiSt. Lxxiii
65 Cat. xxi. Mys. iii. De S. Chrism.

다."(2코린 1,22)라고 한 구절의 해설에서 "너희는 영적 표를 받았음과 지혜와 통달의 신, 의견과 용감의 신, 지식과 효경의 신, 거룩한 외경의 신이신 성령을 받았음을 늘 생각하라. 하느님 아버지께서는 너희에게 표를 박아 주셨고, 주 그리스도께서는 너희가 이미 바오로 사도의 교훈을 받아 아는 대로, 너희를 굳세게 하시고 너희 마음에 성령을 주시기로 약속하셨다."[66]라고 하였다. 암브로시오 성인의 이 말은 견진성사 때 받는 성령칠은聖靈七恩에 대한 것이다. 오늘날에도 주교가 안수받으려는 신자들에게 일곱 가지 은혜가 내리기를 하느님께 기도한다.

예로니모 성인은 당시 루치페리안파 이단자들에게 "세례를 받은 사람들에게 안수하며, 성령이 강림하시기를 기도함은 교회의 관례임을 모르는가. 이것은 사도행전에 기록되어 있다. 또 만약 성경에 그 기록이 없다 할지라도 전 세계가 기정하는 사실로 충분히 증거할 수 있다."[67]라고 하였다.

아우구스티노 성인은 "너희는 가시적 표지의 하나인 견진성사가 세례성사만큼 거룩한 것임을 잘 이해할 것이다."[68]라고 하였다.

여러 동방 이교에서도 견진을 성사로 인정하며 안수와 기름 바르는 예절을 가톨릭 교회에서처럼 거행한다. 그중 몇은 4세기 혹은

---

66 De MySt. cvii. n.42
67 Dial. adv. Lucifer
68 L. II., contra lit. Petil.

5세기에 가톨릭 교회를 떠난 이교들이다. 견진성사가 사도들이 남긴 제도임은 이런 사실로도 충분히 증명된다.

　프로테스탄트 교파들은 개혁 바람에 모든 성사를 없앨 때 견진성사도 없애 버렸다.[69] 다만 성공회에서는 견진이라는 명칭과 그 예절을 아직 보존하고 있다. 그러나 가톨릭 교회나 동방 이교의 가르침과는 정반대로 견진을 일종의 예식으로만 알 뿐 이를 성사로 인정하지는 않는다. 또한 예식을 거행하되 사도 전래의 정규 예절을 마음대로 고쳐 성유를 바르는 중요한 부분을 없애 버렸다. 그들은 실체는 버리고 겉껍질만을 지키고 있다. 또한 성공회 교역자들도 신자들의 머리 위에 안수하기는 하지만 그들의 손은 "너희가 축복하는 자는 축복을 받을 것이며 너희가 거룩하게 하는 것은 거룩하여지리라."[70] 한 베드로 사도나 요한의 손이 아니고, 치프리아노 성인나 아우구스티노의 손도 아니다. 이 사도들의 손은 하늘의 권위를 지녔지만, 성공회 주교들의 손은 개혁자들의 행위로써 영적으로 마비되었고, 자신들이 행하는 예식에서 어떠한 성사적 효능도 부인한다.

69　한국의 성공회는 기름도 바르고 견진을 성사로 인정한다. ─ 역자 주
70　Roman Pontifical

제21장

성체성사

가톨릭 교회에서 가르치는 교리 중 예수 그리스도께서 성체성사 중에 실재하신다는 교리보다 더 정확한 성경상 근거를 가진 교리는 없다. 신약 성경에는 성체에 대한 기록이 너무나 명백하므로 그중에서 어느 것을 선택해야 좋을지 모를 지경이며, 또 그 모든 기록을 제한된 지면에 전부 밝히기는 불가능하다.

네 복음사가들의 기록을 살펴보면 동일 사건에 관하여 일률적 필치로 기록하지는 않았다. 서로 빈 부분을 채워 주며 저술했기 때문에 이 복음서에는 상세한 기록이 저 복음서에는 아주 빠져 있거나 또는 간단히 적혀 있는 것이 보통이다. 그러나 성체성사에 대한 기록만은 이 통례를 벗어나고 있다. 네 복음사가와 바오로 사도 모두 이에 대하여는 아주 세밀하고 풍부하게 썼으므로 그중 하나만으로도 성체성사의 증거로 삼을 수 있다.

성령의 인도를 받은 성경 저자들이 성체성사를 특히 힘을 들여 증언한 중대한 이유는 어디 있는가. 즉 이 중대한 성체 교리는 우리의 절대 신앙을 요구하는 것이며, 또 "하느님을 아는 지식을 가로막고 일어서는 모든 오만을 무너뜨리며, 모든 생각을 포로로 잡아 그리스도께 순종"(2코린 10,5)시켜야 할 것인데, 훗날 인간적 척도로 하느님의 말씀을 감히 비판하고 반대하는 자들의 출현을 예견하였기 때문이었다.

신약 성경 가운데 예수께서 성체성사 안에 실재하심을 가장 만족스럽게 보여 주는 세 가지 논증을 여기에 들려고 한다. 첫째, 성체에 관한 주님의 약속. 둘째, 성체성사를 세우심. 셋째, 영성체에 관한 것이다.

우선, 주님의 약속에 대하여 말하겠다.

예수께서 갈릴래아 호숫가에서 가르치실 때 행하신 놀라운 기적을 보고 그 숭고한 구원의 말씀을 들은 군중이 모여들었다. 그때 그들에게 먹을 것이 없음을 아시고 그들을 불쌍히 여기시어 빵 다섯 개와 물고기 두 마리로 5천 명의 남자들과 수많은 여자들과 아이들을 배불리 먹이셨다.

예수께서는 이 사람들을 보시고 이 기회를 이용하여 그들에게 당신의 몸과 피의 성사에 대하여 예언하셨다. 예언하신 그 성사에는 수천 명뿐 아니라 수억의 영혼이 참여하여야 될 것이며, 또 그는 언제 어디서든지 세상 끝날까지 영원히 계속될 것이다.

"'나는 생명의 빵이다. 너희 조상들은 광야에서 만나를 먹고도 죽었다. 그러나 이 빵은 하늘에서 내려오는 것으로, 이 빵을 먹는 사람은 죽지 않는다. 나는 하늘에서 내려온 살아 있는 빵이다. 누구든지 이 빵을 먹으면 영원히 살 것이다. 내가 줄 빵은 세상에 생명을 주는 나의 살이다.' 그러자 '저 사람이 어떻게 자기 살을 우리에게 먹으라고 줄 수 있단 말인가?' 하며, 유다인들 사이에 말다툼이 벌어졌다. 예수님께서 그들에게 이르셨다. '내가 진실로 진실로 너희에게 말한다. 너희가 사람의 아들의 살을 먹지 않고 그의 피를 마시지 않으면, 너희는 생명을 얻지 못한다. 그러나 내 살을 먹고 내 피를 마시는 사람은 영원한 생명을 얻고, 나도 마지막 날에 그를 다시 살릴 것이다. 내 살은 참된 양식이고 내 피는 참된 음료다. 내 살을 먹고 내 피를 마시는 사람은 내 안에 머무르고, 나도 그 사람 안에 머무른다.'"(요한 6,48-56)

만약 우리가 그들 가운데 한 사람으로 주님의 이 말씀을 처음 그 자리에서 들었다면, 예수께서 참으로 당신의 살과 피를 두고 하신 말씀임을 잘 알아들었을 것이다. 주님의 이 말씀은 매우 간단명료하여 도저히 다른 의미로는 해석할 수 없다. 예수께서 유다인들에게 "너희의 조상들은 만나를 먹고도 죽었지만, 이 빵을 먹는 사람은 죽지 않는다."라고 하신 것은 예수께서 장차 주실 음식은 이스라엘 백성들을 먹이던 만나보다 훨씬 좋은 것임을 두고 하신 말씀이나. 만일 성체가 기념적으로 먹고 마실 빵과 포도주일 뿐이라면 만나보다 낫기는커녕 도리어 못할 것이다. 만나는 초자연적 기적적 음식이었으나 빵과 포도주는 자연적이며, 지상적일 뿐인 까닭이다. 어쨌든 주님 말씀의 참뜻을 그대로 바로 해석할 수 있는 사람은 그때 직접 주님으로부터 말씀을 들은 제자들과 그 자리에 모였던 사람들이다. 그들은 모두 오늘날 가톨릭 교회의 가르침과 똑같이 주님의 말씀을 참뜻대로 솔직히 알아들었다. 그리고 그 말씀은 실제로 당신의 살과 피를 의미한다는 것을 확신했다.

요한 사도는 그때의 한 장면을 이렇게 묘사하였다. "'저 사람이 어떻게 자기 살을 우리에게 먹으라고 줄 수 있단 말인가?' 하며, 유다인들 사이에 말다툼이 벌어졌다."(요한 6,52) 제자들 가운데 여럿이 이 말씀을 듣고 "이 말씀은 듣기가 너무 거북하다. 누가 듣고 있을 수 있겠는가?" 하며 수군거렸다. 많은 제자들은 예수께서 약속하시는 이 말씀을 듣고 "더 이상 예수님과 함께 다니지 않았다."(요한 6,66)라고 할 만큼 매우 놀랐다. 성경에 나타난 사람들의 언행으로 보더라도 그들이 주님의 말씀을 문자 그대로 해석하였음이 분명하다. 만일 그들이 이 말씀을 상징 또는 비유로만 알아들었다면 "이렇게 말씀이 거북해서야"라고 했을 리도 없을 것이며 주님을 버리고 떠났을 리도 없었을 것이다. 그러나 어떤 사람은 제자들과 유다인들이 예수께서 오직 상징적으로 말씀하신 것을 글자 그대로 오해한 것이 아닐까 한다. 이런 반문에 답변하기는 쉽다. 사실 사람들이 주님의 말씀을 이해하지 못하거나 오해한 때가 없지도 않았다. 그런 경우에는 반드시 다른 말로 더 쉽게 말씀하시어 그들의 오해가

다 풀릴 때까지 설명하셨다. 예를 들면, 니코데모가 "누구든지 위로부터 태어나지 않으면 하느님의 나라를 볼 수 없다."라는 주님의 말씀을 이해하지 못하자 즉시 "누구든지 물과 성령으로 태어나지 않으면, 하느님 나라에 들어갈 수 없다."(요한 3,5)라고 덧붙이셨다. 또 한번은 제자들에게 "너희는 주의하여라. 바리사이들과 사두가이들의 누룩을 조심하여라."(마태 16,6)라고 했으나 제자들이 그 뜻을 깨닫지 못하자 즉시 그 뜻을 밝혀 주시어 바리사이들의 가르침을 조심하라는 뜻임을 알게 하셨다.

그러나 성체성사에 관하여 선언하셨을 때 그 말씀을 말 그대로 알아듣는 사람들의 태도를 보시고 그 의미를 달리 말씀하셨는가. 그렇지 않으면 그것은 비유라고 말씀하셨는가. 어조를 부드럽게 하여 흥분된 사람들을 가라앉히려고 하셨는가. 결코 아니다. 도리어 더 강렬한 어조로 반복하여 말씀하셨다. "정말 잘 들어 두어라. 만일 너희가 사람의 아들의 살과 피를 먹고 마시지 않으면 너희 안에 생명을 간직하지 못할 것이다."

예수께서 여러 유다인과 제자들이 당신을 버리고 떠나자 당신 친히 택하신 사도들에게 말씀하시기를 "너희도 떠나고 싶으냐?" 하고 물으시자 베드로 사도가 나서서 "주님, 저희가 누구에게 가겠습니까? 주님께는 영원한 생명의 말씀이 있습니다."(요한 6,67-69) 하고 대답하였다. 독자들의 주님의 말씀에 대한 태도는 어떠한가. 불신에 가득 찬 유다인들처럼 "저 사람이 어떻게 자기 살을 우리에게 먹으라고 줄 수 있단 말인가?"라고 할 것인가. 또 믿음 없던 제자들처럼 "이 말씀은 듣기가 너무 거북하다. 누가 듣고 있을 수 있겠는가?"라고 말하겠는가. 우리는 가장 솔직하게 그 신앙을 고백하던 베드로 사도를 따라 "주님께서 영원한 생명을 주는 말씀을 가지셨는데 우리가 주님을 두고 누구를 찾아가겠습니까?"라고 하여야 옳을 것이다.

이제는 실제로 성체성사를 세우신 중요 사실에 대하여 말하려 한다. 이는 마태오 · 마르코 · 루카 복음서에 거의 일치된 문구로 기록되어 있다.

"그들이 음식을 먹고 있을 때에 예수님께서 빵을 들고 찬미를 드리신 다음, 그것을 떼어 제자들에게 주시며 말씀하셨다. '받아 먹어라. 이는 내 몸이다.' 또 잔을 들어 감사를 드리신 다음 제자들에게 주시며 말씀하셨다. '모두 이 잔을 마셔라. 이는 죄를 용서해 주려고 많은 사람을 위하여 흘리는 내 계약의 피다.'"(마태 26,26-28)

이 말씀과 성체성사에 대한 주님의 약속(요한 6,48-56 참조)을 대조해 보라. 그 얼마나 충실한 약속 이행인가. 얼마나 놀랍게 일치되는가를 보라. "이는 내 몸이다. 이는 내 피다."보다 더 명확한 표현이 또 어디 있겠는가.

그러면 프로테스탄트 교파에서는 어찌하여 가톨릭 교회의 이 교리를 반대하는가. 성경 구절의 의미가 명확하지 못하여서인가. 성경 구절의 의미는 너무도 명확하여 조금도 의심할 여지가 없다. 이

제 남은 것은 다만 하느님께서 어떻게 당신의 살과 피를 우리 영혼의 양식으로 주실 수 있겠는가 하는 하느님의 크나큰 영적靈蹟에 대한 의아심뿐일 것이다. 이는 정말 하느님의 무한하신 전능 전선을 유한한 인간 이성으로 재보려는 오만이 아니이다. 또 이는 인간 이성이 잴 수 없는 하느님의 전능이 어디 있겠느냐는 말이다. 우리로서 불가능하니까 하느님께서도 불가능하시리라고 어찌 감히 말할 수 있겠는가. 하느님께서는 하늘과 땅을 무에서 한마디 말씀만으로 창조하셨다. 이는 과연 어떠한 현의玄義인가. 하느님께서는 우주 만물을 허공중에 지지하고 계시며, 약한 어린 싹에 기적을 행하셔서 풍요로운 논밭을 이루셨다. 또한 빵 다섯 개와 물고기 두 마리로 5천 명을 먹이셨다. 이스라엘 백성을 광야에서 40년 동안이나 만나로 먹이셨으며, 이집트에서 강물을 피로 변화시키고 카나의 혼인 잔칫집에서 물을 술이 되게 하셨다. 그리고 경건한 영혼들을 성령의 궁전이 되게 하셨다. 이러한 모든 기상천외한 기적을 행하시는 하느님께서 우리의 영혼을 기르기 위하여 빵으로 당신 몸을 이루시고 포도주로 당신 피를 이루기에 어찌 힘드시겠는가. 주님의 말씀이 이렇게도 명확한데 어떻게 이를 부인하려 드는가.

또 성체 교리는 도무지 이해할 수 없는 현의라 하는 이도 있다. 과연 이 교리는 가장 심오한 현의이다. 계시 진리를 이해하기 어렵다는 이유로 배척한다면, 그 종교는 벌써 자멸의 가능성이 내포되어 결국 한 합리주의가 되어 버릴 것이다.

우리 주변의 모든 것이 다 신비스러운 존재이며, 무엇보다도 나 자신부터가 큰 신비이다. 혈액 순환의 이치, 섭취한 음식물이 살과 피로 변하는 이치의 신비, 영혼이 어떻게 육신에 생기를 주는지, 영혼의 의사를 따라 어떻게 사지가 자유로 움직이는지를 설명해 보라고 하면 선뜻 답을 내릴 수 없을 것이다. 또한 생과 사의 크고도 오묘한 그 신비를 설명할 수 있겠는가.

성경에도 많은 불가사의가 얼마든지 기록되어 있지 않은가. 우선 삼위일체 교리를 보라. 이 심오한 교리는 이성을 초월하였을 뿐 아니라 차라리 반이성적으로 보이나, 우리는 이를 신앙 안에서 믿는다. 또한 우리는 가난한 베들레헴 마을 마구간에서 강보에 싸여 울던 아기가 주님이심을 믿는다. 이성을 초월하는 존재를 부정하는 합리주의자들이 성체성사의 깊은 뜻을 배척함은 그렇다 치더라도 성경의 진리를 믿는다는 소위 그리스도교 신자가 이 교리를 배척한다는 것은 정말로 이해할 수 없는 일이다.

"이것은 내 몸이다."라는 성구에 대한 가톨릭 교회의 해석을 배척하는 사람들이 여기에 대한 그들 나름의 만족할 만한 해석을 가졌느냐 하면 그렇지도 못하다. 다만 허술하고 빈약한 자아 편견의 여러 설이 우리 귀를 시끄럽게 할 뿐이다. 소위 종교 개혁자들이 성체 교리를 배척한 이래 몇 해 지나지 않아 이 구절에 대한 그들의 해설이 백여 가지나 나타나, 수습이 곤란한 상태에 이르게 되었다. 무너뜨리기는 쉬워도 재건하기는 어려운 법이다.

성경 해석은 언제든지 그 자구 그대로 간단명료하게 해석하는 것이 원칙이며, 어떤 특별한 이유가 없이는 마음대로 비유적 해석을 붙이지 못하는 법이다. 그러므로 성체성사를 세우실 때의 주님의 이 말씀에 대하여 도저히 비유적 해석을 붙일 수 없다. 엄격히 글자 그대로 하여야 한다. 이 말씀을 누구에게 하셨으며, 어떤 때에, 어떠한 경우에 하셨는가.

이 말씀은 예수께서 친히 택하신 가장 가까운 사도들에게 하신 것이다. 미리부터 장차 그들에게 말씀하시기로 약속하신 그 말씀은 비유의 말씀도 아니요, 모호한 말씀도 아니다. 오직 단순하고 직접적인 진리의 말씀이다. 이 말씀은 어느 때에 하셨는가. 곧 수난 전날 밤이다. 무릇 죽음을 맞아 남기는 말처럼 간단명료한 그것이 어디 있겠는가.

"이것은 내 몸이다. 이것은 내 피다." 하신 말씀은 모든 사람이 반드시 믿어야 할 새 교리를 표현한 것이며, 또 모든 사람이 반드시 지켜야 할 새 율법의 구체적 표현이다. 더구나 이것은 우리 구세주의 마지막 유언이다. 이와 같은 절대 신앙 교리를 포함한 말씀보다 더 똑똑한 말씀이 어디 있겠는가. 주님의 이 새로운 율법 장려의 말씀보다 더 비유와 상징을 버려야 할 말씀이 어디 있겠는가. 특히 최후의 유언처럼 꾸밈없는 말이 어디 있겠는가.

우리가 이 말씀을 가톨릭 교회의 입장에서 본연의 뜻 그대로 이해한다면 이보다 더 단순하고 이해하기 쉬울 수 없을 것이다. 그러나 만일 가톨릭 교회의 해석을 배척한다면 주님의 말씀에 대한 정확하고 적절한 뜻은 파악할 수 없고, 마침내 분분한 논쟁에 빠지고 말 것이다.

이제 신자들의 영성체 사실에 관한 성경 구절을 밝히려 한다.

예수께서는 최후 만찬 때 성체성사를 세우시고, 사도들과 그 후계자들에게 명령하여 이 예절을 세상 끝날까지 계속 실행하라 하셨다. "너희는 나를 기억하여 이를 행하여라."(루카 22,19)

주님의 이 명령을 사도들이 어떻게 받들어 지켰는지를 고찰하여 보면 성체 교리에 대한 사도 전래의 진정한 신앙을 알 수 있을 것이다. 보라, 사도들이 다만 빵과 포도주를 축복하여 신자들에게 나누어 주기만 했는가. 그렇지 않으면 그들이 믿는 대로 그 빵과 포도주를 실제로 예수의 몸과 피로 축성하였는가. 만일 그들이 다만 그 빵과 포도주를 주님의 최후 만찬 기념으로만 나누어 주었다면, 성체에 대한 가톨릭 교회의 해석은 완전히 땅속에 묻혀 버렸을 것이다. 그러나 이와 반대로 만일 사도들과 그 후계자들이 1세기부터 오늘날에 이르기까지 주님의 명령대로 빵과 포도주를 예수의 참몸과 참피로 축성하여 신자에게 나누어 준 사실이 있다면 가톨릭 교회의 해석만이 진정한 것이 될 것이다.

가톨릭 교회의 해석이 정당함을 증명하기 위하여 우선 바오로 사도를 증인으로 세우려 한다. 이제 독자는 당시 코린토 교회의 일원이라고 상상하라. 마태오의 복음이 기술된 지 약 18년 뒤에 바오로 사도의 아래와 같은 편지가 코린토 신자들에게 전달되고 낭독되었다. "우리가 축복하는 그 축복의 잔은 그리스도의 피에 동참하는 것이 아닙니까? 우리가 떼는 빵은 그리스도의 몸에 동참하는 것이 아닙니까? 빵이 하나이므로 우리는 여럿일지라도 한 몸입니다. 우리 모두 한 빵을 함께 나누기 때문입니다."(1코린 10,16-17)

"사실 나는 주님에게서 받은 것을 여러분에게도 전해 주었습니다. 곧 주 예수님께서는 잡히시던 날 밤에 빵을 들고 감사를 드리신 다음, 그것을 떼어 주시며 말씀하셨습니다. '이는 너희를 위한 내 몸이다. 너희는 나를 기억하여 이를 행하여라.' 또 만찬을 드신 뒤에 같은 모양으로 잔을 들어 말씀하셨습니다. '이 잔은 내 피로 맺는 새 계약이다. 너희는 이 잔을 마실 때마다 나를 기억하여 이를 행하여라.' 사실 주님께서 오실 때까지, 여러분은 이 빵을 먹고 이 잔을 마실 적마다 주님의 죽음을 전하는 것입니다. 그러므로 부당하게 주님의 빵을 먹거나 그분의 잔을 마시는 자는 주님의 몸과 피에 죄를 짓게 됩니다. 그러니 각 사람은 자신을 돌이켜보고 나서 이 빵을 먹고 이 잔을 마셔야 합니다. 주님의 몸을 분별없이 먹고 마시는 자는 자신에 대한 심판을 먹고 마시는 것입니다."(1코린 11,23-29)

성체성사에 대한 예수님의 가르침을 바오로 사도가 어떻게 이보다 더 명백히 말할 수 있겠는가. 자신과 동료 사도들이 축성한 잔과 빵은 곧 그리스도의 살과 피라고 단언하였다.

특히 합당하지 않게 이 빵을 먹거나 이 잔을 마시는 성체 모령자는 곧 주님의 몸과 피를 모독하는 죄인이라는 준엄한 말을 들어 보라. 이는 곧 성체 모령자는 하느님의 피를 헛되이 흐르게 하는 큰 죄인이라는 말이다. 만일 성체가 다만 보통 빵과 포도주일 뿐이라면 이를 조금 먹는다 하여 어떻게 중죄가 되겠는가.

어떤 사람이 국왕의 초상이나 조각상에 불경스러운 폭행을 저질렀다 하자. 누가 그를 살인범이라 할 수야 있겠는가. 주 예수를 기념하는 포도주가 보통 포도주라면 어찌 바오로 사도가 그것을 합당하지 않게 마신 사람은 성혈을 모독한 대죄인이라고 규정할 수 있었겠는가.

또 "주님의 몸이 의미하는 바를 깨닫지 못하고 먹고 마시는 사람은 그렇게 먹고 마심으로써 자기 자신을 단죄하는 것입니다."라는 말을 연구해 보라. 성체 모령자는 주님의 몸에 대한 불신행위로 죽을죄로 규정받는다. 만약 그 앞에 놓인 것이 평범한 빵과 술이라면 주님의 몸을 분별하지 못한다 하여 죽을죄라는 단죄까지 받을 수 있겠는가. 그러므로 바오로 사도의 이 말을 어떤 상징이나 은유로 해석해 버린다면 이는 아무 의미도 진리도 없는 과장이 심한 억지일 뿐이다. 그러나 이를 글자 그대로 솔직히 해석한다면 비로소 그 본연의 완전한 의미가 뚜렷이 나타나 그 말씀 자체의 권위가 우리를 숙연하게 한다. 따라서 이 말이 저 복음의 구절에 대한 웅변의 주석이 될 것이다.

교부들도 성체성사에 예수께서 실재하신다는 교리에 대한 바오로 사도의 신앙을 한결같이 고백하였다. 나는 1세기부터 6세기에 이르기까지의 이 성체성사 교리를 공적으로 선언한 저명한 교부 저술가 63명을 들 수 있다. 그들은 성체의 깊은 뜻을 해설하기도 하고 하느님께 성체를 주신 이 무한한 은혜를 감사하기도 하며, 신자들에게 타당한 준비로 영성체를 하라고 하기도 하여, 성체께 대한 순진한 신앙을 고백하였다. 이제 그중 몇몇 증인을 들기로 한다.

베드로 사도의 제자 이냐시오 성인은 영지주의자라는 이단파를 가리켜 "그들은 성체성사가 우리 구세주 예수 그리스도의 살임을 신앙하고 고백하지 않으므로 성체성사를 폐기하였다."라고 하였고, 2세기의 순교자 유스티노 성인은 당시 로마의 안토니오 황제에게 호교서護敎書를 올려 "우리는 이것을 보통 빵과 포도주로 받지 않고 하느님의 말씀으로 우리 주 예수 그리스도의 살이 됨을 알고 받아 모십니다. 우리는 성체가 예수의 참몸이요 참피로 알고 받아 모십니다."라고 하였다.

오리게네스는 "여러분이 그리스도와 함께 파스카 예를 행하러 가면 그분은 당신 몸인 축성한 빵을 여러분에게 주실 것이요, 또 당신 피를 여러분에게 주실 것입니다."라고 하였다.

치릴로 성인은 예비 신자들을 가르칠 때 성체 교리에 관하여 "예수께서 친히 '이는 내 몸이다.'라고 하신 이상 누가 감히 의심할 수 있으며, '이는 내 피다.'라고 하신 이상 누가 감히 의심하여 이것은 예수의 피가 아니라고 함부로 말할 수 있겠는가. 카나의 혼인 잔칫

집에서 물을 포도주가 되게 하신 것은 믿고 포도주를 당신 피가 되게 하신 것은 어찌하여 믿지 못하겠는가."라고 하였다. 이는 마치 근대의 불신자에게 한 말 같다.

요한 크리소스토모 성인은 성체에 대하여 강론할 때 "만일 우리 자신이 유형적 존재가 아니면, 예수께서도 어떤 유형적 존재 속에 숨지 않으시고 다만 무형의 은사를 우리에게 주셨겠지만, 사람은 영혼과 육신의 존재이므로 오관으로 감지할 수 있는, 이성으로 이해할 수 있는 은사를 주신다. 그래서 많은 사람들은 '예수의 형체와 용모와 그 의복을 한번 보았으면' 하는데 보라, 우리는 성체성사에서 예수를 뵙고 만지고 먹지 않는가."라고 하였다.

아우구스티노 성인은 새로 영세한 교우들에게 "여러분에게 성체교리에 대하여 강론하기로 약속하였으나, 그 성체는 여러분이 지금 보기도 하고 또 간밤에 받아 모시기까지 한 것입니다. 여러분이 받아 모신 것이 무엇인지를 알아야 합니다. 여러분이 본 제대 위의 빵은 한번 하느님의 말씀으로 축성하여 그리스도의 몸이 되었고, 저 잔의 포도주는 한번 하느님의 말씀으로 축성하여 그리스도의 피가 된 것입니다."라고 하였다.

이 이상 더 증인을 내세울 필요는 없다. 오늘날 프로테스탄트 교파 이외의 그리스도교파는 모두 성체성사에 예수 그리스도께서 실제로 현존하심을 믿고 고백하지 않는가. 이보다 더 확실한 증거가 또 어디 있겠는가. 실제로 있음을 믿었고, 또 천여 년 전에 갈라져 나간 그리스 정교회와 오늘날의 성공회와 콥트, 시리안, 칼데안, 아르메니안 등 가톨릭 교회와는 아무 연락이 없는 동방 이교파들도 모두 성체 교리를 전통적으로 확신한다. 이것을 보아도 이 오묘한 교리가 사도 전래의 진정한 신앙임이 분명하다.

제22장

단형 영성체

예수께서는 최후의 만찬 때 사도들에게 성체를 주시면서 빵과 포도주 형상 두 가지로 하셨다. 오늘날의 가톨릭 주교나 신부가 미사를 드릴 때에도 반드시 빵의 형상과 술의 형상과의 이형二形으로 성체를 받아 모신다. 그러나 그들이 직접 미사를 드리지 않는 경우에는 성직자는 물론, 비록 교황일지라도 다만 빵의 형상 하나만으로 성체를 받아 모시는 법이다.

그리스도께서는 축성된 빵에도 포도주에도 온전히 실재하시므로 그중 한 가지만 받아 모셔도 완전히 그리스도의 전체를 받는 것이다. 그러므로 빵과 포도주 중 어느 하나만을 모셨다 하여 결코 불완전한 성사를 받았다거나 또는 분리된 그리스도의 일부분만 모신 것이 아니라고 가톨릭 교회에서는 가르친다. 축성한 빵 한 가지만 받는 평신도들도 빵과 포도주 양형을 받는 사제와 마찬가지로 예수의 몸과 피를 가장 완전하고 흡족하게 받는다.

주 예수께서는 "나는 하늘에서 내려온 살아 있는 빵이다. 누구든지 이 빵을 먹으면 영원히 살 것이다. 내가 줄 빵은 세상에 생명을 주는 나의 살이다."(요한 6,51 이하)라고 하셨다.

이 말씀으로 보면 축성한 빵을 먹는 사람은 누구든지 예수 그리스도의 살아 있는 살을 먹는 사람이다. 이 살아 있는 예수의 살은 그 피와 서로 분리될 수 없는 것이다. "우리는 그리스도께서 죽은 이들 가운데에서 되살아나시어 다시는 돌아가시지 않으리라는 것을 압니다."(로마 6,9), 영원한 영광 중에 계셔서 당신 몸이 피와 분리될 수 없는 까닭이다.

이 성경 구절로 보면 예수께서는 포도주 형상에 대하여 말씀하시지 않고 빵 형상에 대하여만 말씀하셨다. 이는 빵의 형상 그 하나만을 모셔도 그 효력이 두 가지로 영성체한 것과 똑같으므로 당신과의 결합과 영적 생명과 영원한 생명을 얻을 수 있음을 명백히 말씀하신 것이다.

바오로 사도는 코린토 교우들에게 성체를 모시는 것에 대하여 "부당하게 주님의 빵을 먹거나 그분의 잔을 마시는 자는 주님의 몸과 피에 죄를 짓게 됩니다."(1코린 11,27)라고 하였다. 즉 누구든지 축성된 빵을 합당치 않게 먹거나 또는 포도주를 합당치 않게 마시는 자는 곧 주님의 몸과 피를 모독하는 대죄인이 된다고 단언한 것이다. 만일 그리스도께서 빵과 술의 형상 속에 다 완전히 계시지 않으시다면 어찌 그렇게 단언할 수 있었겠는가.

성체가 축성한 빵이나 포도주 속에 각각 완전히 현존하신다는 사실은 교부들도 확신하여 왔다. 교부들의 대표자가 될 만한 아우구스티노 성인은 "누구든지 그 빵 조각 하나하나로도 주 그리스도를 완전히 받는다."[71]라고 하였다. 성체 교리에 대하여는 소위 종교개혁자로 자처하던 루터까지 이를 믿었고 특히 한 가지로써의 영성체를 주장하였다. 즉 "만일 어느 공의회에서 빵과 포도주 양형을 쓰라고 명하든지 허가할지라도, 우리는 반드시 이에 반대하여 한 가지만으로 성체를 받아 모실 것이다. 차라리 전혀 받아 모시지 않을지라도 양형으로는 하지 않겠다."[72]라고 하였고, 프로테스탄트의 고명한 신학자 라이프니츠는 "그리스도의 피와 살이 서로 분리될 수 없으므로, 한 가지만 받아 모셔도 그리스도를 온전히 모시는 것이 됨은 부인할 수 없다."[73]라고 하였다.

살아 계신 주님 몸의 살과 피는 절대로 분리될 수 없다. 살아 계신 살이므로 피가 또한 함께 계실 것이고 살아 계신 피이므로 또한 살과 함께 계실 것이다.

그러므로 신자들이 두 가지 다 받았다 할지라도 예수의 성체를 더 많이 받았다 할 수는 없는 것이고, 빵 한 가지만 받았다 해서 예수의 성체를 덜 받았다거나 잃었다고 할 수도 없다.

---

71 Aug. De consec. diSt.
72 Deformula Missae
73 Systema Theol., 250

예수께서는 누구든지 빵과 포도주로 받으라고 명령하시지도 않았고, 세례 예식도 교회에 맡겨 제정하게 했듯 이도 교회에 맡겨 신중히 처리하도록 하셨다.

예수께서는 "너희는 이것을 받아 마셔라."라고 하셨다. 그러나 이는 평신도 전체에게 하신 말씀이 아니라, 오직 사도들에게만 하신 말씀이다. 사도들에게 주님을 기념하여 성체와 성혈을 축성할 권한을 부여하셨고, 또 이를 행하라고 명령하신 것이다. 사도들이 주님의 몸과 피를 받아 모시라는 명령을 받았다 하여, 평신도도 반드시 주님의 피를 받아 모셔야 한다는 결론을 내릴 수는 없다. 또 예수께서 최후 만찬 때 사도들에게 빵과 포도주의 축성 권한을 주셨다 하여 평신도에게도 이런 권한이 허용되었다고는 생각할 수 없다.

또 예수께서는 "만일 너희가 사람의 아들의 살과 피를 먹고 마시지 않으면 너희 안에 생명을 간직하지 못할 것이다."라고 하셨다. 그러나 이 명령은 평신도가 축성된 빵을 먹을 때 글자 그대로 이루어진다. 즉 빵의 형상 속에는 예수 그리스도의 전체가 완전히 현존하시는 까닭이다. 그러므로 "내 살과 피를 먹고 마시는 사람은 영원히 살 것이다."라고 하신 예수께서 또한 "내가 줄 빵은 곧 나의 살이다."라고 하셨다.

"가톨릭 교회에서는 성직자와 평신도의 차별을 두기 위하여, 사제만 빵과 포도주로 영성체하고 평신도에게는 빵만으로 하고 포도주로는 하지 못하게 한다."는 비평을 종종 듣는다. 이는 프로테스탄트 측의 오해에서 기인한 것이다. 사도들의 계승자인 가톨릭 교회의 사제들은 주님의 직접 명령으로 미사를 거행할 때, 빵과 포도주로 주님의 살과 피를 받지 않을 수 없다. 그러나 미사 거행의 명령도 권한도 받지 않은 평신도까지 반드시 빵과 포도주로 영성체를 해야 할 절대적인 이유는 조금도 없다. 빵 한 가지에도 살아 계신 예수의 참살과 참피가 현존하는 이상 빵만 나누어 주어도 넉넉하다. 포도주까지 주든지 않든지에 대하여는 예수의 전권全權을 대리하는 가톨릭 교회에서 참작하여 조처할 수 있는 것이다. 프로테스탄트에서는 교역자든 평신도든 예수의 실체가 아닌 빵과 술을 나눠 먹을 뿐이다. 그들은 성체성사의 진가를 전혀 모르고 있다.

이에 대한 프로테스탄트와 가톨릭과의 근본적 차이는 이렇다. 가톨릭 교회에서는 축성된 빵과 포도주 중 하나만으로도 예수의 실체를 신자들에게 줄 수 있다. 그러나 프로테스탄트는 빵과 포도주 둘을 가지고도 예수의 실체는 주지 못하고, 오직 그 그림자를 줄 뿐이다. 그들 자신도 이 사실을 인정한다.

역사적 사실을 들어 이 문제를 고찰해 보자.

12세기까지는 성체를 나누어 주되 빵 혹은 포도주만으로, 또 흔히는 두 가지 모두 한 사실이 있다.

1. 루카 복음사가는 예루살렘의 신입 교우들이 빵으로 영성체한 사실을 말하여 "그들은 사도들의 가르침을 받고 친교를 이루며 빵을 떼어 나누고 기도하는 일에 전념하였다."(사도 2,42)라고 하였고,

또 제자들이 "주간 첫날에 우리는 빵을 떼어 나누려고"(사도 20,7) 주일에 트로아스에 모였다고 하였다. 여기에는 잔을 마셨다 등의 말은 한마디도 없다. 그러므로 사도들이 어떤 때에는 빵만으로 성체를 나누었음을 알 수 있다.

병자는 늘 축성한 빵만으로 영성체를 하였다. 구원 준비에 가장 긴급한 시기가 바로 임종 때이다. 이런 때에도 늘 빵만으로 영성체를 하였으므로 빵 한 가지만으로도 완전히 주님의 살과 피를 받는다는 사실을 확신할 수 있다. 저명한 역사가 에우세비오는 늙은 세라피나가 사제에게 축성된 빵만을 받았다 하였고, 또 암브로시오 성인 전기에도 임종 때 축성된 빵만을 받은 사실이 기록되어 있다.

또 초대 교회 때 박해를 당하던 신자들과 옥중의 교우들과 여행자들과 출정 전의 병사들과 광야의 은수자들은 다 축성된 빵을 받도록 특별 허락을 받았다. 이로 말미암아 그들은 용기백배한 마음 상태를 갖게 되었다. 이런 사실은 테르툴리아누스, 치프리아노 성인, 바실리오 성인, 암브로시오 성인 등 교부들이 증언하는 바이다.

더욱이 라틴 교회에서는 해마다 예수 수난일에 사제가 성체를 모시되, 수난 전날 미리 축성하여 두었던 빵 한 가지만으로 하였다. 그리스 정교회에서도 사순 시기 동안에는 토요일과 주일 외에는 매일 빵으로만 영성체한다.[74]

---

74 Alzog's HiSt., Vol. I., 721

이 모든 경우에 있어서 어느 한 가지로만 영성체한다고 해서 영성체의 효과에 대하여 의심을 하는 사람은 없었다. 주도면밀한 신앙 지도자인 교부들이 기형적 성체성사를 행할 리 없기 때문이다.

2. 초대 교회에서는 아기들에게 성체를 주되 포도주만으로 하였다. 사제가 축성한 포도주 잔에 손가락 끝을 담갔다가 아기의 입에 넣어 빨아먹게 하였다. 이 관습은 오늘날 동방 교회에도 있다. 어떤 때에는 빵을 포도주에 담갔다가 아기의 입에 넣어 주기도 하였다.

3. 초대 교회 신자들도 늘 빵과 포도주로 영성체를 하였으나, 빵만으로 할 자유도 있었다. 5세기에 이르러 젤라시오 1세 성인 교황은 관례를 바꾸어 평신도라도 반드시 빵과 포도주로 영성체하여야 한다고 교회법으로 제정하였다. 그 이유는 당시 이단의 하나인 마니케이안파에서 "포도주를 쓰는 것은 죄악이다."라면서 포도주를 쓰지 않자, 젤라시오 1세 성인 교황이 이 이단자들의 오류를 설파하고 이를 단죄하며 가톨릭 교회에도 이와 같은 오류가 퍼질까 두려워 교회법으로 평신도도 반드시 빵과 포도주로 영성체하도록 한 것이다.

이 법령은 12세기 말까지 시행되었으나, 그 후 여러 이유로 교회의 암묵간의 허락으로 점차 한 가지로 하다가, 1414년 콘스탄츠 공의회에서는 그 법령을 개정하여 평신도는 빵만으로 영성체하게 하여 오늘날에 이르렀다. 이와 같이 교회법을 개정한 중요 원인은 전 세계 가톨릭 신자 수가 격증한 데 있다. 즉 수억의 신자들에게 축성한 포도주로 성체를 나눠 주기가 불가능하게 되었기 때문이다.

프로테스탄트는 신자 수가 가톨릭 교회에 비하여 적고 또 매월 (혹은 매년) 한 번만 하니까 적은 양의 빵과 포도주로도 어렵지 않다. 그러나 이 책이 쓰였을 당시의 가톨릭 신자 수는 4억에 달했다. 그 중 신앙심 깊은 교우들은 거의 매일 영성체하고 있었으므로, 성당의 일 년 간 영성체 신자 수는 평균 본당 신자 수의 일곱 배가 되었을 것이다. 그러면 일 년 동안 가톨릭 교회에서 교우들에게 나누어 주는 제병의 수는 적어도 30억 정도라고 가늠해 볼 수 있다. 이런 엄청난 수의 신자들에게 일일이 나눠 줄 만한 양의 포도주를 구하려면 그 노력이 과연 얼마나 클 것인가. 더구나 미사용 포도주는 절대 순수한 포도주를 써야 하는데 전 세계 신자 모두에게 어떻게 이것이 가능하겠는가. 더욱이 한대 지방과 포도주가 나지 않는 지방에서는 거의 불가능한 일이다. 또 빵과 포도주로 하여야 한다면, 포도주를 줄 때 모두 한 잔에서 마시게 될 텐데 위생상 좋지 못할 뿐 아니라, 도회지 성당에서는 매주일 수천 명에게 포도주를 나눠 주려면 쏟거나 흘리는 실수도 없지 않을 것인데 이는 성혈에 대한 불경이 아니겠는가.

포도주와 빵, 혹은 빵만으로 하라는 교회 법령 제정 정신은 처음에는 이단의 헛소리를 꾸짖어 올바른 것을 밝히려는 데 있었으며, 후에는 신자 수 격증으로 재료의 공급난에 있었다. 5세기에 마니케이안파가 "포도주를 쓰는 것은 죄악이다."라며 교회를 어지럽게 하였다. 당시 젤라시오 1세 성인 교황은 저들의 오류를 세상에 드러내어 죄책하는 동시에 정통 교리를 굳게 지키게 하기 위하여 평신도들도 포도주를 마시라고 엄명하였다. 또 15세기에 이르러서는 칼릭스틴파가 마니케이안파와는 정반대로 "축성한 포도주는 영성체에 절대 필요하다."라고 가르치자 가톨릭 교회에서는 이 사설邪說을 무너뜨리고 진리를 밝히려고 평신도는 빵만으로 영성체하라고 명하였다. 그 제정이 오늘날까지 시행되어 오는 것이다.

제23장

미사성제

제사라는 것은 하느님께 어떤 유형물을 드리고 그것을 부수거나 변형함으로써 하느님만이 생사를 주재하심을 표시하는 행위이다. 구약 시대의 유다인들이 하느님께 제사를 드릴 때에는 어린양이나 그 밖의 살아 있는 것을 죽여 그 고기를 구웠다. 이는 분명히 하느님만이 생사의 주재자이심에 승복하는 흠숭 행위였다.

고대 제사에는 소, 양, 새 같은 동물과 밀, 보리 등 곡류를 드렸다. 이슬람 교도와 근대 프로테스탄트 교도를 제외하고는 유다인이든 그리스도교 신자든 어떤 민족이든 다 제사를 숭배의 가장 주요 행위로 삼았다. 창조의 초기에 벌써 인류의 조상 아담의 아들들이 하느님께 제사를 드린 사실이 있었다. 아벨은 하느님께 가축의 맏배를 바쳤고 카인은 곡류를 태워 봉헌하였다(창세 4장 참조). 또 노아와 그 가족은 큰 홍수에서 구출되어 방주에서 나올 때 그 최초 행사로 하느님께 감사드리는 번제를 드렸다. 유다 민족의 조상 아브라함도 제사를 드렸고, 욥도 그 자식의 사죄와 그들에게 하느님의 도우심을 기도드리기 위하여 하느님께 번제를 드렸다(욥기 7장 참조).

하느님께서 시나이산에서 모세에게 성문법을 내리실 때, 당신께 희생을 바칠 때에 지켜야 할 여러 가지 예식을 아주 세밀히 지시하셨다. 즉 구워서 바칠 희생물의 종류, 바칠 장소, 바칠 방식과 제사 드리는 사람의 자격 등을 상세히 가르쳐 주시고 명령하셨다. 그 후부터 유다 제관들은 매일 두 마리의 어린양을 죽여 하느님께 바쳤다(민수 28장 참조). 이는 곧 장차 "세상의 죄를 없애 주시는 하느님의 어린양(예수)"이 신약의 희생이 되어 매일 가톨릭 교회 사제의 손으로 봉헌될 예표이다. 유다인들은 위급한 전쟁에 직면하게 되거나 뜻밖의 화를 당하게 될 때에는 반드시 하느님께 장엄한 제사를 드려 그 도우심을 청하였다. 또 그들은 오늘날의 가톨릭 교회에서와 같이 산 이를 위한 제사를 드렸을 뿐 아니라, 죽은 이를 위한 제사도 드렸다. 유다 마카베오가 전사한 병사들의 영혼을 위하여 하느님께 제사드리라고 명령한 사실이 역사적 사실이며 증거가 된다(2마카 12,43-46 참조).

제사는 참하느님께 배례하던 유다인 뿐 아니라 이교 세계와 우상 숭배자의 세계에도 있었다. 신을 대하는 관념이 매우 불완전한 사람이라도 신의 진노를 풀어 드리고, 신의 축복을 간구하는 행위에 있어서는 원시적 전통 신념에 따라 반드시 신에게 희생을 바치는 의무를 깊이 느꼈다.

2세기의 저술가 플루타르코스는 "성벽이 없거나, 예술과 과학이 없는 도시는 있을망정, 제단과 제관이 없거나 신에게 제사 지내지 않는 도시는 없다."라고 단언하였다. 그러나 고대의 이 모든 제사는 신약의 대제大祭의 그림자일 뿐이다. 마치 구약의 율법이 은총의 새로운 법의 그림자일 뿐이듯, 고대의 제사는 아주 불완전한 것이었다. 그러므로 히브리인들에게 보낸 서간에는 이렇게 적혀져 있다. "황소와 염소의 피가 죄를 없애지 못하기 때문입니다. 그러한 까닭에 그리스도께서는 세상에 오실 때에 이렇게 말씀하셨습니다. 번제물과 속죄 제물을 당신께서는 기꺼워하지 않으셨습니다. 그리하여 제가 아뢰었습니다. '보십시오, 하느님! 두루마리에 저에 관하여 기록된 대로 저는 당신의 뜻을 이루러 왔습니다.'"(히브 10,4-7) 이를 쉬운 말로 하면 "황소와 염소의 피로써는 하느님 진노를 풀어 드릴 수 없으며, 하느님 백성의 죄를 깨끗이 씻을 수 없습니다. 그러므로 저 자신을 하느님께서 받으실 만한 속죄 제물로 드리려고 합니다." 하는 말씀이다.

이사야 예언자는 유다인의 제사를 하느님께서 즐겨 받지 않으심에 대하여, 또 장차 폐지될 것에 대하여 말하기를 "'무엇하러 나에게 이 많은 제물을 바치느냐? ─ 주님께서 말씀하신다. ─ 나는 이제 숫양의 번제물과 살진 짐승의 굳기름에는 물렸다. 황소와 어린양과 숫염소의 피도 나는 싫다. …… 더 이상 헛된 제물을 가져오지 마라.'"(이사 1,11-13)라고 하였다.

그러나 하느님께서 유다인의 제물을 거절하시면서 동시에 모든 제사를 전폐하려는 것은 결코 아니었다. 오히려 유다인들의 제사 대신 장차 정결한 제물이 오직 한 제대(예루살렘 성전)에서만 아니라 전 세계에서 봉헌되리라고 말라키 예언자의 입으로 예언하셨다. 유다인에게 말한 이 예언자의 의미심장한 예언을 들어 보라.

"— 만군의 주님께서 말씀하신다. — 나는 너희 손이 바치는 제물을 받지 않으리라. 그러나 해 뜨는 곳에서 해 지는 곳까지, 내 이름은 민족들 가운데에서 드높다. 내 이름이 민족들 가운데에서 드높기에, 곳곳에서 내 이름에 향과 정결한 제물이 바쳐진다. — 만군의 주님께서 말씀하신다. —"(말라 1,10-11)

이는 그 정결한 제물이 유다인의 손으로가 아니고, 이방인의 손으로 드려지게 되리라는 말이다. 또 예루살렘에서뿐 아니라 해 돋는 데서부터 해지는 곳까지 전 세계 곳곳에서 드려지게 되리라고 하는 명백한 예언이다. 꼭 이 예언대로 이루어져야 한다. 대체 어디서 이루어졌겠는가.

신봉하는 종교 형태에 따라 세계 인류를 이교도, 유다 교도, 이슬람 교도, 프로테스탄트 교도, 가톨릭 교도의 다섯 부류로 나눌 수 있다. 이 가운데서 어느 부류의 사람들이 과연 이 예언대로 정결한 제물을 봉헌하고 있는가. 이교도 중에는 물론 없을 것이다. 그들은 거짓 신을 섬기니, 전능하신 하느님께서 받으실 만한 제물을 드릴 수 없다. 유다 교도 중에도 없다. 그들은 제사를 모두 없앴을 뿐 아니라 말라키 예언자의 말은 유다인을 두고 한 것이 아니고 이방인을 두고 한 말이다. 또 이슬람 교도 중에서도 찾아낼 수 없다. 그들은 아예 제사라는 것을 배척하기 때문이다. 그러면 프로테스탄트 교도 중에서나 찾아볼 수 있을까. 이들 중에도 없다. 제사를 부인하기 때문이다. 결국 가톨릭 교회에서만 이 영광의 예언이 완전히 성취되어 있다. 아프리카로부터 유럽, 아메리카, 오스트레일리아, 아시아 등 오대륙의 가톨릭 교회 제단에서 수십만 사제가 예수의 몸과 피의 정결한 제물을 매일 봉헌하고 있다.

이 신약의 제사를 '미사성제'라고 부른다. '미사'란 말의 뜻에 대하여 어떤 학자는 봉헌물, 즉 히브리어 '미삭Missach'에서 유래하였다고 하고, 어떤 학자는 사제가 거룩한 제사가 끝났음을 신자들에게 알리는 말, 즉 '미사Missa'라는 말에서 유래하였다고 한다.

미사성제는 빵과 포도주를 축성하여 예수의 몸과 피를 이루어, 예수 그리스도께서 십자가 위에서 당신을 바치던 제사를 영원히 기념하기 위하여 이 몸과 피를 사제의 복사로 하느님께 제헌하는 전례이다. 미사성제는 십자가 위의 거룩한 제사와 전적으로 같은 것이다. 그 제물과 제관이 다 동일한 예수 그리스도이신 까닭이다. 다만 제헌 양식이 다를 뿐이다. 십자가 위에서는 예수께서 피흘림의 제헌을 하셨으나 미사성제에서는 피흘림 없는 제헌을 하신다. 십자가 위에서는 속죄의 대업을 이루시고 미사성제에서는 그 공로를 우리 영혼에게 베풀어 주신다. 그러므로 이 미사성제의 모든 효과는 골고타산의 십자가 희생의 제헌으로부터 흘러나오는 것이다.

우리 주 예수께서 이 신약의 제사를 제정하신 것은 바로 수난 전날 밤이었다. 바오로 사도는 이 사실을 다음과 같이 말했다.

"사실 나는 주님에게서 받은 것을 여러분에게도 전해 주었습니다. 곧 주 예수님께서는 잡히시던 날 밤에 빵을 들고 감사를 드리신 다음, 그것을 떼어 주시며 말씀하셨습니다. '이는 너희를 위한 내 몸이다. 너희는 나를 기억하여 이를 행하여라.' 또 만찬을 드신 뒤에 같은 모양으로 잔을 들어 말씀하셨습니다. '이 잔은 내 피로 맺는 새 계약이다. 너희는 이 잔을 마실 때마다 나를 기억하여 이를 행하여라.' 사실 주님께서 오실 때까지, 여러분은 이 빵을 먹고 이 잔을 마실 적마다 주님의 죽음을 전하는 것입니다."(1코린 11,23-26)

우리 구세주께서 이 새로운 제헌법祭獻法을 제정하신 근본정신은 우리로 하여금 당신의 고난과 죽으심을 영원히 기억하게 하시려는 데에 있다. 골고타산에서의 참담한 수난 장면이 늘 우리 눈앞에 비치어, 마음과 기억과 이성이 모두 주 예수의 수난으로 꽉 채워져야 한다.

예수께서는 우리의 사랑을 획득하시고, 통회를 일으키시는 데 있어 이 전례가 가장 효과적인 방법임을 일깨워 주신다. 마치 이스라엘 자손들이 요르단강을 주님의 특별한 은혜로 건넌 후, 그 은혜에 감사하기 위해 큰 기념탑을 세웠듯 전 세계의 모든 성당에 제대를 세우게 하신 것이다. 제대는 하나의 기념대로 당신 백성에게 베푸신 무한한 자비에 감사드릴 수 있도록 한다.

미사는 참으로 예수 그리스도의 수난을 기념하는 제사이다. 가톨릭 교회에서는 예수의 명령에 승복하여 주님이 승천하신 뒤 오늘날에 이르기까지 미사성제를 매일 봉헌하여 왔으며 또 세상 끝날까지 계속할 것이다.

사도행전을 보면 사울과 다른 몇몇이 "주님께 예배를 드리며 단식하고 있을 때에 성령께서 이르셨다. '내가 일을 맡기려고 바르나바와 사울을 불렀으니, 나를 위하여 그 일을 하게 그 사람들을 따로 세워라.'"(사도 13,2)라고 하였고, 히브리인들에게 보낸 서간에서는 미사성제에 대하여 여러 번 말하였다. "우리에게는 제단이 있는데, 성막에 봉직하는 이들은 이 제단의 음식을 먹을 권리가 없습니다."(히브 13,10) 이는 그리스도 교회에도 유다인의 회당처럼 제대가 있다는 사실에 대한 증언이다. 제대가 있는 이상 반드시 제사가 있을 것은 더 말할 나위도 없는 것이다.

바오로 사도는 또 구약의 제관직이 신약의 사제직으로서 대체된 사실을 증언하였다(히브 7,12 참조). 사제의 가장 중요한 직분은 말할 것도 없이 제례를 거행하는 것이다. 사제와 제사와의 관계는 마치 재판관과 재판정의 관계와 같은 불가분의 것이다. 바오로 사도는 다윗 임금과 같이 예수를 "너는 멜키체덱과 같이 영원한 사제다."(히브 5,6)라고 불렀다. 예수를 '사제'라고 한 것은 예수께서 제사를 봉헌한 까닭이고, 또 영원한 사제라 한 것은 예수의 제헌 행위가 영원토록 계속되는 까닭이다. "너는 멜키체덱과 같이 영원한 사제다."라고 한 것은 하느님의 대제관이 빵과 포도주로 주께 제헌하듯이(창세 14,18 참조) 예수께서도 축성한 빵과 포도주로 주께 제헌하시는 까닭이다.

사도 시대로부터 오늘날에 이르기까지 미사성제에서 희생을 영속적으로 바치는 사실을 성전이 증언한다. 이스라엘 망루의 파수병처럼 신앙과 전통의 보수자요, 그 시대 사정의 목격자요, 고대 문화의 보관자인 교부들이며 전 세계 고위 성직자들의 회합인 공의회는 한결같이 미사성제는 가톨릭 신앙의 중심이며, 또 이는 예수께서 직접 세운 제사임을 언명하였다.

5세기에 가톨릭 교회로부터 갈라져 나간 페르시아 등의 네스토리우스파와 에우티케스파, 9세기에 갈라져 나간 그리스 정교회의 미사성제는 예수께서 직접 세운 제사라는 증거를 제공한다. 그들도 오늘날까지 미사성제를 매일 거행한다. 그들은 갈라져 나간 뒤 가톨릭 교회와는 아주 단절된 상태이므로, 성체를 이루어 하느님께 제헌하는 미사성제 교리를 가톨릭 교회로부터 도중에 빌려 갔을 리 없다. 그러므로 그들도 그 교리를 가톨릭 교회의 근원인 사도들로부터 받았음이 확실하다. 이 얼마나 미사성제가 예수께서 직접 세우신 것이라는 두드러진 증거인가.

그러나 미사성제가 사도 전래의 교리라는 사실을 가장 명확히 증명하는 것은 교회 예절 전문典文이다. 교회 예절 전문은 교회의 모든 예식에 공식으로 사용하는 기도문이므로, 한번 확정되어 포고되면 절대 바꾸지 못하는 것이다. 이 전문 중 중요한 것은 야고보 사도가 지었다는 '예루살렘 전문', 마르코 복음사가가 지었다는 '알렉산드리아 전문'과 베드로 사도의 '로마 전문'이다. 이 밖에도 사도들이 직접 지은 것과 그 직제자들이 직접 지은 것이 많다. 이 모든 전문에서 특히 우리의 주의를 끄는 점이 하나 있다. 즉, 이 모든 전문은 여러 작자의 손을 거쳐 서로 다른 연대, 다른 지방에서 여러 민족의 언어로 쓰였건만, 사실상 오늘날 가톨릭 교회의 미사 전문 내용과 기도서의 내용과 부합되는 내용을 모두 명확한 어구로 쓴 사실이다. 2천 년 동안의 고금 전문 내용의 일치를 보면, 미사성제 교리가 결코 사람이 꾸민 것이 아니고 오직 가톨릭 교회의 개조開祖이신 예수께로부터 사도들을 거쳐 온 것임이 분명하다. 1세기 말 저술된 《디다케-열두 사도들의 가르침》에도 "주일의 제례를 거룩하게 하기 위하여 너희의 죄를 고백한 다음 빵을 떼어 감사드려라. 이는 주께서 '어디서든지 늘 정결한 제례가 내게 봉헌되리라.'고 말씀하신 바이다."[75]라고 하였다. 그 후 여러 교부들의 미사성제에 대한 증언을 다 열거할 수는 없으므로 생략한다.

19세기 이래 성공회의 거성들이 모든 것을 희생하고 가톨릭 교회로 개종하게 된 까닭은, 그들이 일찍이 교회 역사를 연구한 결과

---

75 C. 14

가톨릭 교회의 모든 교리가 곧 사도들의 올바른 교리임을 깨닫게 된 때문이다. 그런데 히브리서 몇 구절로 미사성제를 배격하는 무기로 삼으려는 이도 있다.

"소와 송아지의 피가 아니라 당신의 피를 가지고 단 한 번 성소로 들어가시어 영원한 해방을 얻으셨습니다."(히브 9,12)

"대사제가 해마다 다른 생물의 피를 가지고 성소에 들어가듯이, 당신 자신을 여러 번 바치시려고 들어가신 것이 아닙니다."(히브 9,25)

"모든 사제는 날마다 서서 같은 제물을 거듭 바치며 직무를 수행하지만, 그러한 것들은 결코 죄를 없애지 못합니다. 그러나 그리스도께서는 죄를 없애시려고 한 번 제물을 바치시고 나서, 영구히 하느님의 오른쪽에 앉으셨습니다."(히브 10,11-12)

그들은 예수께서 한 번만 제헌하셨다고 하였는데 우리가 어떻게 매일 제헌할 수 있겠느냐고 묻는다. 나는 이에 대하여 이렇게 대답한다. 즉, 예수께서는 한 번만 제헌하셨으나 그것은 피흘림의 제헌이었으며, 히브리서의 저자가 말한 것도 피흘림의 제헌을 두고 하는 말이다. 그러나 미사성제에서는 예수께서 피흘림 없이 제헌되신다. 날마다 수많은 제대 위에서 예수께서 미사성제로 말미암아 제헌되신다 해도 이는 다 예수의 골고타산 십자가에서의 제헌과 동일한 것이다. 제관도 희생도 예수 그리스도 자신인 것이다.

히브리서의 저자는 단지 희생 하나만으로의 신약의 제사와, 희생 여럿으로의 구약의 제사를 비교하면서 구약 제사의 결함과 신약 제사의 완전함을 밝혀 놓았을 따름이다.

그러나 프로테스탄트는 예수께서 한 번 십자가 위에서 우리 모든 죄인을 위하여 가장 완전한 제사를 드리셨는데 이제 다시 미사 성제를 봉헌할 필요가 어디 있느냐고 한다. 나는 그들에게 반문한다. 예수의 십자가의 희생 제헌으로 모든 것이 성취되었다면 프로테스탄트 신자들은 기도는 왜 드리며, 교회에는 왜 들어가며, 세례는 왜 받으며, 성찬과 안수례는 왜 받는가. 십자가의 예수의 제헌 사실을 믿기만 하면 그만이라면 이런 모든 행사는 다 쓸데없는 허례가 아니겠는가. 아마 그들은 "우리는 예수의 수난 공로를 각자 힘입기 위하여 기도드리고 세례받으며 그 밖의 모든 경건한 행사를 한다."고 할 것이다. 우리도 그렇다. "우리는 예수의 십자가 제헌의 공로를 우리 각자가 받기 위하여 그 제헌의 효과를 우리에게 더욱 풍부히 베풀어 주는 미사성제에 참여한다."

과연 예수의 십자가상의 희생 제헌은 우리의 모든 죄를 완전히 구속하였다. 그러나 예수께서는 그분의 공로를 힘입기 위한 당신과의 공동 협력의 의무까지 면제해 주지는 않았다. 우리는 이 구속의 큰 은혜를 받기 위하여 각자가 끊임없이 노력하고 기도해야 한다.

또한 예수의 수난을 새롭게 상기하며, "주님께서 오실 때까지 주님의 죽으심을 전하여야" 한다. 또한 예수께서 골고타의 십자가 위에서 흘리신 그 피를 마심으로써 주의 수난 공로를 우리에게 가장 풍부히 베풀어 주시는 미사성제에 늘 참여하여야 한다. 이보다 더 유효하고 풍족하게 주의 구속 공로를 우리 영혼에게 베풀어 주는 길은 없다.

구약의 제례에는 그 목적에 따라 찬미와 감사의 제례도 있고 속죄의 제례도 있고 기원의 제례도 있다. 그러나 이 미사성제는 이 모든 목적을 한꺼번에 만족스럽게 달성한다. 미사성제는 찬미와 감사의 제례이며 속죄와 구원의 제례이다. 그러므로 완덕의 보감인 《준주성범》에도 미사성제에 관하여 다음과 같이 말하였다.

"사제는 미사성제를 봉헌함으로써 하느님을 공경하고 천사들을 기쁘게 하며, 교회를 거룩하게 하고 산 이를 보호하고 죽은 이에게 안식을 얻어 주며, 자신도 그 은혜의 한 몫을 차지하게 된다."

미사성제가 주는 효과의 절대성을 알려면, 제헌되는 희생이 곧 살아 계신 하느님의 아들 예수 그리스도 자신임을 알기만 하면 충분하다.

1. 미사는 찬미와 감사의 제례이다

우리가 세상의 생물과 무생물을 모두 태워 하느님께 제사드린다 해도, 전능하신 하느님께 찬미를 드리는 가치에 있어서는 한 번의 미사성제를 도저히 따르지 못할 것이다. 아무리 수가 많고 아무리 탁월하다 할지라도 피조물은 유한하고 불완전함을 면치 못한다. 그러나 미사성제의 제헌물은 그 가치가 절대적으로 크고 무한히 크다. 이는 흠 없으신 사랑하올 어린양이시며, 성부께서 가장 사랑하시는 성자이시며, 그 존엄으로 인하여 그 기도가 항상 허락되는 우리 주 예수 그리스도이신 까닭이다.

우리는 과연 어떠한 황공과 감사와 사랑으로 지극히 거룩한 이 제사에 참여하여야 할 것인가. 골고타산 십자가 위의 제헌에서 천사들이 주님을 받들었듯이, 미사성제에서도 천사들이 받든다. 우리는 이 천사들과 같은 지성과 열애로 참여하지는 못한다 할지라도 베들레헴 마구간의 아기 예수를 찾아뵙던 목동들의 순박한 정성과 동방 박사들의 굳은 신앙으로 경배하여야 한다. 우리는 지극히 거룩한 제사에 참여하는 동안 다윗 임금처럼 "주님의 자비하심을 영원히 찬미"하면서, 주님에 대한 사랑이 가득한 우리 마음을 황금 예물로, 찬미와 경배를 유향 예물로 삼아 하느님께 드려야 한다.

2. 미사는 속죄의 제례이다

예수께서는 날마다 미사 제례로 당신 자신을 아버지께 드려 죄인인 우리의 용서를 청하신다. 그래서 요한 사도는 "누가 죄를 짓더라도 하느님 앞에서 우리를 변호해 주시는 분이 계십니다. 곧 의로우신 예수 그리스도이십니다. 그분은 우리 죄를 위한 속죄 제물이십니다. 우리 죄만이 아니라 온 세상의 죄를 위한 속죄 제물이십니다."(1요한 2,1-2)라고 하였다.

그러므로 사제가 미사를 드릴 때에는 반드시 "온 누리의 주 하느님, 찬미받으소서. 주님의 너그러우신 은혜로 저희가 땅을 일구어 얻은 이 빵을 주님께 바치오니 생명의 양식이 되게 하소서. 온 누리의 주 하느님, 찬미받으소서. 주님의 너그러우신 은혜로 저희가 포도를 가꾸어 얻은 이 술을 주님께 바치오니 구원의 음료가 되게 하소서."라는 봉헌 기도문을 외운다. 미사성제의 의의와 효과가 이러하므로, 이 거룩한 제사에 참여할 때에는 우리 죄의 용서를 간구하시는 주 예수와 함께 하느님께 우리 죄의 용서를 겸손하게 간구하여야 한다. 이는 미사성제가 골고타산 십자가 위에서의 제헌과 사실상 동일한 까닭이다. 또 우리는 성모 마리아와 같이 십자가 아래서서 우리 죄를 깊이 뉘우쳐야 한다. 그리고 우리의 죄악이 주 예수로 하여금 죽음의 고난을 당하게 하였으며, 그 죄악이 예수의 피를 흘리게 했음을 고백하여야 한다. 우리는 주의 뒤를 따라 골고타산으로 가면서 가슴을 치고 통곡하던 통회자들과 함께 "주님! 저희에게 자비를 베푸소서."라고 해야 한다.

예수께서 운명하시자 마치 무생물까지도 창조주께서 받으시는 악형을 통탄하듯, 태양은 어두워지고 지진이 일어나고 모든 바위가 깨졌다. 우리를 구속하기 위하여 십자가의 참혹한 형벌을 받으신 주 예수를 쳐다볼 때 비록 바위같이 차고 굳은 마음인들 어찌 뜨거워지지 않겠는가!

3. 미사성제는 기원의 제례이다

"염소와 황소의 피, 그리고 더러워진 사람들에게 뿌리는 암송아지의 재가 그들을 거룩하게 하여 그 몸을 깨끗하게 한다면, 하물며 영원한 영을 통하여 흠 없는 당신 자신을 하느님께 바치신 그리스도의 피는 우리의 양심을 죽음의 행실에서 얼마나 더 깨끗하게 하여 살아 계신 하느님을 섬기게 할 수 있겠습니까?"(히브 9,13-14)

모세와 다윗 임금과 성조들의 백성을 위한 기도도 능력을 가진 것이라면 예수 자신의 기도야 더 말해 무엇 하겠는가. 순교자들의 수난 상처도 전구의 힘을 지녔는데, 하물며 제대 위에서 날마다 봉헌되는 예수의 피가 지닌 힘이야 더 말해 무엇 하겠는가. 예수 그리스도의 피는 아벨의 피가 복수를 부르짖던 소리보다 더 우렁차게 우리를 위한 하느님의 자비를 부르짖는다. 예수께서 우리 같은 비천한 죄인의 부르짖음도 굽어 들으신다면 '세상의 죄를 없애시는 하느님의 어린양'이신 예수께서 우리를 위하여 드리는 기도를 지극히 인자하신 아버지께서 어떻게 거절하시겠는가.

"확신을 가지고 은총의 어좌로 나아갑시다. 그리하여 자비를 얻고 은총을 받아 필요할 때에 도움이 되게 합시다."(히브 4,16)

제24장

종교 의식

외적 숭배-교회 의식-기도문

　구약 시대의 하느님 경배 의식은 하느님께서 기꺼이 받아들이셨고, 신약 시대에 이르러서는 주 예수께서 허락하여 받아들이신 바이다. 또한 우리의 이성이 그 준수를 명한다. 그것은 올바른 성무 수행을 위해 교회가 제정한 행위이다.
　마음으로부터 하느님을 숭경하는 사람은 으레 허리를 굽히거나 엎드리거나 무릎을 꿇어 그 경건의 한결같은 마음을 반드시 행동으로 나타내는 법이다. 즉, 내적 숭경과 외적 숭경은 일치 결합되어야 한다. 외적 숭경에는 공사의 분별이 있다. 교회의 공적 숭경에는 정해 놓은 식전이 있다. 이를 교회 예식이라 한다. 이 예식은 마음의 태도에 따라 단지 형식적 예배가 되어 버릴 수도 있다.
　형식적 예배는 참된 예배가 아니다. 그것은 생명 없는 시체와 다를 바 없다. 내적 숭경과 외적 숭경이 일치 결합되어야 비로소 생명을 가진 참된 숭경 행위가 나타나는 법이다. 시체는 매장하지만 생명 있는 육신을 매장하는 법은 없다.

"진실한 예배자들이 영과 진리 안에서 아버지께 예배를 드릴 때가 온다. 지금이 바로 그때다. 사실 아버지께서는 이렇게 예배를 드리는 이들을 찾으신다. 하느님은 영이시다. 그러므로 그분께 예배를 드리는 이는 영과 진리 안에서 예배를 드려야 한다."(요한 4,23-24)라고 하신 주 예수의 말씀은 유다인이나 사마리아인이 흔히 하던 형식적인 예배를 나무라시는 말씀이다. 이는 결코 내적 숭경과의 결합인 교회 의식을 부인하는 말씀은 아니다. 영적으로는 내적·외적 숭경의 혼연 일체의 상태를 말씀하신 것이다.

예수께서는 내적·외적 숭경의 혼연 일체 상태의 표현인 교회 의식을 형식적 예배로 보셨을 리 없다. 산몸을 어찌 시체라 할 수 있겠는가. '영과 진리 안에서'는 곧 구약 시대의 예배는 신약 시대의 예배의 표상이므로 이제 그 표상으로서의 시대는 지나가고 실체의 세대가 왔으니, 반드시 영과 진리 안에서 숭경을 드려야 한다는 말씀이다. 구약의 제례는 표상이었고, 구약의 사제직과 교회 의식은 신약의 사제직과 교회 의식의 표상이었다.

하느님 흠숭과 성사와 성제 등 모든 전례는 이성이 명하는 바요, 구약 시대에 하느님께서 기꺼이 받아들이신 바이며, 신약 시대에 와서는 사도들과 예수께서 허락하신 것이다.

천사들은 육신이 없는 순전히 영적인 존재이므로 하느님께 오로지 영적인 예배를 드린다. 하늘의 해·별·달은 하느님께 외적 예배를 드린다. 다니엘 예언서에 보면 "해와 달아, 주님을 찬미하여라. 영원히 그분을 찬송하고 드높이 찬양하여라. 하늘의 별들아, 주님을 찬미하여라. 영원히 그분을 찬송하고 드높이 찬양하여라."(다니 3,62-63) 하였고, "하늘은 하느님의 영광을 이야기하고 창공은 그분 손의 솜씨를 알리네."(시편 19,1)라고 하였다. 사람은 영혼을 가졌으므로 천사의 자질이 수반되어 있으며, 육신을 가졌으므로 천체의 본질이 수반되어 있다. 따라서 사람에게는 영육 이중 숭경을 드려야 할 특권과 의무가 있다. 즉, 내적·외적 숭경의 예를 드려야 한다는 말이다. 육신도 하느님께로부터 생육 보존의 은혜를 받는 만큼 이 육신을 하느님 숭경의 예식에 굴복시킴은 매우 당연한 의무이다.

참된 경건은 마음속에만 머물러 있지 않고 반드시 예식 행위로 나타나는 법이다. 그러므로 외적·내적 숭경이 구별되어 있기는 하나, 영육 합일의 존재인 인간에게 있어서는 이를 분리할 수는 없다. 불이 불꽃과 열을 내뿜지 않고는 타지 못하듯이, 신앙의 뜨거운 불길도 우리의 언행에 반영되지 않을 수 없다. 경건한 정서는 반드시 경건한 예식으로 표현되는 법이다. "마음에 가득 찬 것을 입으로 말하는 법이다."(마태 12,34) 하는 말은 이를 두고 한 말씀이다. 불을 살리려면 땔감을 공급해야 되듯이, 열렬한 신앙의 불꽃도 전례와 예식의 힘으로 꺼지지 않게 하여야 한다. 효자의 효성은 반드시 언행으로 나타나듯이, 하느님께 대한 경애도 마음속에만 머물게 두지 말아야 한다. 이는 교회 예식에 참여하여 내심의 경애를 육신으로 드러내야 한다. 바오로 사도는 "형제 여러분, 내가 하느님의 자비에 힘입어 여러분에게 권고합니다. 여러분의 몸을 하느님 마음에 드는 거룩한 산 제물로 바치십시오. 이것이 바로 여러분이 드려야 하는 합당한 예배입니다."(로마 12,1)라고 하였다.

나무껍질과 가지와 잎이 열매를 맺게 할 수는 없다. 그러나 이것들이 없는 나무는 열매를 맺지 못한다. 이 모든 것이 열매 보호에 없어서는 안 될 것들이다. 이와 같이 신앙의 열매도 예식만으로는 맺지 못한다. 그러나 예식의 힘으로 그 열매를 키우지 않으면 신앙은 곧 썩을 것이다. 신앙과 예식의 관계는 열매와 껍질처럼 밀접한 관계다. 길게 말할 것 없이 일상적인 예만 보아도 쉽게 알 수 있다. 매일 조물주 앞에 나아가 주를 찬송하고 경건한 태도로 십자 성호를 그으며, 교회의 모든 예식에 자진 참석하고 성당 안에서 근엄히 예의를 지키며 힘닿는 대로 가난한 이를 돕는 신자가 있다고 하자. 그는 마음이 하느님과 일치된 사람으로서 그분의 명을 성실히 지키는 사람이다. 그러나 교회의 모든 전례를 상습적으로 지키지 않고, 가난한 이를 불쌍히 여기지 않는 사람치고 하느님께 애정을 가진 사람이 어디 있겠는가. 이런 사람은 대개 주님을 사랑하는 불꽃이 이미 꺼졌거나 그렇지 않으면 그 여진만을 겨우 지닌 자들이다.

교회 예식은 그 식전을 장엄하게 할 뿐 아니라 우리의 마음을 하느님께 집중시킨다. 사람의 마음은 변화무상하여 흐트러지기 쉬우며, 그런 마음은 정처 없이 떠다니는 것이므로 어떤 외적인 객체에 정착시켜 그 물체가 표상하는 본원에 집중시켜야 한다. 하느님께서는 예식이 내적 숭경에 필요 불가결한 것임을 아시고, 구약 시대 제관들과 유다인이 준수하여야 할 모든 전례와 의식을 매우 상세하게 가르쳐 주셨다. 레위기는 유다 교회의 예식을 세밀히 기록한 문헌이다. 예식이 그 가치에 있어서 결코 내적 숭경과 같을 수는 없으나, 마치 음식이 우리 몸을 보양하는 데 필요하듯이 예식은 내적 숭경의 마음을 도와주는 데 아주 필요한 것이다.

우리 주 예수께서는 유다 교회보다 더 영적인 교회를 세우기 위하여 오셨지만, 숭경의 외적 제의를 폐기하지 않으셨다. 그분은 늘 정당한 전례로 아버지께 경배하셨다.

겟세마니 동산에서 '땅에 엎드려' 겸손하게 기도하셨고, 예루살렘 입성 때에는 다윗 임금의 자손인 당신께 호산나의 찬가를 드리던 군중과 행렬을 지어 들어가셨으며(마태 21장 참조), 최후의 만찬 때에는 빵과 포도주를 들고 기도하시며 축복하신 뒤 제자들과 함께 찬미의 노래를 부르셨다(마태 26장 참조). 또 벙어리를 고쳐 주시기 전에 우선 "당신 손가락을 그의 두 귀에 넣으셨다가 침을 발라 그의 혀에 손을 대셨다. 그리고 나서 하늘을 우러러 한숨을 내쉬신 다음, 그에게 '에파타!' 곧 '열려라!' 하고 말씀하셨다."(마르 7,33-35) 또 예수께서 사도들에게 성령을 주실 때 "그들에게 숨을 불어넣었으며"(요한 20,22), 사도들이 다른 사람들에게 성령을 줄 때 안수로 하였다(사도 8장 참조). 야고보 사도는 병자성사에 대하여 말하기를 누가 만일 병들거든 사제를 불러 기름을 바르게 하라(야고 5,14 참조)고 하였다.

땅에 엎드리다, 행렬을 짓다, 기도하다, 찬미가를 부르다, 귀를 만지다, 눈을 들어 하늘을 우러러보다, 사도들에게 숨을 내쉬다, 안수하다, 병자에게 기름 바르다 등등의 모든 행위가 다 예식이 아니고 무엇인가. 이 모든 예식은 오늘날 가톨릭 교회의 모든 공식 전례와 성사 거행 예식의 모범이다. 과연 오늘날 가톨릭 교회의 모든 전례는 주 예수의 그것보다 더 인상적이며 웅장하고 화려한 것이다. 그때보다 크게 발전한 오늘날 가톨릭 교회의 장엄한 식전도 이에 따라 정교하고도 아름다워졌는데, 이는 오직 그 발전에 따르는 자연적 추세일 것이다.

요한 묵시록을 보면, 하늘나라에서의 하느님 경배 의식이 얼마나 장엄한가를 짐작할 수 있다. 보라, 천사들은 향이 가득 담긴 금대접을 가지고 하느님 앞에 서 있으며, 스물네 명의 원로들이 금관을 벗어 한 번 죽임을 당하셨던 어린양 앞에 내놓고, 수많은 나라의 백성들이 흰옷을 입고 각자의 손에 개선의 종려나무 가지를 들고 있다. 동정녀들은 거문고를 들고 어린양을 가까이 따르며, 그들의 독특한 새 노래를 부르지 않는가. 이 얼마나 장관이며 눈으로 보는 듯한 묘사인가! 지상 교회의 공적 경배 의식과 훗날 하늘나라에서의 개선 교회의 경배 의식에는 반드시 어떤 비슷한 점이 있을 것이다.

구약 시대와 하늘나라에서는 그 외적인 장엄함을 기꺼이 받으시는 하느님께서, 과거와 미래와의 산 고리인 신약의 교회에서는 그 외적 광휘를 빼앗으신다면 얼마나 해괴한 일이겠는가. 바오로 사도는 "단죄로 이끄는 직분에도 영광이 있었다면, 의로움으로 이끄는 직분은 더욱더 영광이 넘칠 것입니다."(2코린 3,9)라고 하였다.

하느님께서는 이스라엘 백성에게 "이 백성이 입으로는 나에게 다가오고 입술로는 나를 공경하지만 그 마음은 내게서 멀리 떠나 있고"(이사 29,13)라고 하시어 실상 그들의 제사와 종교적 축전을 즐겨 받지 않으셨다(이사 1,13 참조). 이것은 하느님을 찬미하는 그들의 노래를 나무라는 것이 아니라 그들의 마음이 찬미와 합치하지 않음을 나무라는 것이다. 또 그들의 제사를 물리치신 것은 그들의 제물에는 보다 귀한 통회의 희생이 따르지 않았기 때문이다.

"하느님을 찬양하여라, 그분의 성소에서. 주님을 찬양하여라, 수금과 비파로. 주님을 찬양하여라, 손북과 춤으로. 주님을 찬양하여라, 현악기와 피리로."(시편 150,1-4)라고 하시지 않는가.

또 "옷이 아니라 너희 마음을 찢어라. 주 너희 하느님에게 돌아오너라."(요엘 2,13)라고 하시면서 이어 말하시기를 "옷이 아니라 너희 마음을 찢어라. 주 너희 하느님에게 돌아오너라. …… 백성을 모으고 회중을 거룩하게 하여라. …… 주님을 섬기는 사제들은 성전

현관과 제단 사이에서 울며 아뢰어라."(요엘 2,15-17)라고 하였다. 이 예언자는 통회의 절대적인 필요를 역설한 뒤 겸손한 행위와 고행의 의무를 주장하였다. 마치 오늘날 가톨릭 신자들이 사순 시기 첫날인 재의 수요일에 회개의 표시로 이마에 재를 바르고 사십 일 동안 단식과 금육을 엄격히 지키듯이 말이다. 또 바오로 사도는 이 내적 외적 숭경의 일치를 가장 힘 있게 말하였다. "내가 인간의 여러 언어와 천사의 언어로 말한다 하여도 나에게 사랑이 없으면 나는 요란한 징이나 소란한 꽹과리에 지나지 않습니다. 내가 예언하는 능력이 있고 모든 신비와 모든 지식을 깨닫고 산을 옮길 수 있는 큰 믿음이 있다 하여도 나에게 사랑이 없으면 나는 아무것도 아닙니다." 바오로 사도는 내적 숭경의 중요성에 대하여 이렇게 역설한 것이다. 아울러 그는 예수의 거룩한 이름의 흠숭 행위에 대하여 "예수님의 이름 앞에 하늘과 땅 위와 땅 아래에 있는 자들이 다 무릎을 꿇고"(필리 2,10)라고 하였다. 이는 곧 외적 숭경의 중요성에 대한 말이다. 정치인들이 정치 운동으로 대중의 호감과 찬동을 얻기 위하여서는 냉정한 이성에만 호소하지 않는다. 악대를 앞세우고 행진을 하거나, 각종 선전 깃발을 날리거나, 열변을 토하기도 한다. 그들이 정치 목적 달성을 위해 하는 그 방법을 교회에서는 진리 선포에 사용한다. 장엄한 행진을 하기도 하고, 아름다운 음악으로 우리 마음을 하느님께 향하게 하기도 한다. 또 구원의 표지인 십자가 깃발을 날리기도 하고 여러 나라 말로 강론을 하여 우리의 지성과 심정에 호소하기도 하고 장엄하고 화려한 예식으로 우리의 감정과 상상력을 고양시킨다.

인간 사회의 특정한 행사는 으레 특정 예식으로 거행한다. 초등학교 졸업식을 보면, 운동장에서 뛰어 놀고 있는 아이들에게 졸업 증명서를 아무렇게나 나누어 주지는 않는다. 이처럼 모든 모임에는 거기에 알맞은 의식이 있다. 이것은 곧 인간 본성의 요구이다. 그런데 하느님 숭경을 위한 장엄한 교회 의식의 존재에 대하여서는 더 말해서 무엇 하겠는가. 오직 하느님 숭경 행위에만 아무런 의식의 제정도 필요가 없다면 그야말로 모순 중의 모순이다. 이 말은 결코 의식에 편중하라는 것이 아니다. 그렇다면 그것은 허례허식이다. 다만 안팎이 일치된 숭경이어야 한다는 말이다.

외적 숭경이나 교회 예식은 내적 숭경의 표현이자 내적 숭경을 돕는 큰 힘이다. 따라서 내적 숭경의 태도를 지니는 것이 곧 외적 숭경의 태도임을 일상적으로 체험한다. 예를 들어 어떤 이가 자신은 주님 앞에서 무릎 꿇어 기도드리는 것이 아니라, 어슬렁거리면서 혹은 드러누워서 기도드리면서 마음으로 그분을 흠숭하고 있음을 주장한다고 해 보자. 이것은 그가 내적 숭경을 높이 평가해서가 아니라 오직 태만하기 때문이다. 이런 경우는 마침내 내적 숭경까지 점차 식어 냉담의 싹을 키우고 말 것이다.

이것은 개인뿐 아니라 교파에서도 볼 수 있다. 외적 숭경은 교회 의식을 중요시하는 가톨릭 교회는 물론이지만, 이교 각 파나 성공회도 프로테스탄트 교파들보다는 신앙 행위가 대체로 견실한 편이다. 프로테스탄트 신자들 중 특히 젊은 신자들 가운데는 현대주의에 감염되어 신앙을 잃는 사람들이 많다. 그 원인은 성경을 곡해함으로써 인간 본성의 요구인 외적 숭경과 교회 의식을 경시하거나 아예 배척하기 때문이다. 그들이 가톨릭 교회 의식의 일부만이라도 수행해 왔더라면 그런 참담한 지경에까지 이르지는 않았을 것이다. 그러나 이처럼 의식을 배척해 온 그들이지만, 제2차 세계 대전 후에는 소위 '촛불 예배'를 시작한 교파도 있고, 상 위에 십자가를 놓고 그 좌우에 촛불을 켜고 예배드리는 교파도 생겨나 다시 가톨릭에 근접하여 오는 경향이 두드러지게 되었다.

가톨릭 교회에는 묵상 기도와 소리 기도 두 가지의 기도가 있다. 묵상 기도는 말 그대로 하느님을 섬김으로써 영혼이 구원받는다는 도리를 묵상하며 드리는 기도이다. 소리 기도는 기도문을 욈으로써 드리는 기도이다. 가톨릭 교회에서는 두 가지 이유에서 기도문을 제정한다. 첫째, 주 예수께서 직접 주님의 기도문을 지어 주셨듯이(마태 6,9 참조) 교회에서도 기도문을 지어 하느님을 찬미하고 하느님께 구하는 법, 즉 기도하는 방법을 지도하기 위해서이다. 둘째, 신자들의 기도 행위를 돕고 장려하기 위해서이다. 기도하고 싶으면 열성이 일어나지 않더라도 기도문을 읽거나 암송하면서 그 뜻을 따라 신자들은 마음으로부터 믿음과 소망, 사랑의 정을 일으켜야 한다. 마음이 혼란한 상태에 빠지면 빠질수록 더 강한 의지로 즉시 기도문을 읽어 마음을 주께 향하게 하여야 한다. 만약 기도문을 입으로만 외고 그 뜻을 따라 의식적으로 하느님께 마음을 모으지 않는다면 그때에는 분심分心이라는 소죄가 성립된다는 것을 알아야 한다.

그러나 반드시 기도문에만 의존하라는 말은 아니다. 성당에 모인 신자들 가운데는 단정히 꿇어 앉아 눈을 감고 입을 다문 채 기도하는 사람이 있다. 이것은 자기 마음에서 우러나는 대로 드리는 기도이다. 그런 사람도 얼마 지나면 곧 기도문을 펼치는데 이것은 잠시 기도문의 도움을 받으려는 것이다. 가톨릭 교회는 이렇게 성당에서뿐 아니라 언제 어디서든지 마음을 하느님께 향하여 가슴에서 우러나는 기도를 드리기를 크게 권장한다. 그러므로 신앙심 깊은 신자들은 그들이 어디에 있든지 그 마음은 항상 하느님께 향하여 있어서 하루하루를 기도 가운데서 살아가게 된다. 아기 예수의 데레사 성녀는 매일 남들과 똑같이 일을 했지만 하느님을 생각하지 않는 때는 하루에 단 3분도 못 되었다 한다.

끝으로 교회 의식에 관한 철학자 요하네스 헤센의 의견을 소개한다.

"종교 생활이 존립하고 활동을 할 수 있기 위해서는 형식이 필요하다. 딱딱한 나무껍질이 나무의 즙을 감싸고 있지 않으면 액즙이 분해 증발되고 말듯이 종교 체험도 형식을 갖추지 않으면 분해되고 분산되어 버릴 것이다. 그러나 개인주의자의 입장은 이렇다. 즉, 나에게는 어떤 형식도 필요하지 않다. 형식은 영혼이 자유스럽게 나는 것을 막는다. 그래서 나는 형식을 거부한다. 이렇게 말하는 사람은 과연 모든 형식을 무시할 수 있을 만큼 종교적 존재의 높이에 도달하여 있는가. 분명 형식이나 속박은 그에게도 더욱 유익하고 다행한 것이 아닐까. 이러한 양심의 물음을 성실하게 던져 보아야 하는데도 개인주의자들은 이것을 게을리하고 있는 것이다. 가령 모든 형식을 부인할 권리가 개인주의자들에게 용인된다 하더라도, 그들처럼 '인류의 정상'에 있지 않은 다른 많은 사람들은 어떻게 되는 것인가. 형식이나 법칙이 필요하지 않다고 하는 것은 역사도 인생도 모르는 사람만이 할 수 있는 말이다."[76]

---

76 《인생의 의의》, 혜센 지음, 왕학수 옮김, 제12장 〈새로운 인간성〉.

제25장

미사 예식

이제 독자 여러분이 성당에서 거행되는 미사에 참여하였다고 가정하자. 미사에 대해서는 앞에서 이미 자세히 설명하였듯이, 가톨릭 교회의 모든 예식 가운데 가장 장엄한 예식이다. 우선 사람들의 눈길을 끄는 것들에 대하여 하나씩 설명하겠다.

성수

먼저 성당 문 옆에 있는 성수 그릇에서 성수를 찍어 십자 성호를 긋는다. 그러면서 주님의 성전에서 정결한 마음으로 주님을 경배하게 되기를 기도한다. 교회에서는 미사에 쓰이는 모든 것을 사제가 축성한다. 바오로 사도는 여기에 대하여 다음과 같이 말한다. "하느님께서 창조하신 것은 다 좋은 것으로, 감사히 받기만 하면 거부할 것이 하나도 없습니다. 사실 그것들은 하느님의 말씀과 기도로 거룩해집니다."(1티모 4,4·5)

미사가 시작되기 전에 사제는 신자들에게 성수를 뿌리며 "우슬 초로 제 죄를 없애 주소서. 제가 깨끗해지리이다. 저를 씻어 주소서. 눈보다 더 희어지리이다."라고 시편 50편을 읊는다.[77] 성수 사용은 고대부터 전해 내려온 관습이며, 교부들 중에도 성수에 대하여 언급한 사람이 많다.

미사 경본

제대 위에 큰 책이 놓여 있는 것을 볼 수 있는데, 이것이 미사 경본이다. 미사 경본의 내용은 신약 성경에서 발췌한 성경 구절과 미사 전문Canon, 그리고 그 밖의 기도문으로 되어 있다.

미사 전문은 초대 교회로부터 전래되어 천 수백여 년 동안 원문을 한마디도 고치지 않은 것이다. 다른 부분들도 오래전부터 전해 내려오는 것인데 7세기 이전부터 전해 내려오는 것들이 가장 많다. 박력 있고 진지한 어조, 경건한 열정이 넘치는 어조, 간결한 문체……. 여기에 비길 만한 다른 기도서가 또 있을까? 현재 미국 성공회에서 사용하고 있는 《기도 경본Book of Common Prayer》은 가톨릭 교회의 미사 경본을 대부분 그대로 번역한 것이다.

다음에는 미사를 거행하는 사제의 행동 절차를 하나씩 살펴보자.

77　전통 라틴 미사Sancta Missa Traditio Latina에서 행했던 예식으로, 제2차 바티칸 공의회 이후의 미사에서는 필수적으로 행하지는 않는다. ― 편집자 주

먼저 사제가 제의를 입고 제의실에서 제대 앞으로 나와 제대 아래 서서 가장 겸손한 태도로 전능하신 하느님과 성인 성녀들에게 죄를 고백하고 용서를 청한 뒤, 제대로 올라가 '자비송(주님, 자비를 베푸소서)'을 읊음으로써 하느님의 자비를 간구한다. 그다음 영광송을 엄숙히 노래한 뒤 그날에 해당하는 기도문과 구약 성경 구절이나 신약의 서간을 읽은 다음 복음을 읽는다. 이때 모든 사람들은 성경에 경의를 표하기 위하여 일어선다. 강론이 끝나면 15세기 동안 전 세계 교회에서 바쳐 온 니케아 신경을 바침으로써 신앙을 새롭게 한다.

신경을 마치면 사제는 빵과 포도주를 봉헌하고 "주님, 제 허물을 말끔히 씻어 주시고 제 잘못을 깨끗이 없애 주소서."라는 시편을 읽으면서 손을 씻는다. 이 예식으로 사제는 아주 작은 흠까지도 모두 통회하고 고침으로써 곧 거행하게 될 지극히 거룩한 제례에 예비하는 것이다.

다음 감사송과 전문典文으로 옮긴다. 사제가 성찬 기도를 외우면 (이때 복사는 작은 종을 울려 모든 사람들에게 성체를 축성한다는 것을 알린다) 빵과 포도주는 예수 그리스도의 전능으로 곧 예수의 몸과 피로 변한다. 계속해서 다른 경문도 읽는데 기도문 중에 가장 좋은 '주님의 기도'를 외운다.

축성한 빵과 포도주를 사제가 받아 모신 뒤 준비된 모든 신자들에게도 성체를 나누어 준다. 영성체 후에는 무릎 꿇고 있는 신자들을 축복한 뒤 요한 복음 1장 1절부터 14절까지를 읽는다(이때도 경의를 표하기 위하여 모두 일어선다).[78] 이로써 미사가 끝난다.

우리는 이로써 미사성제가 단순히 여러 기도문을 계속 읽는 것만이 아니라 우리 신앙의 뿌리를 깊게 해주고 경건한 열정을 격동시키는 장면의 전개임을 알 수 있다. 참으로 전능하신 하느님께 봉헌하기에 지당하고 엄숙한 제례이다.

라틴어

그런데 미사를 라틴어로만 거행하는 이유를 묻는 이가 있을 것이므로 여기에 대해서 간단히 설명하겠다.[79]

예수께서 가톨릭 교회를 창립하셨을 때는 유럽의 대부분이 로마 제국의 통치를 받던 때였다. 따라서 라틴어는 당시 세계 공통어였다. 마치 오늘날 영국과 미국의 세력권 내에서 어디서든 영어를 공용어로 삼는 것과 같다. 그러므로 당시의 교회에서도 여러 나라에 통용되는 라틴어를 교회 예식의 전문과 그 밖의 모든 공적 예배의 용어로 사용하게 되었다. 또한 초대 교회의 교부들도 모든 저서를 라틴어로 씀으로서 마침내 오늘날 교회 문학의 보고를 이루게 되었

---

78 전통 라틴 미사Sancta Missa Traditio Latina에서 행했던 예식이다. — 편집자 주
79 라틴어로만 거행되었던 미사가 제2차 바티칸 공의회 이후 각국의 모국어로 봉헌될 수 있게 되었다. 제2차 바티칸 공의회 문헌 〈거룩한 전례에 관한 헌장〉 54항에서는 이와 관련된 부분을 다음과 같이 규정하고 있다. "이 헌장 제36항의 규범에 따라, 백성과 함께 거행하는 미사에서, 특히 독서들과 '공동 기도'에서 그리고 지역 상황에 따라 백성과 관련된 부분들에서도 모국어에 알맞은 자리가 주어질 수 있다." — 편집자 주

다. 5세기에 들어와 로마 제국의 쇠퇴의 틈을 타고 여러 신흥 민족의 언어가 우후죽순처럼 생겨나자 라틴어는 드디어 죽은 언어가 되고 만 것이다. 그러나 교회에서는 예식 전문과 공적 예배 거행에는 옛날대로 라틴어를 그 용어로 삼았다. 그 이유는 다음과 같다.

1. 가톨릭 교회는 하나의 신앙과 하나의 예배와 하나의 영적 통치 기관으로, 교리든 예식 전문이든 다 고정되어 있다. 그러므로 전문은 고정 불변의 언어로 용어를 삼고자 한다.

신앙은 보석이요, 언어는 그 보석을 보존하는 상자이다. 교회는 한마음 한 뜻으로 그 보석을 정중히 보존하려 애쓰는 만큼 그 보석이 담겨 있는 상자까지 알뜰히 보존하게 된다. 살아 있는 언어는 죽은 언어와 달라 그 의미가 늘 변한다. 라틴어는 죽은 언어이므로 변동이 없다. 따라서 영원불변의 고정된 신앙 교리를 수호하기에 가장 적합한 언어이다.

2. 세계적 교회인 가톨릭 교회는 교회 안에 다양한 인종과 민족과 언어가 있다. 그러므로 만일 공통어가 없다면 공의회에 모이는 전 세계의 주교들이 어떻게 서로 의사를 소통할 수 있겠는가. 범세계적 교회인 가톨릭 교회에는 반드시 통용어가 있어야 한다.

1869년 바티칸에서 열린 공의회에는 전 세계의 주교 700명이 참석하였다. 만일 그때 통용어가 없었다면 어떻게 회의를 진행시킬 수 있었겠는가. 통용어가 없었다면 회의실은 바벨을 연상시켰을 것이다. 다행히 라틴어를 통용어로 삼았기 때문에 주교들은 회의를 자유롭게 진행시킬 수 있었다.

3. 가톨릭 교회의 주교를 비롯한 성직자들과 로마 교황청 간의 서신 왕래는 매우 빈번하다. 만일 교회 통용어가 없다면 교황은 수없이 통역을 받지 않을 수 없을 것이다. 그러나 미사를 라틴어로 집전하므로 신자들이 그 뜻을 이해하지 못하여 성당 안에서 시간을 허비하게 되지 않느냐고 하는 이가 있다. 이것은 미사의 참뜻을 전혀 모르는 사람의 말이다.

대다수의 프로테스탄트 교회는 예배의 본질이 설교에 있다고 생각한다. 따라서 그들은 목사의 설교를 듣는 행위를 신자의 가장 큰 의무로 생각한다. 물론 가톨릭 교회에서도 강론을 듣기야 하지만, 가톨릭 교회 미사의 진수는 기도에 있다. 기도야말로 미사 참여자의 본질적 의무이다.

그러면 미사는 무엇인가. 미사는 설교가 아니고 사제가 자기와 신자들을 위하여 하느님께 드리는 제례이다. 사제가 미사를 드릴 때 신자들을 향하여 말하지 않고 '모든 언어를 아시는' 하느님께 말씀드린다. 따라서 사제가 어떤 나라의 말로 미사를 드린다 하더라도 신자들은 사제의 말소리를 듣지 못할 것이다. 사제는 신자들을 등 뒤에 두고 제대를 향하여 미사의 중요한 대부분을 낮은 소리로 거행하기 때문이다.[80] 이것은 우리가 구약 성경과 루카 복음서 1장에서 보듯이 구약 시대에 하느님께서 제정하신 제례의 방식이다. 즉, 사제가 성소 안에서 제물을 봉헌하고 백성들을 위하여 기도드릴 때 백성들은 멀리 바깥뜰에서 기도를 드렸다. 오늘날 동방 교회들도 교회 식전을 거행할 때에는 사제들이 반드시 고전어를 사용한다. 유다교의 식전에서도 랍비가 기도문을 낭독할 때 대부분의 청중이 이해하지 못하는 히브리어로 읽는다. 그러나 사제가 읽는 미사 경문의 뜻을 신자들이 전혀 이해하지 못하는 것은 결코 아니다. 각국어로 번역된 미사 경본으로 사제가 외는 미사 경문의 뜻을 잘 알 수 있다.

촛불

이제 제대 위에 놓인 촛불의 의미를 알고 싶어 할 것이다. 구약 시대에는 직접 하느님께서 불을 켜서 성소를 화려하게 하라고 명령

---

80 제2차 바티칸 공의회 이전에는 제대가 벽에 붙어 있었고, 사제는 성찬 전례 때 신자들을 등지고 미사를 봉헌하였다. 그러나 공의회 이후, 사제는 제대를 중심에 두고 지금과 같은 방식으로 신자들을 바라보며 미사를 거행한다. 제2차 바티칸 공의회 문헌 〈거룩한 전례에 관한 헌장〉 48항에서는 이와 같은 내용을 다음과 같이 규정하였다. "교회는 그리스도 신자들이 이 신앙의 신비에 마치 국외자나 말 없는 구경꾼처럼 끼어 있지 않고, 예식과 기도를 통하여 이 신비를 잘 이해하고 거룩한 행위에 의식적으로 경건하게 능동적으로 참여하도록 깊은 관심과 배려를 기울인다. 신자들은 하느님 말씀으로 교육을 받고, 주님 몸의 식탁에서 기운을 차리고, 하느님께 감사하고, 사제의 손을 통해서만이 아니라 사제와 하나 되어 흠 없는 제물을 봉헌하면서 자기 자신을 봉헌하는 법을 배우고, 중개자이신 그리스도로 말미암아 날이 갈수록 하느님과 일치하고 또 서로서로 일치하여 하느님께서 모든 것 안에서 모든 것이 되시도록 하여야 한다." — 편집자 주

하셨다(탈출 25,31 참조). 구약 시대에 용납되던 것이 신약 시대에는 용납되지 못할 리 없다. 제대 위의 촛불은 역사적 유래로 보든 상징으로 보든 깊은 의미가 있다. 박해 시대에는 로마의 지하 묘지인 카타콤바 안에서나 밀실에서 미사가 거행되었다. 지하 묘지는 컴컴하므로 불을 켜지 않을 수 없다. 그러나 오늘날에는 박해 시대를 기념하는 뜻에서 촛불을 계속 사용한다. 또 촛불은 '세상의 빛'이시요 '세상에 오는 모든 사람을 비추시는 분'이신 구세주 예수를 상징하는 것이다. 암흑과 죽음의 그늘을 비추시는 주 예수를 상징한다. 또 촛불은 우리로 하여금 "너희의 빛이 사람들 앞을 비추어, 그들이 너희의 착한 행실을 보고 하늘에 계신 너희 아버지를 찬양하게 하여라."(마태 5,16 참조)는 우리 선행의 빛을 상징한다. 촛불은 또한 영적 환희의 표징이다. 예로니모 성인은 "동방 교회에서는 복음을 읽기 전에 대낮에도 촛불을 켠다. 이것은 실내가 어두워서가 아니라 환희의 정을 나타내기 위한 것이다."라고 하였다.

분향

사제가 제대에 분향하는 것을 볼 것이다. 분향은 우리 기도의 표징이다. 마치 향의 연기가 향로에서 위로 올라가듯이, 사랑으로 타는 마음으로부터의 기도가 하늘로 올라가는 것을 상징한다. 다윗 임금은 "저의 기도 당신 면전의 분향으로 여기시고 저의 손 들어 올리니 저녁 제물로 여겨 주소서."(시편 141,2)라고 하였다. 구약 시대에 하느님께서는 분향을 하라고 명령하셨다. "아론은 그 제단 위에다 향기로운 향을 피우는데, 아침마다 등을 손질할 때 피워야 하고, 해거름에 등을 켤 때에도 피워야 한다."(탈출 30,7-8)라고 하였고, 사제인 즈카르야는 "그가 분향하는 동안에 밖에서는 온 백성의 무리가 기도하고 있었다."(루카 1,10)

꽃 장식

제대를 꽃으로 화려하게 장식하는 이유를 설명하겠다. 제대에는 하느님께서 실제로 계시므로 제대는 모든 정성을 다하여 아름답게 꾸며야 한다. 그분께서 우리와 함께 계시는 성당은 아무리 정성을 다하여 꾸민다 해도 오히려 부족할 것이다. 하느님께서는 우리에게 전부를 주셨지만 우리는 기껏 주님께서 거처하시는 성당을 꾸미는 정도일 뿐이다. 하느님께 부족한 것이 어디 있겠는가. 그래도 효성의 표현인 우리의 봉헌을 기쁘게 받으실 것이다. 마치 부모의 재산을 모두 물려받은 아들이 드리는 선물을 그 부모가 기뻐하듯이 말이다. 동방 박사들의 예물도 기꺼이 받아들이지 않으셨던가.

어떤 사람들은, 그 많은 성당 건축비와 장식비를 가난한 사람들을 돕는 데 쓰는 것이 옳지 않느냐고 하기도 한다. 이 말은 벌써 열두 사도 중의 하나인 유다 이스카리옷의 입에서 나온 불평이기도 하다. 마리아 막달레나가 비싼 향유를 주님의 발에 발라 드리자 예수께서는 이것을 허락하셨지만, 유다는 그것을 가난한 사람을 돕는

데 쓰지 않는다고 비난하였다(요한 12,5-6 참조). 사람들이 나무라든 말든 우리는 마리아 막달레나를 본받아 그녀가 향유의 향기로 시몬의 집을 채웠듯이, 주님의 성전과 제대를 온갖 꽃으로 꾸미고 그윽한 향기로 채워야 한다. 이것이야말로 신자들의 지극히 당연한 효성의 표현이다. 전능하신 하느님께서도 봄이면 온 대지를 온갖 화초로 꾸미시지 않는가. 우리도 하느님께서 거처하시는 성전을 특별한 기회에 화려하게 장식하는 것이 마땅하다.

제의

사제가 입은 이상한 고풍의 의상을 보고 의아하게 느낄 것이다. "그들이 만들 옷은 가슴받이, 에폿, 겉옷, 수놓은 저고리, 쓰개, 허리띠다. 이렇게 너의 형 아론과 그의 아들들에게 거룩한 옷을 만들어 주어, 그들이 사제로서 나를 섬기게 하여라."(탈출 28,4) 이처럼 하느님께서는 사제가 입을 제의를 제정하였다. 하느님의 사제는 지존하신 하느님의 제대에서 제례를 드릴 때 거기에 알맞은 옷을 입어 자기가 거행하는 제례의 신성성을 더욱 절실히 깨달아야 하며 신자들은 그것을 보고 미사가 얼마나 숭고한지를 인식해야 한다.

에우세비오 성인과 그 밖의 교부들의 저서를 보면 그때 벌써 사제들이 제의를 입고 미사를 드린 사실을 알 수 있다.

사제가 미사를 드릴 때 입는 제의는 개두포와 장백의와 수대[81]와 영대 등이다. 제의와 영대와 수대는 시기에 따라 빛깔이 다르다. 성탄이나 부활 같은 환희의 축일과, 증거자와 동정자의 축일에는 흰색 제의를 입으며, 성령 강림 대축일과 사도들과 순교자들의 축일에는 불꽃과 피의 상징인 붉은 색을 입는다. 연중 시기에는 특수 축일 외에는 신자들의 신앙이 무성한 것을 상징하는 녹색 제의를 입는다. 예수 수난을 묵상하는 사순 시기에는 통회와 고행의 상징인 보라색 제의를 입는다. 성탄 전 대림 시기는 주님의 오심을 합당하게 준비하기 위한 기간이다. 따라서 회개와 절제가 요구되기에 보라색 제의를 입으나, 대림 제3주일에는 기쁨을 나타내는 장미색 제의을 입는다. 죽은 이를 위한 미사에는 검은색 제의를 입는다.

80년 전에 프로테스탄트 교파 전체의 회합이 있었는데, 그때 그들은 가톨릭 교회의 제대 장식과 분향과 제의 사용을 버려야 할 악습이라고 비난했으며 심지어 제대 자체까지 비난했다. 그런데 요즘에 와서는 가톨릭의 전례를 이해하는 것 같다. 성공회에서는 그러던 태도가 완전히 뒤바뀌어, 오늘날 가톨릭 교회에서 사용하는 제의 및 향로를 사용하며 꽃과 촛불로 제대를 장식함으로써 가톨릭 교회를 여실히 모방하고 있다. 그러나 그들이 아무리 그럴 듯한 제

---

[81] 수대(手帶, Manipulus)는 사제가 미사 때 왼쪽 팔목에 거는 헝겊으로 된 짧은 띠이다. 전통 라틴 미사에서 사용되었던 전례복 중 하나로, 1967년 5월 4일에 교황청 경신성사성에서 발표한 〈3년 전 Tres Abhinc Annos〉에서 훈령 제25조인 "수대는 필요 없다."라는 조항에 의해 현재는 볼 수 없는 전례복이다. — 편집자 주

의를 입었다 하더라도, 목소리는 과연 야곱의 목소리이나 손은 여전히 에사우의 손이다. 그들이 비록 사제의 제의를 입기는 하였으나 그 목소리는 사제의 목소리가 아닌데 어찌하랴. 가톨릭 교회의 제의를 입은 그들이 가톨릭 교회의 신앙 교리에까지 승복하여 안팎이 일치된 상태의 날이 빨리 오기를 하느님께 간절히 기도드린다. 그들도 죽은 뒤 지상의 영대를 벗어 놓고 모든 충성된 사제들과 함께 같은 영대를 걸치고 손에는 종려나무 가지를 들고서 옥좌 앞에서 어린양께 "구원은 어좌에 앉아 계신 우리 하느님과 어린양의 것입니다."(묵시 7,10)라고 외치며 영원히 하느님 제단 앞에서 동락하기를 아울러 기원하는 바이다.

제26장

고해성사

1. 고해성사는 예수께서 직접 제정하셨다

예수 그리스도의 일생은 고통을 겪는 인류에 대한 자비와 연민의 표징으로 드러난다. 잉태되시던 순간부터 십자가 위에서 돌아가실 때까지, 그분의 생각과 말과 행위는 오직 인간의 고통과 비참을 덜어 주려는 것뿐이었다. 예수께서는 기적으로 우리 육신의 질병과 고통을 없애 주셨다. 그러나 그분의 최대 사명은 사람의 영혼을 죄의 사슬에서 해방시키는 데에 있다. '예수'라는 이름에서부터 벌써 이 진리의 중대성이 드러난다. "마리아가 아들을 낳으리니 그 이름을 예수라고 하여라. 그분께서 당신 백성을 죄에서 구원하실 것이다."(마태 1,21)

만일 예수께서 인간의 육신 질병만을 고치시고 영혼의 질병을 돌보지 않으셨다면, 예수는 다만 한 의사일 뿐이지, '구세주'라는 칭호는 받을 수 없다. 죄는 인간 최대의 불행이다. 예수께서 이 세상에 오신 목적도 최대 불행인 이 죄를 없애시려는 데에 있다. 이 목적 달성을 위하여 우리의 사죄자로서 이 세상에 오신 것이다.

예수께서 사죄자이심을 마리아 막달레나도 알았다. 마리아 막달레나는 통회의 눈물로 주님의 발을 씻어 드리고 그 머리카락으로 주님의 발을 닦아 드렸다. 예수께서는 마리아 막달레나의 참된 회개를 보시고 죄 사함을 선언하셨다. 악마들도 예수께서 죄악의 적임을 잘 알고 있다. 예수께서 마귀 들린 자들에게 가까이 가시면 그들은 쫓겨날 것을 알고는 질겁하였다.

그러나 육체의 질병 퇴치는 둘째이며, 영혼의 질병 퇴치가 예수께서 이 세상에 오신 첫째 목적이다. 예수께서는 육신의 질병을 고쳐 주심으로써 그 기적을 보는 사람들로 하여금 영혼의 질병인 죄악도 물리칠 수 있는 권능을 가지고 계시다는 사실을 알리려는 것이었다. 예수께서 중풍 병자에게 "애야, 용기를 내어라. 너는 죄를 용서받았다."(마태 9,2)라고 하셨을 때, 율법 학자들은 예수가 하느님을 모독하고 있다고 비난하였다. 그러나 예수께서는 당신의 사죄권을 단호히 주장하셨다. "'너희는 어찌하여 마음속에 악한 생각을 품느냐? …… 그런 다음 중풍 병자에게 말씀하셨다. '일어나 네 평상을 가지고 집으로 돌아가거라.' 그러자 그는 일어나 집으로 갔다. 이 일을 보고 군중은 두려워하며, 사람들에게 그러한 권한을 주신 하느님을 찬양하였다."(마태 9,5-8) 또 예수께서는 38년 동안이나 앓고 있던 병자를 고쳐 주신 뒤 그에게 조용히 타이르셨다. "자, 너는

건강하게 되었다. 더 나쁜 일이 너에게 일어나지 않도록 다시는 죄를 짓지 마라."(요한 5,14)

2. 예수께서 교회에 사죄권을 부여하셨다

영혼이 육신보다 우위에 있는 만큼, 예수께서는 흙무덤으로부터의 육신의 갱생보다 죄의 무덤으로부터의 영혼의 부활을 더욱 중요하게 보셨다. 그래서 아우구스티노 성인은 복음서에 기록된 주님의 행적에 대하여 말하기를 "예수께서 이 세상에 살아 계시는 동안 죽은 사람을 부활시키신 것은 세 번뿐이지만, 죄로 인하여 죽은 영혼을 은총으로 부활시키신 것은 수천 번이라고 할 수 있다."라고 하였다. 예수께서 시작하신 구속 사업을 영원히 계속하기 위하여 교회를 세우셨으므로 교회 성직자들의 주요 직무는 죄인과 하느님과의 화해 작업이다. 그렇다면 예수께서 승천하신 뒤 죄인인 우리가 어떠한 방법으로 사죄의 은혜를 받을 수 있을까가 당면한 긴급한 문제이다. 회개하는 죄인이 있을 때마다 예수께서 직접 그에게 나타나셔서 죄를 용서한다고 말씀하시겠는가. 아니면 이 특별한 목적을 위하여 세우신 당신 대리자인 성직자들에게 사죄권을 일임하셨겠는가. 예수께서는 회개하는 인간이 있을 때마다 그에게 나타나 죄를 용서해 주시겠다고 약속하시지는 않으셨다. 또 사죄 선언을 하시기 위하여 나타나신 적도 없다. 그러므로 예수께서는 당신의 거룩한 이름으로 성직자들에게 사죄권을 맡겨 대행하도록 하는 계획을 세우실 수밖에 없었다.

　이것은 구약 시대에든 신약 시대에든 전능하신 하느님께서 늘 보여 주시던 태도이다. 하느님께서는 언제든지 그 인자하신 계획의 실행권을 인간인 대리자에게 맡기신다. 이스라엘 백성을 이집트에서 구해 내실 때에도 하느님께서는 그 대업을 모세에게 맡기셨다. 그들이 파라오의 추격을 피하여 홍해를 건널 때, 바다를 갈라지게 한 것은 하느님께서 직접 하신 것이 아니라 모세에게 명령하여 그렇게 하신 것이다. 또 그들이 사막 한가운데서 목말라 죽게 되었을 때, 하느님께서 그들을 구원하시려고 직접 나타나셨던가. 아니다. 그때도 모세에게 명령하여 그의 지팡이로 바위를 쳐서 물이 솟게 하셨다. 바오로 사도가 신자들을 박해하려고 다마스쿠스로 가다가 앞을 못 보게 되었을 때, 하느님께서 직접 고쳐 주셨던가. 직접 그를 회개시키셨는가. 직접 세례를 베푸셨는가. 아니다. 바오로 사도를 하나니아스에게 보내어 눈을 뜨게 하고 세례를 베풀게 하셨다.

　바오로 사도는 하느님께서 사죄권을 사람들에게 맡기신 사실에 대하여 다음과 같이 말하였다. "이 모든 것은 그리스도를 통하여 우리를 당신과 화해하게 하시고 또 우리에게 화해의 직분을 맡기신 하느님에게서 옵니다. 그러므로 우리는 그리스도의 사절입니다. 하느님께서 우리를 통하여 권고하십니다. 우리는 그리스도를 대신하여 여러분에게 빕니다. 하느님과 화해하십시오."(2코린 6,18.20) 즉 하느님께서는 죄인과 당신과의 화해를 이루시기 위하여 그리스도를 보내셨고, 그리스도께서는 이 목적을 이루시기 위하여 우리 사도들을 보내셨다. 우리는 주의 이름으로 죄인과 하느님과의 화해를 이루게 하는 주님의 사절들이라는 말이다.

우리 성직자들이 지닌 이 황공스러운 사죄권을 생각할 때, 이로 말미암아 무한한 은혜를 받게 된 신자들과 함께 매우 기뻐한다. 그러면서도 우리는 아무것도 아닌 우리에게 맡겨진 지고한 특권과 그에 따르는 막중한 책임 앞에서는 몸 둘 바를 몰라 한다. 예수께서는 은총의 샘이시고 성직자들은 이 은총의 생명수를 신자들의 영혼에 나누어 주는 물길이다. 예수께서는 목자이시고 성직자들은 예수께서 양 떼를 부르실 때 사용하시는 나팔이다. 고해소에서 사죄경을 외는 성직자들의 목소리는 예루살렘의 사도들을 정화하시던 성령의 소리의 반향이다.

그렇다면 예수께서 사도들과 그 후계자들에게 사죄권을 맡기신 사실을 성경은 증거하는가. 여기에 대한 성경의 증거는 너무나 명확하여 의심할 여지가 없다.

예수께서 베드로 사도에게 "나 또한 너에게 말한다. 너는 베드로다. 내가 이 반석 위에 내 교회를 세울 터인즉, 저승의 세력도 그것을 이기지 못할 것이다. 또 나는 너에게 하늘나라의 열쇠를 주겠다. 그러니 네가 무엇이든지 땅에서 매면 하늘에서도 매일 것이고, 네가 무엇이든지 땅에서 풀면 하늘에서도 풀릴 것이다."(마태 16,18-19) 라고 말씀하셨다.

요한 복음서에는 예수께서 사도들에게 사죄권을 맡기신 사실이 더욱 명확히 기록되어 있다. 부활하신 예수께서 제자들에게 나타나 말씀하시기를 "'평화가 너희와 함께! 아버지께서 나를 보내신 것처럼 나도 너희를 보낸다.' …… '성령을 받아라. 너희가 누구의 죄든지 용서해 주면 그가 용서를 받을 것이고, 그대로 두면 그대로 남아 있을 것이다.'"(요한 20,21-23) 사죄권을 맡기신 사실에 대한 기록으로서 이보다 더 명확한 것이 어디 있겠는가. 이 말씀을 알기 쉽게 풀어 말하면 다음과 같다. "내가 너희에게 평화를 준다. 너희도 이 평화를 회개하는 자들의 영혼에 부어 주어 그들과 하느님과의 화해의 근거가 되게 하라. 내가 아버지께 받은 사죄권을 너희에게 준다. 너희는 성령을 받아라. 이 성령을 사람들에게 주어 마귀의 멍에를 벗어 버리고 구원을 얻게 하라. 그리하면 '너희의 죄가 진홍빛 같아도 눈같이 희어지고 다홍같이 붉어도 양털같이 되리라.'(이사 1,18) 바닷가의 모래알처럼 죄가 많을지라도 너희 성직자들에게 나아가 통회하면 그 모든 죄가 깨끗이 씻길 것이다. 세상에서 행하는 너희의 자비로운 선고는 곧 내가 하늘에서 이를 들어 허락하겠다."

요한 복음서의 이 말씀을 좀 더 자세히 해석하면 다음과 같은 세 가지 중요한 결론을 얻을 수 있다.

첫째, 예수께서는 사죄권을 사도들에게만 주신 것이 아니라 그들의 후계자인 역대 성직자들에게도 주심으로써 세상 끝날까지 계속 행사하도록 하셨다. 이 세상에 죄가 있는 동안은 언제든지 사죄의 은혜도 필요하다. 이 세상에서 죄가 근절된다면 그만이지만, 세상 끝날까지 죄악은 있을 것이므로 교회의 사죄권 행사도 세상 끝날까지 계속되어야 할 것이다. 질병이 존재하는 한 반드시 의료 기관이 있어야 하듯이 말이다. 예수께서 사도들에게 교리 선포, 세례, 견진, 성품 수여의 권한을 주어 그 후계자들에게 전수하도록 하시면서 사죄권만을 계승시키지 않으셨을 리가 없다. 죄인을 하느님과 화해시킴으로써 조금이라도 죄를 덜 짓게 하는 것은 절대 필요하고 긴급한 일이 아니겠는가.

둘째, 우리가 복음의 말씀과 세례의 은혜를 사도들과 그 후계자들로부터 받듯이, 사죄의 특별한 은혜도 사도들과 그 후계자들로부터 받는다. 사죄권은 하느님께서 사도들에게 맡기신 커다란 특권이다. 만일 자기의 밀실에서 하느님께 직접 죄를 고백하여 죄 사함의 은혜를 얻을 수 있다면 사도들의 사죄권을 특권이라 부를 까닭이 어디 있겠는가. 사도들의 사죄권 앞에 나아가 죄를 고백하지 않고도 자기 방법대로 쉽게 사죄의 은혜를 받는 길이 있다면, 번거롭고 불편하게 사제 앞에 나아가 고백하려 할 사람이 어디 있겠는가. 예수께서 회개하는 죄인들에게 자비의 보고 문을 열어 그 은총을 내려 주게 하려고 하늘의 열쇠를 준다고 성직자들에게 말씀하시지 않았는가. 만약 죄인들이 사도들 앞에 나아가 죄를 고백하지 않고도 사죄의 은혜를 받을 수 있다면 사죄의 은혜를 베풀기 위한 자비의 보고 열쇠를 사도들에게 맡기실 필요가 어디 있었겠는가. 만약 내가 당신에게 내 집의 열쇠를 주며 귀중품을 당신의 친구들에게 나누어 주도록 하였다고 하자. 그때 만일 누구든지 각자 만든 열쇠를 가지고 마음대로 내 집을 드나드는 사실을 당신이 발견하였다면, 당신이 받은 내 집 열쇠는 아무런 특권이랄 것도 없으며 그런 사람을 그다지 반가워하지는 않을 것이다.

이미 말했듯이, 죄 사함의 은혜는 사도들과 그 후계자들의 사죄권 행사로 인하여서만 받는다. 그러나 성직자를 만나지 못하게 되는 경우에도 죄 사함의 은혜를 받는 길이 있다. 즉, 위급한 경우를 당한 죄인이 자기에게 죄가 없어졌음을 선언해 줄 성직자를 만날 수 없는 경우에는 기회 있는 대로 빨리 고백할 의사를 품고 상등 통회, 즉 완전한 통회를 하면 사죄의 은혜를 받을 수 있다. 하느님께서는 우리가 불가능할 경우를 생각해서 고해성사를 절대 무조건적으로 강요하시지는 않으신다.

셋째, 성직자에게는 사죄권이 있고, 죄인인 우리에게는 죄를 고백할 의무가 있다. 사죄권 부여 사실은 우리의 죄 고백을 전제로 한다. 성직자는 사죄권을 함부로 행사하지 못한다. 반드시 명료한 판단이 선 다음에 비로소 행사한다. 진심으로 회개하는 사람에게만 자애의 사죄를 선고하는 것이다. 당사자의 죄를 모르고 어떻게 판단할 수 있겠는가. 당시자의 죄를 듣지 않고서야 어떻게 그의 죄를 알 수 있겠는가. 사제들 앞에서 죄를 고백하는 행위는 사도 시대부터의 관례이다(사도 19,18 참조). 요한 사도도 "우리가 우리 죄를 고백하면, 그분은 성실하시고 의로우신 분이시므로 우리의 죄를 용서하시고 우리를 모든 불의에서 깨끗하게 해 주십니다."(1요한 1,9)라고 하였다.

이상의 말씀으로도 충분하나, 더 나아가 초대 교회 교부들도 이 구동성으로 고해성사가 예수께서 직접 제정하신 성사임을 증명하였고, 그 절대 필요성을 역설하였다는 사실을 알면 이 말씀의 진의를 더 깊이 이해할 수 있을 것이다. 그런데도 "고해성사란 예수께서 직접 제정하신 것이 아니고 1,200년경에 교회가 만들어 낸 것이다."라고 하는 이가 있다. 이것은 자신의 교회사에 대한 지식의 모자람을 폭로하는 것일 뿐이다.

고해성사에 대한 교부들의 증언은 매우 많으나 그중 몇 가지만 소개하겠다.

바실리오 성인은 다음과 같이 말하였다. "죄의 고백은 육체의 병을 고치듯이 해야 한다. 병자가 병을 치료하려 할 때는 아무에게나 함부로 치료받지 않는다. 오직 의학 지식과 기능을 겸비한 의사에게 병세를 자세히 알리고 의사의 지시에 따라야 하는 법이다. 이와 같이 영혼의 병인 죄를 고백하여야 한다."[82] 아울러 그 권한을 가진 이가 누구인지 다음과 같이 분명히 밝혔다. "우리의 죄는 반드시 하느님의 성사를 관장하는 성직자에게 고백하여야 한다. 사도행

---

82 In Reg. Brev., quaest. 229, T.II., 492

전도 사도들에게 가서 죄를 고백하였다는 기록이 있듯이, 초대 교회 때에도 성자들이 이와 같이 죄를 고백하고 보속으로 고행을 하였다."[83] 바실리오 성인의 이 글에서 두 가지 결론을 얻을 수 있다. 첫째는 고백의 필요이다. 둘째는 하느님께 성사를 관장하는 권한을 받은 성직자에게 죄를 고백할 의무가 있다는 것이다.

암브로시오 성인은 다음과 같이 말했다. "죄악은 독이요, 죄의 고백은 해독 행위이다. 죄의 고백은 죄악의 재범을 예방하는 좋은 약이다. 그러므로 당신이 다시 의로워지려면 당신의 죄를 고백하라. 그 독이 곧 사라질 것이다. 고백하는 것을 부끄러워하지 말라. 그러한 부끄러움은 하느님 앞에서의 심판 때는 아무 효력도 내지 못할 것이다."[84] 암브로시오 성인의 비서였던 파울리누스가 지은 《암브로시오전傳》에는, 암브로시오 성인이 통회자의 고백을 듣고 늘 눈물을 흘렸다는 기록이 있다.

아우구스티노 성인은 고해성사에 대하여 다음과 같이 말했다. "인자하신 하느님께서는 우리가 후세에서 치욕을 당하지 않게 하시려고 현세에서 죄를 고백하도록 마련하셨다. 누구든지 '나는 하느님께 직접 죄를 고백한다.'든가, '하느님 앞에서 고백하겠다.'는 등의 말을 하지 말아야 한다. 만일 그렇다면 '무엇이든지 너희가 땅에서 풀면 하늘에서도 풀릴 것이다.'라는 말씀이나, '하늘의 열쇠

---

83 *ibid*., 288, 516
84 《*Faith of Catholics*》, Vol. III., 74 이하

를 교회에 맡기신다.'는 말씀은 헛소리라는 말인가. 우리가 무엄하게도 복음서와 그리스도의 말씀을 마음대로 없애 버리겠다는 것인가?"[85] 이 말은 오늘날 흔히 들을 수 있는 "하느님께 직접 고백하면 그만이다."라는 궤변에 대한 따끔한 일침이다.

요한 크리소스토모 성인은 그의 설교 제30편에 다음과 같이 말하였다.

"보라. 이제 사순 시기의 마지막 날이 다가왔으니 우리는 더욱 엄격히 재를 지켜야 하며 우리의 죄를 완전하고도 분명히 고백하여야 한다. 이러한 착한 일로 부활 주일에 주님의 은총을 더욱 풍성히 받으려는 것이다. 죄의 고백으로 죄악의 상처를 영혼의 의사인 사제에게 모두 보이면 완치의 은혜를 받는다는 것을 잘 아는 우리의 원수인 악마는 기어코 이를 방해하려 든다. 여러분은 나에게 와서 죄를 고백할 때 음란 등 드러난 죄만 고백할 것이 아니라 모든 종류의 은밀한 죄악까지 빠짐없이 고백하여라."[86]

성인도 우리의 죄를 하느님께 직접 고백하지 말고 주님의 사제에게 자세하고 정확하게 고백하라고 하였다. 이것은 그 앞뒤 문장으로 분명히 알 수 있다. 학자이자 성인인 그는 사제의 사죄권에 대하여 다음과 같이 말했다. "하느님께서는 천사와 대천사에게도 주시지 않은 특권을 사제들에게 주셨다. 즉, '너희가 땅에서 매어 놓

---

85 Hom. xx ; Sermo cccxcii
86 Tom. vii. Comm. in Matt

은 것은 하늘에서도 매여 있을 것이다.'라고 하셨다. 사제가 지상에서 처리한 죄는 하느님께서 천상에서 그대로 처리하시어 지상에 있는 사제의 판결을 재가하신다는 것이다. 이보다 더 큰 권위가 어디 있겠는가. 하느님 아버지께서 아들에게 모든 권위를 주셨고 아들은 그 권위를 사제들에게 주셨다. 병을 고치는 권능은 고대 유다의 사제들에게만 주셨다. 그러나 우리 사제들에게는 육신의 나병을 고치는 권능이 아니라, 영혼의 나병인 죄를 완치하는 권능을 주셨다. 따라서 죄인이 자기 양심의 명령대로 영혼의 의사인 사제에게 가서 그 죄를 정직하게 고백하고 영혼의 상처를 보이고 적당한 치료를 받는다면, 죄의 비밀이 누설되지 않고 완치되어 그의 생활이 아주 새로워질 것이다. 죄의 고백이 곧 죄 사함이기 때문이다."[87]

예로니모 성인은 고해성사를 기피하는 사람은 도저히 사죄의 은혜를 받을 수 없다고 다음과 같이 말했다. "독사 같은 마귀가 사람을 몰래 물어 온 몸에 죄악의 독이 퍼져 있는데, 말씀 한마디로 그것을 고칠 수 있는 권능을 가진 스승에게 상처를 보이지도 않고 통회하지도 않는다면 어떻게 그것을 고칠 수 있겠는가. 부끄럽다는 핑계로 상처를 의사에게 보이지 않는다면 아무리 명의인들 어떻게 하겠는가. 아무리 좋은 약인들 병을 제대로 모르고서야 어떻게 병을 고칠 수 있겠는가. 우리의 죄를 풀고 매는 권한은 주교와 신부의

---

87 Lib. iii., De Sacerdotio

손에 있다. 그들은 성무 수행상 죄의 모든 종류와 가볍고 무거움을 자세히 들은 후에 비로소 풀든지 매든지를 판단하게 될 것이다."[88] 사제의 사죄권과 죄인의 고백 의무를 이보다 더 힘 있게 말할 수는 없을 것이다.

치프리아노 성인은 다음과 같이 말했다. "친애하는 형제 여러분, 자기의 죄를 고백하십시오. 사제로 인하여 이루어지는 사죄와 보속은 하느님의 뜻에 맞는 것입니다."[89] 또 드러내 놓고 우상 숭배를 하지는 않을지라도 그런 생각을 품은 사람들에게는 다음과 같이 말했다. "그런 생각까지도 하느님의 사제에게 솔직히 고백하여 통회하시오."[90] 오리게네스도 고해성사에 대하여 다음과 같이 말했다. "비록 어렵고 힘들기는 하지만 죄인이 눈물을 흘리며 주님의 사제에게 자기의 죄를 고백하고 약을 청하기를 부끄러워하지 않을 때 사죄의 은혜를 받는다."[91] "성경은 우리에게 죄를 감추지 말아야 한다고 가르친다. 몸을 괴롭히는 소화되지 않은 음식물을 토해 버리면 속이 시원하듯이, 죄를 감추어 두면 괴롭다 못해 질식해 버릴 것이나 죄를 고백함으로써 토해내 버리면 병의 원인이 말끔히 치료될 것이다."[92]

---

88. Comment in Eccles
89. De lapsis, c. 29
90. ibid., c. 28
91. Homil. in Levit. II, 4
92. ibid.

이레네오 성인은, 마르코라는 마술사에게 정조를 빼앗긴 부녀자들이 "교회의 품으로 돌아와 자기의 죄를 고백하였는데, 명백히 고백한 자도 있고 두려워서 침묵을 지키다가 점점 교회로부터 멀어져 하느님의 생명을 얻는 일에 실망한 사람도 있었다."[93]라고 하였다.

1세기의 책인 《디다케-열두 사도들의 가르침》에는 "주일에 모이거든 여러분의 제례를 정결하게 하기 위하여 여러분의 죄를 고백한 다음 빵을 떼며 감사하십시오. 죄를 고백하십시오. 더러워진 양심으로 기도하지 말아야 합니다."[94]라고 하였다. 또 바르나바의 편지에도 "여러분은 죄를 고백하십시오. 더러운 양심으로 기도하려 들지 마십시오."[95]라고 하였다.

사제의 사죄권에 대한 여러 교부들의 증언이 이처럼 명백한데도 반대자들은 고해성사란 12세기 이후에 비로소 만들어 낸 것이라고 우긴다. 그러나 그들은 언제, 어느 교황이, 어느 주교가, 어느 공의회에서 이 혁명적인 고해성사 제도를 세웠다는 책임 있는 말은 하지 못한다. 만약 이 제도가 그들의 말대로 그리스도교 세계에 해독을 끼치는 일이라면 무슨 수를 써서라도 그 기원을 밝혀야 하지 않겠는가.

이제 고해성사가 사도 시대 이후에 조작된 것이 아니라는 사실

---

93 C. Haeres., i, c. 13
94 Didache, c, iv ; xiv
95 EpiSt. Barnab., c. xix

과, 그러한 조작이 불가능한 사실을 들어 사도 시대에 세워진 제도임을 증명하려고 한다. 고해성사가 사도 시대 이후 제도가 아니라는 것은, 사도 시대 이후에 만든 것이라고 정확한 시기를 지적하지 못하는 사실로도 분명하다. 이제 20세기부터 1세기까지 거꾸로 더듬어 올라가 보자.

고해성사가 20세기에 시작되지 않았다는 것은 모든 사람이 다 아는 사실이며, 16세기에 시작된 것도 아니다. 1545년과 1563년에 개최되었던 트리엔트 공의회에서 고해성사는 오랜 옛날부터 전해 내려오는 제도라고 선언하였다. 또한 루터도 "교회에서 실행해 온 고해성사는 유익할 뿐 아니라 필요하다. 이 제도는 양심의 고민을 안고 있는 사람들에게 좋은 약이 되므로 나는 이 제도를 폐지하지 않겠다."[96]라고 하였다. 영국의 헨리 8세 왕도 교회를 떠나 새로운 교파를 세우기 전까지는 고해성사를 비롯한 일곱 성사를 옹호하는 글을 썼다.

고해성사는 13세기에 시작되지도 않았다. 이것은 1215년의 제4차 라테라노 공의회에서 고해성사에 대해서 결의 선포한 것을 보면 명확히 알 수 있다. 이 공의회에서는 적어도 일 년에 한 번은 고해성사를 보아야 한다고 명령하고 있다. 이는 물론 고해성사가 이미 있는 제도임을 전제로 한 선포임이 분명하다. 어떤 프로테스탄

---

96 Lib. de Capt. Babyl. cap de Poenit.

트 저자들은 라테라노 공의회의 이 선포를 잘못 해석하여 가톨릭 교회에서는 13세기까지는 고해성사의 필요를 느끼지 않았다는 등의 말을 한다. 그러나 이 선포는 신자들이 고해성사 의무 수행에 게으름을 피우는 데 대한 최소한의 제한일 뿐이지 결코 새로 제정한 것은 아니다. 그런 주장을 하는 사람들은 법률 자체와 그 법률을 준수할 의무 수행의 시한을 제정한 부칙에 대한 결의를 분간하지 못하는 것 같다. 국세청의 납세 기일 제한 통고서를 보고 납세법에 관한 입법 제정이라고 말할 수 있겠는가.

이제 9세기로 올라가 보자. 이때는 바로 포티우스 일파의 모반으로 그리스 정교회가 들어서던 때이다. 그리스 정교회는 그때부터 오늘날까지 가톨릭 교회와는 아무 관계도 없이 지내오건만 오직 고해성사 교리만은 가톨릭 교회와 똑같이 믿고 실행해 오고 있다.

5세기와 4세기에도 고해성사의 기원을 찾을 수 없다. 4세기에는 아리우스파가 교회를 이탈했으며, 5세기에는 네스토리우스파와 에우티케스파가 교회에서 갈라져 나갔다. 네스토리우스파는 아직도 이란, 에티오피아, 말리부 해안 등지에서 성행되고 있다. 그들은 고해성사를 가장 신성시하며 성심껏 실행하고 있다.

이제 마지막에 다다랐다. 1세기와 4세기에도 인간이 이 제도를 꾸며 낼 수는 없었다. 왜냐하면 이때는 예수와 사도들의 가르침에 대한 인상이 너무나도 생생하여 누가 감히 그 가르침을 배척하거나 더욱이 새로운 주장을 외칠 수가 없었다. 이 사실은 가톨릭 교회의 가장 큰 적이라도 시인하지 않을 수 없는 것이다.

이상으로 고해성사가 사도 시대 이후에 조작된 것이 아님을 알 수 있다. 더 나아가서는 그런 일이 절대 불가능하다는 것을 알 수 있다.

어떤 오류가 교회 내에 스며들어 오는 데는 두 가지 길이 있다. 돌발적인 길과 점진적인 길이다. 그런데 고해성사는 어느 길로도 교회에 끼어들 수 없었다. 즉, 인위적인 길로는 절대 불가능하다. 그 이유는 다음과 같다. 첫째, 고해성사 제도가 그리스도교 세계에 갑자기 들어왔다고는 도저히 생각조차 할 수 없다. 만일 그랬다면 그런 패러는 없을 것이다. 그 진위는 그만두더라도, 한 번 박힌 종교적 인상을 제거하려면 오래 걸리고 어렵다는 것을 누구든지 경험으로 잘 알고 있다. 개인의 경우도 그런데 하물며 여러 민족, 여러 국민이 여태까지 들어 보지도 못한 교리를 하루아침에 냉큼 받아들일 수 있단 말인가. 있다면 그것은 반이성적인 행위이다. 둘째, 고해성사가 점진적으로 교회에 잠입해 왔다는 것도 황당무계한 말이다. 클레멘스 성인, 대大레오 1세 성인 교황, 그레고리오 성인, 아우구스티노 성인, 요한 크리소스토모 성인, 예로니모 성인, 바실리오 성인 등의 교부들은 여러 세대에 걸친 여러 형태의 박해와 추방과 사형을 무릅쓰고, 마치 이스라엘의 망루 위에서 밤을 새워 보초를 서던 병사처럼 주님 도성의 망루 위에 높이 서서 잠시도 쉬지 않고 오류의 적군이 습격해 올 것을 대비하여 교리의 순결을 보전해 왔다.

교리의 순수를 보전하기 위해서라면 어떠한 작은 오류와도 결사적으로 싸워 물리친 그들로서 결정적으로 중대한 고해성사의 교리가 한 개인의 오류였다면 어떻게 그저 보고만 있었을 것인가. 그들은 분명히 그런 오류를 없애 버리기 위하여 목숨을 아끼지 않았을 것이다.

고해성사는 결코 하나의 이론이 아니다. 신앙생활을 하는 데 있어서의 현실적인 교리이며, 생각과 말과 행위에 강한 영향을 끼치는 박력 있는 교리이다. 고해성사는 자기의 아주 비밀스런 죄까지 낱낱이 고백하는 것이므로 인간 본성에 역행된다. 그만큼 어떠한 힘으로도 강요할 수는 없는 것이다. 사람이 만들어 낸 교리라면 전 세계의 신자들이 거기에 쉽게 복종할 수는 없을 것이다. 오직 지존하신 하느님만이 이토록 겸손한 행위를 요구하실 수 있다. 따라서 고해성사는 그 시대, 장소, 양식 등 어느 방향으로 보든지 결코 인간이 조작한 것이 아니고 오직 예수 그리스도께서 직접 제정하신 성사임에 승복하지 않을 수 없는 것이다.

3. 고해성사의 필요와 그 효과

사제가 죄의 고백을 듣고 사죄하는 교리인 고해성사 교리는 로마 가톨릭과 동방 교회에서뿐만 아니라 대부분의 성공회에서도 이를 실행한다. 성공회의 그루버Rev. C. S. Grueber의 저서인 《교회 주요 교리 문답》에는 사제에게 사죄권이 부여되었음과 고해성사의 필요와 이익에 대하여 명백히 말하였다.

문 사죄란 무엇인가?

답 죄를 용서하거나 사해 주는 것을 말한다.

문 세례를 받은 후에 저지른 죄는 그리스도께서 특별히 제정하신 어떠한 특별한 성사로 용서를 받을 수 있는가?

답 사죄의 (고해) 성사이다.

문 사죄권을 행사하는 사람은 누구인가?

답 사제이다.

문 그러면 사제가 정말 사람의 죄를 용서해 줄 수 있단 말인가?

답 사해 줄 수 있다고 믿는다.

문 그러면 성경 어디에 이 사죄권을 하느님께서 사제에게 주셨다는 기록이 있는가?

답 요한 20장 23절과 마태오 18장 18절에 있다.

문 기도서에는 고해성사에 대하여 무엇이라고 되어 있는가?

답 주교가 사제 서품식을 집전할 때 "하느님의 교회 안에서 사제의 성직과 성무를 위하여 성령을 받아라. 네가 사람의 죄를 용서하면 사해지리라."라는 말을 외어야 하고, 병자 방문용 기도서에는 "예수께서 진심으로 회개하며 진심으로 주를 믿는 죄인을 용서하여 주는 권한을 교회에 맡기겠다."라고 하였다. 또 아침, 저녁 기도문에는 "전능하신 하느님께서 회개하는 당신 백성에게 사죄의 은혜를 선언하게 하기 위하여 사제들에게 사죄권을 주시고, 이를 행사하라고 명령하셨다."라고 하였다.

문 그리스도께서는 무슨 목적으로 사제들에게 당신의 거룩한 이름으로 죄 사함의 은혜를 선언하게 하시는가?

답 회개하는 이를 위로하고 그 양심을 안정시켜 주시기 위해서이다.

문 사죄의 은혜를 받기 위한 전제 조건은 무엇인가?

답 죄의 고백이다. 사제가 회개자에게 사죄를 선언하기 전에 회개자는 반드시 사제에게 죄를 낱낱이 고백하여야 한다.

문 어떠한 경우에 성공회에서는 신자들에게 고해성사를 보도록 권하라고 교직자들에게 명령하는가?

답 중대한 일로 양심의 가책을 받을 때이다.

문 중대한 일이란 무엇인가?

답 대죄는 물론 중대한 일이다. 그 밖에도 중요한 의무를 이행하지 않았다거나, 나쁜 짓을 저질렀거나, 어떤 일에 대한 가책 등으로 양심을 괴롭히는 것은 다 중대한 일이라 할 수 있다.

문 교회는 특히 어느 때에 고해성사를 보라고 하는가?

답 병이 났을 때와 성체를 모시기 전이다.

문 이 밖에 어떤 경우의 사람들에게 고해성사가 유익한가?

답 거룩하고 정결한 생활을 하려는 사람들에게 유익하다. 사실 그런 사람일수록 고해성사를 자주 본다.

문 죄 사함의 은혜와 양심의 위로를 구하는 외에 고해성사에 어떤 다른 목적이 있는가?

답 죄를 낱낱이 고백함으로써 죄를 이기는 힘을 얻어 거룩하고 정결한 생활을 계속할 수 있게 된다.

이상과 같이 고해성사는 하느님께서 직접 제정하신 성사이고 그 행사권을 사제들에게 주셨다는 것과, 고해성사의 필요와 그 이익에 대하여 분명히 가르치고 있다. 공소한 이론으로서가 아니라 급박한 현실 문제를 다루는 교리서에 분명히 이렇게 적어놓았다. 성공회의 수천 교역자와 수만 신자들이 지지하는 교리임을 알 수 있다. 그러나 놀라지 말라. 같은 성공회 안에서 이와 정반대되는 교리를 가르치는 기괴한 일이 있다. 웨일스 교구에서 인정하는 정통 교리를 미국 노스캐롤라이나 교구에서는 이단시한다. 그루버는 고해성사란 하느님께로부터 나온 교리이며 전 신자들이 이를 수행해야 한다고 한다. 그러나 노스캐롤라이나 교구 감독인 애킨슨은, 이것은 오직 인간이 만든 것이라고 한다. 그루버는 고해성사는 죄악의 재범을 막는 힘이 된다고 하면서 그의 영적 이익이 매우 크다고 강조하였다. 애킨슨은 오히려 범죄를 유인하는 기회가 된다고 하였다. 그러면 성공회 신자는 도대체 누구의 주장을 정통 교리로 알고 따라야 한다는 말인가? 가령 미국 노스캐롤라이나주의 한 성공회 주교가 영국을 여행하다가 그루버의 초청을 받아 그 본당에서 아침 설교를 하게 되어 설교 제목으로 고해성사를 택했다고 하자. 또 그날 저녁 설교에는 그루버가 자기가 지은 《교회 주요 교리 문답》과 같은 내용의 설교를 하였다고 하자. 고해성사에 대한 두 사람의 견해가 워낙 다르므로 두 사람은 정반대의 말을 했을 것이다. 그런데 교리를 잘 몰라서 좀 더 잘 배워 보려고 아침저녁으로 다 참석한 신자가 있었다고 하자. 그는 한 본당에서 서로 상반되는 두 사람의 설교를 듣고, 도대체 성공회에서는 고해성사에 대해서 무엇을 가르치는지를 몰라 밤새도록 몹시 번민할 것이다.

성공회의 어떤 교역자들은, 고해성사가 중병에 걸렸을 때와 같은 특별한 경우에는 유익할 수도 있다고 한다. 그렇다면 같은 종교 행사가 병자에게만 유익하고 건강한 사람에게는 무익하다는 말인데, 나로서는 육체적 건강 상태가 종교 행사의 도덕적 성격에 어떻게 영향을 줄 수 있는지 상상조차 할 수 없다. 아예 고해성사 제도를 전면 부인하는 침례교회나 감리교회 목사가 신부들의 사죄권을 부인한다면 덜 이상할 것이다. 그러나 자기들의 기도서 안에 분명히 쓰여 있는데도 성공회 소속 교직자가 사죄권을 부인한다는 것은 심한 모순이라고 생각한다.

성공회 주교가 성직 지망자에게 안수할 때는 그들의 기도 경본에 기록된 "이제 하느님의 교회에서 시제의 지위와 업무를 위하여 우리의 안수로 그대에게 주는 성령을 받아라. 그대가 사하여 주는 죄는 참으로 사하여질 것이요, 그대가 매는 것은 참으로 매일 것이다.""⁹⁷라는 말을 읽는다. 이 말이 참으로 문자 그대로의 사죄권 부여를 의미하는 것이 아니라면 이것은 아무 의미도 없는 말이다. 주교가 이 말을 할 때는 참으로 사죄권을 부여할 의향을 가졌거나 또는 안 가졌거나 둘 중에 하나일 것이다. 과연 그런 의향을 가졌다면 자기 의사를 이 이상 더 명백히 표시할 수는 없는 것이다. 또 만일 그런 의향을 전혀 가지지 않았다면 이는 사람들을 기만하기 위하여 꾸며 낸 연극이라고밖에 해석할 수 없다. 그 주교가 아침에는 성직 지망자에게 "그대가 사하여 주는 죄는 참으로 사하여질 것이네."라고 해놓고, 식이 끝난 뒤에는 새 사제를 불러 놓고 "자네가 가진 사죄권이란 없네. 안수 예식 때의 말은 하나의 수식어에 불과하니 그런 줄 알게."라고 한다면 이 새 사제는 과연 어떤 기분이 들겠는가. 가톨릭 교회의 주교가 사제직을 수여할 때에도 위에 인용한 그 말을 쓴다. 의례파(儀禮派) 성공회에서 쓰는 모든 전례문은 가톨릭 주교용 전례서를 그대로 빌려 쓴 것이기 때문이다. 사제는 주교로부터 참으로 사죄권을 받는 것이다. 가톨릭 신자들은 이런 소란스러운 교리 논쟁으로 겪는 괴로움이 없으며, 일치된 신앙으로 평화를 누린다. "보라, 얼마나 좋고 얼마나 즐거운가, 형제들이 함께 사는 것이!"(시편 133편)

요약해 말하자면 다음과 같다. 즉, 고해성사와 사제의 사죄권에

---

97 The Ordering of Priests

대하여는 성경이 명백히 가르치고 있으며, 역대 교부들이 선언 또는 증거하였으며, 로마 교회뿐 아니라 여러 동방 이교파들도 이를 실행하고 있다. 그뿐 아니라 성공회의 최초 간행 표준 기도서에도 이의 실행을 명령했으며 영국과 미국의 대부분의 교회들도 이를 실행한다.

사람이 사람의 죄를 사해 주는 것은 존엄하신 하느님을 모독하는 것이 아니냐고 묻는 이도 있다. 이 말은 율법 학자들이 예수께 하던 바로 그 말이다. 그들은 예수께서 죄를 사해 주신다는 선언을 듣고 "이자가 어떻게 저런 말을 할 수 있단 말인가? 하느님을 모독하는군. 하느님 한 분 외에 누가 죄를 용서할 수 있단 말인가?"(마르 2,7)라고 부르짖었다. 이런 반대 의견에 필자는 예나 지금이나 같은 말로 대답하려 한다. 사제는 하느님의 대리자이다. 따라서 사제의 사죄권 행사는 절대로 하느님을 모독하는 행위가 될 수 없다. 만약 어떤 사제가 자기 이름으로 또는 자기 권위로 죄를 사한다고 선언하였다면 이는 분명 하느님을 모독한 대죄이다. 그러나 가톨릭 교회의 사제가 사죄 선언을 할 때는 반드시 예수 그리스도의 거룩한 이름과 그분의 권위로 한다. 사제는 "인자하신 천주 성부께서는 성자의 죽음과 부활로 세상을 당신과 화해시키시고 죄를 용서하시려고 성령을 보내 주셨으니 교회의 직무를 통하여 몸소 이 교우에게 용서와 평화를 주소서. 나도 성부와 성자와 성령의 이름으로 이 교우의 죄를 용서합니다."라는 사죄경을 바친다. 사제는 결코 하느님의 권위를 사용하지 못하며, 그는 다만 한 미약한 소리일 뿐이다. 고백자를 성화하시는 분은 오직 성령이시다.

　대부분의 성공회 신자들은 아직까지도 세례를 받을 때 원죄가 사해진다고 확신한다. 그 교회의 신부가 하느님의 손과 발이 되어 세례를 줌으로써 모든 죄가 씻어졌다고 선언하는 것은 하느님을 모독하는 행위라고 비난하지 않으면서, 오직 가톨릭 교회의 사제가 하느님의 같은 소리로 고해성사로 인하여 죄가 사해졌음을 선언하는 것을 보고는 하느님을 모독하는 행위라고 비난하는 이유는 어디에 있는 것일까. 원죄를 없애 주실 목적으로 세례성사를 제정하신 예수께서 세례 후의 본죄本罪를 없애 주실 목적으로 고해성사를 제정하신 것이 어찌 당연하지 않겠는가. 사도들은 주님의 권능으로 죽은 사람을 부활시키고 죄악으로 죽은 영혼을 은총으로 부활시키지 않았던가.

　이를 하느님을 모독하는 행위라고 비방하던 사람들은 율법 학자와 바리사이 사람들뿐이었다. 초대 교회의 사제들에게 주셨던 특권을 20세기의 사제들에게도 주시어 행사하게 하는 것이 어찌 하느님의 영광에 모독이 되겠는가. 그러므로 겸손하게 사제 앞에 나아가 죄를 고백하고 회개하여 사제로부터 사죄 선언을 듣는 것은 오히려 하느님의 뜻에 순종하는 행위이다. 또한 주님의 임명을 받은 지상 대리자를 신임하는 것은 곧 하느님께 영광을 돌리는 행위이다. 우리는 성경에 나오는 사람들처럼 이것을 보고 두려워하는 한

편 사람에게 이런 권한을 주신 하느님을 찬양하여야 할 것이다(마태 9,8 참조).

그렇다면 하느님께 직접 비밀스럽게 고백하면 되지 반드시 사제에게 고백할 필요가 어디 있느냐고 반문하는 사람도 있을 것이다. 그런 사람들에게 이렇게 묻고 싶다. 대자연의 전당에서도 하느님께 예배드릴 수 있는데 왜 많은 돈을 들여 교회를 지어야 하는가. 자기 방 안에서도 기도드릴 수 있는데 왜 꼭 교회에 모여야 하는가. "이것은 예수께서 공인公認하신 것이니까."라고 대답할 것이다. 그렇다. 고해성사 역시 예수께서 사제에게 사죄권을 맡기셨기 때문에 사제에게 죄를 고백하는 것이다.

하느님께 직접 고백하면 되지 않느냐는 말은 벌써 5, 6세기에 나온 말이다. 1,400년 전에 아우구스티노 성인은 이런 어리석은 질문에 대하여 다음과 같이 엄하게 나무랐다. "누구든지 하느님께 직접 고백하면 된다는 말은 하지 마라. 그렇다면 그리스도께서 사도들에게 '너희가 무엇이든지 땅에서 풀면 하늘에서도 풀릴 것이다.'라고 하신 말씀은 헛소리라는 말인가. 또 교회에 열쇠를 맡기신 것도 괜한 짓이었단 말인가."

즉, 문제는 하느님께서 죄를 없애 주실 수 있는지가 아니다. 바로 인간의 죄를 어떤 방법으로 없애 주시려고 하셨는지에 대해서이다. 물론 전능하신 하느님께서는 죄인을 의인으로 만드시는 데 고해성사 외에 다른 방법을 얼마든지 마련하실 수 있었을 것이다. 그러나 그것은 전적으로 하느님의 자유이므로 우리 죄인들은 도저히 이래라 저래라 할 수 없는 영역이다. 우리로서는 다만 감사하는 마음으로 죄인을 당신의 의로운 아들로 삼기 위하여 세우신 이 제도를 믿고 따를 뿐이다. 하느님께 특별히 선택된 은혜를 받은 사제 앞에 나아가 죄를 고백함으로써 죄 사함의 은혜를 받게 되는 이 거룩한 제도는 절대 오류가 불가능한 말씀으로 보증된 것이다(요한 20장 참조).

열왕기에는 다음과 같은 이야기가 있다. 시리아의 장군 중 나아만이라는 사람이 있었는데 그는 심한 나병을 앓고 있었다. 시리아 군이 이스라엘을 쳐들어갔다가 그는 거기에서 어린 소녀 하나를 사로잡아 와서 자기 아내의 하녀로 삼았다. 그런데 그 어린 소녀가 말하기를 사마리아에는 예언자가 있는데 그에게 몸을 보이기만 해도 곧 나을 테니 만나 보라고 한사코 권하였다. 나아만은 희망을 가지고 곧 이스라엘로 가서 엘리사 예언자를 찾았다. 엘리사는 사람을 시켜 요르단강에 가서 그 강물에 일곱 번 몸을 씻으라고 전하였다. 그러나 나아만은 이 말을 듣고 몹시 화가 났다. 왜냐하면 나아만은 적어도 예언자가 나와서 하느님의 이름을 부르며 자기 몸을 어루만져 나병을 고쳐 주리라고 기대했기 때문이다. 시리아의 다마스쿠스에는 이스라엘의 어떤 강물보다 좋은 아바나강과 파르파르강이 있는데, 요르단강 물에 씻어서 될 일이라면 거기에 가서 씻어도 되지 않겠느냐면서 노발대발하여 돌아섰다. 그러자 부하들이 그를 막아

서며, 어렵지도 않은 일이니 예언자의 말대로 해 보라고 권하였다. 그래서 나아만은 하느님의 사람이 일러준 대로 요르단강으로 내려가서 그 강물에 일곱 번 목욕을 하였다. 그러자 새살이 돋아 그의 몸은 어린아이 몸처럼 깨끗해졌다(2열왕 5,1-14 참조).

고해성사 제도를 비난하는 사람들도 "왜 우리가 똑같은 죄인인 사제에게 죄를 고백해야 하는가? 하느님께 직접 하면 되지 않은가?"라며 나아만과 같은 불평을 할 것이다. 여기에 대하여 나는 단호히 답변하겠다. "예언자의 하느님이신 전능하신 천주 우리 주 예수 그리스도께서 사제에게 가서 고백하라고 명령하셨기 때문이다."라고. 전지전능하신 하느님께서 우리의 죄를 없애 주시기 위하여 세우신 이 거룩한 제도에 우리는 다만 복종할 뿐이다. 이보다 더 편한 제도를 만드실 수 있는 능력이 하느님께 있다느니 없다느니 하는 무엄한 태도는 절대 가져서는 안 된다.

고해성사를 반대하는 사람들 중에서도 가장 나쁜 영향을 끼치는 사람들의 주장이 있다. 즉, 사제에게 고백하기만 하는 것으로 죄 사함의 은혜를 받을 수 있다면 사람의 양심은 점점 약해지고 죄에 대한 두려움이 없어져서 결국은 죄짓기를 밥 먹듯 할 것이라는 주장이다. 다시 말하자면 신앙심 깊은 신자일수록 고해성사를 자주 볼 것이고, 그럴수록 죄를 거리낌 없이 짓는 타락자가 될 것이라는 말이다. 그러나 이것은 심한 억측일 뿐이다. 사실은 이와 정반대이다. 프로테스탄트에서 가톨릭으로 개종한 많은 사람들의 심경이 이를 증명한다. 낮에 지은 죄를 회개하기 위하여 밤이 되면 조용히 무릎 꿇고 앉아 있다가 '이제 다 용서되었겠지.'라고 생각하는 프로테스탄트의 제도야말로 죄가 사해졌다는 아무 확증도 없는 막연한 자위 정도에 지나지 않는다. 뿐만 아니라 죄에 대한 공포심이 없어져서 마침내 죄짓기를 밥 먹듯이 하게 될 위험이 있지 않은가. 가톨릭과 프로테스탄트의 사죄 제도를 비교하여 보면 가톨릭의 제도가 얼마나 확실하고 완전한지를 알게 될 것이다. 프로테스탄트는 마음으로만 회개하면 죄 사함의 은혜를 받아 다시 의로운 사람이 될 수 있을 것이라고 한다. 물론 가톨릭에서도 회개를 사죄의 절대 조건으로 삼는다. 그러나 회개로 그치지는 않는다. 즉, 회개하는 사람이 죄 사함을 받기 전에 먼저 양심을 살펴보고 모든 죄를 알아내어 이를 깊이 뉘우친 뒤, 알아낸 죄를 하나하나 그 종류와 횟수까지 모두 사제에게 고백하고 다시는 죄를 짓지 않겠다고 굳게 결심한다. 그런 다음, 만일 남의 물건을 그릇된 방법으로 가졌다면 그것을 되돌려 주고, 남의 명예를 손상시켰으면 회복시켜 주고, 불편한 관계에 있는 사람과는 화해하고, 죄지을 기회를 적극적으로 피하겠다고 약속하고 그대로 실천하여야 비로소 죄 사함의 은혜를 받을 수 있다. 다시 죄를 짓는 것을 막는 데 가톨릭의 이 방법이, 마음으로 회개하기만 하면 되는 프로테스탄트의 방법보다 얼마나 효과적이겠는가는 독자들의 판단에 맡기겠다.

가톨릭 교회의 고해성사 제도가 인류의 도덕 향상에 기여한 공로는 참으로 크다. 이 사실은 프로테스탄트 교회의 여러 저명인사들이 증명하고 있을 뿐 아니라, 가톨릭 신자가 아닌 사람 가운데도 이 사실을 시인하는 사람이 많다. 독일의 유명한 철학자 라이프니츠는 다음과 같이 말했다. "고해성사 제도는 하느님의 예지叡智로 세우신 것임은 부인할 수 없다. 그리스도교 세계에서 가장 기발한 제도이다. 마비 상태에 이르지 않은 양심은 죄의 고백의 쓰라림을 면하기 위하여 죄를 짓지 않을 것이며, 대죄에 빠진 사람에게는 커다란 위안을 주는 제도이다. 그러므로 열의 있고, 무게 있고, 지혜 있는 고해 신부는 곧 영혼 구원을 위한 하느님의 커다란 기관機關이라고 나는 생각한다. 고해 신부의 타이름은 고백자의 심성을 바로 잡으며 악습을 인식시키고, 죄지을 기회를 피하게 하며, 의롭지 못한 방법으로 얻은 재물을 돌려주게 하고, 의심을 풀어 주며 번민에 빠진 마음을 위로하고, 마침내 모든 악을 없애고 모든 격정을 가라앉히는 데 큰 힘이 된다. 신의信義의 사회, 선행을 권하는 사회를 이룩하는 데 이 성사보다 더 나은 것은 없다."[98]

가톨릭 교회를 원수처럼 대하던 볼테르Voltaire도 "고해성사보다 유익한 제도는 다시 없을 것이다."[99]라고 하였고, 볼테르 못지않게 가톨릭을 배척하던 루소Rousseau도 모든 그릇된 방법으로 모은 재산에 대한 배상과 손상된 명예의 회복 행위는 거의 다 가톨릭 신자

---

98 Systema Theol.
99 Remarques sur l'Olympe

들이 고해성사를 성심껏 본 덕택임을 깨닫고 "가톨릭 교회에서 실행되고 있는 모든 보상 행위는 고해성사로 말미암아 이루어지지 않는 것이 없다."[100]라고 탄복하였다. 또 독일의 뉘른베르크에 프로테스탄트 교회가 문을 열고 고해성사 제도를 없앤 지 얼마 안 되었을 때, 신자들의 도덕 상태가 어찌나 해이하고 문란했는지 교회 당국자들은 카를 5세 황제에게 고해성사 제도를 부활시켜 달라고 청원하기까지 한 사실이 있다.

가톨릭 교회를 반대하는 어떤 사람들은 프랑스와 그 밖의 몇몇 가톨릭 국가의 윤리 도덕 상태가 흐트러진 것을 들고 나와, 이것이 가톨릭 교회의 도의가 땅에 떨어진 것이 아니냐고 한다. 그러나 이것은 점잖은 공격 자세가 아니다. 멀리 떨어져 있는 그들은 이런 공격을 당하고도 반박할 기회가 없을 것이라는 것과, 공격 대상이 막연하여 역습의 위험이 없을 것이라는 생각으로 이런 비열한 공격 방법을 쓴 듯하다. 그러나 오랫동안 프랑스 여러 지방을 둘러본 필자는 그들보다 경건한 그리스도교 신자는 아직 보지 못하였다. 또한 필자는 6년 동안 프랑스의 여러 사제에게서 교육을 받았는데 그들의 거룩한 생활 자체가 커다란 교육이 되었고 하나의 설교였다. 프랑스 파리의 타락상을 들어 프랑스 국민 전체의 도덕 상태를 단정하는 이도 있으나 이것은 무지한 속단이다. 파리는 프랑스의 수

---

100 《*Emile*》

도라기보다 국제적인 환락 도시의 색채가 짙은 곳이다. 그러므로 파리의 도덕상으로 프랑스 전체의 도덕 표준을 삼을 수는 없다.

 사실을 사실대로 보자. 과연 신앙심 깊은 가톨릭 신자로서 양심이 마비된 사람이 있던가. 죄 사함의 큰 은혜를 오히려 죄지을 기회로 삼던가. 그들은 과연 흉악하고 부도덕한 사람들인가. 현명한 프로테스탄트 신자는 이를 수긍하지 않을 것이다. 나는 자신 있게 단언한다. 신앙심 깊은 가톨릭 신자로서 고해성사를 자주 보는 사람은 대체로 사생활이 경건하며 신의를 굳게 지키며 이웃을 사랑하는 덕이 높은 사람이다. 이러한 나의 답변에 어떤 사람들은 비난의 대상은 고해성사이지 고해성사를 보는 개인이 아니라고 한다. 그러나 개인의 경건한 생활을 모른 체하고 어떻게 그 제도를 비판하겠는가. 예수께서도 열매를 보고 나무를 알아보라고 하시지 않았는가.

 가톨릭 신자들 중에도 가끔 죄악에 떨어지는 사람이 없지는 않다. 그런 사람들은 의지가 약하여 쉽게 죄에 끌려 들어간다. 이것은 대체로 고해성사를 보지 않는 사람들 중에서 일어나는 슬픈 현상이다. 만일 그들이 자주 고해성사를 보았다면 그들이 그렇게 될 리가 없다. 비록 덕이 높은 사람일지라도 은총의 거울에 비추어 보면 완덕에 이르기에는 아직도 길이 멀다. 그러나 고해성사를 자주 보는 사람들 가운데서는 위선자, 사기꾼, 배신자, 음란 방탕자, 획기적인 폭행자 같은 부도덕한 사람들은 찾아볼 수 없을 것이다.

 또 엄청난 괴설怪說이 하나 있다. 즉, 고해소에 돈만 갖다 내면 아무리 큰 죄라도 다 사함을 받을 수 있다는 것이다. 필자는 가톨릭 사제의 한 사람으로 몇 십 년 동안 수만 명에게 고해성사를 주었지만, 사죄의 대가로 돈을 내는 사람을 본 적이 없다. 만일 사죄의 대가로 돈을 받은 사제가 있다면 이보다 더 큰 독성죄(瀆聖罪)는 없을 것이다.

　가톨릭에서는 고해성사로 신자들을 얽매어 신부의 노예가 되게 한다고 비방하는 사람도 있다. 그러나 한 우물에서 단물과 쓴물이 같이 나올 수는 없는 법이다. 언제는 죄를 사해 주는 고해성사 제도가 죄에 대한 공포심을 없애 주어 쉽게 다시 죄를 짓게 한다고 비난하더니, 이제는 오히려 고해성사가 신자들에게 무거운 멍에가 된다고 한다. 세상에 무슨 사물이든지 가벼우면서 무거운 것은 없다. 고해성사가 가벼운 제도가 아니라는 것은 이미 말했으므로 여기서는 그것이 가혹한 요구가 아니라는 점에 대하여서만 말하겠다. 가톨릭 신자들이 성직자에게 노예처럼 매여 있다고 생각하는 것은 오해다. 다른 사람들보다 더 부자유스러운 사람들이라는 생각도 당치 않은 것이다. 물론 신자들이 성직자로부터 당하는 속박이 있기는 하다. 그것은 곧 복음의 속박이다. 이 속박은 그리스도인이면 누구나 다 받아야 하는 것이다. 다른 교파 신자들은 목사 개개인의 의견에 따라 움직이지만, 가톨릭 신자들은 예수 그리스도의 교회의 영원불변한 가르침을 따르고, 늘 신앙과 도덕의 명확한 가르침에 따라 행동하므로 오히려 고차원적 자유를 누린다. 예수 그리스도의 진리와 가르침에 대한 사도들의 전승을 받아 가르치는 사제에게 복종하고 그를 사랑하며 존경하는 행위를 노예 행위라고 한다면 물론 가톨릭 신자는 노예일 것이다. 그러나 이보다 더 영광스러운 노예가 어디 있겠는가. 신부나 주교나 교황도 자기의 죄는 자기가 사하지 못하고 평신도와 똑같이 다른 사제 앞에서 죄를 고백하여야 사죄의 은혜를 받을 수 있다. 이처럼 상하가 일치되어 그리스도의 굴레에 달게 복종한다.

고백한 죄를 사제가 누설해 버리면 어쩌나 하고 걱정하는 사람이 있다. 이것은 천부당만부당한 기우(杞憂)이다. 의사나 변호사도 직무상의 비밀을 지키는데, 하물며 가톨릭 교회의 사제들이야 더 말해서 무엇 하겠는가. 교회법에 따라 고백의 비밀을 절대 누설하지 못하는 것은 물론이고 고해소에서만 얻은 지식은 이용하지도 못한다. 여기 한 아이가 있는데 아버지의 금고 열쇠를 훔쳐 가끔 돈을 꺼내 쓴다고 하자. 이로 인해 이 집은 파산을 당할 지경이다. 이 아이가 이것을 고해소에서 신부에게 고백하였고, 그의 아버지는 이 사실에 대하여 전혀 모르고 있다고 하자. 오직 신부 혼자만 알고 있는 일이라면 그 집이 파산당하는 비운을 당할지라도 그의 아버지나 가족들에게 열쇠를 잘 간수하라는 식의 암시조차 할 수 없다.

교회법에는 고백의 비밀을 누설하는 신부는 성직을 박탈당한다는 조문이 있다. 그러나 이 조문에 저촉된 신부는 단 한 사람도 없다. 신부 중에는 루터처럼 독신 생활을 맹세했으나 결혼을 하는 사람도 있고, 잘못된 행동으로 파문을 당한 사람도 있지만 고백의 비밀을 누설한 사람은 없다. 이 사실은 하느님께서 인간의 영혼 구원이라는 막중한 사명을 신부들에게 맡기신 이상, 신부들은 그 책임을 완수하고 신자들은 안심하고 고해성사를 보도록 하느님께서 특별한 보호를 하고 계시다는 것을 증명하는 것이다.

가톨릭 교회에서는 고백자들이 저지른 죄를 성찰하는 데 도움이 되도록 대강 죄의 조목을 적어 놓은 표가 있다. 프로테스탄트 교파들은 이것을 보고 죄악 공포증을 일으키게 하는 위협이라고 한다. 그러나 성경에는 가톨릭의 죄과표에 열거된 것 이상의 큰 죄목이 얼마든지 솔직하게 분명히 기록되어 있지 않은가. "그릇된 의심을 품고 그릇된 판단을 내리는 것은 매우 부끄러운 일이다."[101]

필자는 50여 년간 사제 생활을 하는 동안 거의 매일 신자들의 고해를 들어 왔기 때문에 이 제도의 가치에 대하여 단언을 할 만한 경험을 가졌다. 고해성사 제도와 그 효과에 대한 신념은 필자 개인만의 것이 아니고, 신자들의 영혼 구원을 돌보고 있는 전 세계 가톨릭 사제들의 공통된 신념이다. 고해성사에 대한 오랜 경험을 가진 사제 열 사람의 증언은, 여기에 대한 산 경험이 없는 사람 천 명의 공상적 이론보다 절대적인 가치가 있다.

나는 경험에 비추어 고해성사는 죄악의 늪에 빠진 사람을 건져

---

101 Honi soit qui mal y pense

내는 인자하신 하느님의 장대라고 말한다. 개과천선하는 데는 고해성사가 설교보다 훨씬 효과가 있다. 설교로는 하느님의 말씀을 뿌려 줄 뿐이나, 고해소에서는 뿌렸던 씨앗의 열매를 거두어들인다. 이를테면 강론은 주님의 말씀을 난사하는 것이어서 모든 사람을 명중하기가 어려우나, 고해소의 훈계는 고백자의 가슴에 박히는 명중탄이다. 강론은 대중을 위주로 한 것이라서 백발백중을 기할 수 없지만, 고해소에서는 개개인의 특수한 사정과 환경에 따라 적절하고 유익한 훈계를 해줄 수 있다. 즉, 각 사람의 형편에 따라 나쁜 친구를 멀리하게 한다든가 죄지을 기회를 피하도록 도움을 줄 수도 있고, 적절한 영적 수련을 권고하기도 한다. 고백자는 고해소에 들어갈 때 이미 하느님의 말씀을 듣기로 마음을 열어 놓았기 때문에, 사제가 그에게 사죄를 선언하고 사랑에 넘치는 간곡한 훈계를 할 때, 그 훈계는 깊이 마음에 사무쳐 그 가르침을 늘 마음에 두고 정성껏 지키게 된다. 그러므로 전교 사제의 전교 실적은 그의 설교를 들으러 오는 신자의 수가 많은 것에 있는 것이 아니고 그에게 고백하러 오는 신자의 수가 말해 주는 것이다.

힘이 드는 일이지만, 그럼에도 불구하고 성직자의 직무 중 가장 중요한 것은 고해성사를 듣는 일이다. 필자도 이 일의 중대성을 깨닫고 2년 동안이나 서품을 받는 것을 연기했었다. 삼복더위에 예닐곱 시간 동안 계속해서 수많은 사람들의 죄지은 사실과 번민하는 심정을 하나하나 듣는 일이란 결코 쉬운 일이 아니다. 오직 회개하는 이들에게 무한한 위로와 적절한 훈계를 해 줌으로써 그들이 커다란 영적 은혜를 얻게 된다는 사실로 큰 위안을 삼으며 어려운 성무를 계속해 나간다. 고해소에 앉아 있는 사제는 "자기도 약점을 짊어지고 있으므로, 무지하여 길을 벗어난 이들을 너그러이 대할 수 있다."(히브 5,2 참조)

필자는 20년 동안이나 죄악의 무거운 짐에 눌린 양심을 가지고 고해소에 온 사람을 보았다. 그의 얼굴 표정은 부끄러움과 회한 그것이었다. 그는 마치 성경에 나오는 세리처럼 감히 얼굴을 들어 하늘을 우러러보지 못하고 머리를 숙인 채 넋을 잃고 고해소 앞에 서 있었다. 마침내 그는 고해소에 들어와 양심을 괴롭히는 모든 죄를 사제에게 고백하였다. 그가 고백한 모든 죄는 이 넓은 세상에 오직 사제 한 사람 외에는 알 사람이 없다. 사제는 고해성사 중에 들은 죄를 절대 누설하지 못하는 법이므로 그는 안심하고 모든 것을 정직하게 고백하였을 것이다. 그가 고해소에 머무는 몇 분 동안 라자로의 기적적인 부활이 일어났다. 죄악의 무덤 속에서 오랫동안 썩고 썩던 그의 영혼이 갑자기 환희 가운데 부활하였다. 그가 회개하고 고백하던 그 순간 하늘에서 쏘는 한 줄기 광명이 마음을 둘러싸고 있던 모든 암흑을 다 물리쳐 버렸다. 그리고 성령의 따뜻한 사랑이 얼음처럼 차던 그 마음을 녹여 주었다. 사도들 위에 내린 바로 그 성령이 절대적인 정화 능력으로 하늘로부터 불어오는 강풍과 같이, 그를 에워싼 독기를 말끔히 없애 주신 뒤 그의 영혼에 은총을 가득 채워 주시고 빛내 주셨다. 고해소에서 나오는 그의 모습을 보라! 얼굴은 기쁨이 가득하고, 눈은 희망으로 빛나고, 걸음걸이는 한층 가볍다. 누가 만약 그에게 왜 그렇게 기뻐하느냐고 묻는다면 그는 서슴지 않고 이렇게 대답할 것이다. 죽었다가 다시 살아왔는데 이 기쁨을 어찌 즐기지 않겠느냐고(루카 15,32 참조).

고해성사 제도는 참으로 진실한 신자 개인을 성화시키고 타락을 방지하는 가장 효력 있는 약이다. 따라서 가톨릭 교회가 번창한 나라나 사회는 그렇지 않은 곳보다 이혼, 사생아, 살인, 폭행 등 도덕 질서를 문란시키는 범죄율이 훨씬 낮다는 것을 우리는 여러 통계에서 확인할 수 있다.

제27장

잠벌과 보속, 선업과 공로

사람이 죄를 지으면 그에 상응하는 벌을 받게 된다. 죄와 벌은 마치 원인과 결과처럼 서로 다르다. 총을 맞은 것에 비유한다면 총알은 죄고 그 상처는 벌이라고 할 수 있다.

대죄를 지으면 지옥의 영벌永罰을 받게 된다. 만약 그 대죄를 회개하고 고백하면 죄도 사하여지고 영벌도 사하여지지만, 현세에서나 연옥煉獄에서 받아야 할 벌까지 사하여지지는 않는다. 이를 지옥 영벌과 대비하여 '잠벌暫罰'이라 한다.

마치 몸에서 총알을 꺼내 생명을 건졌으나 그 상처는 그대로 남아 있듯이, 우리가 소죄를 지으면 지옥 영벌은 받지 않으나 그에 상응하는 잠벌을 받게 된다. "하느님께서는 각 사람에게 그 행실대로 갚아 주실 것"(로마 2,6; 마태 16,27; 묵시 22,12)이라고 예수께서는 말씀하셨다. 대죄에 지옥벌이 있으면 소죄에도 그에 따르는 벌이 당연히 있어야 할 것이다. 이 잠벌은 기도와 선행, 고행 등으로 현세에서 보상하지 않으면 연옥에 가서 반드시 그 벌을 받아야 한다. 그런데 이 세상에서 행하는 보상을 '보속補贖'이라 한다. 죄 사함의 은혜를 받은 다음에도 그 잠벌은 보류되어 있다. 이것은 성경이 증명하는 바고, 초대 교회 이래 여러 교부들이 한결같이 증언하는 바이다. 인류의 조상 아담이 회개하였다. 그래서 죄 사함의 은혜를 받았고 예수께서 우리를 구속하셨다. 그럼으로써 우리도 지옥의 영벌을 면하고 하늘나라의 영복永福을 받게 되었다. 그러나 원죄로 말미암은 현세의 잠벌은 남아 있다. 그래서 우리는 "흙으로 돌아갈 때까지 얼굴에 땀을 흘려야"(창세 3,19) 하는 것이 아닌가.

모세의 누이 미르얌은 자기 오라비에게 원한을 품고 있었다. 모세의 기도를 들으시고 하느님께서는 그녀의 죄를 사하여 주셨으나 그 벌로 악성 피부병에 걸리게 하여 이레 동안 백성들과 격리시켜 놓았다(민수 12,1-15 참조).

이스라엘 백성이 하느님의 말씀을 믿지 않자, 하느님께서는 그들을 꾸짖으셨다. 모세가 용서해 달라고 기도하자, 하느님께서는 죄를 용서하기는 하겠지만 당신께서 약속하신 땅을 보지 못할 것이라고 말씀하심으로써, 비록 죄 사함의 은혜를 베푸셨으나 그 벌은 유보하여 내리셨다(민수 14,10-23 참조).

하느님께서는 모세와 아론의 불신을 용서하시기는 하였으나 이스라엘 백성에게 주실 땅으로 그들을 인도하여 들어가지는 못하리라고 하셨다(민수 20,12; 신명 32,51-52 참조).

"내가 주님께 죄를 지었소." 다윗 임금이 이렇게 자기 죄를 고백하자 나탄이 말하였다.

"주님께서 임금님의 죄를 용서하셨으니 임금님께서 돌아가시지는 않을 것입니다. 다만 임금님께서 이 일로 주님을 몹시 업신여기셨으니, 임금님에게서 태어난 아들은 반드시 죽고 말 것입니다."

이상의 사실들로 보아 그 죄는 사하여 주시지만 잠벌은 잠벌대로 남아 있음을 알 수 있다.

이 사실은 신약 시대에 와서도 마찬가지이다. 예수 그리스도의 구속 공로로 사죄의 은혜를 받았지만 그 잠벌까지 없어지지는 않는 것이다. 그러므로 비록 그리스도께서 우리를 위하여 고난을 겪으셨지만, 우리도 각자의 죄에 상응하는 고행을 치러야만 비로소 그리스도의 수난 공로를 얻어 입게 된다. "누구든지 내 뒤를 따라오려면, 자신을 버리고 제 십자가를 지고 나를 따라야 한다."(마태 16,24) 우리도 우리의 십자가를 져야 한다. 예수 그리스도의 십자가의 구속 은혜만 믿고 무위도식할 수는 없다. "이렇게 하라고 여러분은 부르심을 받았습니다. 그리스도께서도 여러분을 위하여 고난을 겪으시면서, 당신의 발자취를 따르라고 여러분에게 본보기를 남겨 주셨습니다."(1베드 2,21) 고난을 당하심으로써 인간의 죄를 대속代贖하시는 우리 주 예수 그리스도를 따라, 우리도 우리 죄를 보속하기 위하여 "다만 그리스도와 함께 영광을 누리려면 그분과 함께 고난을 받아야 한다."(로마 8,17) 만약 우리 죄의 잠벌이 남아 있지 않다고 하

자. 그렇다면 우리는 죄 사함의 은혜만 받으면 그만일 것이므로, 구태여 예수와 함께 고난을 당하여야만 그분과 함께 영광을 누리게 된다는 이유는 없을 것이다.

제16장에서 말한 '연옥과 죽은 이를 위한 기도'는 신구약 시대를 일관하여 내려오는 교리이다. 그것은 모든 교부들이 한결같이 증언하는 바이며, 옛부터 전해 내려오는 모든 예절 경본에도 쓰여 있다. 뿐만 아니라 동방 교회와 가톨릭 교회의 전통 신앙이다. 이 교리는 잠벌의 존재를 그대로 증명한다. 잠벌이 없는 것이라면 연옥과 죽은 이를 위한 기도란 무의미한 것이다.

선입견의 포로가 되지 않은 건전한 이성은 이 잠벌 교리를 인정하고 믿기를 조금도 주저하지 않을 것이다. 여기 두 사람이 있는데 20년 전 같은 날 같은 시간에 영세하였다고 하자. 갑은 그날부터 아주 작은 죄라도 짓지 않으면서 천사처럼 살았다. 을은 그날부터 죄짓기를 밥 먹듯이 하며 악마처럼 살아오다가, 오늘 아침에 비로소 모든 죄를 뉘우치고 고백하여 죄 사함의 은혜를 받았다. 그런데 오늘 둘 다 죽었다고 하자. 을에게는 이제 보속할 것이 아무것도 없다고 할 수 있겠는가. 그도 갑과 똑같이 천사의 대열에 낄 수 있겠는가. 독자의 양심은 공정한 판단을 내려 보라.

세례성사로는 죄와 그 영벌 잠벌이 모두 사하여진다. 이것은 인자하신 하느님께서 영세 전에 무지하여 지은 죄를 특별히 용서하시기를 기뻐하시기 때문이다. 그러나 영세 후 주님의 진리와 계명을 분명히 알면서도 지은 모든 죄에 대한 잠벌은 그대로 남는다. 이것은 지극히 공평하시고 의로우신 하느님께서 요구하시는 바이다.

사람이 죄를 지을 때는 자유 의지로 한다. 따라서 회개할 때도 같은 경로를 밟아 자유 의지로 죄를 뉘우치고 고백하여 고행 또는 선행으로 그에 따르는 보상을 치러야 한다. 이야말로 지극히 당연한 이치이다. 성경도 회개자에게 회개의 대가를 요구하고 있다. "주님의 말씀이다. 그러나 이제라도 너희는 단식하고 울고 슬퍼하면서 마음을 다하여 나에게 돌아오너라."(요엘 2,12)

"임금님, 저의 조언이 임금님께 받아들여지기를 바랍니다. 의로운 일을 하시어 죄를 벗으시고, 가난한 이들에게 자비를 베푸시어 불의를 벗으십시오. 그리하시면 임금님의 번영이 지속될지도 모릅니다."(다니 4,24)

"회개에 합당한 열매를 맺어라."(루카 3,8)

"네가 어디에서 추락했는지 생각해 내어 회개하고, 처음에 하던 일들을 다시 하여라."(묵시 2,5)

지극히 인자하신 하느님께서는 회개자의 죄와 영벌을 사하여 주신다. 그러나 잠벌 모두를 사하여 주시지는 않는다. 이것은 하느님의 공의公義와 지혜의 요구이다. 이로 말미암아 회개자는 다시 죄짓지 않도록 노력하지 않을 수 없게 된다. 만약 잠벌이 없다거나 번번이 사해 주시기만 한다면 사람들은 소죄를 수없이 짓게 될 것이고, 대죄의 사함을 받은 뒤에도 거리낌 없이 대죄를 또 짓는 안일한 생활을 되풀이할 것이다. 하느님의 공의와 지혜는 이것을 결코 허용하시지 않는다.

잠벌을 고행이나 선행으로 보상하는 행위가 곧 보속이다. 보속은 열성을 기울여 하여야 한다. 고해성사의 사죄 선언 전후에 신부가 이를 명하기도 한다. 초대 교회 때는 보속 과업이 상당히 준엄하였으나, 오늘날에 와서는 대체로 기도문 암송 등으로 치를 수 있게 되었고, 금식이나 가난한 사람에게 희사하는 따위는 매우 드물게 되었다. 그 이유는 신자들이 자주 고해성사를 보고, 생활이 더욱 복잡하여지는 등의 여러 가지 때문이지, 결코 잠벌의 준엄도가 완화되었기 때문이 아니다.

초대 교회 때 실천하던 보속 과업이 얼마나 준엄하였었는지는 교부들의 저서에 역력히 드러나 있다. 3세기 소아시아 교회에서는 보속 과업 수행자를 다음과 같이 세 부류로 구분하였다.

청강자聽講者: 이들은 미사 때 성당 입구에 서서, 새로 들어온 교우들이 참여하는 부분에만 참여하고 물러서야만 한다.

부복자俯伏者: 이들은 성당 안에 들어오기는 하나 엎드려서 미사에 참례하였다.

공참자共參者: 이들은 다른 신자들과 함께 참여하기는 하나 영성체는 금지되어 있었다.

4세기에는 체읍자涕泣者가 있었는데, 이들은 고복苦服을 입고 성당 입구에 서서 신자들에게 자기를 위하여 기도해 달라고 애걸하였다.

그 밖의 보속 행위로는 대재大齋인 금식, 고복 착용, 삭발, 희사, 성당 참배, 기도 등이 있었다.

초대 교회에는 《고해성사 지도서Libri poenitentiales》가 여러 곳에 놓여 있었다. 거기에는 각 죄에 상응하는 보속 행위와 기간이 쓰여 있으며, 고해성사 양식과 절차도 쓰여 있다. 이 《고해성사 지도서》는 초대 교회 때부터 고해성사가 있었다는 사실을 증명하기도 한다. 몹수에스티아의 테오도로가 지은 《고해성사 지도서》를 보면, 각 죄에 따라 보속 기간이 다음과 같이 정해져 있다. 살인죄 7년, 손발을 자른 죄 1년, 상처 입힌 죄 40일, 거짓 맹세한 죄 또는 거짓 맹세를 하도록 유인한 죄 7년, 도둑질은 훔친 물건의 종류에 따라 3년, 2년, 1년, 20일, 간음 7년, 사음邪淫 2년 등등. 죄를 지은 사람은 죄를 뉘우치고 고백하여, 지은 죄에 알맞은 보속을 함으로써 자신의 잠벌을 보상하려고 노력하였다.

죄에는 벌이 따르듯이 착한 행동에는 공로와 공덕이 따른다. 이 공로에 대하여 한국의 《천주교 요리 문답》에는 다음과 같이 기록되어 있다. "공로는 무엇인가? 공로는 상급받을 정당한 권리이다. 이것은 은총을 입어 선행을 함으로써 얻는 것이다. 우리 공로로 받을 만한 상급은 무엇인가? 우리 공로로 받을 만한 상급은 은총의 증가와 영생과 천국 영광의 증가이다."

인간이 과연 하느님께 무슨 권리가 있을 수 있겠는가. 원래 인간은 하느님께 아무 권리도 있을 수 없다. 여기서 말한 권리란, 자비로우신 하느님의 허락으로 얻게 될 권리이다. 선행에는 반드시 상이 주어진다고 하느님께서 말씀하셨다. 이것은 성경의 여러 곳에서 읽을 수 있는 말씀이다. 하느님께서는 약속을 반드시 지키신다. 그러므로 인간이 하느님과의 약속을 지키기만 하면 하느님으로부터 그 보답으로 상을 받을 권리가 있다. "너희가 하늘에서 받을 상이 크다."(마태 5,12)

"여러분의 그 확신을 버리지 마십시오. 그것은 큰 상을 가져다줍니다."(히브 10,35)

"주님에게서 상속 재산을 상으로 받는다는 것을 알아 두십시오."(콜로 3,24; 마태 5,46; 10,41-42; 1코린 3,9; 2; 요한 1,8 참조)

당연히 받아야 하고 당연히 주셔야 하는 것이므로, 이는 다만 하느님의 자비로만 주어지는 것은 아니다. 만약 자비로만 주어지는 것이라면 주시든지 안 주시든지 그것은 하느님의 의로우심에 어긋나는 것은 아니다. 그러나 한번 약속하신 이상 우리는 당연히 받게 되는 것이다. 즉 받을 권리를 얻게 되었다. 그러므로 바오로 사도는 "나는 훌륭히 싸웠고 달릴 길을 다 달렸으며 믿음을 지켰습니다. 이제는 의로움의 화관이 나를 위하여 마련되어 있습니다. 의로운 심판관이신 주님께서 그날에 그것을 나에게 주실 것입니다. 나만이 아니라, 그분께서 나타나시기를 애타게 기다린 모든 사람에게도 주실 것입니다."(2티모 4,7-8)라고 하였다. 즉, 공의로운 하느님이시므로 정의에 의거하여 당연히 주시리라는 뜻이다. "하느님은 불의한 분이 아니시므로, 여러분이 성도들에게 봉사하였고 지금도 봉사하면서 당신의 이름을 위하여 보여 준 행위와 사랑을 잊지 않으십니다."(히브 6,10) 그러므로 선행에는 보상을 주시겠다고 한번 약속하셔 놓고서 그 선행을 잊으신다면, 이것은 하느님의 공의에 어긋나는 것이므로 하느님께서는 절대 그러실 리가 없다. 아우구스티노 성인은 "하느님께서는 인간들에게 채무자로 자처하시고 우리로 하여금 '명령하신 대로 다하였사오니 이제 허락하신 것을 주십시오.'라고 할 수 있도록 하셨다."[102]라고 하였다.

이 공로, 즉 권리를 얻으려면《천주교 요리 문답》에 있는 대로 은총의 지위에 있는 사람, 즉 영세한 사람으로서 대죄 상태에 있지 않으면서 선공善功을 쌓아야 한다. 선공이란 모든 선행의 총칭이다. 선공에는 본성적(자연적) 선공과 초성적(초자연적) 선공이 있다. 하느님의 도우심에 힘입어 하느님을 위하여 초자연적 목적으로 하는 선행은 초성적 선공이라 하고, 자기가 타고난 성향만을 따라서 일반적인 목적으로 하는 선행은 본성적 선공이라 한다. 여기서 말하는 공로를 얻으려면 물론 초성적 선공이라야 한다. 바오로 사도의 "여러분은 먹든지 마시든지, 그리고 무슨 일을 하든지 모든 것을 하느님의 영광을 위하여 하십시오."(1코린 10,31)라는 말은 일상의 모든 일을 초성적 선공이 되게 하라는 의미이다.

---

102 De Verbis Apostoli, 16

선공에는 네 가지의 공로와 효과가 따른다. 첫째, 천상 영복을 얻게 하는 영복의 공. 둘째, 새로 은혜를 구하는 구은의 공. 셋째, 죄의 용서를 비는 하휼(下恤)의 공. 넷째, 죄의 잠벌을 면하게 하는 보속의 공이다. 예수께서 세우신 공로는 이 네 가지 공로의 효과에 따라 모두 인간에게도 통용되지만, 사람이 세우는 공로로는 구은의 공과 보속의 공만이 다른 사람에게도 통공될 수 있다.

사람의 공로는 하느님의 허락과 예수 그리스도의 공로에서 기인한다. "나는 포도나무요 너희는 가지다. 내 안에 머무르고 나도 그 안에 머무르는 사람은 많은 열매를 맺는다. 너희는 나 없이 아무것도 하지 못한다."(요한 15,5) 뿌리와 줄기에서 생명을 받아 잎이 나고 꽃이 피고 열매 맺듯이, 사람은 예수 그리스도의 공로에 기인한 은총을 받아 선행을 하고, 또 이로 인한 공로와 예수 그리스도의 공로를 합하여 하느님 대전에 엎드려 그 가치의 인정을 받는다. 사람의 공로는 오직 그리스도의 공로에서 기인된 것이므로 결코 자기의 공로를 믿거나 자랑하거나 할 수 없는 것이다. 오히려 사람의 공로는 절대적으로 큰 그리스도의 공로와 그리스도의 영광을 드러내는 것일 뿐이다.

하늘나라에서는 각자 세운 공로에 따라 복을 받게 된다. 임종 때 겨우 영세한 사람이 받는 복과, 일생토록 선행을 실천하며 "재물을 하늘에 쌓은 사람"(마태 6,20)이 받는 복은 그만한 몫이 있게 된다. "나의 상도 가져가서 각 사람에게 자기 행실대로 갚아 주겠다."(묵시 22,12) 선행으로 공을 많이 세운 사람일수록 그만큼 더 풍부한 하늘나라의 영복을 받는다. 그러므로 잠깐 왔다 가는 이 세상을 사는 동안 "낙심하지 말고 계속 좋은 일을 하라. 포기하지 않으면 제때에 수확을 거두게 될 것이다."(갈라 6,9 참조)

제28장

대사와 '면죄부'의 진상

가톨릭 교회의 교리 중 대사大赦의 교리처럼 오해와 비방을 받는 교리는 아마 없을 것이다. 대사의 교리란 대체 어떤 것인가. 우선 간단히 말한다. 대사란 사람이 죄를 지었다가 회개하고 고백하여 그 죄와 당연히 받을 지옥 영벌을 면하게 된 다음, 그 죄에 대한 잠벌의 전부나 일부를 예수 그리스도의 무한하신 공로로 면제하여 베풀어 주는 혜택이라 할 수 있다. 교회에 부여된 이 대사권에 대하여는 성경이 명백히 증명하고 있다.

예수께서는 베드로 사도에게 다음과 같이 말씀하셨다. "네가 무엇이든지 땅에서 매면 하늘에서도 매일 것이고, 네가 무엇이든지 땅에서 풀면 하늘에서도 풀릴 것이다."(마태 16,19) 뿐만 아니라 사도들 전체에게도 같은 선언을 하셨다. 이 말씀으로 예수께서는 신자들이 하늘나라에 들어가는 것을 막는 장애를 없앨 권한을 교회에 부여하셨다. 하늘나라에 들어가는 데 장애가 되는 것으로는 두 가지가 있다. 즉, 죄악과 그 죄악으로 말미암은 잠벌이다. 죄악은 잠벌보다 더 큰 장애이다. 더 큰 장애인 죄악을 사하여 제거할 수 있는 권한을 가진 교회는, 또한 죄악보다 작은 장애인 잠벌까지 제거할 수 있는 권한도 가지고 있다. 이 대사의 특권은 사도 시대 이래로 성직자들이 행사하여 오는 것이다.

코린토 교회에 친족 상간죄를 범한 사람이 있었다. 바오로 사도는 그를 단죄하면서 다음과 같이 선언한 일이 있다. "우리 주 예수님의 이름으로 그렇게 하였습니다. 이제 여러분과 나의 영이 우리 주 예수님의 권능을 가지고 함께 모일 때, 그러한 자를 사탄에게 넘겨 그 육체는 파멸하게 하고 그 영은 주님의 날에 구원을 받게 한다는 것입니다."(1코린 5,45) 후에 그가 진심으로 회개하자 그때에는 그 벌을 면제하여 주었다. 즉, "그 사람은 여러분 대다수에게서 충분한 벌을 받았습니다. 그러니 여러분은 이제 반대로 그를 용서하고 위로해 주어야 합니다. 그러지 않으면 그 사람이 지나친 슬픔에 빠지고 맙니다. 그러므로 나는 여러분이 그를 사랑하고 있음을 그에게 확인시켜 주기를 권고합니다. 그 편지를 써 보낸 것도 실은 내가 여러분을 시험해 보고, 여러분이 모든 일에 순종하는지 보려는 것이었습니다. 여러분이 무엇인가 용서해 준 사람을 나도 용서합니다. 사실 내가 무엇을 용서하였다면, 그리스도 앞에서 여러분을 위하여 용서한 것입니다."(2코린 2,6-10)라는 선언을 하였다.

바오로 사도의 이 선언에는 대사 교리의 모든 요소가 다 내포되어 있다.

1. 범죄의 중대성에 따라 그에 상응하는 벌을 준다.
2. 죄인이 진심으로 자기 죄를 뉘우친다.
3. 죄인의 회개를 보고 사도가 그 벌을 없애 준다.
4. 사도가 예수 그리스도의 이름으로 그 죄를 없애 주면, 하늘에 계신 주 예수께서도 이를 허락하신다.

교회의 주교들은 사도 시대 이래로 줄곧 이 대사권을 행사하여 왔다. 초대 교회 때부터 무거운 죄를 지은 사람에게는 엄한 재계(齋戒)와 고행을 명하여 왔다. 죄의 무겁고 가벼움에 따라 며칠 동안부터 일생 동안에 이르기까지 여러 고행 기간이 정해져 있었다. 교회의 이 처벌권 행사에 대해서 이의를 제기하는 사람은 하나도 없었다. 교회는 처벌권 행사에 대하여 면죄도 경감도 할 수 있는 권한이 있다. 처벌권을 가진 사람은 으레 감면권도 있는 법이다. 주 예수께서는 교회에 맬 권한과 풀 권한을 모두 주셨다.

테르툴리아누스와 치프리아노 성인의 저서를 보아도 분명히 알 수 있듯이, 처벌 중에 회개하는 빛이 뚜렷한 사람에게는(특히 순교하게 된 성인의 간청이 있는 경우에는) 이미 선언한 벌을 감면하여 준다. 314년 안치라 지방 교회 회의의 법규 제5조에도, 주교들은 회개자들의 회개 실정을 감안하여 보속 기간을 연장하거나 널리 용서할 권한을 가진다고 선언하였다. 325년 니케아 공의회의 법규 제12조에도 주교에게 같은 권한이 있음을 선언하였다. 그러므로 보속에 대한 감면, 그것이 곧 '대사'의 은전이다. 주교의 이 대사 선언은 교회에서는 물론 하느님 앞에서도 유효하다는 인정을 받는다. 그 후 보속 행위가 초대 교회 때와는 많이 달라져서 기도, 선공, 고행, 성지 참배, 교회 병원에의 헌금, 성당 건축을 위한 헌금 등의 행위로 치르도록 규정되었다.

토마스 아퀴나스 성인은 대大그레고리오 1세 성인 교황이 로마의 사도 성전을 참배한 신자들에게 대사를 주었다고 증언하였다. 9세기의 세르지오 교황은 실베스테르 성당과 마르티노 성당의 참배자들에게 3년과 30일 40일의 대사를 주었고, 11세기에는 레오 9세 교황이 비순디니 주교좌성당 축성식에 참석한 신자들에게 각자의 보속의 삼분의 일에 해당하는 감면 대사를 주었다. 또 같은 11세기에 우르바노 2세 교황은 십자군 입대자로서 개인의 명예 때문이 아니고 교회를 구하려는 경건한 열정으로 예루살렘에 출정하는 이들에게 전대사를 주었다.

1300년에 보니파시오 18세 교황은 성년 대사를 선포하는 동시에, 그 후부터는 100년에 한 번씩 이를 선포하기로 규정하였다. 1350년에는 클레멘스 성인 6세 교황이 이를 50년마다 선포하기로 제정하였고, 1475년에는 바오로 2세 교황이 이를 25년마다 선포하기로 제정하여 오늘날까지 실시되고 있다. 성년에는 회개자도 많아지고 일반 신자는 기도와 선공에 더욱 노력하여 큰 성과를 거두게 됨으로써 이 제도는 오늘날까지 그냥 계속되고 있다.

대사 선언은 그 필수 조건을 진심으로 실행하는 자에게 교회가 규정한 징벌을 해제하여 주는 동시에, 하느님 앞에서의 잠벌을 실제로 감면하여 주는 것이다. 이는 교회가 풀고 매는 대로 하늘에서도 풀고 매시기 때문이다(마태 16,19 참조).

대사에는 전대사와 부분 대사 두 가지가 있다. 잠벌 모두를 면제하여 주는 것을 전대사라 하고, 그 일부를 경감해 주는 것을 부분 대사라 한다. 예를 들어서 40일 동안의 재계와 고행으로만 받을 수 있는 보속 가치를, 오늘날에는 대사의 은전만 입으면 그런 고행을 하지 않고도 그와 같은 보속 가치를 얻을 수 있다는 말이다. 교회의 대사권으로 이만큼 관대하게 만든 것이다.

프로테스탄트 신자들은 대사라는 말조차 듣기 싫어하는 듯한데, 프로테스탄트에서도 이 대사를 선포하려 한 때가 있었다. 즉, 성공회 법규에 명기한 바가 있다.[103] 대사에 대하여 허무맹랑한 말을 퍼뜨리는 사람도 있다. 즉, 대사란 로마 교황이 신자들의 헌금 액수에 따라 죄를 사하여 준다느니, 장차 또다시 죄를 짓도록 허용하는 것이라는 등의 말이 바로 그것이다. 이런 악선전에 대하여는 독자들의 현명한 판단에 맡기겠다. 죄 사함의 은혜를 받은 사람에게 베푸는 잠벌 면제의 은전이 곧 대사이므로, 아직 죄 사함의 은혜를 받지 못한 자는 결코 대사를 받지 못하는 법이다. 그런데 이것이 어떻게

---

103 Articuli pro Clero, A.D. 1584. Sparrow, 194

또다시 죄짓도록 허용하는 것일 수 있겠는가. 아주 작은 죄일지라도 짓도록 허락한다는 것은 신부나 주교나 교황은커녕, 황공하게도 하느님도 하실 수 없는 일이다. 이것은 가톨릭 교회의 삼척동자라도 다 아는 사실이다.

예수께서 가르치시고 실행하셨으며 초대 교회에서도 실행하던 애긍과 희사, 엄격한 재계와 고행 등이 오늘날에 와서는 많이 해이해진 것 같은데, 이것은 복음 정신에 상반되는 것이 아닌 것인지 생각할 수도 있을 것이다. 그러나 가톨릭 교회사를 아는 사람은 다 인정하는 사실이지만, 교회에서는 일찍이 한 번도 보속과 고행의 의무를 면제하여 준 사실이 없다. 고신 극기는 프로테스탄트보다 가톨릭 교회에서 더 많고 자주 실행된다는 사실은 누구도 부인할 수 없을 것이다. 복음서의 교훈인 재계 행위에 대한 권면과 명령은 가톨릭 교회 밖에서는 찾아보기 어렵다. 가톨릭 신자 중에서도 이 대사의 은혜를 입기 위하여 노력하는 사람은 가장 신앙심 깊은 신자이다. 대사를 얻으려면 회개 고백하고 기도와 극기의 생활을 하여야 한다. 그러므로 이 대사로 말미암아 영적으로 해이해지기는커녕 오히려 영적으로 한층 향상된다.

가톨릭 신자들이 신앙생활에 정진에 정진을 하여도 프로테스탄트 신자들은 언제나 비난의 화살을 끊임없이 쏘아 댄다. 정성껏 재계를 지키고 가난한 사람들을 도와주고 극기하는 것을 보고는 "신앙으로 예수께 의탁"하지 않는 "헛수고하는 자들"이라고 조소하고,

대사의 은전을 입으려고 노력하는 것을 보고는 남의 공로에 의탁한다느니 십자가의 고난을 너무 가볍게 본다느니 한다. 선공 없이 신앙만으로 구원될 수 있다는 프로테스탄트 신자로서, 그리스도의 구속 공로로 말미암은 가톨릭의 보속, 고행, 감면, 은전인 대사를 비난한다는 것은 지나친 모순이다.

여러 시대를 지내 오는 동안, 특히 16세기에 이 대사 은전이 가끔 남용되지 않은 것인가 생각해 본다. 우리는 그 남용의 폐해를 솔직히 긍정한다. 그러나 그것은 교회의 본의를 망각한 극히 일부 사람의 망령된 행위였을 뿐이다. 교회에서는 이런 망령된 짓을 언제나 엄금하였다.

루터가 이반離叛의 기회로 삼은 레오 10세 교황의 은사恩赦 반포의 경위를 여기서 설명할 필요가 있을 것이다.

'면죄부'의 진상

현재 한국의 서양사 교과서에는 아직도 '종교 개혁'이라는 제목 아래 루터가 종교 개혁을 부르짖은 원인이 "로마 레오 10세 교황이 사원 건축비를 얻으려고 면죄부를 판매하게 한 데 있다."라고 되어 있다.

면죄부 또는 속죄권이라는 말은 인덜전스Indulgence를 잘못 옮긴 말이다. 오역도 이만저만한 오역이 아니다. 한마디로 이것은 어의를 제대로 파악하지 못한 소치이다. 'Indulgence'란 본래 은혜, 관대한 용서라는 의미로서, 한국말로는 교회에서 말하는 대사가 여기에 해당된다. 이 단어가 오늘날에 와서는 방종이라는 의미로까지 변질된 것인데, 그것을 모르는 사람들은 흔히 교회의 인덜전스를 방종을 허용하는 것이라고 잘못된 판단을 내리고 있다. 바로 이 인덜전스를 철저하게 파악하지 못한 것이 대사에 대한 몰이해의 커다란 원인이 되었다고 할 수 있다. 대사에 대한 교리는 이미 설명하였으므로, 이제 소위 종교 개혁 시대에 대사를 둘러싸고 어떤 사건들이 일어났는지 그 진상을 밝혀 보기로 한다.

이른바 '사원 건축'이란 로마의 성 베드로 대성전 건축을 두고 하는 말이다. 콘스탄티누스 황제가 베드로 사도가 순교한 성지를 영원히 기념할 목적으로 교회에 헌납한 성 베드로 대성전은, 천 년이 넘도록 비바람에 씻겨 다시 손을 대지 않으면 안 될 지경에 이르렀다. 율리오 2세 교황은 당시 건축 예술의 황금시대를 이룬 거장들의 솜씨를 빌어 전 가톨릭 세계의 중앙 성전인 이 대성당을 명실상부하게 웅대하고 화려하게 신축하기로 계획했다. 그리고 거액을 들여 기공하기에 이르렀다. 이 미증유의 대공사를 완성하는 데는 전 세계 가톨릭 교회의 열성 어린 지원 없이는 불가능한 일이었다.

율리오 2세의 뒤를 이은 레오 10세 교황은 이 목적 달성을 위하여 가장 평범한 대사를 반포하였다. 즉, 회개와 고백, 기도의 장려는 물론, 성 베드로 대성전의 건축비로 응분의 헌금을 하는 사람에게는 잠벌을 면하여 주는 은전을 허락한 것이다. 공익과 자선 등 어떤 특수한 목적 또는 선행을 장려할 목적으로 대사를 선포하는 것은 역대 교황의 특권이며 아름다운 관례이다. 개인의 이익을 위해서가 아니고 오직 베드로 사도의 유해를 안치한 성소를 영원히 기념하며, 하느님께의 최대 봉헌 예물인 중앙 성전의 건축을 위하여 전 세계 신자들의 지지를 요망한 것은 아무 모순 없는 당연한 처사이다.

모세가 성소를 장식하기 위하여 이스라엘 백성의 헌금을 요구한 것을 나무라지 못한다면, 교황이 같은 목적으로 신자들에게 헌금을 요구한 것을 어찌 나무랄 수 있는가. 그러므로 헌금자에게 대사를 선언한 것은 결코 월권행위가 아니다. 선을 베풀어 죄를 면하고 가난한 사람들을 구제하여 허물을 벗을 수 있다면(다니 4,24 참조), 어떤 거룩한 목적으로 헌금을 한 행위에 어찌 영적인 보수가 없겠는가.

여기서 특히 주의하여야 할 점이 있다. 즉, 교황의 대사 반포 교서 가운데 성전 건축비 헌납 조항에는, 헌납자는 각자의 형편에 따라 헌납하도록 권하였다. 그러므로 극빈자는 헌금을 한 푼도 하지 못했을지라도 회개 고백 등 다른 조건만 이행하면 역시 완전한 대사를 얻게 되었다. 그와 반대로 아무리 거금을 헌납하였을지라도 회개 고백 등의 조건을 이행하지 않으면 절대로 대사를 얻지 못하도록 되어 있다는 점이다. 이 점은 일찍이 반가톨릭이던 도비녜도 인정한 바이다.

1515년 대(大)레오 1세 성인 교황의 대사령이 독일에 반포되었다.

마인츠와 브란덴부르크의 대주교 알브레히트 추기경이 독일 국내에 대사령을 반포하는 중요한 책임을 맡았다. 독일에서는 이미 여러 차례 대사령 반포가 있었다. 알브레히트 대주교는 담당 구역 내에 될수록 널리 선전하여 그 성공을 다지는 동시에, 선전 위원 중 혹시 대사 교리를 잘못 전하는 사람이 있지나 않을까 염려하여 대사 교리와 선전 방법에 관한 장문의 교서를 공포하였다. 그 교서에 열거된 대사를 얻는 조건을 보자. 첫째, 지은 죄를 회개하고 다시 죄짓지 않기로 마음먹은 뒤 사제에게 가서 고해성사를 보아야 한다. 둘째, 적어도 지정된 일곱 개 성당을 순례하여야 하며, 순례할 때마다 우리 죄를 대신 속죄하여 주신 주 예수의 오상(五傷 : 양손, 양발, 옆구리)을 기념하고 공경하는 뜻으로 주의 기도와 성모송을 다섯 번씩 열심히 바치거나 또는 "하느님, 당신 자애에 따라 저를 불쌍히 여기소서."(시편 51편)를 바쳐야 한다. 셋째, 성 베드로 대성전 건축비로 응분의 헌금을 하는 것이 좋다. 이 셋째 항목에 이르러서는 가난한 사람들을 위하여 특별히 언급하기를 "하늘나라는 가난한 사람이나 부자나 다 같이 갈 수 있도록 열려 있으므로, 돈이 없는 사람들은 헌금 대신 기도와 대재로 대사를 받을 수 있다"라고 하였다. 또 항간에 떠도는 대사권 매매 운운에 대하여 말하기를 "하느님의 은혜와 은총은 무한히 커서 아무것으로도 교환할 수 없다."라고 하였다.

알브레히트 대주교가 세운 여러 조건과 레오 10세 교황의 교서

중의 조건을 대조하여 보면, 그 정신과 원칙과 실행 방법이 완전히 부합됨을 알 수 있다. 또 오늘날의 성년 대사령과도 조금도 다름이 없다. 다만 오늘날에는 세 번째 조건은 설정할 필요가 없게 되었다. 만약 그 조건이 필요하게 된다면 다른 자선 사업이나 빈민 구제를 위하여서일 것이다.

알브레히트 대주교가 설정한 조건 중에서 둘째와 셋째 조항을 완전히 이행한 사람이나, 첫째와 둘째 조항을 이행할 의사를 가지고 셋째 조항을 이행한 사람은 고해성사를 줄 사제를 자유롭게 선택할 수 있는 특전을 허용한다고 밝혔다. 이제 이 말의 뜻을 밝히기로 한다.

이미 말했듯이 가톨릭 교회는 사도 시대 이래로 예수 그리스도로부터 받은 사죄권을 행사하여 왔다(제6장 고해성사 참조). 그러나 낙태를 공공연히 행한 죄, 하느님께 한 서원을 파기한 죄, 또는 하느님께 한 서원을 변경하기 위한 청원 등, 대죄나 신중히 판단하여야 할 것 등은 보통 사제(신부)에게는 그 처리권을 허락하지 않고, 그 중대성에 비추어 고등 성직자나 교황에게만 유보하는 경우가 많다. 그러므로 이런 대죄인이 죄 사함의 은혜를 받고자 할 때는 로마 교황이 직접 지명한 사람이나 그 대리자로부터 특정 사죄권을 받은 사제에게 가서 고해성사를 보는 수밖에 없다. 그러나 이것은 먼 나라에 살거나 고립되어 살고 있는 신자들에게는 매우 불편하므로 성년(25년 만에 한 번)이나 그 밖의 특정한 때에 이 은전을 널리 베풀기 위하여 보통 사제에게라도 특정 사죄권의 행사를 허락한다. 즉, 대사를 얻기에 필요한 모든 조건을 이행한 자에게는 그 어떠한 죄라도 사죄받을 수 있는 은전이 주어지므로, 신자들로서는 어느 사제에게든지 갈 수 있는 특전을 얻게 된다. 이 특전 준허准許 방법으로 세 번째 조건을 이행한 사람에게는 '고해 특전 준허 증서Letter of Confession'를 주었다. 다만 가난한 사람들에게는 이 셋째 조건을 이행하지 않아도 이 증서를 주었다. 이 증서가 바로 문제의 '면죄부'로 오인되어, 결국은 프로테스탄트의 중상적 악선전의 재료가 되어 버렸다. 사건의 핵심은 여기에 있다. 원래 이 증서를 가진 신자는 어느 신부에게든지 어떤 죄라도 다 고백할 수 있고, 또 이 증서를 제시받은 신부는 그것을 제시한 사람에게 어떤 종류의 죄든지 다 사하여 줄 수 있도록 마련되었기 때문이다. 만일 이 증서가 없다면, 죄의 고백을 들은 신부 측에서는 자기에게 특정 사죄권이 없는 한 그에게 사죄권을 행사하지 못할 수도 있게 된다.

대체 이 증서에는 어떤 문구가 적혀 있는가. 독자들의 탐구심을 만족시켜 주기 위하여 당시 독일에서 발행된 소위 면죄부라는 이 증서를 라틴어 원문 그대로 소개하면 다음과 같다.

"즉 이(증서를 가진 자)는 뜻에 맞는 죄의 고백을 들어줄 사제를 선택할 특전이 있으니, 이 사제는 수도 사제이거나 세속 사제이거나 그 고백을 유심히 들은 뒤, 위에서 말한 (교황의) 권능으로 모든 죄를 사할 수 있다. 또 일생에 한 번과 임종의 위험이 있을 때

그의 모든 죄를 완전히 사하여 주고, 또 전대사를 베풀 수 있다

Potestatem habet eligendi sibi confessorem presbyterum idoneum religiosum vel saecularem, qui audita diligenter eius confessione, absolvere eum possit auctoritatepredicta (Papa) ab omnibus peccatis ac semel in vita et in mortis articuloplenariam omnium peccatorum suorum indulgentiam et remissionem impendere."라는 뜻이다.

　이 원문은 가톨릭 교회의 저서에서 인용한 것이 아니라 반가톨릭인 헨리 찰스 레이H. C. Lea의 저서 《고해와 대사》에 의한 것이다.[104]

　이것으로 소위 면죄부의 진상이 판명되었으리라고 본다. 이 증서의 내용과 그것을 다루던 경위를 보면, 반가톨릭 측의 면죄부 판매 운운은 중상모략임이 드러난다. 다만 대사 조건의 하나로 성전 건축을 위한 헌금 행위가 포함되어 있을 뿐이다. 형체가 없는 대사는 그 성질상 물건처럼 사고 팔 수 있는 것이 아니다. 만일 이것을 누가 돈으로 사고팔려고 한다면 이는 무서운 독성죄이다. 16세기에든 오늘날에든 돈으로 사죄의 은혜나 대사의 은혜를 사는 것으로 아는 사람은 하나도 없을 것이다. 만약 실제로 사고 판 사람이 있다면 이는 하느님의 뜻을 거역하고 교회에서 금하는 것을 어긴 대죄인임을 면하지 못할 것이며 교회법에 의하여 처단을 받을 것이다. 다만 한 가지 유감스러운 것은 대사령 선전원 가운데, 될 수 있는

---

104 《A History of Confession and Indulgence》, vol. Ⅲ., App., 70, London, 1896

대로 많은 헌금을 모으기 위하여 탈선적 열변을 토하거나 개인 의견을 붙여 청중을 선동한 사람이 있어서 적지 않은 폐해를 끼쳤다는 것이다. 그러나 이러한 탈선행위는 교회의 대사 교리와 교회가 지시한 선전 방법에 어긋나는 개인행동이다. 교회 당국에서는 그런 사람이 발견되는 대로 즉시 행동 중지를 명령하고 엄한 벌을 내렸다. 특히 독일에서 대사령 선전을 주로 담당하던 도미니코회의 요한네스 테첼은 자기의 목표 달성을 위하여 월권행위를 하였다고 루터는 비난하였다. 테첼은 과연 그의 부당한 행위 때문에 교황청 대표자로부터도 준엄한 책벌을 받았다. 그 후 얼마 안 되어서 소집된 트리엔트 공의회에서는 대사에 관련하여 탈선행위를 근절시키기 위하여 다음과 같은 결의문을 공포하였다. "대사에 대한 폐단과, 이 폐단이 빌미가 되어 이단자들로부터 대사의 명칭까지가 모독되는 불행한 사태를 바로잡기 위하여, 이 결의문을 전 교회에 공포한다. 대사를 얻기 위한 모든 부정행위는 절대로 폐기되어야 한다."[105]

이 사실은 반가톨릭인 도비녜도 "증서를 내어 준 그 손으로 돈을 받지 못하였다. 이는 무거운 벌로 엄단하였다."[106]라고 증언하였다.

만약 대사 조건의 하나로 헌금 행위 대신 가난한 사람을 도와주는 행위를 넣었다면, 이와 같은 물의는 빚어지지 않았을 것이다. 가난한 사람을 위해서 희사하는 것은 옳고 하느님께 예물을 봉헌

---

105 Sess. X X V, Dec. de Indulgentia
106 vol. I., 214

하는 것은 그르다는 말인가? "어찌하여 저 향유를 삼백 데나리온에 팔아 가난한 이들에게 나누어 주지 않는가?"(요한 12,5)라고 비난하던 유다 이스카리옷의 비난은 당치 않은 것이었다.

이 제도를 몹시 비난하는 프로테스탄트 교회에서도 목사들이 자신과 자기 자녀들을 위하여, 또는 교회 건물 유지비나 건축비를 위하여 신자들에게 희사를 청할 때는, 그 헌금의 대가로 영적 은혜를 보증하여 주는 것을 잊지 않는다. 뉴욕 감리교회의 한 목사는 감리교 대학에 기부한 백만장자 고르넬리오 밴더빌트에게 성경에 있는 그대로 "너의 기도와 너의 자선이 하느님 앞으로 올라가 좋게 기억되고 있다."(사도 10,4)라고 말하였다. 이 목사는 하늘나라의 열쇠를 맡은 교황 이상으로 대사를 선언하지 않았는가. 왜냐하면 도비녜도 말했듯이 "강직한 교황은 기부자의 헌금이 영혼의 구원에 유효하자면 마음으로부터의 회개와 죄의 고백이 먼저 필요하다고 강조하였다."라고 하였는데, 이 목사는 통회도 죄의 고백도 하지 않았는데도 죄가 사하여졌다고 선언하지 않았는가.

제29장

병자성사

병자성사는 일곱 성사 중 하나이다. 위급한 환자에게 사제가 성유를 바르며 기도함으로써 병자는 영혼에 큰 위안을 받고 가끔은 육신의 고통이 덜해지는 은혜를 받기도 한다. 이 기름 바름은 교회에서 하는 마지막 성사이므로 전에는 '종부終傅 성사'라고 했다.

야고보 사도는 이 성사에 대하여 명백히 말하였을 뿐 아니라 이 성사의 효능에 대하여도 말하였다. "여러분 가운데에 앓는 사람이 있습니까? 그런 사람은 교회의 원로들을 부르십시오. 원로들은 그를 위하여 기도하고, 주님의 이름으로 그에게 기름을 바르십시오. 그러면 믿음의 기도가 그 아픈 사람을 구원하고, 주님께서는 그를 일으켜 주실 것입니다. 또 그가 죄를 지었으면 용서를 받을 것입니다."(야고 5,14-15)

병자성사에 관해서는 고대 교부들도 암시한 바가 많다. 3세기의 오리게네스는 다음과 같이 말하였다. "죄인이 죄를 부끄러워하지 않고 주님의 사제 앞에 나아가 죄를 고백하고 다시는 죄짓지 않겠다고 진심을 보이면 이로 말미암아 죄 사함의 은혜를 입을 것이다. 또 야고보 사도의 말대로, 앓는 사람이 있으면 사제를 불러 그에게 안수를 받고 주님의 이름으로 그로부터 기름을 발리우면 사죄의 은혜를 입을 수 있다."[107]

요한 크리소스토모 성인은 다음과 같이 말하였다. "사제들이 우리를 (세례로) 재생시킬 때만 우리의 죄를 사하여 주는 것이 아니라 세례받은 후의 죄까지도 사하여 준다. 즉, 너희 가운데 병자가 있거든 교회의 사제를 불러 그에게 주의 이름으로 기름 바르게 하고 그를 위하여 기도하게 하라."[108]

인노첸시오 1세 성인 교황은 데첸시우스라는 주교에게 보낸 편지에 야고보 서간의 이 말을 인용하고 이어서 다음과 같이 말했다. "이 말씀은 의심 없이 병든 신자에게 성유를 바르라는 말이다. 이 기름은 주교가 축성한 것이므로 사제들뿐 아니라 모든 신자들에게도 발라 주어야 할 것이다."[109]

그레고리오 교황의 수정판 로마 예전 경문에도 주교가 기름을 축성하는 예식 경문과 병자에게 기름 바를 때 쓸 경문을 일일이 제정하여 적어 놓았다.

---

107 Homil. ii. in Levit.
108 Lib. iii. de Sacred
109 EpiSt. X X V. ad Decentum

8세기에는, 처음으로 성경을 영어로 번역한 베다 성인이 야고보 사도의 이 말씀에 대하여 "사제가 병자에게 축성한 기름을 바르며 기도함으로써 그를 거룩하게 하는 것은 교회 전래의 관례이다."[110] 라고 하였다.

9세기에 로마 교회에서 갈라져 나간 그리스 정교회에서도 그 신앙 고백문에 다음과 같이 밝히고 있다. "(일곱 성사 중) 일곱째 성사는 예수께서 몸소 정하신 병자성사이다. 예수께서 제자들을 둘씩 짝지어 파견하신 뒤(마르 6,7-13 참조) 그들은 여러 병자들에게 기름 발라 주고 또 치료하여 주었다. 이 기름 바름은 야고보 서간에서도 볼 수 있듯이, 교회에서는 성실히 이를 실행하여 오고 있다. 병자성사의 효과는 야고보 사도가 밝힌 대로 죄를 사해 주고, 영혼을 건강하게 하며, 가끔 육신의 고통을 덜어 주기도 하는 것이다. 육신의 고통을 덜어 주는 효과는 매번 일어나는 것은 아니나, 그 영혼만은 죄 사함의 은혜를 입어 건강하여진다."라고 쓰여 있다. 이 점에 대한 그리스 정교회의 가르침은 가톨릭 교회의 가르침과 똑같다.

그 밖의 모든 동방 정교회(어떤 교파는 5세기에 분리)에서도 병자성사를 인정하여 오고 있다. 이렇게 여러 세기를 두고 각자 분파 고립의 길을 걸어온 여러 교파가 마치 약속이나 한 듯이 한결같이 병자성사 교리에 승복하는 사실이야말로 병자성사가 사도 시대부터 직접

---

110 Comment in locum

전래되어 온 교리임을 증명하는 것이다.

유명한 프로테스탄트 학자인 라이프니츠도 여기에 대하여 다음과 같이 솔직히 말하고 있다. "병자에게 기름 바르는 행위에 대하여는 논란을 벌일 여지가 별로 없다. 이것은 성경에도 밝혀 말한 것이고 교회에서도 그대로 가르치고 가톨릭 신자들은 전폭적으로 여기에 승복한다. 교회에서 승인하는 병자성사에 대해서 누구도 시비를 걸지 못할 것이다."[111]

프로테스탄트 신자들은 스스로 성경을 신앙의 기준으로 삼는다고 하면서도 야고보 사도의 병자성사에 대한 이 가르침은 아예 무시한다. 야고보 서간의 간단명료한 이 말씀에는 궤변적인 해석을 마음대로 붙일 수 없음을 깨달은 루터는, 마침내 대담하게도 야고보 서간을 무시한 나머지 '지푸라기 같은 편지'라고 부르고는 참람하게도 이것을 신약 성경에서 삭제하여 버렸다!

병자성사 교리는 성경에 뚜렷이 기록되어 있으며 예수 그리스도의 사도가 직접 가르친 것으로, 가톨릭 교회에서는 사도 시대 이래로 2천 년 동안 지성으로 실천하여 오는 큰 위안을 주는 은총의 교리인데도, 프로테스탄트 교파에서는 아무 근거도 이유도 없이 이 교리를 배척함으로써 스스로 큰 은혜의 원천을 막고 있다.

임종을 맞은 신자에게 죽음에 대한 공포심을 없애 주며 위안을

---

111 Systema Theol., 280

주고 용기를 일으켜 주며, 현세로부터 영원의 세계로 들어가게 하는 구원의 묘방妙方이 바로 병자성사이다. 이것은 마귀에게 시달려 극도로 쇠약해진 영혼에게 주는 천상 의사의 영약이다. 우리 모두가 감사하는 마음으로 이것을 받아들여 그 은덕을 충분히 입어야 할 것이다.

제30장

성품성사

사도들은 주 예수께로부터 권능을 받은 사람들이고, 사도들의 후계자인 사제들은 사도들로부터 그 권능을 계승한 사람들이다. 이 권능을 전수하는 것을 성품성사라 한다. 이로써 성품의 엄숙성을 알 수 있다. 성품성사는 신학교에서 정해진 교육 과정을 마치고 성덕을 닦은 사람으로서 성품을 받기에 적격한 사람이라고 인정되는 이에게 주교가 수여한다. 성품성사를 받으면 비로소 사제, 즉 신부가 되어 미사성제, 성사 집행, 신자 교도의 권능과 자격을 지니게 된다. 오직 성품성사로만 이 모든 권능을 받게 된다. 사제 가운데 교황으로부터 주교로 임명된 사람으로서, 반드시 다른 주교로부터 주교권 전승을 위한 성성식成聖式을 거친 이라야 비로소 성품 수여권을 행사할 수 있게 된다. 오직 주교만이 성품성사를 행할 수 있고, 남자만이 성품성사를 받을 수 있다.

여기서 특별히 주의할 것은, 신부나 주교가 되는 길은 오직 이 길밖에 없다는 사실이다. 누구든 결코 본인의 생각만으로는 되지 못하며, 아무리 신앙이 굳고 열성이 있고 학식이 깊어도 그렇다. 사목회의 등의 평신도 대표자 회의에서 임명해서 되는 것도 아니다. 성품의 권능은 오직 상부로부터의 성품성사를 거쳐야만 전승되는 법이다. 이것은 주 예수께서 몸소 제정하신 것으로 교회 창립 이래의 전통적 제도이다. 이 제도에는 누구도 감히 손을 대지 못한다. 이는 성경과 교회사와 교부들의 성전聖傳이 분명히 증명한다.

"날이 새자 제자들을 부르시어 그들 가운데에서 열둘을 뽑으셨다."(루카 6,13)

"예수님께서 산에 올라가신 다음, 당신께서 원하시는 이들을 가까이 부르시니 그들이 그분께 나아왔다. 그분께서는 열둘을 세우시고 그들을 사도라 이름하셨다."(마르 3,13-14)

"너희가 나를 뽑은 것이 아니라 내가 너희를 뽑아 세웠다. 너희가 가서 열매를 맺어 너희의 그 열매가 언제나 남아 있게 하려는 것이다. 그리하여 너희가 내 이름으로 아버지께 청하는 것을 그분께서 너희에게 주시게 하려는 것이다."(요한 15,16)

성부께서 성자를 보내신 것같이 성자는 또한 사도들에게 성품의 권위를 주어 세상에 보내신다. "아버지께서 저를 세상에 보내신 것처럼 저도 이들을 세상에 보냈습니다."(요한 17,18) 사도들은 또한 그 후계자들에게 성품권을 주어 세상에 보낸다. 이 성품권은 '안수'로 부여했다. 오늘날에도 성품성사를 행할 때에 주교의 안수례를 볼 수 있다. 사도들은 신도들 가운데서 일곱 보조자를 뽑아 그들에게 안수하였다(사도 6,6 참조). "그들이 주님께 예배를 드리며 단식하고 있을 때에 성령께서 이르셨다. '내가 일을 맡기려고 바르나바와 사울을 불렀으니, 나를 위하여 그 일을 하게 그 사람들을 따로 세워라.' 그래서 그들은 단식하며 기도한 뒤 그 두 사람에게 안수하고 나서 떠나보냈다."(사도 13,23) 바오로 사도도 안수례로 티토와 티모테오를 자기 계승자로 세웠으며(1티모 4,14; 2티모 1,67 참조), 이들에게도 다른 적임자들에게 안수하여 사제나 주교로 세우라고 분부하였다(티토 1,5; 1티모 5,22 참조).

전통 전승인 성품권을 받아 파견되는 이는 실상 하느님의 임명을 받은 하느님의 사자使者이다. "성령께서 여러분을 양 떼의 감독으로 세우시어, 하느님의 교회 곧 하느님께서 당신 아드님의 피로 얻으신 교회를 돌보게 하셨습니다."(사도 20,28). 또 그들은 정당하게 문으로 양 우리에 들어가는 정당한 양의 목자들이다(요한 10,12 참조). 자연계에 엄연한 질서를 창조하시고, 구약의 교회 안에도 정연한 질서를 세우신 하느님께서, 오직 당신 피로 세우신 신약의 교회에만 아무나 목자라고 나서게 하고, 신자들을 가르치고 다스리며 다른 목자를 임명하는 등의 무질서를 허락하실 리가 없다. 만일 그렇다면 "양 우리에 들어갈 때에 문으로 들어가지 않고 다른 데로 넘어 들어가는 자는 도둑이며 강도다."(요한 10,1) 그런 사람들은 "그 예언자들이 내 이름으로 거짓말을 한 것이다. 나는 그들을 보내지도 않앉고 그들에게 명령하거나 말한 적도 없다. 그들이 너희에게 예언하고 있는 것은, 거짓 환시와 엉터리 점괘와 제 마음에서 나오는 거짓말일 따름이다."(예레 14,14) 또 그들은 하느님께서 보낸 적도 없는데 자기들이 달려 나간 자들이다(예레 23,21 참조).

위대한 바오로 사도가 개종할 때에 하나니아스를 거쳤듯이, 그의 사도직 서임도 안수를 받음으로써 되었다. 비록 그가 직접 계시를 받아 복음의 진리를 알았지만 자기가 받은 계시가 객관적 진리라는 증명을 얻기 위해서는 다른 선배 사도들의 인정을 받아야 한다는 것을 알았다(갈라 2,1-2 참조). 또 그는 "선포하는 사람이 없으면 어떻게 들을 수 있겠습니까? 파견되지 않았으면 어떻게 선포할 수 있겠습니까?"(로마 10,14-15)라고 하였다.

클레멘스 성인은 "그리스도는 하느님께로부터, 사도들은 그리스도로부터 파견되었다. 그러므로 사도들은 명령을 받고 나아가 복음을 전하며 신자들의 보조자와 주교들을 세웠다."[112]라고 하였다. 그 밖에도 교부들의 증언이 많으나 다 말할 수는 없다. 만약 어느 지역 교회가, 신부나 주교가 갑자기 세상을 떠났다거나 순교했다거나 하는 뜻밖의 사유로 말미암아 목자를 잃었다고 해 보자. 그 교회는 문을 닫을지언정, 평신도가 자의로든 신자 단체의 선정을 받아서건 성무를 거행할 수는 없다. 이것은 가톨릭 교회 2천 년의 역사가 증

---

112 Ep. ad Corinth. 1. n. 42

명하는 바이다.

그러므로 현재 가톨릭 교회의 어느 신부나 주교의 성품성사의 연원淵源을 소급하여 올라간다면, 끊임없이 이어져서 반드시 사도에게까지 이르게 된다. 그러나 프로테스탄트의 목사에게는 사도로부터 전래하는 이 정통 성품권이 없다. 따라서 프로테스탄트의 목사 임명식이 성품성사가 될 리는 없다. 자기가 갖지 못한 것을 남에게 줄 수는 없기 때문이다. 그러므로 목사가 성 만찬식을 집전한다 할지라도 예수의 몸과 피를 이룰 수는 없는 것이다. 성공회의 미사 예식과 고백, 성품 수여 등 모든 것은 겉으로는 가톨릭 교회와 비슷하기는 하나 성사로서 성립되지 않는다. 왜냐하면 영국의 에드워드 왕 및 엘리자베스 여왕 시대에 주교 성성 예전을 마음대로 고친 결과, 성사적 요소가 결여되어 주교 성품권이 끊어졌기 때문이다. 레오 13세 교황은 이를 엄밀히 조사하여 그 실증을 파악한 뒤 1896년에 드디어 에드워드 왕 시대와 엘리자베스 여왕 시대 및 그 후에 영국 교회에서 거행한 성품성사에 대한 무효 선언을 내렸다. 그들은 주교 성성 예절뿐 아니라 미사와 성체성사에 예수께서 실재하신다는 교리와, 고해성사에 이르기까지 개작의 손을 대거나 아예 없애 버리기도 하여 다른 프로테스탄트와 비슷한 형태로 1세기 동안이나 내려왔다.

가톨릭 교회에서 정식으로 성품성사를 받은 사람은 사제, 신부라고 부른다. 이것은 주님의 진리와 모든 성사로 신자들의 영혼을 양육하는 '영혼의 아버지'라는 뜻이다. 바오로 사도는 신자들에게 다음과 같이 말했다. "나의 자녀 여러분, 그리스도께서 여러분 안에 모습을 갖추실 때까지 나는 다시 산고를 겪고 있습니다."(갈라 4,19) "나는 여러분을 부끄럽게 하려고 이런 말을 쓰는 것이 아닙니다. 여러분을 나의 사랑하는 자녀로서 타이르려는 것입니다. 여러분을 그리스도 안에서 이끌어 주는 인도자가 수없이 많다 하여도 아버지는 많지 않습니다. 그리스도 예수님 안에서 내가 복음을 통하여 여러분의 아버지가 되었습니다."(1코린 4,15) 요한 사도 역시 신자들을 '자녀'라고 불렀다(1요한 2,1 참조).

사제, 즉 신부들은 이미 말한 대로 주 예수께서 사도들에게 주신 성품 권위를 계승하여 받은 사람들이다. 이 사실이 곧 성품 성직의 존엄성을 입증한다. 성품 성직의 존엄성은 그 개인의 공덕에 있지 않고 오직 그가 맡은 직무의 신성성神聖性에 있다. 육안으로 보아서는 성품을 받은 사제도 보통 사람과 다를 바가 없지만, 신앙의 눈으로 본다면 사제는 천사들보다 더 높은 지위에 있다. 사제들은 천사들이 감히 행사하지 못하는 권능을 행사하기 때문이다.

사제는 하느님의 존엄을 높이며 그 영광을 선양하는 직위에 임명된 '하느님의 사절'이다. 바오로 사도도 다음과 같이 말했다. "우리는 그리스도의 사절입니다. 하느님께서 우리를 통하여 권고하십니다."(2코린 5,20) 한 나라의 사절로서 다른 나라에 파견되는 것도 큰 영광이라고 할 수 있는데, 하물며 그리스도의 사절로서 전 세계

만방에 파견되는 것은 과연 얼마나 큰 영광이 되겠는가.

주 예수께서는 사도들에게 다음과 같이 말씀하셨다. "아버지께서 나를 보내신 것처럼 나도 너희를 보낸다."(요한 20,21) "그러므로 너희는 가서 모든 민족들을 제자로 삼아, 아버지와 아들과 성령의 이름으로 세례를 주고, 내가 너희에게 명령한 모든 것을 가르쳐 지키게 하여라. 보라, 내가 세상 끝날까지 언제나 너희와 함께 있겠다."(마태 28,19-20) 한 나라의 사절은 그 권한이 주재하는 한 나라에 국한되지만 하느님의 사절의 권한은 전 세계적인 것이다. 예수께서는 "너희는 온 세상에 가서 모든 피조물에게 복음을 선포하여라."(마르 16,15)라고 하시지 않았던가.

예수께서 당신 사절들에게는 거룩한 이름으로 복음을 선포할 권한을 주셨고, 복음을 받는 자들에게는 사절들의 말을 듣고 따를 의무를 지키라고 명령하셨다.

"누구든지 너희를 받아들이지 않고 너희 말도 듣지 않거든, 그 집이나 그 고을을 떠날 때에 너희 발의 먼지를 털어 버려라. 내가 진실로 너희에게 말한다. 심판 날에는 소돔과 고모라 땅이 그 고을보다 견디기 쉬울 것이다."(마태 10,14-15)

"너희 말을 듣는 이는 내 말을 듣는 사람이고, 너희를 물리치는 자는 나를 물리치는 사람이며, 나를 물리치는 자는 나를 보내신 분을 물리치는 사람이다."(루카 10,16)

하느님께서는 이처럼 복음을 받아들이고 거기에 복종하라고 우리에게 요구하실 뿐 아니라, 그 복음을 선포하는 사도들에게 그 사명에 상응하는 존경을 바치라고 요구하신다.

한 나라의 사절이 파견된 나라에서 모욕을 당했다면 이것은 그 국가에 대한 모욕이다. 하느님의 사절인 하느님의 교회의 사제에 대한 모욕적 행동은 곧 하느님께 큰 죄를 짓는 행위가 된다. 하느님께서도 "나의 기름부음받은이들을 건드리지 말고 나의 예언자들을 괴롭히지 마라."(1역대 16,22)라고 하셨다. 엘리사 예언자를 아이들이 모욕하였을 때 하느님께서는 맹수를 보내어 그들을 물어 죽이게 하셨고, 마리아 몽크는 성별聖別된 사제와 동정녀들을 모함한 죄로 블랙웰 섬에서 참사하였다. 이를 보아도 하느님 교회의 성직자들을 모욕하는 것은 곧 하느님을 모욕하는 것임을 잘 알 수 있다.

한 나라의 사절이 다른 나라로 파견될 때는 반드시 자기 나라 원수로부터 절대적인 신임과 극비의 지시를 받아 가지고 가는 법이다. 예수께서도 당신 사절들인 주교와 신부들을 파견하실 때 그들을 신임하시고 그들에게 하늘나라의 비밀을 맡겨 주신다. "나는 너희를 더 이상 종이라고 부르지 않는다. 종은 주인이 하는 일을 모르기 때문이다. 나는 너희를 친구라고 불렀다. 내가 내 아버지에게서 들은 것을 너희에게 모두 알려 주었기 때문이다."(요한 15,15) 그러니 하느님의 율법을 이 세상에 가르치며 선포하는 사자들의 영광과 특권이란 과연 어떻겠는가. "얼마나 아름다운가, 산 위에 서서 기쁜 소식을 전하는 이의 저 발! 평화를 선포하고 기쁜 소식을 전하며 구원을 선포하는구나."(이사 52,7) 죄악이 넘치는 이 세상에 평화의 올리브 가지를 들고 나가는 사자使者의 특별한 은혜여! 하느님께로부터 받은 사명으로 복음을 전하며, 하느님의 영광을 드러내며, 인류에게 평화를 주며, 약한 자를 강하게 하고, 죄인을 회개시키며, 원수와 화해시키고, 번뇌하는 자를 위안하여 모든 사람으로 하여금 영원한 생명의 희망으로 살게 하는 거룩한 사명을 받은 이의 영광이여!

많은 신자들의 영혼이 사제의 강론에 영향을 받으며, 영적 생활에서도 마찬가지이다. 그리하여 그 강론으로 생명의 빵을 얻기도 하고, 아무것도 얻지 못하여 굶주리고 실망한 채 교회를 떠나게 될 수도 있는 것이다. 나는 모든 사제들에게 시메온이 주님을 두고 "보십시오, 이 아기는 이스라엘에서 많은 사람을 쓰러지게도 하고 일어나게도 하며"(루카 2,34)라고 했던 이 말을 이야기하고 싶다.

사제들은 하느님의 사자일 뿐 아니라 하느님의 은총을 나누어 주는 자이기도 하다. "그러므로 누구든지 우리를 그리스도의 시종으로, 하느님의 신비를 맡은 관리인으로 생각해야 합니다."(1코린 4,1) 설교만을 유일한 직무로 삼는 다른 교회의 교역자들은 하느님 은총의 분배자가 될 수 없다. 그러나 가톨릭 교회의 사제들은 참으로 하느님 은총의 분배자이다. 그는 은총의 심오한 진리를 맡아 진실로 하느님의 은총을 유효하게 통하도록 하여 주는 성사를 집행하기 때문이다.

요한 크리소스토모 성인은 다음과 같이 말했다. "'내가 진실로 너희에게 말한다. 너희가 무엇이든지 땅에서 매면 하늘에서도 매일 것이고, 너희가 무엇이든지 땅에서 풀면 하늘에서도 풀릴 것이다.'(마태 18,18)라고 하신 그리스도의 엄숙한 말씀은 천사나 대천사에게 하신 말씀이 아니라 오직 신약의 사제들에게 하신 말씀이다."

예수께서는 오직 그들에게만 사죄권을 맡기셨다. "너희가 누구의 죄든지 용서해 주면 그가 용서를 받을 것이고, 그대로 두면 그대로 남아 있을 것이다."(요한 20,23)라고 하셨으며, 오직 그들에게만 당신 성체와 성혈의 축성 특권과 분배 특권을 맡기셨다. 또 사제들에게 당신 은총으로 다시 태어나는 은혜를 베푸는 세례성사 집전권을 주셨고, 임종을 맞은 신자들에게 영원한 세상으로의 여행에 마지막 준비를 시켜 주는 엄숙한 사명을 맡기셨다. 즉, "여러분 가운데에 앓는 사람이 있습니까? 그런 사람은 교회의 원로들을 부르십시오. 원로들은 그를 위하여 기도하고, 주님의 이름으로 그에게 기름을 바르십시오."(야고 5,14)라고 명령하셨다.

하늘이 땅을, 영원이 시간을, 영혼이 육체를 초월하듯이, 하느님 사자의 특권은 한 나라의 우두머리의 특권을 초월한다. 국가 원수는 육체적 영역을 벗어날 수 없지만, 사제는 영혼 깊숙이까지 들어가 그 영혼을 죄의 속박에서 풀어 주며, 그를 하느님의 의로운 아들이 되게 할 수 있는 하늘나라의 열쇠를 지녔다.

이제 가톨릭 교회의 사제직을 요약하여 말하려 한다.

사제는 영계靈界의 왕과 같은 존재이다. 마음으로부터 승복하는 신자들 위에 사랑과 권위로 임한다.

사제는 목자이다. 양 떼를 성사聖事의 비옥한 목장으로 인도하며, 그 영혼을 해치려는 이리떼를 물리쳐 준다.

사제는 자비로운 아버지이다. 복음의 진리로 예수 그리스도 안에서 낳은 영적인 자녀들에게 생명의 양식을 나누어 준다.

사제는 재판관이다. 죄를 고백하는 회개자에게 죄 사함을 선언한다.

사제는 의사이다. 추악한 죄악의 질병으로 사경을 헤매는 영혼을 다시 살아나게 한다.

요한 사도는 교회를 한 도성에 비유하였다. "그리고 거룩한 도성 새 예루살렘이 신랑을 위하여 단장한 신부처럼 차리고 하늘로부터 하느님에게서 내려오는 것을 보았습니다."(묵시 21,2) 즉, 우리 구세주께서는 이 천상 도성을 세우신 분이며, 사도들은 그 기초이며, 신도들은 그 전당의 산 돌이다. 그리고 주님의 사제들은 이 돌들을 갈고 닦아 이 도성을 영원히 빛나게 하는 정의의, 태양의 아름다움과 영광을 드러나게 하는 석수장이들이다. 사제들은 신자들의 영혼을 성화하여 천상 예루살렘 도성 내부를 아름답게 하기에 온 힘을 쏟는다. "그분께서 어떤 이들은 사도로, 어떤 이들은 예언자로, 어떤 이들은 복음 선포자로, 어떤 이들은 목자나 교사로 세워 주셨습니다."(에페 4,11) 교회는 곧 그리스도의 몸이다. 보라! 신약 사제의 영광이 과연 어떠한가. 과연 하느님께서는 "어떤 민족에게도 이같이 아니 하셨으니 그들은 계명을 알지 못한다."(시편 147,20)

하느님께서 구약의 사제들에게 하신 "레위의 자손들아! 이 말을 들어라. 이스라엘의 하느님께서 모든 백성 중 너희를 택하셔서 성전의 직무를 수행하여 하느님께 봉사하고 백성 앞에 서서 성무를 집행하게 하기 위하여 너희를 당신께 합치시키신 것을 작은 일로 생각하느냐."라는 말씀은 사도의 후계자인 사제들에게 적용되는 힘 있는 말씀이다.

예수께서 아주 인자하게 베드로 사도에게 세 번씩이나 당신을 사랑하느냐고 물으셨을 때, 베드로 사도 역시 세 번씩이나 거듭 주님을 사랑한다고 하였다. 이때 예수께서 베드로 사도에게 사랑의 징표로 요구하신 것이 무엇이었던가. 당신을 사랑한다면 대재를 지키고 매질로 고행을 하며, 예언을 하고 기적을 행하며, 당신을 위하여 목숨을 바치라고 하셨던가. 아니다. 다만 당신의 어린양을 잘 돌보라고만 하셨다. 주께 바칠 베드로 사도의 충성과 제자에게 내리실 주님의 사랑의 유대가 바로 이것이다.

예수께서는 성직을 수행함에 따라 제자들이 받게 될 상에 대해서 분명히 말씀하셨다. "그때에 베드로 사도가 그 말씀을 받아 예수님께 물었다. '보시다시피 저희는 모든 것을 버리고 스승님을 따랐습니다. 그러니 저희는 무엇을 받겠습니까?' 예수님께서 말씀하셨다. '내가 진실로 너희에게 말한다. 사람의 아들이 영광스러운 자기 옥좌에 앉게 되는 새 세상이 오면, 나를 따른 너희도 열두 옥좌에 앉아 이스라엘의 열두 지파를 심판할 것이다. 그리고 내 이름 때문에 집이나 형제나 자매, 아버지나 어머니, 자녀나 토지를 버린 사람은 모두 백 배로 받을 것이고 영원한 생명도 받을 것이다.'"(마태 19,27-29)

 이러한 영적 권력을 하느님께서 사람에게 맡기실 수는 없다는 그릇된 판단으로 사제의 권위를 부인하는 사람이 적지 않다. 무신론자나 주리주의자들이 모든 계시를 배척하고 사제의 초자연적 권위를 부인하는 것은 별로 이상할 것도 없다고 할 수 있겠지만, 성경의 증거를 믿는다는 소위 그리스도인으로서 이것을 부인한다는 것은 말이 안 된다. 하느님께서 당신의 권력을 행사하려 하실 때 사람을 그 대행자로 쓰신 실례가 성경에는 얼마든지 있지 않은가. 모세를 시켜 이집트의 강과 바다를 피로 변하게 하셨고, 바위에서 물이 솟아나게 하시지 않았던가. 예언자들을 시켜 장차 일어날 일을 미리 말하게 하시고, 여호수아를 시켜 하늘의 태양을 멈추게 하시지 않았던가. 엘리사 예언자로 하여금 죽은 사람을 다시 살아나게 하시지 않는가. 왜 우리는 이처럼 기상천외한 이상한 능력을 믿는가. 이것은 오직 절대로 틀림이 없는 하느님의 말씀인 성경의 기록이기 때문이다. 보라! 같은 하느님의 그 말씀으로 안수례로 성령을 불어넣어 주고, 사람의 죄를 사하여 주고, 그리스도의 몸과 피를 축성하는 권한을 사도들에게 맡기신다고 선언하지 않으셨는가. 신약 성경은 구약 성경만큼 신빙할 만한 가치가 없단 말인가.

예수 그리스도께서는 세상 끝날까지 당신 교회의 성직자들과 항상 함께 계시겠다고 엄숙히 약속하셨다. 즉, 세계가 존속되는 동안 항상 함께 계셔서 당신의 첫 제자들의 사랑의 기적을 그 후계자들도 또한 행하도록 격려하신다. 진실 자체이신 하느님께서 약속을 어기실 리는 만무하다. 하느님께서 예언자나 사도 시대처럼 오늘날에는 전능하시거나 인자하시지 못하다거나, 오늘날 우리에게는 초대 교회 신자들에게처럼 성령의 은사恩賜가 필요하지 않다고 하실 리가 있겠는가. 옛날에는 미약한 인간을 당신의 사자로 부리시던 하느님이 오늘날에는 그러시지 못하실 리가 없다.

사제는 신권神權을 가졌다 해서 우월감을 품을 수는 없다. 사제가 우월감을 갖는다는 것은 천부당만부당한 말이다. 우월감을 품기는커녕, 자기 자신과 자기가 맡은 권능의 두려움을 생각할 때, 오직 전전긍긍 몸 둘 바를 몰라 할 뿐이다. 사제들은 오직 다음 말씀을 명심해야 한다. "일흔두 제자가 기뻐하며 돌아와 말하였다. '주님, 주님의 이름 때문에 마귀들까지 저희에게 복종합니다.' 그러자 예수님께서 그들에게 이르셨다. '나는 사탄이 번개처럼 하늘에서 떨어지는 것을 보았다. 보라, 내가 너희에게 뱀과 전갈을 밟고 원수의 모든 힘을 억누르는 권한을 주었다. 이제 아무것도 너희를 해치지 못할 것이다. 그러나 영들이 너희에게 복종하는 것을 기뻐하지 말고, 너희 이름이 하늘에 기록된 것을 기뻐하여라.'"(루카 10,17-20)

사제들은 "미천한 이들은 자비로 용서를 받지만 권력자들은 엄하게 재판을 받을 것이다."(지혜 6,6)라는 말씀과, "사실 심판이 하느님의 집에서부터 시작될 때가 되었다."(1베드 4,17 참조)라는 가장 두려운 말씀을 자나 깨나 잊지 말아야 한다. 아울러 바오로 사도의 "여러분이 가지고 있는 것은 다 받은 것이 아닙니까? 그렇게 다 받은 것인데 왜 받은 것이 아니고 자기의 것인 양 자랑합니까?"(1코린 4,7)라는 말씀도 뼈에 새겨야 한다.

하느님께 받은 사제의 권위는 자기를 높이기 위한 것이 아니라, 오직 신자들의 영혼을 은총으로 기르기 위한 것이다. 비록 구원의 길을 가르쳐 주는 사람의 위치에 있다 하더라도, 십자가를 지고 자기 자신을 이기지 않으면 마침내 엄한 벌을 면하지 못할 것이다. 마치 예루살렘의 사제들이 동방 박사들에게 베들레헴으로 경배하러 가는 길을 가르쳐 주고도 자기들은 그 길을 걸어가 경배하지 않았듯이. 또 "나는 심고 아폴로는 물을 주었습니다. 그러나 자라게 하신 분은 하느님이십니다. 그러니 심는 이나 물을 주는 이는 아무것도 아닙니다. 오로지 자라게 하시는 하느님만이 중요합니다."(1코린 3,6-7)라는 바오로 사도의 말처럼, 사제는 하느님의 손과 발로서 전례를 집전할 뿐이다. 실제적으로 은총을 베푸는 분은 오직 하느님 뿐이시다.

사제의 높은 품위에는 으레 무거운 짐이 따르는 법이다. 첫째로 사제는 학식이 깊고 신앙이 견고해야 한다. "사제의 입술은 지식을 간직하고 사람들이 그의 입에서 법을 찾으니 그가 만군의 주님의 사자이기 때문이다."(말라 2,7) 구약 시대에도 성경 연구에 게으른 사제들은 하느님께서 엄하게 꾸짖으셨다. "네가 예지를 배척하니 나도 너를 배척하여 사제직을 수행하지 못하게 하리라. 네가 네 하느님의 가르침을 잊었으니 나도 너의 자녀들을 잊으리라."(호세 4,6)

예수께서는 사도들에게 말씀하시기를 "너희에게는 하늘나라의 신비를 아는 것이 허락되었지만, 저 사람들에게는 허락되지 않았다."(마태 13,11)라고 하셨다. 그러므로 사도들의 계승자인 신약 시대의 사제들도 사도들이 받았던 하늘나라의 신비를 알 수 있는 특권을 받은 사람들이다. 그렇다고 하늘나라에 관한 지식이 사제들에게 직접 계시되는 것은 아니다. 즉, 그리스도께서 사도들에게 하신 바로 그 방법 그대로 사제들에게 하시는 것은 아니다. 오로지 오랜 세월을 성실하게 연구하고 노력해야 한다. 그래야만 비로소 하느님의 율법을 체득하게 되고 또 그것을 신자들에게 전할 만하게 된다.

사제는 이를테면 병든 영혼을 치료하는 의사이다. 병자에게 적절한 치료를 해 주기 위해서는 증상을 정확히 알아야 한다. 의사의 잘못으로 환자의 목숨을 잃게 하였다면 여기에 대한 책임 추궁이 따르고 벌을 받는다. 이처럼 영적 의사인 사제가 진리에 대한 지식이 부족하여 잘못 진단하고 잘못 치료하였다면 하느님의 준엄한 벌을 면하지 못할 것이다.

재판관인 사제는 언제 매고 풀고를 선언할지, 또는 보류해야 할 것인지를 잘 알아야 한다. 법원의 판사가 피고의 생사가 달린 중대한 판결을 해야 하는데, 관계 사건의 내용을 신중히 검토하지 않고 함부로 선언하여 버린다면 당장 공안 질서가 문란해지는 불상사가 일어날 것이다. 이와 마찬가지로 사제가 구원 문제에서 그릇된 판결을 내렸다면 교회에 이처럼 큰 재앙은 없을 것이다.

법정에 선 변호사는 사건을 양심적으로 조사하고 연구한 뒤 온 힘을 다하여 재판관 앞에서 청탁인을 위하여 변호한다. 사제는 모세처럼 하느님 앞에 나아가 백성을 위하여 기도하기도 하며, 백성 앞에서는 하느님의 도리와 경륜을 가르치기도 한다. 그는 매일 제단에 올라가 "주님, 자비를 베푸소서. 당신 백성을 불쌍히 여기소서. 당신의 후사後嗣를 부끄럽게 마소서."라고 부르짖는다. 또 주일마다 강론대에서 하느님의 권능을 논증한다.

변호사는 아무리 작은 사건이라도 그 사건에 대하여 철저히 연구해야 한다. 하물며 운명을 결정짓는 구원이라는 큰일을 앞에 두고서야 얼마나 신중하고 철저하게 그 내용을 검토하여야 할 것인지는 두말할 필요가 없다. 더욱이 영혼을 삼키려는 악마의 대군과 늘 대치하고 있는 사제에게 어찌 일분일초인들 방심이 허용될 수 있겠는가. 양심이 명령하는 것을 지키지 않는 대중을 상대로, 모든 그릇된 욕심과 방종의 큰 길을 버리고, 오직 자제와 금욕의 좁은 길을 걷도록 권장하며 이에 매진하도록 자각시키기는 얼마나 어려운 일인가. 이야말로 어려운 일 중에서도 어려운 일이다. 사제에게는 참으로 비범한 지혜와 심오한 학문이 필요하다.

사제의 일은 이러한 것들을 수호하는 데에만 있지 않고 사설邪說을 타파할 책임도 크다. 각종 사설이 극도로 교묘한 방법으로 유포되고 있는 오늘날에는 명철하게 역사를 이해하는 안목과 성경에 대한 정통한 지식을 갖춰야 한다. 그러므로 가톨릭 교회에서는 성직자의 교육에 깊이 유의한다. 고등학교 졸업자로서 최소한 6년 이상 어학, 역사, 철학, 신학, 교회법, 성경 등을 공부한 뒤에야 비로소 사제직을 받을 수 있다고 규정되어 있다.

사제는 학문에 조예가 깊어야 할 뿐만 아니라, 덕행이 탁월하여야 한다. 사제에게는 강론으로 가르치는 것보다 몸소 덕행으로 모범을 보이는 것이 더 큰 직무이다. 하느님께서는 구약의 사제들에게 하느님의 그릇을 받드는 사람들은 거룩하여지라고 하셨다. 하물며 거룩한 그릇을 만지기만 할 뿐 아니라 주님의 피를 마시기까지 하는 신약의 사제에게는 성덕이 얼마나 더 엄숙히 요구되겠는가.

요한 크리소스토모 성인은 "주님의 성체를 다루는 그 손과 영적인 불로 가득 찬 그 입과 하느님의 두려운 피로 붉어진 그 혀는 태양의 광선보다도 더 정결해야 한다."라고 하였다. 성체와 성혈을 축성하고 받아 모시는 사제의 몸과 마음의 순결을 강조한 말이다. 경건한 생활을 하려면 기도하는 사람이 되어야 한다고 교회는 늘 우리에게 권면한다.

사제는 야곱의 사다리를 오르내리는 천사와 같아야 한다. 사제는 기도로 하늘나라로 올라가고, 강론으로 우리에게 내려온다. 즉, 하느님께 빛을 받으러 하늘로 올라가고 그 빛을 신자들에게 전하기 위하여 내려온다. 그들은 은총의 원천으로 올라가 우리를 다시 살리는 생명수를 마음껏 길어다가 신자들에게 나누어 줌으로써 신자들을 다시 살린다. 사제들은 하늘에 올라가 하느님의 사랑의 화로에서 불을 붙여 가지고 내려와 신자들의 영혼에 그 불을 붙여 준다.

가톨릭 교회에서는 성직자의 기도 생활을 특히 강조한다. 성직자 개인이 사사로이 바치는 기도 외에도, 매일 한 시간 이상 성무일도(시간 전례)를 바칠 의무가 있다. 이것은 사제가 지켜야 할 의무 중 하나로, 교회의 준엄한 명령이다. 성무일도는 시편과 성경에서 발췌한 구절, 그리고 초대 교부들의 설교와 성인 성녀들의 일대기와 기도문으로 구성되어 있다.

제31장

성직자의 독신 생활

구원의 진리를 설교하는 사람이자 덕행의 모범자인 성직자는 그 직무를 완전히 수행하기 위해서 일생을 독신으로 보내야 한다. 가톨릭 교회에서는 교회법으로 성직자에게 일생을 독신으로 지내기를 엄명한다. 그리스도의 대리자인 성직자는 복음 전파와 신자들을 가르칠 직무를 완수하려면 반드시 동정의 정결을 지켜, 그의 영혼은 물론 육신을 하느님께서 기쁘게 받아 주실 거룩한 산 제물로 바쳐야 한다(로마 12,1 참조).

성경적 논거

예수께서 몸소 동정의 모범을 보이신 것은 두말할 것도 없고, 하늘나라를 위하여 동정을 지키는 것을 칭찬하셨다. "모든 사람이 이 말을 받아들일 수 있는 것은 아니다. 허락된 이들만 받아들일 수 있다. 사실 모태에서부터 고자로 태어난 이들도 있고, 사람들 손에 고자가 된 이들도 있으며, 하늘나라 때문에 스스로 고자가 된 이들도 있다. 받아들일 수 있는 사람은 받아들여라."(마태 19,11-12) 즉, 하늘나라를 위하여 스스로 동정 생활을 하는 사람도 있으니 할 만한 사람은 실행하는 것이 좋다는 말씀이다. 물론 이 말씀은 누구나 다 의무적으로 하라는 것이 아니라 자발적으로 숭고한 목적을 위하여 금욕 생활을 지망하는 소수의 사람들에게 한 권고이다.

바오로 사도 역시 일생 동안 동정을 지켰고, 또 그것을 지망하는 사람들에게 다음과 같이 권고하였다. "나는 여러분이 걱정 없이 살기를 바랍니다. 혼인하지 않은 남자는 어떻게 하면 주님을 기쁘게 해 드릴 수 있을까 하고 주님의 일을 걱정합니다. 그러나 혼인한 남자는 어떻게 하면 아내를 기쁘게 할 수 있을까 하고 세상일을 걱정합니다."(1코린 7,32-33)

예수께서는 동정 생활을 귀하게 여기셨다. 자신이 몸소 일생을 동정으로 지내셨을 뿐만 아니라 동정녀 마리아를 어머니로 택하시고, 동정이었던 요한 세례자를 자신의 선구자로 택하셨다. 또한 요한 사도를 특별하게 생각하셨는데, 아우구스티노 성인은 요한 사도가 제자로 뽑혔을 당시 동정이었고 그 후에도 평생토록 동정으로 지냈기 때문이라고 말한다.

"그들은 어좌와 네 생물과 원로들 앞에서 새 노래를 부르고 있었습니다. 그 노래는 땅으로부터 속량된 십사만 사천 명 말고는 아무도 배울 수 없었습니다. 그들은 동정을 지킨 사람들로서 여자와 더

불어 몸을 더럽힌 일이 없습니다. 또한 그들은 어린양이 가는 곳이면 어디든지 따라가는 이들입니다. 그들은 하느님과 어린양을 위한 맏물로 사람들 가운데에서 속량되었습니다."(묵시 14,3-4)

사도들도 베드로 사도 외에는 결혼하였다는 증거가 없으며, 베드로 사도도 주님의 부르심을 받고는 아내와 별거하였다. 그가 주께 대한 충성을 말할 때 "보시다시피 저희는 모든 것을 버리고 스승님을 따랐습니다."(마태 19,27)라고 한 것만 보아도 알 수 있다. 만일 아내를 떠나지 않았다면 어떻게 '모든 것'을 다 버렸다고 할 수 있었겠는가.

예수께서 독신 생활을 강요하신 것은 아니지만, 말씀과 행동으로 이를 적극 권장하셨으므로 교회에서는 이를 점차 성문화成文化하기에 이르렀다. 초대 교회 때는 결혼한 사람도 성직을 맡아 볼 수 있었으나, 한번 사제직에 서품된 후에는 별거하였다. 이 사실은 안티오키아의 이냐시오 성인, 유스티노 성인, 타치아노, 테르툴리아누스와 오리게네스, 에우세비오와 치릴로 성인 등의 서간 및 저서에 명확히 기록되어 있다.

예로니모 성인은 "주교나 신부나 부제는 미혼자나 홀아비 가운데서, 적어도 사제직에 서품된 뒤부터는 앞으로 계속해서 동정을 지킬 수 있는 사람 가운데서 선택되었다."[113]라고 하였다. 또 요비

---

113 Ep. ad Pammach.

니안에게 보낸 편지에는 다음과 같은 말이 있다. "주교 재직 중에 자식을 낳게 되면 계속 주교로 있을 수 없다는 것을 잘 알고 있을 줄 압니다. 만일 그가 이로써 유죄 판결을 받게 되면 그는 남편으로서 존경을 받지 못할 뿐만 아니라 간음자로서 단죄를 받을 것입니다."[114] 그는 또 덧붙여 말하기를 "여러 동방 교회와 이집트와 로마 성좌 아래 있는 여러 교회에서는 반드시 미혼인 사람 가운데서 성직자를 등용합니다. 기혼자일 경우에는 그날부터 결혼 생활을 중지해야 합니다."[115]라고 말했다.

에피파니오 성인도 결혼 생활을 하는 사람은 교회의 차부제, 부제, 사제, 주교직에 임명되지 못한다고 하였다.

초대 교회에서도 초창기에는 미혼인 사람 중에 소명이 드물었으므로 기혼자를 성직에 임명한 일도 있으나, 그들이 서품된 후에는 별거하라는 명령을 받은 사실을 여러 교회법 조문에 의거하여 알 수 있다.

동방 교회의 일부 성직자들에게 이 규정이 어느 정도 완화된 것은 사실이다. 즉, 서품 전에 아내가 있는 사람은 그대로 동거하라고 허락한 것이다. 그러나 서품 후에는 결혼이 허락되지 않는다. 물론 동방 교회에서도 동정인 성직자가 아내가 있는 성직자보다 더 큰 존경을 받고 있음은 물론이다.

---

114 Adv. Jovin., lib. I
115 Adv. Vigilantium

교회 역사상 문란한 사회 풍조의 여세가 성직계를 침범한 사실도 있었다. 즉 의지가 약한 몇몇 성직자가 감히 계율을 어긴 생활을 한 때도 있었고, 루터처럼 교회에서 이탈하여 결혼한 사람도 있었다. 극소수의 일시적 타락 현상으로 교회시 2천 년 동안 정결을 지켜 온 사실을 어떻게 부인할 수 있겠는가.

교회에서 성직자의 독신 생활 제도를 세운 이유는 다음과 같다. 성직자는 곧 예수 그리스도의 대리자이다. 주 예수의 거룩한 사업을 계승하여 복음 전파와 성사 집행, 성체와 성혈 축성, 미사 집전, 신자들에게 성체를 분배해 주는 것 등이 성직자의 직무이다. 지극히 정결하신 하느님이시니 정결한 시종의 받듦을 받으시려 하시지 않겠는가. 유다의 사제들은 짐승을 제물로 바치면서도 재계 근신하여 아내를 멀리하였는데, 하물며 지극히 거룩하신 어린양을 매일 제헌하는 신약의 사제는 일생을 정결히 지내는 것이 지극히 당연한 일이 아니겠는가.

다윗 임금과 그 부하들은 사흘 동안 여자를 멀리하지 않고는 거룩한 빵을 받지 못하였다(1사무 21,45 참조). 성체성사의 표상에 불과한 거룩한 빵을 받기 위해서도 그만한 근신과 정성이 필요하다면, 실제로 산 하느님의 성체를 매일 받아 모시는 신약의 사제들의 영혼과 육신은 과연 얼마나 더 순결하여야 하겠는가.

이스라엘 백성이 시나이산에서 하느님의 십계를 받기 전에 모두들 사흘 동안이나 몸과 마음을 깨끗이 하고 여자를 멀리하였다면

(탈출기 19장 참조), 일생 동안 하느님의 십계를 강론하고 주님의 복음을 가르치는 성직에 있는 신부는 평생 여자를 멀리하여야 할 것이다. 유명한 프로테스탄트 목사 톤다이크Thorndyke도 그의 저서에서 성직자들의 독신 생활에 대하여 바오로 사도의 가르침과 여러 교부들의 말을 인용하는 동시에, 바오로 사도는 비록 부부 사이일지라도 기도를 위하여 한동안 동침하지 말도록 권하였으니(1코린 7,5 참조), 지극히 거룩한 미사를 날마다 거행하는 사제들은 일생을 동정으로 지냄으로써 정결한 생활을 하는 것이 마땅하다고 결론지었다.[116]

또한 예수께서는 당신 제자가 되려면 먼저 자기를 버리고 십자가를 지고 따라오라고 하셨다(마르 8,34 참조). 즉 극기 고행을 하여야 한다는 말씀이다. 바오로 사도도 "나는 내 몸을 단련하여 복종시킵니다."(1코린 9,27)라고 말함으로써 자신의 욕정을 극복하는 것에 대하여 말하였다. 극기 고행의 길을 걸어가다 보면 자신의 지조가 고결하여지고 의지가 강해지며 이웃과 하느님에 대한 사랑의 열정이 솟아나는 법이다. 주님을 따르려는 신자들에게도 자기희생을 요구하셨는데, 주님의 대리자로서의 권위를 띠고 사람을 구원의 길로 인도하는 성직자에게는 얼마나 더 높은 정도의 희생이 요구되겠는가.

---

116 《Just Weights and Measures》, 239

십자가의 길을 부르짖는 성직자로서, 부부간의 향락과 단란한 가정생활의 감미로움을 즐겨 가면서 어떻게 모든 것을 버리고 주님을 따랐다고 말할 수 있겠는가. 또 어떻게 자기 몸을 사정없이 단련하였다고 말할 수 있겠는가. 어떻게 "말에서나 행실에서나 사랑에서나 믿음에서나 순결에서나, 믿는 이들의 본보기가 되십시오."(1티모 4,12)라고 한 바오로 사도의 가르침을 실현하여 신도들의 신임과 존경을 받을 수 있겠는가.

　교회를 위한 일의 업적으로도 그렇다. 가정이 있는 교역자는 가족 부양이라는 무거운 짐에 눌려 교회를 위해서 온 힘을 쏟을 수가 없다. 그러나 이런 번거로움이 없는 가톨릭 교회의 독신 성직자들은 모든 시간과 온 힘을 오직 하느님과 교회를 위해서 바칠 수 있다. 토마스 성인은 "결혼 생활은 하느님을 온 마음으로 섬기는 데 장애가 된다. 그 이유는 부부 생활에서 오는 쾌락과 처자식에 대한 걱정과 집안 관리에 대한 염려 때문이다."라고 하였다. 그러므로 성직자뿐 아니라 가톨릭의 남녀 수도자들도 하느님을 전심전력으로 섬기기 위하여 죽을 때까지 독신으로 지낸다.

　또 경제적인 측면에서 생각해 보자. 가정이 있는 교역자의 생활비는 독신자보다 많이 드는 것은 물론이고, 그 밖의 자녀 교육비 등 모든 생활비를 합해 보면 독신자의 생활비보다 몇 배나 된다. 그러므로 결혼한 어떤 교역자들은 장사 등으로 생활비를 보태기도 한다. 죽을 때까지 독신으로 지내는 가톨릭 성직자는 돈에 대한 번뇌가 있을 리가 없다. 오직 청빈한 생활로 일생을 보낸다. 한 사람의 교역자의 경우도 이러한데 교회 전체를 비교 통산한다면 실로 엄청난 차이가 있을 것이다. 또 교역자들의 생활비는 결국 신도들이 부담하는 것임은 더 말할 필요가 없다.

이제 독자들은 하느님과 교회를 위하여 모든 인간적인 향락을 다 버리고 청빈으로 온 생애를 희생하기로 맹세하고 오로지 성무에 정진하는 독신 사제의 생활상과, 결혼 생활의 즐거움을 마음껏 즐기며 언제나 퇴직할 수 있는 자유를 유보하고 있는 직업의식이 짙은 프로테스탄트 목사의 생활상을 눈앞에 그려 보라. 그리고 그리스도를 사랑하기 위한 자기희생과 성화의 정도와, 인류에 대한 봉사 실적 등을 냉정히 대조하여 비판하여 보라. 과연 어느 것이 자기를 버리고 십자가를 지고 주 예수를 따르는 바른 길의 실천인가. 목사들은 베드로 사도처럼 모든 것을 버리고 주님을 따랐다고 할 수 있는 용기와 열성을 가지려고 하는 것보다는 자기들의 결혼 생활을 변호하기에 급급할 뿐이다. 감히 묻겠다. 만일 프로테스탄트 교회 당국에서 모든 교역자에게 가톨릭 교회의 성직자들처럼 독신 생활을 요구한다면 자진하여 여기에 흔쾌히 응할 목사가 과연 몇이나 되겠는가. 아마 대부분은 교직을 버릴망정 그토록 애착하는 결혼 생활을 떠나려 하시는 않을 것이다. 또 일생을 미혼으로 지낼 사람 외에는 신학교에 입학할 수 없다고 한다면 그들의 신학교는 대부분 폐교 상태에 이를 것이다. 가톨릭 교회에서는 성직자뿐 아니라 100

만에 이르는 남녀 수도자들(미국에만 16만 6천 8백 명) 역시 그리스도의 복음을 전하는 일에 온 힘을 기울이고 있다. 그들은 자기 성화만을 위하지 않고 다른 이들을 위한 무료 병원, 요양원, 양로원, 고아원, 소년원 등엔 물론, 각종 교육, 문화, 전도, 구제 사업에 엄격한 수도 규칙을 지켜 가며 일생 독신 생활로 봉사한다.

우리는 아직까지도 프로테스탄트 계열에서 이런 복음 사업을 위한 단 하나의 수도원이 있다는 말을 듣지 못하였다(성공회에 극소수의 수도원이 있을 따름이다).

이는 말하자면 그리스도의 정통 교리를 멀리 떠나 가장 중요한 일곱 성사의 대부분(특히 고해성사와 성체성사)을 폐기한 만큼, 은혜의 원천이 고갈되어 동정 생활로 주님을 위하여 봉사할 원동력이 나올 수 없기 때문이다. 우리는 여기서 "너희는 그들이 맺은 열매를 보고 그들을 알아볼 수 있다."(마태 7,20) 하신 주님의 말씀을 새삼스럽게 상기하게 된다.

독신 성직자의 위대한 공훈

가톨릭 교회가 가는 곳마다 맹렬한 반대와 박해를 당하면서도, 이 모든 장애를 극복하고 기적적인 성과를 거둔 비결은 과연 어디에 있을까. 이 문제야말로 흥미를 끄는 문제이다. 여기에 대해서 어떤 사람들은 교회 조직이 완벽하기 때문이라고 하고, 어떤 사람들은 교회 당국자의 달관적인 예지叡智 때문이라고도 한다. 물론 그럴 수도 있겠지만, 가톨릭 교회가 이 정도의 강대 세력을 얻게 된 것은 성직자의 독신 생활 덕분이라고 할 수 있을 것이다. 즉, 독신 생활로 시종 일관하는 가톨릭 성직자는 바오로 사도의 말과 같이, 다른 사물에 마음이 분산되지 않고 전 생애를 오로지 하느님을 섬기는 일과 신자들을 위하여 아무 거리낌 없이 바친다. 그리하여 헌신적으로 착한 목자의 직분을 다하기를 주저하지 않기 때문이다.

멀리 사도 시대로부터 영웅적인 기개로 온갖 어려움과 싸우며 전 세계에 주님의 복음을 선포한 대표적인 선교사는 모두 독신 성직자이다. 동방 교회의 위대한 교부인 요한 크리소스토모 성인, 아우구스티노 성인, 암브로시오 성인, 프랑스의 영계靈界를 개척한 레미지오 성인, 독일의 사도 보니파시오 성인, 아일랜드의 성조聖祖 파트리치오 성인이 모두 독신 성직자들이었다.

동방의 사도 프란치스코 하비에르 성인이 만일 처자를 거느린 몸이었다면, 수만 리 망망대해에 일엽편주를 저어 가는 고통과 외로움을 겪어 가며 철석같은 신앙과 불길 같은 그리스도 사랑으로 인도, 중국, 일본의 수십만 영혼들을 생명의 길로 인도하지는 못하였을 것이다.[117] 가톨릭 성직자들이 가는 곳마다 온갖 어려움을 이

---

117 조선에 처음 들어온 중국의 주문모 신부와 그 뒤 들어온 프랑스 신부들도 결혼한 몸이었다면 목숨을 걸고 한국에 입국하지 못하였을 것이다. 혹 들어왔다 해도 사경을 헤매는 고난을 겪어 가며 전교하지는 못하였을 것이다. 전쟁 때 중국에 출전하였던 여러 일본 장교들의 말에 의하면, 일본군이 진격했던 지역의 여러 교회당의 프로테스탄트 목사들은 다 피난하였지만 오직 가톨릭 신부들만은 의연히 성당을 사수하며 신자들과 생사를 같이할 각오로 끝까지 버티었다고 한다. — 역자 주

기고 오직 복음 선포에 몸 바칠 수 있는 것은 그들이 독신이기 때문이다. 또 그들이 신자들의 지극한 존경과 사랑과 신임을 받게 되는 것도 그들의 정결한 덕이 그 주요 원인의 하나이다.

반대설에 대한 반박

어떤 사람들은 코린토 신자들에게 보낸 첫째 서간 9장 5절을 들어 성직자의 독신 생활을 무모하게도 반대하려 든다. 프로테스탄트 측에서 사용하고 있는 성경에는 '아내'라는 말이 있는데, 이것은 원문의 '자매인 여인'이라는 단어를 그들이 일부러 아내라는 말로 잘못 옮겨 놓은 것이다. 바오로 사도는 아내가 없는 독신자이다. 그러므로 그들의 해석은 결혼을 허용하는 그들의 의도적인 곡해일 뿐 아니라 모순까지 범한 것이다. 없는 아내를 어떻게 데리고 다니겠는가. 여기에서 말하는 여인이란, 사도들이 전교하는 데 협력하기 위하여 자발적으로 따라다니는 신앙이 열렬한 부인들을 가리키는 말이다.

어떤 사람은 바오로 사도의 "감독(주교)은 나무랄 데가 없어야 하고 한 아내의 충실한 남편이어야 하며"(1티모 3,2)라는 말씀을 들어, 주교는 반드시 결혼한 사람이어야 한다고 주장하기도 한다. 그러나 바오로 사도 자신이 일생을 독신으로 지낸 사실만 보아도 그 말이 그런 의미가 아니라는 것을 알 수 있다. 그 뜻은 재혼한 사람은 주교에 서임될 수 없다는 말이다. 초대 교회 때는 성직자의 수가 부족하여 독신자 중에서 뿐 아니라 결혼한 사람 가운데서도 주교를 선택하기도 하였다. 그러나 재혼한 사람에게는 그런 자격을 주지 않았다.

또 어떤 사람들은 성직자의 독신 생활을 반대하는 근거로 바오로 사도의 다음과 같은 말씀을 들기도 한다. "성령께서 분명히 말씀하십니다. 마지막 때에 어떤 이들은 사람을 속이는 영들과 마귀들의 가르침에 정신이 팔려 믿음을 저버릴 것입니다. 양심이 마비된 거짓말쟁이들의 위선 때문입니다. 그들은 혼인을 금지하고, 또 믿어서 진리를 알게 된 이들이 감사히 받아 먹도록 하느님께서 창조하신 어떤 음식들을 끊으라고 요구합니다."(1티모 4,1-3) 그러나 이 말씀은 혼인을 죄악시하는 에비온파, 그노시스파, 마니교파들의 이설異說에 대한 말이다. 가톨릭 교회에서는 혼인을 정당하다고 볼 뿐 아니라, 하나의 성사聖事의 지위에 올려놓고, 결혼 생활을 하면서도 성덕聖德의 최고봉에까지 도달할 수 있음을 가르친다.

어떤 사람들은 성욕이란 인간의 본능 중 가장 강하므로 이를 억제하기란 불가능하다는 이유로 독신 생활을 반대하기도 한다. 그러나 이것은 신앙이 무엇인지, 그리스도교의 성덕이 무엇인지 모르는 사람의 말이다. 따라서 소위 그리스도인으로서 이런 말을 했다면 이것은 자기 본위의 말일 뿐이다. 그리스도와 사도들은 이 독신 생활을 실천하였고 또 권장했다. 또한 그들의 후계자인 수백만 가톨릭 성직자와 수도자들은 2천 년 동안 이 생활을 끊임없이 실천하였다. 만약 이것이 불가능한 일이라면 그리스도께서 권장하셨을 리 없을 것이며, 사도 시대 이후로 무수히 많은 성직자와 수도자들을 낳을 수 없었을 것이다. 물론 이것은 사람의 힘만으로는 할 수 없는 일이다. 극기 고행과 끊임없는 기도와 성사로 하느님의 초자연적 은총의 도움이 있어야 한다. 가톨릭 교회의 신앙, 성사, 은총 등 심오한 진리에 대한 이해가 없는 사람은 필자의 이 말을 알아듣지 못할 것이다.

어떤 사람은 교회에서 독신 생활을 강요하는 것으로 오인하고 가톨릭 교회를 비난하기도 한다. 그러나 교회에서는 결코 이것을 강요하지는 않는다. 각자 자유의사에 맡길 뿐이다. 다만 사제직에 오르고자 하는 사람에게는 이를 필수 또는 선결 조건으로 요구한다. 독신 생활을 감당하지 못할 사람은 신학교에 입학하지 않으면 된다. 신학교에서는 신앙과 성품에 대한 소속 본당 주임 신부의 추천을 받은 사람에게만 입학을 허락하는 법이다. 신학생에 대해서는 엄정한 선발을 거친 뒤에도 양보다 질에 치중한다. 성직에 부적격한 사람이라고 인정될 때에는 언제든지 퇴학시킨다. 이것은 오직 신학교 당국자의 재량에 달렸다. 신학생 역시 언제든지 자유의사로 중도 퇴학을 결정할 수 있다. 입학 후에는 중등 과정 이상의 예비 교육과 철학, 신학을 비롯하여 성직을 수행하는 데 필요한 모든 학문을 깊이 있게 연구하며, 엄격하고 신성한 제도 아래서 성덕을 수련한다. 그런 후에도 성직 생활의 엄숙성에 대한 이해가 깊어져

야만 비로소 자진해서 동정 서원을 할 수 있는 결정 단계에 이를 수 있게 된다. 결코 동정을 강요하는 것이 아니다. 이 문제가 강압으로 이루어질 일이겠는가.

어떤 사람은 성직자와 독신 생활은 자손을 낳아 번성시키라고 하신(창세 1,23 참조) 하느님의 명령을 어기는 것이라고 주장하기도 한다. 그러나 이것은 인류의 조상 아담에게 하신 명령이지, 그 후의 억 만 인에게 일일이 명령하신 것은 아니다. 만일 그렇다면 주 예수께서 사제의 동정 생활에 대해서 말씀하셨을 리가 없고, 따라서 바오로 사도도 오류를 범한 사람이 될 것이다. 세상에는 가톨릭 성직자 외에도 독신으로 일생을 지내는 사람이 많은데, 그렇다고 누가 이들을 하느님의 계명을 어긴 죄인이라고 말할 수 있겠는가.

국가적 견지에서 볼 때, 독신 제도가 인구 증가에 장애가 되지 않을까 하고 걱정하는 사람도 있으나 이것은 기우에 불과하다. 이것은 마치 몇 개의 음악 학교나 미술 학교를 세우는 것을 보고 이 때문에 농업과 공업이 부진한 상태를 초래하는 것은 아닐까 하고 헛된 걱정을 하는 것과 마찬가지다. 신부의 수는 인구 비례로 볼 때, 그야말로 극소수에 불과하다. 또 인간으로서 누릴 수 있는 모든 향락을 희생하는 사제 성직을 지망하는 사람이 그렇게 많을 리도 없으며, 교회에서는 필요 이상의 성직자를 양성하여 지나친 짐을 질 리도 없는 것이다. 오히려 국가의 융성에 이바지하는 신부들의 숨은 공적을 눈이 있는 사람은 볼 수 있을 것이다. 신부는 하느님의 진리로 국민을 가르쳐 국법의 권위에 복종할 줄 알게 하고, 신부 자신은 성직 수행을 위하여 독신 생활을 일관하지만 일반 신자들에게는 결혼 생활의 신성성을 가르치며, 부부의 올바른 길을 가르치는 동시에 이혼, 산아 제한, 낙태 등 큰 죄악을 엄금한다. 그러므로 가톨릭 교회의 교화를 깊이 입은 지역일수록 모범 국민이 많으며 인구 증가율이 높은 것은 엄연한 사실이다.

제32장

혼인성사

혼인은 남편과 아내가 서로 간에 체결한 자연 계약일 뿐 아니라, 그리스도 신자들의 경우에는 예수 그리스도께서 직접 제정하신 성사의 품위에 오른 전례이다.

"남편 여러분, 그리스도께서 교회를 사랑하시고 교회를 위하여 당신 자신을 바치신 것처럼, 아내를 사랑하십시오. 그리스도께서 그렇게 하신 것은 교회를 말씀과 더불어 물로 씻어 깨끗하게 하셔서 거룩하게 하시려는 것이었습니다. …… 남편도 이렇게 아내를 제 몸같이 사랑해야 합니다. …… '그러므로 남자는 아버지와 어머니를 떠나 아내와 결합하여, 둘이 한 몸이 됩니다.' 이는 큰 신비입니다. 그러나 나는 그리스도와 교회를 두고 이 말을 합니다."(에페 5,25-32) 바오로 사도는 이 말씀으로 그리스도와 교회와의 결합이 남편과 아내 사이에 지속되는 계약의 전형典型임을 표명하였다.

그리스도와 교회와의 결합은 초자연적이고 신비로운 은총으로 확증된 것이다. 따라서 그리스도 안에서의 부부의 결합도 하느님의 은총으로 보증되어 있는 것이다.

부부는 마치 그리스도께서 교회를 사랑하시듯이, 일생 동안 서로 사랑하며 올바른 부부의 길을 성실히 지켜 나가야 한다. 그러자면 주님의 특별한 은총을 받아야 한다.

여러 교부들과 공의회와 동서 교회의 전례는 물론, 심지어 콥트Coptic, 야코비트Jacobite, 시리안파, 네스토리우스파 등 가톨릭 교회를 떠난 지 1,400여 년이나 되는 동방 이교파에서까지 신자들의 결혼을 성사로 인정한다.

트리엔트 공의회는 혼인에 대하여 다음과 같이 선언하였다.

"공경하올 성사들을 제정하고 완성하신 그리스도께서는 당신 수난으로써 우리에게 자연적인 사랑을 완전하게 하고 불가 해소적인 일치를 견고하게 하며 부부를 거룩하게 하는 은총을 얻어 주셨다. 바오로 사도는 '남편 여러분, 그리스도께서 교회를 사랑하시고 교회를 위하여 당신 자신을 바치신 것처럼, 아내를 사랑하십시오.'(에페 5,25)라고 말하고 이어서 '이는 큰 신비입니다. 그러나 나는 그리스도와 교회를 두고 이 말을 합니다.'(에페 5,32)라고 덧붙임으로써 이를 시사한다. 그리스도를 통하여 복음의 법 안에서 혼인은 옛 혼인 유대들보다 우위에 있게 되었으므로, 우리의 거룩한 교부들과 공의회들과 보편 교회의 전통은 언제나 혼인을 신약의 성사들 가운데 포함시키도록 가르쳐 왔다."[118]

복음서에서는 한 남자가 두 아내를, 한 여자가 두 남편을 갖는 것을 엄금한다. 예수께서는 이유가 닿기만 하면 아내를 버려도 좋으냐는 바리사이 사람들의 질문에 다음과 같이 말씀하셨다.

"'창조주께서 처음부터 '그들을 남자와 여자로 만드시고' 나서, '그러므로 남자는 아버지와 어머니를 떠나 아내와 결합하여, 둘이 한 몸이 될 것이다.' 하고 이르셨다. 따라서 그들은 이제 둘이 아니라 한 몸이다. 그러므로 하느님께서 맺어 주신 것을 사람이 갈라놓아서는 안 된다.'"(마태 19,4-6) 예수께서는 이렇게 결혼이란 하느님께서 제정하신 원초적인 제도임을 말씀하셨다. 하느님께서는 아담에게 오직 한 아내만을 창조하여 주셨다. 이로써 일부일처 결혼 제도는 창조주께서 제정하신 것임을 알 수 있다. 만약 하느님의 뜻이 일부다처제를 세우시려는 것이었다면 여러 배우자를 창조하여 주셨을 것이다. 성경에는 "사람이 자기 아내와 결합하여"라고 되어 있지 "사람이 자기 아내들과 결합하여"라고 되어 있지 않다. 분명히 단수로 기록되어 있다. 또 "셋이나 넷이 한몸을 이룬다."라고 하지 않고 "둘이 한몸을 이룬다."라고 하여 일부일처의 원칙을 아주 명백하게 표시하고 있다. 동서고금을 막론하고 일부다처제는 가정 불화의 빌미가 된다. 아내들 사이의 시기와 증오는 물론이고, 장자

---

[118] J. 노이너 · J. 뒤퓌 지음, 안소근 · 신정훈 · 최대환 옮김, 《그리스도교 신앙》, 가톨릭출판사, 2017, 959.

長子권과 상속 문제를 위시하여 골육상잔의 분쟁을 일으킨다.

혼인 계약은 모든 계약 중 가장 신성한 것이어서 한번 맺으면 변경하거나 파기할 수 없다. 다른 계약은 경우에 따라서 합법적으로 해제할 수도 있지만 이것만은 해제가 절대 불가능하다. 합자 회사도 형편에 따라서는 동업을 중지하고 서로 갈라질 수도 있고, 형제도 야곱과 에사우처럼 분가할 수 있으며, 친구도 아브람과 롯처럼 어쩔 수 없이 헤어질 수 있다. 그러나 부부의 결합은 하느님의 율법으로 정한 것이어서 죽기 전에는 풀 수가 없다. 하느님께서 맺어 주신 혼인의 맺음은 세상의 어떠한 날카로운 칼로도 끊지 못한다. 예수께서도 "하느님께서 맺어 주신 것을 사람이 갈라놓아서는 안 된다."(마태 19,6)라고 엄숙히 말씀하셨다.

결혼은 절대 풀 수 없는 계약이라는 것과, 배우자가 살아 있을 때 또 혼인을 하는 것은 절대 안 된다는 것에 대하여는, 세 복음사가와 바오로 사도가 한결같이 강조한다. 이 점은 특히 주목할 만하다. 왜냐하면 복음서가 가르치고 있는 윤리 가운데 이보다 더 고조된 가르침은 없을 것이기 때문이다.

"그런데 바리사이들이 다가와 예수님을 시험하려고, '무엇이든지 이유만 있으면 남편이 아내를 버려도 됩니까?' 하고 물었다. 그러자 예수님께서 이렇게 대답하셨다. '너희는 읽어 보지 않았느냐? 창조주께서 처음부터 '그들을 남자와 여자로 만드시고' 나서, '그러므로 남자는 아버지와 어머니를 떠나 아내와 결합하여, 둘이 한 몸이 될 것이다.' 하고 이르셨다. 따라서 그들은 이제 둘이 아니라 한 몸이다. 그러므로 하느님께서 맺어 주신 것을 사람이 갈라놓아서는 안 된다.' 그들이 다시 예수님께, '그렇다면 어찌하여 모세는 '이혼장을 써 주고 아내를 버려라.' 하고 명령하였습니까?" 하자, 예수님께서 그들에게 말씀하셨다. '모세는 너희의 마음이 완고하기 때문에 너희가 아내를 버리는 것을 허락하였다. 그러나 처음부터 그렇게 된 것은 아니다. 내가 너희에게 말한다. 불륜을 저지른 경우 외에 아내를 버리고 다른 여자와 혼인하는 자는 간음하는 것이다.'"(마태 19,3-9) 즉 결혼은 하느님께서 직접 정하신 성사이므로 사람으로서는 도저히 해제할 수 없다는 것을 강조하셨다. 결혼이 정말 사람의 힘으로는 풀 수 없는 것이라면 모세는 왜 이혼하라고 했느냐는 바리사이 사람들의 질문에 예수께서는, 그것은 이혼을 하라고 명령한 것이 아니라 다만 허용한 것일 뿐이라고 하셨다. 즉, 정욕이 강한 유다인들에게 재혼을 엄금하면 반발적으로 더 큰 죄악에 빠질 염려가 있기 때문에 이러한 관대한 조치를 내린 것이지, 처음부터 그런 것을 허용한 것이 아니라는 말씀이다. 뿐만 아니라 이런 조치는 신약시대에는 결코 없어야 한다고 말씀하셨다. 즉 "나는 너희에게 말한다. 불륜을 저지른 경우를 제외하고 아내를 버리는 자는 누구나 그 여자가 간음하게 만드는 것이다. 또 버림받은 여자와 혼인하는 자도 간음하는 것이다."(마태 5,32) 프로테스탄트 성경 해석자 중에는, 이 말씀은 간음한 아내를 내쫓고 다른 여자를 맞아들이는 것을 정당시한 것이라고 주장하는 사람도 있다. 그러나 이것은 그릇된 주장이다. 가톨릭 교회에서는 이 말씀을 부정한 아내와 별거는 할 망정 결코 이혼 또는 재혼을 허용하는 말씀이 아니라고 가르친다. 이 구절 중 "불륜을 저지른 경우를 제외하고는"이라는 말은 "버리는"이라는 말에 관련되는 것이고, 앞 구절의 "버림받은 여자와 혼인하면"에 관계되는 말이 아니다. 그렇기 때문에 그 버림받은 여자와 결혼하는 것도 간음하는 것이 된다. 이유는 하느님께서 정하신 혼인의 계약은 풀리지 않는 것이기 때문이다.

　이 해석은 마르코와 마태오 복음사가, 그리고 바오로 사도가 한결같이 확인한다. 어떠한 조건이나 이유로든 하느님께서 정하신 혼인 계약의 유대를 끊을 수는 없다. 마르코 복음에는 "누구든지 아내를 버리고 다른 여자와 혼인하면, 그 아내를 두고 간음하는 것이다. 또한 아내가 남편을 버리고 다른 남자와 혼인하여도 간음하는 것이다."(10,11-12)라고 하였으며, 루카 복음서에도 "아내를 버리고 다른 여자와 혼인하는 자는 누구나 간음하는 것이다. 남편에게 버림받은 여자와 혼인하는 자도 간음하는 것이다."(16,18)라고 하였다. 이처럼 마르코와 루카 복음사가는 한결같이 이혼을 엄금하였다. 만일 부정한 아내를 버리고 재혼할 수 있는 길이 있었다면, 복음사가들은 이를 도외시하지 않고 반드시 그것을 기록하였을 것이다.

　복음서를 지나 바오로 사도의 코린토 신자들에게 보낸 서간에서도 이혼을 절대 금한 기록을 읽을 수 있다. 코린토서는 최근에 개종한 도회지 신자들에게 바오로 사도가 보낸 편지로, 모든 문제 중 특히 결혼 문제에 대하여 박력 있는 말을 하였다. 바오로 사도는 계시를 받은 사도로서, 또 주님의 말씀을 충실하게 섬기고 주님의 율법에 한마디의 덧붙임도 뺌도 없이 가장 양심적으로 그 직분을 다한 사도로서, 코린토 신자들에게 다음과 같이 말했다. "혼인한 이들에게 분부합니다. 내가 아니라 주님께서 분부하시는 것입니다. 아내는 남편과 헤어져서는 안 됩니다. — 만일 헤어졌으면 혼자 지내든가 남편과 화해해야 합니다. — 그리고 남편은 아내를 버려서는 안 됩니다."(1코린 7,10-11) 바오로 사도는 헤어져 있는 부부에게 재혼하지 말고 그대로 있으라고 주님의 이름으로 명령했을 뿐이지, 헤어진 원인이 간음인지 아닌지는 문제 삼지 않았다. 만일 어떤 중요한 예외가 있었다면 반드시 거기에 대하여 언급하였을 것이다. 그렇지 않다면 바오로 사도는 예수님보다도 복음의 멍에를 더 무겁게 만들어 놓은 셈이 될 것이다.

바오로 사도는, 예수께서는 부부간의 어느 한편에 부정행위가 있다 하여 그 배우자에게 재혼할 권리를 주지 않는다는 사실을 명백히 가르치고 있다. 그렇지 않다면 마르코와 루카, 바오로 사도의 가르침만으로 그리스도교의 지식을 얻은 많은 그리스도인은 불완전한 신앙을 가지고 있다는 결론에 이르게 된다. 우리는 마태오 복음사가가 팔레스티나의 결혼한 신자들에게 부여한 특전을 바오로 사도가 코린토 신자들에게는 거부하였으리라고는 생각조차 할 수 없다. 그렇다면 코린토에서 부정한 아내와 이혼하지 못해 불만인 남편이 유다에 가서는 이혼 허락을 받게 된다는 해괴한 사태가 벌어질 것이다. 마치 오늘날 미국에서 불만을 가진 부부가 자기들이 거주하고 있는 주州에서는 이혼이 허락되지 않아 다른 주로 가서 이혼 허락을 얻는 것과 똑같은 셈이 될 것이다. 그리스도께서는 결코 나뉘시지 않고 사도들도 서로 모순된 것을 가르칠 수는 없다.

그러므로 우리는 남편이나 아내의 부정을 재혼 조건으로 삼을 수 없다는 것을 알 수 있다. 이것은 예수 그리스도의 가르침이고 철칙이다. 처음에 이 철칙은 로마의 이방인들에게 선언되었다. 이 철칙이 아니고서야 불같은 욕정을 무슨 수로 억제시킬 수가 있었겠는가.

일찍이 '교회의 수호자'이던 영국의 헨리 8세 왕은 왕비의 시녀인 앤 불린에게 불의의 애정을 쏟았다. 그리고 마침내는 왕비 아라곤의 캐서린과 이혼하고 앤과 결혼하려 했다. 그러면서 교황에게 그 결혼의 합법적인 승인을 요청하였다. 당시 클레멘스 7세 교황은 이를 꾸짖고 준엄하게 거절하였다. 교황은 이 거절로 인하여 영국 내에서 교회가 큰 수난을 당할 것이라는 사실과 영국 왕을 수반首班으로 한 이교離敎가 파생되리라는 것을 명백히 예견하고도 단연 이를 거절한 것이다. 만일 교황이 이혼을 승인하고 앤과의 결혼을 용납하였다면, 영국의 가톨릭 교회가 수난을 당하는 일은 없었겠지만, 교회로서는 가장 영예로운 '진리의 모친'이라는 칭호에는 커다란 부끄러움이 되었을 것이며 교회 역사상 큰 오점을 남겼을 것이다.

또 나폴레옹 황제가 그의 어진 아내 조제핀을 버리고 오스트리아의 마리 루이즈와 결혼할 때, 그는 자기의 결혼과 이혼에 대한 교황청의 승인을 얻으려고 감히 마음도 못 먹었다. 즉, 두말할 것도 없이 거절되리라는 것을 분명히 알고 있던 그는 이 사건에 대하여 교황청과는 아예 상의도 하지 않았던 것이다. 이 사건이 발생하기 몇 해 전에 나폴레옹은 그의 동생 제롬과 미국 볼티모어의 패터슨과의 결혼에 무효 선언을 내려 달라고 비오 7세 교황에게 청원한 사실이 있었다. 교황은 이때 "우리에게는 그런 사건에 대한 무효 선언을 내릴 권한이 없습니다. 우리는 교회법에 어긋나는 판단은 내릴 수 없고, 교회 법규를 파기하기 전에는 정당한 결혼에 대한 무효 선언을 내릴 수가 없습니다. 이 결합은 하느님의 말씀대로 사람의 힘으로는 갈라놓을 수가 없는 것입니다."라는 회답을 보냈다.

그리스도인 아내와 어머니들은 오늘날 그 영광스러운 사회적 지위에 대하여 가톨릭 교회에 깊은 감사를 드려야 할 것이다. 일찍이 여자들은 남자의 노예였다. 아니, 하나의 소유물이었다. 그러나 오늘날에 와서는 한 집안의 여왕으로서 남자와 같은 대열에 서게 되었다. 이것은 오로지 여성 해방을 위한 가톨릭 교회의 기나긴 건투로 말미암은 것이다. 부녀자의 권리를 유린하려는 남자들의 음란한 학대와 횡포에 대하여 끊임없이 영적 투쟁을 계속하여 온 역대 교황들의 노력으로 여자들은 자유를 누리게 되었다.

소위 종교 개혁의 주창자를 보라. 그들은 개혁을 부르짖으면서 이혼을 허락했다. 결국 인간 사회의 고유한 질서를 문란하게 한 것이다. 헨리 8세 왕은 영국 최초의 개혁파 감독 크랜머의 시인으로 캐서린 왕비와 이혼하였고, 루터는 그의 동지 멜란히톤과 부처와 함께 헤세의 방백 필립의 축첩 행위를 용납하였으며,[119] 독일 개혁파 칼슈타트Karlstadt는 다처주의를 주장하였다.[120] 소위 종교 개혁의 주창자들이 예수의 가르침을 배척하고는 인간의 허무주의적인 걸음에 장단 맞춰 놓은 결과가 어떻게 되었나 보라. 가톨릭 국가와 프로테스탄트 국가의 이혼율을 비교해 보면 결혼관과 국민 도덕과의 상관관계를 알 수 있을 것이다.

흔히 이혼 조건으로 행실이 부정하고 성품이 포악하며, 과음에다 방탕, 오랜 기간의 출타, 정신 이상, 범죄로 인한 교도소 생활 등을 드는데, 이것은 모두 성경적 근거가 없는 조건들이다. 가톨릭 교회가 결혼은 절대 파기할 수 없는 계약이라고 주장하는 것에 대하여 너무 가혹하다고 평하는 사람도 있다. 그러나 이 법칙을 세우신 분은 교회가 아니고 교회를 창립하신 예수 그리스도이심을 알아야 한다. 교회는 다만 이 법칙을 장려하고 실천할 뿐이다.

이 법이 아무리 엄격하다 해도 이혼자가 받을 두려운 벌에 비하면 이것은 오히려 인자한 은전恩典이다. 이혼을 쉽게 할 수 있게 된다면 개인, 가정, 사회에 미치는 도덕상(특히 정절) 해독은 놀라울 정

---

119 Bossuet, Variations, Vol. I
120 Audin, 339

도로 클 것이다. 신성한 혼인 계약을 헌신짝처럼 파기할 수 있다면, 배우자를 선택할 때는 신중히 고려하지 않을 것이고, 때로는 불순한 동기로 이를 급히 진행시킴으로써 머지않아 파경을 초래하는 원인이 되기도 할 것이다. 이런 결혼 생활은 곧 그늘이 덮이기 시작한다. 남편이든 아내든 곧 퇴폐적인 경향으로 쏠리게 되어 결국 간음의 죄악에까지 빠지게 된다. 그들은 의도적으로 구실을 만들어 파국을 빚기도 하고 자식을 놓고 쟁탈전을 벌이기도 한다. 이야말로 국가와 사회의 불행의 빌미가 되는 것이다.

이로 말미암아 그 자녀는 부모의 사랑을 맛보지 못하게 되고, 사랑이 없는 부모를 대하는 자녀의 태도도 냉정하게 되기 쉽다. 엄숙한 부부 윤리와 돈독한 부부 화목이 결여된 가정은 아무리 호화로운 집이라도 쓸쓸한 바람이 감도는 폐허로 종막을 고하게 된다.

이혼이라는 사회적 고질에 대한 근본적인 치료법은, 복음서와 초대 교회 이래 전해 내려오는 가톨릭 교회의 이혼 절대 금지율에 복종하는 것뿐이다. 가톨릭 교세가 흥한 나라에서는 이혼율이 극히 낮다. 간혹 이혼자가 있다면 그것은 배교자일 것이다. 혼인의 신성함을 지키는 프로테스탄트 사회가 있다면, 그것은 가톨릭의 엄격한 교화의 사회적 영향을 받았기 때문이다.

참으로 가톨릭 교회는, 태양 광선이 대지 어느 구석에든지 빛과 열의 혜택을 베풀듯이, 다른 교회의 모든 형제들에게까지 좋은 감화를 널리 베풀어 주고 있다.

제33장

십계명 분류에 대하여

가톨릭 교회를 비방하는 사람들 가운데는, 가톨릭 교회에서 마음대로 십계명의 제2계를 삭제하고 그 대신 아홉째 계명을 둘로 나누어 놓았다고 하는 사람이 있다. 그러나 이것은 부당한 비난이다. 다만 분류 형식이 다를 뿐이다. 성경 원문에 있는 십계명을 보면 거기에는 첫째 계명, 둘째 계명 하는 구분이 명확하지 않다. 성경의 장·절도 성경 저자들이 그렇게 구분한 것은 아니고 후대 사람들이 편의상 그렇게 나누어 놓았을 뿐이다. 이제 성경대로 십계명을 적어 보자.

"나는 너를 이집트 땅, 종살이하던 집에서 이끌어 낸 주 너의 하느님이다. 너에게는 나 말고 다른 신이 있어서는 안 된다. 너는 위로 하늘에 있는 것이든, 아래로 땅 위에 있는 것이든, 땅 아래로 물속에 있는 것이든 그 모습을 본뜬 어떤 신상도 만들어서는 안 된다. 너는 그것들에게 경배하거나, 그것들을 섬기지 못한다. 주 너의 하느님인 나는 질투하는 하느님이다. 나를 미워하는 자들에게는 조상들의 죄악을 삼 대 사 대 자손들에게까지 갚는다. 그러나 나를 사랑하고 내 계명을 지키는 이들에게는 천대에 이르기까지 자애를 베푼다.

주 너의 하느님의 이름을 부당하게 불러서는 안 된다. 주님은 자기 이름을 부당하게 부르는 자를 벌하지 않은 채 내버려 두지 않는다. 안식일을 기억하여 거룩하게 지켜라. 엿새 동안 일하면서 네 할 일을 다 하여라. 그러나 이렛날은 주 너의 하느님을 위한 안식일이다. 그날 너와 너의 아들과 딸, 너의 남종과 여종, 그리고 너의 집짐승과 네 동네에 사는 이방인은 어떤 일도 해서는 안 된다. 이는 주님이 엿새 동안 하늘과 땅과 바다와 그 안에 있는 모든 것을 만들고, 이렛날에는 쉬었기 때문이다. 그러므로 주님이 안식일에 강복하고 그날을 거룩하게 한 것이다. 아버지와 어머니를 공경하여라. 그러면 너는 주 너의 하느님이 너에게 주는 땅에서 오래 살 것이다.

살인해서는 안 된다.

간음해서는 안 된다.

도둑질해서는 안 된다.

이웃에게 불리한 거짓 증언을 해서는 안 된다.

이웃의 집을 탐내서는 인 된다. 이웃의 아내나 남종이나 여종, 소나 나귀 할 것 없이 이웃의 소유는 무엇이든 탐내서는 안 된다."(탈출 20,2-17)

가톨릭 교회에서도 전에는 프로테스탄트 측의 분류대로 쓰기도 하였는데, 이것은 유다인 필론이 분류한 것이다.

그 후 아우구스티노 성인이 오늘날 가톨릭 교회에서 쓰고 있는 대로 우상 숭배 금지를 첫째 계명에 포함시키고, 남의 아내나 재물을 탐하지 말라는 계명을 따로 나누어 아홉째 계명과 열째 계명으로 분류하였는데, 이것이 합리적인 분류라 하여 가톨릭에서는 오늘날까지 이것을 통용하고 있다. 분류 방법이 다를 뿐, 하느님의 계명은 그대로 살아 있다. 이제 이 분류법의 합리성에 대하여 말하겠다.

1. 우상 숭배 금지에 대한 별도의 항을 세울 필요가 없다

1) 하느님 공경과 우상 숭배는 본래 서로 용납될 수 없는 것이다. 그러므로 하느님을 공경하라는 적극적인 계명에는 우상 숭배를 금한다는 소극적 계명이 본질적으로 포함되어 있다. 마치 안식일을 거룩하게 지내라는 적극적인 계명과 안식일에 일을 하지 말라는 소극적 계명은 둘이 아니고 하나인 것과 같은 관계이다. 또 하느님을 공경하라는 말 속에는 우상 숭배를 금한다는 말이 저절로 포함되어야 할 것이므로, 이 둘을 하나로 보는 것이 합리적이다. 당시에는 우상 숭배자가 많아서 큰 영향을 미칠 위험이 있었으므로 원문에 우상에 대한 경계의 말씀을 특별히 실었을 뿐이다. 만약 당시에 소나 말, 해나 달을 숭배하는 사

람들이 많았다면, 원문에 반드시 소나 말, 해나 달을 숭배하지 못한다는 말씀도 꽤 실었을 것이다. 그렇다고 그것을 각각 다른 계명으로 보지는 않을 것이다.

2) 이미 말한 대로 당시 사람들에게는 우상 숭배의 위험이 컸기 때문에 특별히 이를 경계하신 것이므로, 오늘날도 우상 숭배의 위험이 농후한 세상이라면 비록 근본적으로는 같은 계명일지라도 두 계명으로 갈라놓음으로써 강조할 필요도 있을 것이다. 그러나 우상 숭배 풍조는 점점 사라져 가고 있다. 하느님을 공경하는 사람이면 으레 우상 숭배를 큰 죄악으로 여기고 있기 때문에 거기에 대해서 특별히 경계할 필요가 없게 된 이상, 우상 숭배를 금지하는 계명을 따로 세울 필요도 없게 된 것이다.

3) 우상 숭배를 금지하는 계명을 따로 세울 이유를 구태여 찾는다면, 십계명 원문에서 우상에 대한 말씀이 특히 길었다는 것 하나뿐일 것이다. 성경의 정신보다 그 표면적 기술記述 형식에 더 치중한다면 하느님을 공경하라는 조목은 십계명에 넣지 말아야 하고(원문에는 하느님이라는 말만 있지, 공경하라는 말은 없으니까), 오직 우상 숭배를 금지하는 계명만으로 첫째 계명을 구성하여야 하지 않겠는가. 이것을 어떻게 합리적인 구분이라고 할 수 있겠는가.

2. 남의 아내와 재물을 탐내지 말라는 계명

1) 신학적 법리학적 지식이 발달되지 못한 고대인들에게는, 남의 아내에 대한 탐욕과 남의 재물에 대한 탐욕과의 분별이 정확하지 않았다. 그러나 남의 아내를 탐함과 남의 재물을 탐함은 근본적으로 서로 다른 죄악이다. 죄의 종류가 구별되는 근본 이유는 그 죄로 말미암아 손상되는 덕행과 의무가 다른 데에 있기 때문이다. 따라서 죄에는 여러 가지 종류가 있게 된다. 남의 재물을 훔치는 도둑질, 남의 생명을 빼앗는 살인 행위, 남의 정조를 유린하는 강간 등은 다 각기 다른 종류의 죄악이다. 마음으로만 범하여도 마찬가지이다. 하느님 공경과 우상 숭배처럼 배타적 관계의 죄악도 아니고 둘이 공존할 수도 있으면서 서로 다른 죄악이다. 그러므로 죄악의 종류에 따라 각각 다른 계명을 설정하는 것이 마땅하지 않겠는가.

2) 오늘날 하느님을 공경하는 사람들 가운데는 우상 숭배의 죄를 범하는 사람은 극히 드물다. 또 그 유혹의 힘도 극히 미약하여 거의 힘을 못 쓰는 정도이다. 그러나 재물에 대한 욕심과 성욕은 언제 어디서든지 대단히 위험한 것이고, 그 유혹의 힘도 가장 강하여, 인류 사회에서 범죄를 일으키게 하는 원인의 대부분이 여기에 있다는 것은 엄연한 사실이다. 그러므로 십계명에도 간음하지 못한다, 도둑질

하지 못한다는 행위에 관한 금지 계명을 세우는 동시에 남의 아내와 재물에 대한 탐욕에 대해서까지 특별히 경계하였다.

그러므로 유혹의 힘이 가장 강한 성욕과 물욕에 대하여 각각 다른 금지 계명을 세우는 것이 신학상으로나 실천상으로 효과적인 조치이다. 우상 숭배 금지 조항을 따로 세우는 것보다 이 두 탐욕에 대한 금지 계명을 따로 세우는 것이 마땅하다.

한국에서 펴낸 《천주교 요리 문답》 제1계의 해설에는 마귀와 사신邪神을 섬기거나 마술과 마법을 쓰거나 어떤 헛된 징조를 경험하면서 길흉을 믿는 것 등 온갖 미신 행위가 일체 금지되어 있다. 이것을 읽어 본 사람이라면 계명을 삭제했다는 등의 말은 할 수 없을 것이다.

제34장

주일과 안식일

안식교(제칠일 안식일 예수 재림교회)에서는 지금도 구약 시대의 법을 따라 토요일을 안식일로 지키면서, 오히려 일요일을 주일로 지키는 가톨릭 교회를 비난한다. 이제 우리는 주일이냐 안식일이냐를 논하기 전에, 도대체 안식교는 언제 누구의 손으로 이 세상에 태어나게 되었는지를 잠깐 회고하여 보자.

18세기 말부터 19세기 중엽에 이르는 동안, 유럽인들 사이에는 성경에 예언된 주님의 재림이 임박하였다는 사상이 퍼져 있었다. 프랑스 혁명, 나폴레옹 황제의 전란 등으로 민심이 동요되어 세말이 가까워졌다고 짐작하고 있었다. 이 생각은 1776년 미국 독립 이래 수많은 사람들이 미국으로 이민함에 따라 미국까지 퍼지게 되었다. 미국에서 이 재림 문제를 가장 열광적으로 선전한 사람은 윌리엄 밀러이다. 그는 침례교 신자로서 성경을 자의恣意로 해석하는 사람이었으며, 특히 예수의 재림 문제에 큰 흥미를 느껴 성경에서 가장 난해한 글인 다니엘의 예언과 요한의 묵시록을 탐독하였다.

다니엘서에는 "저녁과 아침이 이천삼백 번 바뀔 때까지입니다. 그제야 성소가 복구될 것입니다."(8,14)라는 구절이 있다. 이것은 예루살렘 성전에 관한 말씀인데, 밀러는 이것을 세계 종말에 관한 예언이라고 억지로 끌어다 자신에게 유리한 해석을 했다. 그의 주장에 따르면, 예언서의 하루는 곧 일 년을 의미하므로 예루살렘 재건 명령이 내린 기원전 457년으로부터 계산하여 2,300년째 되는 해인 기원후 1843년에 주의 재림이 있으리라고 확신하였다. 또 1840년경에는 주의 재림은 1843년 3월 21일부터 1844년 3월 21일 사이에 있을 것이라고 언명言明하고는, 이것은 자신이 꿈속에서 받은 계시라고 주장하였다.

1843년에 들어서면서부터는 밀러의 열광적인 선전에 미혹된 신자들이 각자의 생업을 중단하고 재산을 가난한 사람들에게 나누어 주고 나서 저 무서운 날을 맞을 준비만 하고 있었다. 그러나 그날도 역시 다른 날과 다름이 없자 밀러의 추종자들은 쓴웃음으로 그날을 지냈다.

이때 추종자 중 스노우 S. S. Snow라는 사람이 나타나서 밀러의 예언을 조금 수정하였다. 즉, 마태오 복음서에 나오는 열 처녀의 비유(25, 1-13 참조)를 보면, 그리스도께서는 낮에 오시지 않고 밤에 오시리라는 것을 알 수 있는데, 이 밤중까지의 반나절을 밀러가 계산에 넣지 않았다는 것이다. 이 반나절을 반년으로 하여 계산하면 주께서는 반드시 1844년 10월 22일에 재림하시리라고 외쳤다. 추종자들은 또다시 모든 일손을 놓고 초조한 마음으로 온갖 준비를 하고 기다렸으나, 그날도 여느 날과 다름이 없었다.[121]

1845년 1월 침례교로부터 파문당한 밀러와 그 추종자들은 뉴욕 알바니Alvany에 새 교회를 세웠는데, 이것이 모든 재림 교파의 조종 祖宗이다. 이 교파 역시 사람이 세운 것인 만큼 분열을 면할 길 없어 여러 파로 나누어졌는데 그중 몇을 든다면 다음과 같다.

    1) 복음 재림교회Evangelical Adventist Church. 이것은 재림 교파의 본류이다.

    2) 그리스도인 재림교회Advent Christian Church. 1844년 10월 재림교회 스토르Storr 목사가 창설한 것이다.

    3) 영생 재림 연합교회Life and Advent Union Church. 1864년에 그리스도인 재림교에서 분열된 일파이다.

    4) 그리스도 안에 있는 하나님의 교회The Church of God in Christ Jesus. 1864년에 독립한 교파이다.

    5) 내세 재림교회The Age to come Adventist Church. 1851년에 생긴 별파別派이다.

    6) 제칠일 안식일 예수 재림교회The Seventh Day Adventist Church. 이것이 바로 문제의 안식교회이다.

---

121 J. N. Loughborough, Rise and Progress of Seventh-Day Adventists, Battle Creek, 1892, 3053.

'만국 성경 연구회'도 위의 부류에 딸린 것이다.

이상의 각 파는 그리스도의 재림이 임박했다는 주장에는 서로 일치하지만, 영혼, 지옥의 영원성, 육신의 부활, 천년왕국설 등에는 서로 다른 주장을 내세우고 있다. 그리고 제칠일 안식일 예수 재림교에서는 구약 성경대로 토요일을 안식일로 지키는 점이 독특하다.

제칠일 안식일 예수 재림교회인 안식교의 교리를 보면, 여러 교회의 교리를 한두 가지씩 따다가 잡채를 만들어 놓았다는 느낌을 준다. 즉, 가톨릭 교회에서는 구원을 위한 각 개인의 협력의 필요를, 유다교에서는 토요일 안식일과 수입의 십분의 일 헌금과 돼지고기 금식 등을, 프로테스탄트로부터는 성경 유일 규범주의를, 밥티스트파로부터는 유아 세례 부정과 침례 등을, 현대 위생학에서는 담배, 커피, 차, 술의 배척 등을 따왔다. 그리고 여러 재림 교파의 개조인 밀러를 본받은 데는 지극히 충실하여 다니엘서와 요한 묵시록에만 치중하고, 거기에 밀러식 해석을 제멋대로 붙여 가면서 다른 교회, 그중에서도 가톨릭을 공격하는 것을 본령으로 삼는다.

이제 이 안식교가 생겨난 경로를 되돌아보자. 재림교 신자 조셉 베이츠Josef Bates는 1846년에 처음으로 자기 저서에서 토요일 지키기를 주장하였다. 이 사상을 계승하여 제임스 화이트와 그의 아내 엘렌Ellen Gould White이 이를 맹렬하게 선전하기 시작하였다. 이 엘렌이란 여자는 자칭 하느님께로부터 파견받은 여자 예언자로서, 1844년 10월 22일(스노우가 예언한 그리스도 재림 예정일) 하늘의 하느님 대전에 그리스도께서 들어가시어 하느님 자녀들의 죄를 씻어 주시는 것을 몸소 보았다고 공언公言하였다. 이른바 하느님 자녀들의 대죄란 토요일을 안식일로 지키지 않고 로마 교황이 정한 일요일을 주일로 지키는 것이라는데, 이 역시 그녀가 받은 하느님의 계시라는 것이다. 바오로 사도는 "여자들은 교회 안에서 잠자코 있어야 합니다. 그들에게는 말하는 것이 허락되어 있지 않습니다. 율법에서도 말하듯이 여자들은 순종해야 합니다."(1코린 14,34)라고 하였으나, 안식교 신자들은 이 말씀을 모르는 듯 지금도 자칭 예언자인 엘렌이란 여자를 무조건 추종하고 있다. 1860년에는 동지를 모아 신도대회를 열고 이 별파別派를 '제칠일 안식일 예수 재림교회'라고 공식적으로 부르기로 결정하였다. 이렇게 해서 안식교는 처음으로 이 세상에 생겨났다. 1863년에는 배틀 크리크Battle Creek 총회에서 위생 개혁 운동을 일으켜 돼지고기, 술, 담배, 커피 등의 금식을 결의하였다. 그러나 일부 신자들은 자칭 예언자인 엘렌의 환상을 배척하고 탈퇴하여 이른바 '그리스도 안에 있는 하나님의 교회'를 창립하였다.

안식교에서 토요일 안식일을 주장하는 논거는 다음과 같다. 첫째, 구약 시대에 하느님께서는 매주 일곱째 날, 즉 토요일을 안식일로 지키라는 계명을 주셨다(탈출 20,8-10; 31,12-17 등 참조). 둘째, 신약 시대로 넘어와서도 안식일 계명은 폐지되지 않았다. 예수께서도 친히 안식일을 지키셨다. 주일, 즉 일요일 제도는 4세기에 로마 교황이 콘스탄티누스 황제의 도움으로 제정한 것이다. 셋째, 예수께서는 "사실 사람의 아들은 안식일의 주인이다."(마태 12,8)라고 하셨고, 또 "내가 율법이나 예언서들을 폐지하러 온 줄로 생각하지 마라. 폐지하러 온 것이 아니라 오히려 완성하러 왔다."(마태 5,17)라고 하셨으므로, 안식일을 그대로 지키는 것이 주님의 뜻이고 명령이다.

이상이 안식일에 대한 전부이다.

이와 반대로 가톨릭에서는 다음과 같이 가르친다. "어찌하여 고교古敎 때의 토요일을 버리고 일요일을 주일로 지키느뇨. 이는 사도들이 예수께 받은 권한으로 이렇게 정하신 까닭이니, 신교(신약의 교, 즉 가톨릭교)와 고교(유다교)를 구별하고, 또 신교의 기초되는 예수 부활과 성령 강림이 일요일에 해당하였으므로 이날을 기념하기 위함이니라."[122]

이제 가톨릭의 가르침이 옳다는 것을 증명하기 위하여 먼저 "내가 율법이나 예언서들을 폐지하러 온 줄로 생각하지 마라. 폐지하러 온 것이 아니라 오히려 완성하러 왔다."라는 말씀을 해명할 필요가 있다. 원래 구약의 율법은 신약의 한 예표豫表요 한 그림자일 뿐이다. "율법은 장차 일어날 좋은 것들의 그림자만 지니고 있을 뿐 바로 그 실체의 모습은 지니고 있지 않으므로"(히브 10,1) 이 예표, 이 그림자를 당신 자신으로씨, 즉 당신의 일생과 언행과 업적으로써

---

122 《천주교 요리 문답》, n.127

실현시키셨다. 즉, 완전하게 하셨다. "그런 것들은 앞으로 올 것들의 그림자일 뿐이고 실체는 그리스도께 있습니다."(콜로 2,17)

그러므로 예수께서는 이어서 말씀하시기를 "내가 진실로 너희에게 말한다. 하늘과 땅이 없어지기 전에는, 모든 것이 이루어질 때까지 율법에서 한 자 한 획도 없어지지 않을 것이다."(마태 5,18), 즉 실현되리라고 하셨다. 이것은 초대 교회의 이레네오 성인[123], 테르툴리아누스[124], 힐라리오 성인[125], 아우구스티노 성인[126] 등 성현 석학들의 해석이다. 과연 예언자의 예언이 그리스도에 와서 모두 실현되었으며 구약의 율법이 그리스도께서 세우신 교회로 대체되었다.

"폐지하러 온 것이 아니라 오히려 완성하러 왔다."라는 이 말씀의 뜻은 구약의 율법 그대로를 완전히 실시하겠다는 뜻은 결코 아니다. "그 모든 계명과 조문과 함께 율법을 폐지하셨습니다."(에페 2,15) "예전의 규정은 무력하고 무익하기 때문에 폐지되었습니다. 사실 율법은 아무것도 완전하게 하지 못하였습니다."(히브 7,18-19)

그렇다면 구약 율법을 폐지하셨으니 십계명 또한 폐지된 것일까. 무엇보다도 독자는 이 점을 잘 구별해야 한다. 율법 중에는 하느님을 공경하라, 부모에게 효도하라, 도둑질을 하지 말라는 등의 인간 양심 고유의 '본성법本性法'도 있고, 제례 드리는 방법, 사례 표

---

123 Lib. Ⅳ. cxxvii
124 Liv. De Patientia
125 Canon. 4, 5
126 Quaet. N. T. q. lxix

시의 행사, 축일의 제정, 기도드리는 방법 등의 '전례법典禮法'도 있다. 본성법은 폐지될 수 없지만 구약의 전례법은 폐지될 수 있다. 신약이 구약의 예표를 실행한다. 보라! 구약의 제사와 할례가 신약의 미사성제와 세례성사로 대체되지 않았는가.

그러면 안식일 계명은 본성법인가 전례법인가, 그 존폐 문제는 어떻게 풀어야 할 것인가? 안식일 계명은 본성법도 전례법도 된다. 마치 제례의 율법과 같다. 하느님께 제헌하는 심정은 인간 본성 고유의 것이지만, 드리는 방식, 드리는 날, 드리는 희생의 종류 등은 전례법에 규정된 것으로 시대와 경우에 따라 다르다. 안식일을 지키는 것도 마찬가지이다. 어느 특정한 날을 하느님을 경배하는 날로 정하여 거룩하게 지키는 것은 인간 본성이 명령하는 바이다. 동서고금을 막론하고 제사 날이나 명절을 지키지 않는 민족은 없을 것이다. 하물며 하느님을 경배하는 특정한 날이 어찌 없겠는가. 하느님을 경배하는 안식일 제도는 본성법에 기인한 것이다.

그런데 그날이 다른 날이 아니고 한 주간의 일곱째 날이라는 것은 날의 선정에 관한 것인 만큼, 단지 전례법의 규정인 만큼 변경할 수도 있는 것이다. 본성법은 변할 수 없지만 전례법은 시대의 필요에 따라 교회의 권위로 변경할 수 있다.

사실상 구약의 전례법은 모두 폐지되었다. 구약 전례법 준수 사상을 타파하려는 바오로 사도의 노력이 얼마나 컸는지도 로마서와 갈라티아서에 잘 나타나 있다. 따라서 구약의 축제일도 모두 폐지되었다. "또 어떤 사람은 어떤 날이 다른 날보다 더 중요하다고 여기지만, 다른 사람은 어느 날이나 다 같다고 여깁니다. 저마다 자기 판단에 자신을 가져야 합니다."(로마 14,5) 이 말은 곧 구약의 제사 날이나 명절을 지키지 않아도 괜찮다는 선언이다. 또 "여러분은 날과 달과 절기와 해를 잘도 지킵니다. 내가 여러분을 위하여 애쓴 것이 헛일이 되지 않을까 두렵습니다."(갈라 4,10-11)라는 말은, 곧 구약의 축제일을 지키는 것이 몹시 불안하니 차라리 그만두라는 권고이다. 그러고 보면 구약의 안식일도 저절로 폐지된 셈이다. "그러므로 먹거나 마시는 일로, 또는 축제나 초하룻날이나 안식일 문제로 아무도 여러분을 심판하지 못하게 하십시오. 그런 것들은 앞으로 올 것들의 그림자일 뿐이고 실체는 그리스도께 있습니다."(콜로 2,16-17) 이 말은 안식일을 아주 지키지 않는다는 비난이 아니면 안식일을 철저하지 않게 지킨다는 비난일 것이다. 그러나 이것은 안식일을 철저하지 않게 지킨다는 비난이 아니었음은 분명한 사실이다. 만일 지켜 왔고, 또 반드시 지켜야 할 안식일을 철저하지 않게 지킨다는 비난이었다면, 당연히 바오로 사도는 안식일을 철저하게 지키라고 권고했을 것이지, 결코 신앙생활의 긴장을 늦추는 이러한 말은 하지 않았을 것이다. 그러므로 여기서의 비난이란 안식일을 지키지 않는 것에 대한 비난일 수밖에 없다.

　그런데 바오로 사도는 안식일을 지키지 않는 것은 죄가 아니라고 분명히 말했다. 이것은 안식일 폐지를 전제로 한 말이다. 바오로 사도는 안식일은 그림자일 뿐이라고 분명히 말했다. 만일 그 당시 그 계명이 생명의 계명이었다면 그가 결코 이런 말을 했을 리가 없고, 또 바로 그 위에 말한 명절과 초승달 축제가 이미 폐지되었으므로 안식일도 당연히 폐지되었을 것임은 의심 없는 것이다. "그 여자의 모든 기쁨 축제와 초하룻날과 안식일 그 여자의 모든 축일을 없애 버리리라."(호세 2,13)라고 하신 예언은 이렇게 성취되었다. 따라서 안식일을 논하는 사람들이 자기 논리의 정당성을 주장하려고 구약 성경의 안식일 계명에 관한 구절을 아무리 교묘하게 인용한다 할지라도 아무도 믿게 하지 못할 것이다.

예수께서 지상 생활을 하시는 동안 안식일을 지켰다 해서 이것을 안식일의 영구한 보증으로 삼을 수는 없다. 구약의 종국은 예수 탄생에 있지 않고 오직 구속 사업의 완성인 그분의 십자가 위에서의 돌아가심과 부활에 있으며 따라서 이때 비로소 신약이 반포되었다. 현세의 입법자 중에도, 새로운 법을 선포하기도 전에 옛 법을 없애 버려 진공 상태에 빠진 민중으로 하여금 무법천지를 방황하게 하는 무지한 입법자는 없다. 하물며 지혜 자체이신 예수께서 그런 행동을 하시겠는가. 그러므로 신약을 선포하기 전에는 예수께서도 구약의 모든 율법을 지키시고 민중에게는 "율법 학자들과 바리사이들은 모세의 자리에 앉아 있다. 그러니 그들이 너희에게 말하는 것은 다 실행하고 지켜라. 그러나 그들의 행실은 따라 하지 마라. 그들은 말만 하고 실행하지는 않는다."(마태 23,2-3)라고 독려하기까지 하셨다. 예수께서 안식일을 준수하신 사실을 이유로 삼아 오늘날의 우리도 안식일을 지켜야 한다면, 우리도 예수님처럼 할례를 받아야 하고 파스카 축일을 지내야 하고 모세 율법을 그대로 지켜야 한다는 말인가.

"사실 사람의 아들은 안식일의 주인이다."(마태 12,8)라는 말씀도 안식일의 영구성을 암시하는 말은 결코 아니다. 예수께서 안식일의 주인이시니 예수와 그분의 제자들은 안식일을 지키고 안 지키는 것을 마음대로 할 수 있다는 말이다. 예수와 예수의 권능을 받은 사람들은 안식일을 개폐改廢할 권한을 가졌다는 뜻이다. 이것은 안식일을 지키라고 독려한 말씀이 아니라, 사도들이 안식일을 철저히 지키지 않는다고 비난하는 바리사이 사람들을 반박하신 말씀이다. 안식일을 논하는 사람들이 신약에 넘어와서 그 논거를 찾아보려고 많은 애를 썼지만 결국 또 한번 실패의 쓴잔을 마시고 만 셈이다.

이처럼 전례법상으로는 안식일이 폐지되었으나 그 본성법상으로는 다른 날로 살려야 한다. 바오로 사도도 "그러므로 먹거나 마시는 일로, 또는 축제나 초하룻날이나 안식일 문제로 아무도 여러분을 심판하지 못하게 하십시오. 그런 것들은 앞으로 올 것들의 그림자일 뿐이고 실체는 그리스도께 있습니다."(콜로 2,16-17)라고 하였듯이, 상징에 지나지 않는 안식일 대신 본질적인 것이 와야 한다. 그것이 곧 '주일'이다.

안식일을 주장하는 사람들은, 주일이란 4세기에 로마 교황이 황제의 도움을 받아 일요일을 주일로 정한 것이니, 이로써 교황은 하느님의 계명을 크게 여겼다고 공격한다. 역사적 사실을 안다면 제도의 창설과 그 채용을 분명히 가릴 줄 알 것이다. 4세기에 콘스탄티누스 황제가 가톨릭으로 개종한 뒤 주일을 지킬 것을 국법으로 제정하였으나, 이것은 창설이 아니고 다만 유서 깊은 가톨릭 교회의 주일 제도를 채용했을 뿐이다. 이 법령은 그 후 발렌티니아누스(375년), 테오도시우스(395년), 아르카디우스(408년) 등 여러 황제 시대에 이르러 갱신되었다. 테오도시우스 법전에는 "우리 조상들이 당연히 주일이라고 부른 일요일에는 소송과 사무를 중지한다."[127] 라는 기록이 있다. 이로써 주일을 거룩하게 지켜 온 오랜 유서를 알 수 있다.

설사 로마 교황이 안식일을 폐지하고 주일을 제정하였다 해도, 교황은 예수께서 맡기신 권한을 가졌으므로 이유만 정당하다면 구약의 전례법을 폐지할 수도 있고 새로운 법을 제정할 수도 있다. 그러나 로마 교황이 주일을 제정한 역사적 사실은 없다. 독자들은 제10장 '교황의 권위'에서도 보았듯이, 초대 교회 때도 부활 주일의 일치 문제, 갈라져 나간 교회로부터 가톨릭으로 개종한 사람들의 재再영세 문제 등으로 로마 교황이 소아시아나 아프리카 주교들에게 교회의 정통 교리에 복종하라고 명령한 사실을 잘 알 수 있을 것

---

127 L. Solis, Ⅷ, c. de feriis

이다. 또한 전통 교리에 조금이라도 어긋나는 새로운 설이 대두할 때에는 교부들이 총궐기하여 크게 꾸짖음으로써 온 세상을 긴장하게 한 사실을 알 것이다. 이런 상황에서, 반드시 지켜야 할 하느님의 계명인 안식일을 교황이나 황제가 주일로 대체하는 중대사가 있었다면, 역사상 얼마나 큰 분쟁의 흔적을 남겼겠는가. 얼마나 큰 분열을 초래하였겠는가. 이것은 상식적으로 판단할 수 있을 것이다. 그런데 교황의 안식일 주일 대체에 대하여 역사는 침묵을 지킨다. 이는 곧 주일을 제정한 이는 교황이 아니라는 증거이다. 그렇다면 거슬러 올라가 사도 시대에 주일의 기원이 있을 수밖에 없다.

물론 성경에는 사도들이 이제부터 안식일 대신 주일을 지키라고 하였다는 말은 없다. 그러나 이미 말했듯이 교리 전반에 대한 명문明文을 성경에서 찾을 수는 없다. 예수 부활 후 구약의 율법이 폐지되자 사도들이 신자들에게 안식일을 지키라고 말했거나 사도들 자신이 안식일을 지켰다는 자취는 전혀 없는 반면에, 그때부터 주일을 지키기 시작했다는 것은 성경에서도 볼 수 있다.

예수께서는 안식일 다음날, 즉 주일(일요일)에 부활하셨다. 일요일을 "안식일 다음날"(요한 20,1)[128]이라고 하였는데, 이를 더 적절히 옮기면 '이레 중 첫날', 즉 '주간의 제1일'이다. 월요일은 주간의 제2일, 화요일은 주간의 제3일, 그다음은 제4일, 제5일로서 금요일은

---

128 2005년 새 번역된 《성경》의 이전 판본인 《신약 성서》에서는 이 구절을 "안식일 다음날"로 옮겼으나, 《성경》에서는 "주간 첫날"로 바뀌었다. — 편집자 주

제6일, 즉 예비하는 날이 되고, 그 이튿날 토요일이 삽바트Sabbath, 즉 안식일이 된다.

예수께서는 주간의 제1일에 사도들에게 나타나셨고(요한 20,19 참조), '여드레 뒤에' 다시 나타나셨다(요한 20,26 참조). '여드레 뒤'라는 말은 유다인들의 날짜 계산법에 의하면 다음 주간 같은 날을 의미하므로 '주간의 제1일'에 다시 나타나신 것이다.

이렇게 예수께서는 당신이 부활하신 '주간의 제1일'을 당신의 날로 삼으시려는 의향을 암시하셨고, 사도들도 그 뜻을 받들어 그날을 그리스도의 날, 즉 '주일'로 지키기 시작하였다. "주간 첫날에 우리는 빵을 떼어 나누려고 모였다."(사도 20,7)라는 것만 보아도 주일 집회 사실을 알 수 있다. 바오로 사도가 신자들에게 "성도들을 위한 모금에 관해서는, 내가 갈라티아의 여러 교회에 지시한 것과 같이 여러분도 그대로 하십시오. 매주 첫날에 저마다 형편이 닿는 대로 얼마씩을 자기 집에 따로 모아 두십시오. 그래서 내가 갔을 때에야 모금하는 일이 없게 하십시오. 내가 도착하면, 여러분이 선정하는 이들을 보내면서 편지와 함께 여러분의 고마운 선물을 예루살렘으로 가져가게 하겠습니다."(1코린 16,1-3)라고 한 말도 주일을 의미하는 말이다. 이것은 암브로시오 성인이나 요한 크리소스토모 성인을 비롯한 교부들이 증언하는 바이다.

이에 대하여 안식일론자들은 "성경의 계산법에 의하면 하루란 해질 무렵부터 다음날 해질 무렵까지이다. 그때 신자들이 토요일 저녁, 즉 주간의 첫날이 시작되는 첫날에 모였으므로 이 사실은 곧 안식일을 거룩히 지냈음을 말해 준다."라고 항변한다. 그러나 주간의 첫날이라고만 기록되어 있을 뿐이지, 토요일 저녁인지 일요일 아침인지 명백하지 않다. 그뿐 아니라 하루의 시작과 끝이 일출 때든 일몰 때든 삽바트(안식일) 당일이 아니고 그 다음날이었음이 확실하며, 주간의 제7일(안식일)이 아니고 주간의 첫날이었음도 분명하다. 그러므로 토요일 저녁에 주간의 첫날이 시작되었으면 역시 같은 날 저녁에 주간의 일곱째 날이 먼저 끝난 것이다. 그러므로 그때 신자들이 설사 토요일 저녁에 모였다 할지라도 주간의 일곱째 날은 이미 끝났고 첫날이 시작된 다음에 모인 것이며 따라서 제7일을 지키지 않고 제1일을 지킨 사실만은 명백하다.

세월이 흐름에 따라 교회에서는 '주간의 제1일'이라는 용어보다 더 적절한 '주일'이라는 용어를 사용하게 되었다.

요한 사도는 95년경에 요한 묵시록을 기록하였는데, 그 1장 10절에는 다음과 같이 묵시받은 사실을 말하고 있다. "어느 주일에 나는 성령께 사로잡혀 내 뒤에서 나팔 소리처럼 울리는 큰 목소리를 들었습니다." 이에 대해서 안식일론자들은, 그것은 주님의 날을 뜻하는 것으로서 안식일을 가리키는 말이라고 한다. 그러나 이는 아무 근거 없는 말이다. 왜냐하면 성경에서 주의 날Dies Domini이란 흔히 심판하시는 날이나 죄인을 벌하시는 날을 의미하는데(이사 13,69; 요엘 2,2; 2베드 3,12 등 참조), 이렇게 하면 앞뒤 문맥이 통하지 않고, 또 주일Dies Dominica이라는 용어와는 다르다. 바로 이 용어를 요한 사도는 채용하였다. 그뿐 아니라 그리스어 원문 묵시록의 이 '주일'은 퀴리아케 헤메라Kuriake Hemera=Dies Dominica인데, 신약 성경에서는 퀴리오스Kurios를 그리스도에게 쓴다. 그러므로 주일은 그리스도의 날임이 분명하다. 그런데 주간의 일곱째 날, 즉 안식일은 그리스도의 날이 될 수 없다. 그날은 그리스도께서 무덤에 묻혀 계시던 비애의 날이다. 그렇다면 예수께서 죽은 이들 가운데서 영광스럽게 부활하신 구속의 대업을 완성하신 날, 즉 주간의 첫날이 '그리스도의 날'이 될 수밖에 없다.

예수께서 강생하신 지 1,840여 년 뒤에 생겨난 안식교인들이 곡해하든 말든, 사도 시대에서 가장 가까운 초대 교회로부터 19세기 중엽에 이르기까지 그리스도를 믿는 우리 '전부'가 실행하여 온 역사적 사실만 보아도 명백하다. 1세기 말에 저술된 《디다케-열두 사도들의 가르침》에도 "주일에 모이거든 여러분의 제례를 정결하게 하기 위하여 죄를 고백한 다음에"[129]라는 말이 있다. 주일을 결코 안식일로 여기지 않은 것이다. 거의 동시대에 저술된 《바르나바 서간Epistola Barnabae》에는 "초하루와 삽바트(안식일)와 기타 축일을 우리는 벌써 지키지 않는다. 우리는 여덟째 날을 축제일로 하여 기쁘게 지내고 있는데, 이날은 예수께서 죽음으로부터 부활하신 날인 까닭

---

129 c. xiv

이다."[130]라고 하였다.

1세기 초엽 소아시아 플리니우스 부총독이 로마의 트라야누스 황제에게 보고하기를 "저들 그리스도 신자들은 '일정한 날'에 모여 그리스도를 하느님으로 알고 찬미하며 도둑질, 간음 등 죄악을 범하지 않기로 서약하는 등 행사가 죄목의 전부라고 긍정합니다."[131]라고 하였다. 유다인의 안식일을 모를 리가 없던 그가 일정한 날이라고 한 것은 신자들이 모이는 날이 안식일이 아니라는 것과, 그리스도교 신자는 유다인과 구별된다는 것을 말한 것이다. 이 일정한 날이란 곧 주일이었다는 것을 다른 사람들의 증언을 들어 보면 알 것이다.

순교자 이냐시오 성인은 "옛 습관에 익은 사람들도 새로운 희망의 세계로 향하였다. 그들은 벌써 안식일을 지키지 않고 주일을 지킨다. 이날은 주님으로 말미암은 우리의 생명의 날이다."[132]라고 하였다. 유스티노 성인은 철학자로서 137년에 개종하였는데 그의 《호교서Apologia》에는 이방인에게 한 다음과 같은 말이 있다. "우리는 일요일에 모인다. 이는 우리 구세주 예수께서 죽은 이들 가운데서 그날 부활하셨기 때문이다. 일요일에는 농촌에 사는 사람이나 도회지에 사는 사람이나 다 한곳에 모여 사도의 성경이나 예언자가

---

130 c. xv
131 EpiSt. xcvii
132 EpiSt. ad Magnesios

기록한 예언을 읽는다." 유스티노 성인은 이방인들이 알아듣기 쉽도록 '일요일'이란 말을 썼다.

위에 인용한 유스티노와 이냐시오의 증언과, 《바르나바 서간》, 《디다케-열두 사도들의 가르침》가 비록 성경은 아니지만, 역사적으로 근거가 있는 글이다. 그러므로 교회 초기부터 일요일을 주일로 지켜 온 것은 엄연한 사실이고, 또 이것은 사도들이 제정한 것임이 분명하다. 초대 교회의 위대한 교사 아우구스티노 성인은 이렇게 증언한다. "주일을 종교적 예식을 갖추어 지내도록 사도들과 사도 시대의 어른들이 제정하였다. 그 이유는 그날이 우리 구세주께서 죽은 이들 가운데서 부활한 날이기 때문이다. 그러므로 주일이라고 부른다. 이날에 경의와 영광을 돌려 속세의 일과 허탄함을 피하고 모름지기 하느님 공경에 전심하여야 한다. 우리 부활의 희망이 이날에 있기 때문이다. 우리 주께서 죽은 이들 가운데서 부활하신 것처럼 이렇게 우리도 부활할 것을 희망한다."[133]

안식교인들은 그들의 안식일론 제창에 사람들이 쉽게 호응할 줄 알았을 것이나, 뜻밖에도 이런 역사적 성경적 논증의 반격에 부딪치자 몹시 당황하여 그 수습책으로, 안식교인들은 교회 초기부터 있었으나 교황의 박해로 지하에 숨어 살아왔다고 선전한다. 그들은 무슨 말이든 함부로 해놓기만 하면 그것이 곧 '역사화'하고 또 사

---

133 Sermo, 251, De Temp.

람들이 그대로 믿어 줄 줄 아는 것 같다. 그러나 교회 내외의 역사가 중, 사도 시대부터 19세기에 이르는 동안의 그리스도교계에서 안식교에 대하여 쓴 이는 하나도 없다. 역사가들은 한결같이 안식교는 19세기 후반에 생겨났다고 증언하고 있다. 그들의 주장대로 교황의 박해로 지하에 숨어 살아왔다면, 교황 자신이 지하에 숨어 살던 초대 3세기 동안은 어디서 무엇을 하였던가. 다른 이단의 창립자들은 파문을 당하더라도 공공연히 투쟁을 하였는데 안식교인들은 무엇을 하고 있었는가. 16세기의 루터, 츠빙글리, 칼뱅, 헨리 8세 왕 등의 세상을 뒤엎는 듯한 소요 중에도 말 한마디 못했단 말인가. 교황이 정계政界에서 물러앉고, 자유주의 개인주의 바람이 설치던 17세기, 18세기에는 깊이 잠이 들어 있다가, 1846년에야 비로소 잠이 깨었단 말인가. 그들의 아전인수격 선전이 결국은 지성의 고소苦笑를 크게 샀을 뿐이다. 이것이 바로 안식교의 전교가 부진한 중요한 원인이다.

설사 안식교인들이 초대 교회 때부터 지하에 숨어 살아왔다 하자. 예수께서는 사도들에게 다음과 같이 말씀하셨다. "너희는 세상의 빛이다. 산 위에 자리 잡은 고을은 감추어질 수 없다."(마태 5,14) "내가 너희에게 어두운 데에서 말하는 것을 너희는 밝은 데에서 말하여라. 너희가 귓속말로 들은 것을 지붕 위에서 선포하여라."(마태 10,27) 예수께서는 이로써 당신의 참교회는 세상 사람들이 주시하는 표적이 될 것이라고 선언하셨다. 바오로 사도 역시 다음과 같이 말함으로써 주님의 이 선언이 실현되었음을 입증하였다. "내가 생각하기에, 하느님께서는 우리 사도들을 사형 선고를 받은 자처럼 가장 보잘것없는 사람으로 세우셨습니다. 그래서 우리가 세상과 천사들과 사람들에게 구경거리가 된 것입니다."(1코린 4,9) "그들의 소리는 온 땅으로, 그들의 말은 누리 끝까지 퍼져 나갔다."(로마 10,18) "여러분의 믿음이 온 세상에 알려지고 있기 때문입니다."(로마 1,8)

"그리스인, 이국인, 어떤 민족이든 예수 그리스도의 거룩한 이름을 부르지 않는 민족은 없다."라는 유스티노의 말대로, 그리스도의 참교회는 세상에 공공연히 증언되었다. 그러므로 안식교가 그리스도교 초기부터 지하에 숨어 살아왔다는 말은 안식교는 사도 전승의 참교회가 아니라는 것을 자기들 스스로 증거하는 말일 뿐이다.

또 안식교인들의 억측이야 어떻던, 일요일을 주일로 지키는 것은 이교인의 태양 숭배와는 아무 관련도 없다. 다만 교부들의 말대로 예수께서 그날 부활하셨으므로 그날을 주일로 지킬 따름이다. 초대 교회에서는 부활 주일을 '대주일Magna Dominica'이라고 불렀다. 이 사실로도 예수 부활일을 주일로 지키게 된 유래와 원인을 알 수 있을 것이다. 그 후 교부들의 증언도 많으나 생략한다.

신약 시대에 예수의 부활 기념일을 주일로 지키는 것은 지극히 당연하다. 구약의 안식일은 하느님께서 창조의 대사업을 마치신 것을 기념하는 날이요(탈출 10,8-11 참조), 하느님과 이스라엘 백성 사이에 둔 표적이었으며(창세 31,12-17 참조), 이집트의 노예 생활의 질곡에서 구출해 주신 은혜를 기념하는 표였다(신명 5,1-15 참조).

이제 독자는 신약 시대에 하느님께서 하신 일을 생각하여 보라. 전능하신 하느님의 창조 대업은 말할 것도 없거니와, "하느님께서는 세상을 너무나 사랑하신 나머지 외아들을 내 주시어"(요한 3,16) 그는 인성을 띠고 "사람이 되시어 우리 가운데 사셨다."(요한 1,14), 30여 년 동안 가난한 생활을 하시며 온갖 어려움을 겪으시고, 십자가 위에 "당신 자신을 하느님께 바치는 향기로운 예물과 제물로 내놓으신 것처럼"(에페 5,2) 또 "우리를 사랑하시어 당신 피로 우리를 죄에서 풀어 주셨고"(묵시 1,5) 우리에 대한 그분의 사랑은 인간의 이지理智로는 헤아릴 수 없는 무한대의 사랑이다. 이것은 창조의 대업보다도 더 구품九品 천사들을 놀라게 한 전대미문의 큰일이다. 이 구속 사업이 부활로 완성되었고 이로 말미암아 죽었던 우리 영혼도 부활의 큰 은혜를 입어 하늘나라의 영원한 복을 누리게 되었으니, 이것은 유다인들이 이집트에서 구출된 것에 비할 것이 못 된다. 주일에 성령이 사도들 위에 내리셔서 그들로 하여금 복음 선포에 몸 바치도록 하신 결과, 우리도 "그리스도와 함께 영광을 누리려면 그분과 함께 고난을 받아야 합니다."(로마 8,17) 이처럼 하늘나라의 복을 받을 것이니 이 얼마나 큰 영광이며 행복인가!

하느님과 우리 사이에 화평이 이루어진 날이 바로 이 주일이므로, 우리는 당연히 주일마다 미사에 참여하여 공적 경배를 주께 드리는 동시에, 예수께서 우리를 위하여 이루신 크나큰 업적을 우리

가슴속에 깊이 기억하면서 찬미와 감사의 기도를 드려야 한다.

지금도 안식일을 지킨다면, 그것은 폐지된 옛 법을 지키는 헛일이며, 일요일을 주일로 지키지 않는다면 이것은 그리스도의 대리자인 사도들이 제정한 바를 위반하는 죄악이다(마태 18,18; 루카 10,16 참조).

제35장

신앙과 교리

신앙의 의의

흔히 '신앙'이란 단어는 가톨릭이나 프로테스탄트에서 많이 쓰는 말이다. "예수를 믿어야 한다.", "예수를 믿으면 구원을 받는다."라고 말한다.

가톨릭과 프로테스탄트의 외면적인 일치점은 아마 이 신앙이라는 술어를 '사용'하는 점 하나뿐일 것이다. 그러나 그 신앙이란 말의 의의에 들어서서부터는 벌써 양자 간에 현격한 차이가 생긴다. 이로 말미암아 양자의 내용에는 하늘과 땅의 차이가 있게 되었다.

프로테스탄트파의 대부분은 신앙이라는 말로 자기의 내적 종교적 체험 또는 하느님의 자비에 대한 신뢰를 표현한다. 즉, 그리스도의 인류 구속 공로를 힘입어 구원받았다는 주관적 정감적 확신을 이 말로 표현한다. 이른바 '신뢰적 신앙'이 이것이다. 이런 의미의 신앙이어야 구원에 필요하다고 한다. 그들의 신앙관이 이러하므로 주 예수께서 몇 가지 성사를 세우셨는가, 교회의 제도는 어떻게 정하셨는가의 문제는 도외시한다. 구원을 받았다는 소위 '믿음'만 품으면 의화[134]된 것으로 여기기 때문이다.

가톨릭 교회에서는 신앙이란, 하느님으로부터 계시된 진리를, 하느님의 권위를 우러르며 승복함으로써 받아들이는 지능 행위, 즉 인식 행위라고 규정한다. 이를 신뢰적 신앙에 대조하여 '교리적 신앙'이라 한다. 하느님께서 당신 자신에 대하여 또는 인간의 영혼과 그 성화聖化와 구원에 대하여 하신 말씀은 비록 우리가 알아듣기 어려울지라도, 우리의 지능을 그에게 복종시켜 이를 사실로 인정하는 행위가 곧 교리적 신앙이다. 프로테스탄트의 신뢰적 신앙이 기분적, 정열적, 주관적, 무비판적인 것임에 반하여, 가톨릭의 교리적 신앙은 냉정한 이지적, 객관적, 비판적인 것이다. 그러므로 프로테스탄트는 교리의 어느 점을 이렇게 믿든지 저렇게 믿든지 마음을 두지 않고, 그저 예수께서 우리를 구원하셨다고 확신하기만 하면 그만이라고 여긴다. 그러나 가톨릭에서는 하느님으로부터 계시된 교리는 꼭 그대로 인정하며, 교리의 진가眞假 분별에 대한 관심이 매우 예민하다. 또 구원에 요구되는 것은 신뢰적 신앙이 아니고 교리적 신앙임을 가르친다.

트리엔트 공의회에서는 "누가 의화하는 믿음은 오직 그리스도로

---

[134] 의화(義化, Justificatio), 즉 의인義人이 된다는 뜻으로, 죄 사함을 받고 하느님의 자녀가 됨을 의미한다.

인하여 죄를 용서하시는 하느님의 자비에 대한 신뢰 외에 다른 것이 아니라고 말하거나 우리가 오직 이 신뢰로써 의화된다고 말한다면, 그는 파문되어야 한다."라고 선언하였다.[135] 구원을 받기 위해서는 교리적 신앙이 요구된다는 것을 성경은 여러 번 말했다. 부활하신 예수께서는 토마스 사도에게 다음과 같이 말씀하신다.

"너는 나를 보고서야 믿느냐? 보지 않고도 믿는 사람은 행복하다."(요한 20,29) 여기서 '믿는 사람'이란 부활하신 예수를 보지 못하였을지라도 부활 사실을 믿는 사람, 즉 교리적 신앙을 가진 사람을 말하는 것이다.

"그대가 예수님은 주님이시라고 입으로 고백하고 하느님께서 예수님을 죽은 이들 가운데에서 일으키셨다고 마음으로 믿으면 구원을 받을 것입니다."(로마 10,9)라는 바오로 사도의 이 말도 교리적 신앙을 두고 하는 말이 틀림없다.

"믿음이 없이는 하느님 마음에 들 수 없습니다. 하느님께 나아가는 사람은 그분께서 계시다는 것과 그분께서 당신을 찾는 이들에게 상을 주신다는 것을 믿어야 합니다."(히브 11,6)

"예수님께서 그리스도이심을 믿는 사람은 모두 하느님에게서 태어났습니다."(1요한 5,1)

"그런데 자기가 믿지 않는 분을 어떻게 받들어 부를 수 있겠습니

---

135 J. 노이너 · J. 뒤퓌 지음, 안소근 · 신정훈 · 최대환 옮김, 《그리스도교 신앙》, 가톨릭출판사, 2017, 1020.

까? …… 사실 이사야도 '주님, 저희가 전한 말을 누가 믿었습니까?' 하고 말합니다. 그러므로 믿음은 들음에서 오고 들음은 그리스도의 말씀으로 이루어집니다."(로마 10,14-17)

이상의 말 가운데 신앙 대상은 "하느님의 존재, 하느님의 상선벌악, 그리스도는 구세주이시다." 등이다. 이 신앙이 곧 교리적 신앙임은 분명하다.

성경은 이 교리적 신앙을 영생과 영벌로써 우리에게 요구한다.

"나는 복음을 부끄러워하지 않습니다. 복음은 먼저 유다인에게 그리고 그리스인에게까지, 믿는 사람이면 누구에게나 구원을 가져다주는 하느님의 힘이기 때문입니다. 복음 안에서 하느님의 의로움이 믿음에서 믿음으로 계시됩니다. 이는 성경에 '의로운 이는 믿음으로 살 것이다.'라고 기록된 그대로입니다."(로마 1,16-17)

"영원한 생명이란 홀로 참하느님이신 아버지를 알고 아버지께서 보내신 예수 그리스도를 아는 것입니다."(요한 17,3)

"그러나 일을 하지 않더라도 불경한 자를 의롭게 하시는 분을 믿는 사람은, 그 믿음을 의로움으로 인정받습니다."(로마 4,5)

"그들이 진리를 사랑하여 구원받는 것을 거부하였기 때문입니다."(2테살 2,10)

"너희는 온 세상에 가서 모든 피조물에게 복음을 선포하여라. 믿고 세례를 받는 이는 구원을 받고 믿지 않는 자는 단죄를 받을 것이다."(마르 16,15-16) 여기서 말하는 복음이란 그리스도의 강생, 수난과 못 박혀 죽으심, 부활 구속 등 계시 전부를 의미하는 것임은 물론이다. 따라서 그 복음에 대한 믿음은 곧 교리적 신앙이요 신뢰적 신앙이 아님을 알 수 있다.

히브리서 11장 1절 "믿음은 우리가 바라는 것들의 보증이며 보이지 않는 실체들의 확증입니다."라는 말을 들어, 신앙이란 곧 신뢰가 아니냐고 하는 사람이 있다. 프로테스탄트에서는 "신信은 망望하는 것들의 실상實狀이요, 견見치 못하는 것들의 증거이니라."라고 번역하였다. 즉, Substantia를 실상이라고 번역하였다. 그 본뜻은, 신앙이란 희망 대상(하늘나라)의 기초, 즉 그(대상)들을 지지하는 것이란 뜻인데 이것은 그 실재를 굳게 믿기 때문이다. 어느 번역이든지 신앙은 희망의 전제요 기초라고 하였다. 또 이 기초인 신앙은 곧 교리적 신앙임은 물론이다. "견치 못하는 것들의 증거"라는 말은, 우리가 하늘나라의 내용을 비록 보지는 못하지만 신앙으로 이를 인정하게 되거나 또는 알게 된다는 말이다. 이 신앙이 바로 교리적 신앙이라는 것은 히브리서 11장 3절의 "믿음으로써, 우리는 세상이 하느님의 말씀으로 마련되었음을, 따라서 보이는 것이 보이지 않는 것에서 나왔음을 깨닫습니다."라는 말만 보아도 알 수 있다.

구원, 즉 의화에 요구되는 신앙은 언제든지 교리적 신앙이지 신뢰가 아니다. 이 신뢰란 교리적 신앙을 전제로 하는 행위이다. 또 반대론자들이 여기에 대하여 흔히 인용하는 성경 구절은 기적에 관계되는 것이지 의화에 요구되는 것이 아니다. 그뿐 아니라 구원에 대한 프로테스탄트적 의미의 신앙을 갖기는 불가능하다. 하느님의 말씀을 믿는 행위가 신앙이므로, 하느님께서 회개자에게 사죄와 의화의 은혜를 베푸시겠다고 말씀하신 것은 사실이지만, 수많은 사람에게 일일이 이 은혜를 선언하시지는 않았다. 그러므로 우리 각자가 하느님의 이 말씀만으로 구원의 확인을 얻을 수는 없다. 바오로 사도도 "나는 잘못한 것이 없음을 압니다. 그렇다고 내가 무죄 선고를 받았다는 말은 아닙니다."(1코린 4,4)라고 하였다. 이 말은, 의화의 주관적 확신에 신뢰한다 하더라도 이것 때문에 실제로 의화하지는 않았다는 뜻이다. 우리의 의화는 오직 하느님께서만 확실히 알고 계신다. 우리가 그것을 확실히 알게 될 시기는 오직 예수께서 오셔서 어둠 속에 감추어진 것을 밝혀내시고 사람의 마음속 생각을 드러내실 그때(1코린 4,5 참조)뿐이다. 그때 전에는 "그렇다, 나는 이 모든 것을 내 마음에 두어 고찰해 보았는데 의인들도 지혜로운 이들도 그들의 행동도 하느님의 손안에 있었다. 사랑도 미움도 인간은 알지 못한다."(코헬 9,1) "'나는 내 마음을 깨끗이 보존하여 죄 없이 결백하다.'고 누가 말하랴?"(잠언 20,9)

구원받는 데 필요한 것은 교리적 신앙이라는 것은, 초대 교회 이래 전통적 신경, 세례 지원자의 교육, 교부들과 순교자들의 증언, 파문의 실례 등 초대 교회 역사 전체가 이를 또한 증명한다.

신앙의 동인動因은 무엇인가

하느님께서 계시하신 진리를 믿지 않을 수 없는 근본 이유, 즉 동인Motivum formale fidei은 무엇인가?《천주교 요리 문답》에는 "신덕은 무엇이뇨. 신덕은 천주 계시하사 성교회에 맡기신 모든 진리를 천주의 진실하심을 인하여 확실히 믿는 덕이니라.[136]"라고 하였다. 즉, 계시 진리를 완벽히 이해하며 그것을 인정하는 것이 아니라, 오직 진실된 하느님의 권위 때문에 이 믿음을 가지는 것이다. 이것은 제1차 바티칸 공의회가 정의한 "신앙인의 겸손하고 용감한 추구는 허무에서나 거짓된 환상에서, 그릇된 것일 수 있는 견해들에서, 불확실함에서 출발하는 것이 아니라 속지도 속이지도 않으시는 하느님의 말씀에 기초하고 영원히 흔들리지 않는 그 말씀의 반석 위에 끝없이 세워져 가는 것임을 보여 주도록 노력합시다."[137]라는 말과 일치되는 것이다. 즉, 전지하시고 진실하시어 우리를 속일 수 없는 하느님께서 계시하신 것이기 때문에 믿는다.

예수께서는 다음과 같은 말씀으로 당신의 전지와 진실의 권위를 보이시면서 믿기를 명한 것이다. "내가 진실로 진실로 너에게 말한다. 우리는 우리가 아는 것을 말하고 본 것을 증언한다. 그러나 너희는 우리의 증언을 받아들이지 않는다."(요한 3,11) "나를 보내신 분

---

136 n. 164
137 J. 노이너 · J. 뒤퓌 지음, 안소근 · 신정훈 · 최대환 옮김,《그리스도교 신앙》, 가톨릭출판사, 2017, 126.

께서는 참되시기에, 나는 그분에게서 들은 것을 이 세상에 이야기할 따름이다."(요한 8,26)

바오로 사도는 다음과 같이 말함으로써, 신앙이란 지능의 이해이거나 정서적 감흥 상태가 아니라 오직 계시하신 하느님 예수의 권위에 승복하는 행위임을 밝히고 또 이를 권면하였다. "형제 여러분, 여러분에게 분명히 밝혀 둡니다. 내가 전한 복음은 사람에게서 비롯된 것이 아닙니다. 그 복음은 내가 어떤 사람에게서 받은 것도 아니고 배운 것도 아닙니다. 오직 예수 그리스도의 계시를 통하여 받은 것입니다."(갈라 1,11-12) "우리는 또한 끊임없이 하느님께 감사를 드립니다. 우리가 전하는 하느님의 말씀을 들을 때, 여러분이 그것을 사람의 말로 받아들이지 않고 사실 그대로 하느님의 말씀으로 받아들였기 때문입니다."(1테살 2,13)

그러므로 주님의 계시를 믿는 사람은 곧 그분의 권위를 인정하여 승복하는 사람이요, 믿지 않는 사람은 그분의 권위를 부인하거나 의심하는 사람이다. "우리가 사람들의 증언을 받아들인다면, 하느님의 증언은 더욱 중대하지 않습니까? 그것이 하느님의 증언이기 때문입니다. 바로 하느님께서 당신 아드님에 관하여 친히 증언해 주셨습니다. 하느님의 아드님을 믿는 사람은 이 증언을 자신 안에 간직하고 있습니다. 하느님을 믿지 않는 자는 하느님을 거짓말쟁이로 만들어 버렸습니다. 하느님께서 당신의 아드님에 관하여 하신 증언을 믿지 않았기 때문입니다."(1요한 5,9-10)

이 거짓말은 두 가지 원인으로 될 수 있다. 첫째, 자기가 확실히 알면서도 일부러 숨기고 남을 속여서 말하는 것으로, 이것은 그의 '비진실성' 때문이다. 둘째는, 비록 남을 숨길 의사는 없을지라도 확실히 알지 못하는 것을 경솔하게 말함으로써 되는 것으로, 이것은 그의 '무지' 때문이다. 그러므로 하느님의 계시를 믿지 않는 것은 그분의 증거를 부인하는 것이요, 그분의 증거를 부인하는 것은 그분의 권위를 부인하는 것이며, 하느님을 거짓말쟁이로 만드는 행위이다. 즉, 하느님의 '전지하심'과 '진실하심' 두 가지를, 혹은 두 가지 중 하나를 의심하거나 부인하는 행위이다.

그러므로 하느님의 계시를 믿지 않는 사람은 이미 말한 대로 단죄를 받아 멸망하게 되고, 믿는 자는 죄 사함과 의화, 구원의 은혜를 받아 영원히 살리라는 말씀이 성경 여러 곳에 기록되어 있다. 하느님의 권위를 부인하는 사람이 하늘나라에 들어간다는 것은 상상조차 할 수 없는 모순이다.

여기서 매우 주의하여야 할 점이 한 가지 있다. 하느님의 권위를 부인하게 되는 경우는 하느님의 계시 전부나 또는 몇몇 중요한 부분만을 믿지 않을 때만이 아니라, 그중 가장 작아 보이는 것 한 가지만 믿지 않아도 그 즉시 하느님의 권위는 부인된다는 것이다. 따라서 이 경우는 중죄를 면할 수 없고, 이런 상태로는 영생을 바랄 수 없다. 가령 주님의 계시 진리 열 가지 중 아홉 가지는 완전히 믿으면서 나머지 한 가지를 믿지 않는다면, 그 한 가지를 믿지 않는 근본 이유는 무엇일까? 이것은 진리를 계시하신 하느님을 무지한 분, 진실하지 않으신 분, 거짓말쟁이로 간주하여 그분의 권위를 부인하였기 때문이다. 아홉 가지를 믿는다 해도 소위 그 믿음도 가톨릭에서 의미하는 믿음이 아니고, 다만 이지理智의 승인이거나 기질적인 수긍일 뿐이지, 하느님의 권위에 승복하는 것은 아니다. 하느님 권위에 대한 일부 부인은 곧 그 전부를 부인하는 것이 된다.

《천주교 요리 문답》에는 "자기 탓으로 가톨릭 교회 밖에 있는 자는 구령하지 못하나니라."라고 했고, 그중에는 "가톨릭 교회의 신덕 도리 하나라도 일부러 믿지 않는 열교인"[138]도 구원의 은혜를 받지 못한다고 했다. '신덕 도리'란 하느님께서 계시하신 진리로서 믿을 교리인데, 이를 도그마Dogma라고 한다. 세례를 받은 사람으로서 이 도그마 중 한 가지만 믿지 않아도 그를 열교인(이교인)이라고 규정한다. 가톨릭 신자 중 누가 이 믿을 교리 중 하나라도 믿지 않거나 이설異說을 제창하여 그것을 고집한다면, 교회는 하느님의 권위를 부인한 이 사람을 단연 파문해 버린다. 바오로 사도도 "분파를 일으키는 사람에게는 한 번 또 두 번 경고한 다음에 관계를 끊으십시오. 그대도 알다시피 그러한 자는 탈선하여 죄를 지으면서 자신을 단죄하고 있는 것입니다."(티토 3,10-11)라고 하였다. 거듭 말하지만 하느님 권위를 하나라도 부인하는 것은 곧 그 전부를 부인하는

---

138 n. 88,89

것이다.

 독자는 프로테스탄트적 신앙과 가톨릭적 신앙의 커다란 차이를 여기서도 살필 수 있을 것이다. 프로테스탄트적 신앙은 주관적인 것이며, 자유주의적인 것이다. 즉, 예수께서 우리를 구원하여 주셨음을 믿고 자기도 이 구속 공로를 믿기만 하면 사죄와 의화의 은혜를 받는다고 한다. 교리는 몇몇 중요 교리, 즉 하느님의 존재, 그리스도의 천주성, 인류 구속 등만 믿고, 세례성사, 고해성사, 성체성사, 교회 통치 제도 등에 관하여는 믿든지 안 믿든지 관심을 두지 않는다. 그러므로 한 교파 안에서도 교리상의 이견이 분분하여도 내버려 둔다. 그저 예수를 믿기만 하면 그만이라는 것이다.

 이것은 우리가 주 예수를 따라가는 태도가 아니고, 주 예수께서 우리를 따라오라고 강요하는 것이다. 예수께서 가르치신 대로 믿는 것이 아니고, 우리가 믿고 싶은 대로 인정하여 주시기를 요구하는 태도이다.

 즉 "당신이 세우신 교회 제도가 어떻든 간에, 또 베드로 사도와 그 후계자들에게 교회의 권위를 맡기셨든지 안 맡기셨든지 그 사실에 대해서는 관심이 없습니다. 그런 제도는 사람들의 이성으로 용납되지 않습니다. 그러나 그저 당신을 믿기만 하겠습니다. 그러니 우리는 당연히 구원을 받아야 할 사람들입니다. 회개하면 죄를 사하여 주시겠다고 하셨으니 그 사실만 보시고 죄를 사하여 주시든, 고해성사를 통해 사하여 주시든 그것은 당신의 재량에 달렸습니다. 그러나 고해성사가 당신께서 세우신 것이든 아니든 어떠한 것도 상관없이 나와 기질적으로는 맞지 않습니다. 그저 저 혼자 알아서 죄만 통회할 것이나, 그 죄만은 꼭 사하여 주셔야 합니다. 성체성사에도 당신이 실재할 수도 있고, 그렇지 않을 수도 있지 않습니까? 어쨌든 우리는 그 '실재'를 믿기란 참으로 어렵습니다. 단지 돌아가신 것을 기념하는 행사 정도로만 이해하고 인정하겠습니다. 그러나 언제든 당신을 신뢰하는 마음만은 변함이 없으니 우리를 꼭 구원해 주셔야 합니다."라는 태도이다. 이것이 과연 주 예수를 믿는 것인가. 예수더러 자기를 믿으라는 말인가. 독자가 만일 스승에게 자기 의견을 따라와 달라고 강요하는 제자들을 가졌다면 과연 그들을 어떻게 보겠는가.

프로테스탄트적 신앙은 아예 이렇게 틀이 잡혀 있어서 교리, 즉 진리를 철저히 연구하려 들기가 어렵다. 우리를 구원하신 것으로 믿기만 하면 그만이니 말이다. 그러므로 누가 진리를 더욱 깊이 연구하려 해도 그것은 거의 헛수고에 가까운 일인 것이다. 신학 서적을 읽어 보면 저자에 따라 의견이 다르고, 교직자들에게 문의하면 교직자에 따라 그 답이 다르다. 결국은 권태를 느끼는 동시에 예수를 믿으면 그만이라는 결론에 귀착하고 만다. 프로테스탄트 교역자들은 교리 문제를 중요시하지 않는다. 문제를 삼으면 의견 대립만 날카로워지므로 차라리 '예수를 믿으면 그만이다'에 눌러 앉아 있으려 할 뿐 더 나아가기를 두려워한다. 프로테스탄트 신자들의 영적 빈혈 증상의 주요 원인이 여기에 있다.

이에 비하여 가톨릭 신앙은 객관적인 것이다. 하느님께서 한 번 계시하신 이상, 그것이 우리 이성에 영합되지 않을지라도 우리 이성을 굴복시켜(2코린 10,5 참조) 그에 승복하고 신앙하여야 한다. 그렇지 않으면 대죄가 된다. 고집하면 기탄없이 파문이다. 교리 문제에 깊은 관심을 갖기는 가톨릭을 따를 교회가 없다. 이것은 초대 교회 이래 일관된 태도이다.

교리적 신앙을 도외시하는 프로테스탄트의 '예수께서 우리를 구원하셨다는 것을 믿기만 하면 그만이다' 주의는 그리스도교가 성립된 지 1,500년 후에 생긴 병든 잎이다. 독자들은 제10장에서, 초대 교회 이래 교리 신앙에 얼마나 깊은 유의를 해 왔는지를, 이설에 대한 교부들의 글과 말로 하는 싸움, 공의회 소집, 파문 등의 사실을 보아 단편적이나마 엿볼 수 있을 것이다. 16세기 이전의 네스토리우스파, 에우티케스파도 신앙 교리의 어느 한두 부분에 대한 이설을 고집하여 결국 파문을 당했다. 어느 면으로는 그들도 교리적 신앙에 대한 마음 씀씀이가 지극하였다고도 할 수 있다. 오늘날과 같은 프로테스탄트적 교리 무관심 증세는 16세기 이전에는 없었던 것이다. 가톨릭 교회는 수천만 신자를 잃는 것보다도 교리적 신앙의 일점일획을 더 중대하게 여겨 왔다. 교리적 신앙에 대한 가톨릭 교회의 이 엄격한 태도는 주님의 진리를 예의銳意 수호하던 사도들의 태도의 연장이다.

"그곳의 일부 사람들에게 그릇된 교리를 가르치지 말라고 지시하십시오. 신화나 끝없는 족보에 정신을 팔지 말라고 지시하십시오."(1티모 1,3-4)

"사이비 지식의 속된 망언과 반론들을 멀리하십시오."(1티모 6,20)

"그대는 그대가 배워서 확실히 믿는 것을 지키십시오."(2티모 3,14)

"말씀을 선포하십시오. 기회가 좋든지 나쁘든지 꾸준히 계속하십시오. 끈기를 다하여 사람들을 가르치면서, 타이르고 꾸짖고 격려하십시오."(2티모 4,2)

"우리는 물론이고 하늘에서 온 천사라도 우리가 여러분에게 전한 것과 다른 복음을 전한다면, 저주를 받아 마땅합니다."(갈라 1,8)

"믿음과 바른 양심을 가지고 그렇게 하십시오. …… 나는 그들을 사탄에게 넘겼습니다. 그리하여 그들이 다시는 하느님을 모독하지 못하도록 교육을 받게 하였습니다."(1티모 1,19-20)

신앙만 있으면 족한가

만일 누가 신앙만 있으면 구원을 받는다고 생각한다면 이것은 크나큰 오류이고 영혼의 멸망을 자초하게 될 것이다. "누가 의화 은총을 얻는 데에 협력하도록 다른 어떤 것도 요구되지 않으며 자기 의지의 행위로 준비하고 자세를 갖추는 것은 전혀 필요하지 않다는 이해에서 불경한 자가 믿음만으로 의화된다고 말한다면, 그는 파문

되어야 한다."¹³⁹

프로테스탄트에서는 예수를 믿기만 하면 그만이라고 하면서 다음과 같은 성경 구절을 인용한다.

"예수 그리스도에 대한 믿음을 통하여 오는 하느님의 의로움은 믿는 모든 이를 위한 것입니다. 거기에는 아무 차별도 없습니다."(로마 3,22)

"그러나 사람은 율법에 따른 행위가 아니라 예수 그리스도에 대한 믿음으로 의롭게 된다는 사실을 우리는 알고 있습니다. 그래서 우리는 율법에 따른 행위가 아니라 그리스도에 대한 믿음으로 의롭게 되려고 그리스도 예수님을 믿게 되었습니다. 어떠한 인간도 율법에 따른 행위로 의롭게 되지 않기 때문입니다."(갈라 2,16)

"여러분은 믿음을 통하여 은총으로 구원을 받았습니다. 이는 여러분에게서 나온 것이 아니라 하느님의 선물입니다. 인간의 행위에서 나오는 것이 아니니 아무도 자기 자랑을 할 수 없습니다."(에페 2,8-9)

"사실 사람은 율법에 따른 행위와 상관없이 믿음으로 의롭게 된다고 우리는 확신합니다."(로마 3,28)

믿기만 하면 구원받는다는 신앙 만능주의는 루터와 칼뱅 등 프로테스탄트 개조들이 제창한 것이다. 오늘날에는 그 제자들 가운데

---

139 J. 노이너 · J. 뒤퓌 지음, 안소근 · 신정훈 · 최대환 옮김, 《그리스도교 신앙》, 가톨릭출판사, 2017, 1020.

도 이를 부인하는 사람들이 있다.

이제 위에 든 성경 구절에 대한 프로테스탄트 측의 해석에 반박하려 한다.

1. 신앙은 "인간 구원의 시작이자 모든 의화의 기초이고 뿌리"[140] 이므로, 바오로 사도는 유다교와 그리스도교를 대립시켜 그리스도에게 구원이 있음을 역설하기 위하여, 구원을 위해서는 신앙이 기초가 된다는 것을 말한 것이다. 바오로 사도는 여기에 모든 교리를 포함시켜 말한 것이지 결코 신앙만 있으면 만사가 형통한다는 뜻은 아니다.

2. 여기서 말하는 율법이란 구약의 율법을 가리킨다. 바오로 사도는 구약 율법 준수로는 의화 및 구원의 은혜를 받지 못한다고 주장한 것이지 결코 신약 율법 준행을 부정한 것은 아니다.

3. 사람이 그리스도를 믿는 것은 그 자신의 능력 때문만이 아니고, 오직 하느님의 은총으로 되는 것이다. 이 은총은 그 사람이 하느님과 올바른 관계에 있게 되기 전에 행한 선행에 대한 보상이 아니고, 오로지 선물임을 가르친 것이다. 결코 믿기만 하면 되고 착한 일은 쓸모없는 것이라는 가르침은 아니다.

구원을 얻는 경로를 시간적 순서로 본다면, 맨 먼저 예수께서 누구인지를 알고 믿는 것이다. 그다음에는 그분의 말씀을 믿는다. 따

---

140 J. 노이너 · J. 뒤퓌 지음, 안소근 · 신정훈 · 최대환 옮김, 《그리스도교 신앙》, 가톨릭출판사, 2017, 1010.

라서 그분의 요구를 채워 드림으로써 의화의 은혜를 받는다. 그러므로 신앙을 '구원의 시초', '의화의 기초'라고 한다. 성경 저자가 "믿음으로써 구원을 얻는다."라고 말할 때는, 신앙은 의화의 기초인 만큼 이 기초와 연결된 모든 도리를 포함하여 '신앙'이라는 말로 요약 표현한 것이지, 신앙만으로 구원을 얻으리라고 한 것은 결코 아니다.

우리는 구도자에게 무엇보다도 먼저 하느님의 존재와 영혼의 존재를 설명하고 나서, "이 두 가지를 믿지 않고서는 인간의 진실한 행복을 얻을 수 없습니다. 영원한 행복을 얻으려면 무엇보다도 이 두 가지를 믿어야 합니다."라고 하며 상대방을 설복시키려고 노력한다. 이 두 가지를 다 믿을 때는 으레 거기에 연결된 모든 교리를 모두 믿게 된다. 이 말을 가지고 누가 "어떤 사람은 하느님의 존재와 영혼의 존재만 믿으면 되지 다른 것은 더 이상 필요하지 않다고 가르친다."라고 그릇 선전한다면, 우리는 그런 사람을 그저 비웃기만 할 뿐이다.

오늘날에는 명문 학교에 입학하기가 매우 어려워졌지만, 50년 전만 하여도 교사들은 학용품을 들고 집집마다 찾아다니며 "자녀를 학교에 보내십시오. 입학시키신다면 이 학용품을 드리고 가겠습니다. 자녀를 학교에 보내셔야 똑똑한 사람이 됩니다. 입학시키시지 않으면 자녀들은 사회의 낙오자가 됩니다. 입학시키시면 장차 훌륭한 인물이 될 수 있습니다."라고 간곡히 권하였다. 어떤 사람이 이 말을 듣고 "학교에 들어가서는 배울 때 주의 깊게 배우고 예습과 복습을 게을리하지 말며 선생님의 지도에 잘 따르고, 학교를 마치고 나면 상급 학교에 진학하고 또 부지런히 공부하여……."라는 말들은 다 빼놓고 교사가 "입학시키시면"이라고 했다 해서 자기 자식을 입학만 시키면 가만히 있어도 저절로 똑똑하고 훌륭한 사람이 될 것으로 기대하였다면, 독자는 그를 어떻게 보겠는가.

한 저서의 내용을 올바로 파악하기 위해서는 저작 동기와 저작 당시의 시대사조, 풍속 등에 관한 지식을 가져야 하는 법이다.

예수께서 수천 년 동안 전해 내려온 구약의 율법을 단연코 폐지하고 새 길을 여실 때, 구약의 율법을 지키는 데에만 구원이 있다고 주장하는 율법 학자들의 거센 반대가 여기저기서 일어났던 것은 과도기인지라 으레 있을 수 있는 사태이다. 이에 대항하여 사도들은, 우리의 구원은 예수 그리스도에게 있지, 율법을 지키는 데 있지 않다고 역설할 때, 그들은 단도직입적으로 근본 문제로 들어가 "구약의 율법이냐, 예수 그리스도냐"의 양자택일을 할 수밖에 없었다. 따라서 그들이 그들 주장의 가장 중요점에 주력하여 "예수 그리스도를 믿어야 하느님과 올바른 관계에 놓일 수 있게 되고 구원받을 수 있다."라는 것을 무엇보다도 먼저 절규한 것은 지극히 당연한 일이다. 급박한 당시로서는 그 밖의 문제들은 뒤로 미룰 수밖에 없었다.

그런데도 "믿기만 하면 구원받는다."라는 주장은 당시의 정황과 서간을 집필하게 된 동기에 대한 몰이해에서 나온 오류이다. 신앙과 함께 요구되는 부수 조건은 성경의 여러 곳에서 볼 수 있다. 초대 교회의 여러 교부들과 학자들의 바오로 서간 주석을 보면, 오늘날 가톨릭 교회의 주석과 일치하는 것을 누구든지 발견할 수 있다. 예수께 대한 신앙의 프로테스탄트적 해석은 초대 교회 때에는 그림자도 없던 것이다. 믿기만 하면 구원받는다는 주의로만 나가면 결국은 루터가 그의 친구 멜란히톤에게 말한 대로 "용감히 죄를 지어라. 그리고 믿기는 더욱 굳게 믿어라."라는 결론에 이르게 될 것이다.

그리스도교가 저 무서운 박해 중에도 불길처럼 전파되었고, 로마 민족의 부패를 극복하였으며, 미개한 민족을 순화한 사실은 누구나 다 인정하는 역사적 사실이다.

만일 그리스도교가 믿기만 하면 된다는 주의로 걸어 나왔다면 그런 놀라운 결실은 꿈도 꾸지 못했을 것이다.

바오로 사도의 서간 여러 곳에서 보이는 "율법을 지킨다."라는 말은 곧 구약의 율법을 지키는 것임을 말한다는 것이, 그 앞뒤 문맥으로 보아 분명하다. 또 예수 그리스도의 인류 구속 사업의 완성으로 폐지된 구약의 율법은 우리가 하느님과 올바른 관계에 놓이기 위한 데에는 무용한 것임이 명백하다. 그러나 신약 권내에까지 들어와서 이것을 들어 선행 무용론을 내세우려는 것은 부당한 견강부회이다. 원래 옛 법이 폐지되면 새 법을 세워야 질서가 유지되는 법이 아닌가. 교회를 세우신 예수께서 교회에 새 계명을 주시지 않앉을 리가 없으며, 주 예수의 신실한 사도인 바오로 사도가 그 계명 준수 행위를 헛일로 여겼을 리가 없다. 신약 성경은 우리에게 신앙과 함께 실천적 행위를 요구한다는 것을 다음에 겸해서 논술하겠다.

에페소서 2장 79절의 뜻은 다음과 같다. 즉, 구원은 신앙으로 얻으며 신앙은 인간 고유 능력 활동의 결과가 아니고 오직 하느님의 은총의 선물이다. 은총은 선행에 대한 보상이 아니고 오로지 거저 받은, 그야말로 글자 그대로의 은총인 것이다. 이것이 바오로 사도의 유명한 은총론이다. "이렇게 은총으로 되는 것이라면 더 이상 사람의 행위로 되는 것이 아닙니다. 그렇지 않으면 은총이 더 이상 은총일 수가 없습니다."(로마 11,6). 이것도 같은 의미의 말이다.

하느님의 은총은 인간의 착한 행위에 대한 보수가 아니고 오직 자비로운 하느님의 선물이다. 이것은 성경의 여러 곳에서 볼 수 있는 복음의 진리이다.

"누가 그분께 무엇을 드린 적이 있어 그분의 보답을 받을 일이 있겠습니까?"(로마 11,35)

"우리는 그리스도를 통하여 하느님께 이러한 확신을 가지고 있습니다. 그렇다고 우리가 무슨 자격이 있어서 스스로 무엇인가 해냈다고 여기는 말은 아닙니다. 우리의 자격은 하느님에게서 옵니다. 하느님께서 우리에게 새 계약의 일꾼이 되는 자격을 주셨습니다. 이 계약은 문자가 아니라 성령으로 된 것입니다. 문자는 사람을

죽이고 성령은 사람을 살립니다."(2코린 3,4-6)

"성령에 힘입지 않고서는 아무도 '예수님은 주님이시다.' 할 수 없습니다."(1코린 12,3)

"그대가 가진 것 가운데에서 받지 않은 것이 어디 있습니까?"(1코린 4,7)

그러나 한번 은총을 받아 신앙을 가진 이상은 그 신앙에서 나오는 선행을 무용하다거나 거부하는 것이 결코 아니고 오히려 그것을 기대하고 요구하신다.

"나는 포도나무요 너희는 가지다. 내 안에 머무르고 나도 그 안에 머무르는 사람은 많은 열매를 맺는다. 너희는 나 없이 아무것도 하지 못한다."(요한 15,5)

그러므로 이 열매로 인간의 행위를 과대평가하거나 예수의 구속 공로를 가볍게 볼 수는 없다. 오히려 이 열매는 인간 선행의 원동력이신 주 예수의 공로와 영광의 현양일 뿐이다.

"우리는 하느님의 작품입니다. 우리는 선행을 하도록 그리스도 예수님 안에서 창조되었습니다. 하느님께서는 우리가 선행을 하며 살아가도록 그 선행을 미리 준비하셨습니다."(에페 2,10)

이 말은 예수 그리스도를 믿어 다시 태어난 사람은 다시 태어난 그 목적에 따라 선행에 정진하여야 한다는 뜻이다. 선행의 열매를 맺지 않는 신앙이란 죽은 신앙이요, 무익한 신앙이다.

"나의 형제 여러분, 누가 믿음이 있다고 말하면서 실천이 없으면 무슨 소용이 있겠습니까? 그러한 믿음이 그 사람을 구원할 수 있겠습니까? 어떤 형제나 자매가 헐벗고 그날 먹을 양식조차 없는데, 여러분 가운데 누가 그들의 몸에 필요한 것은 주지 않으면서, '평안히 가서 몸을 따뜻이 녹이고 배불리 먹으시오.' 하고 말한다면, 무슨 소용이 있겠습니까? 이와 마찬가지로 믿음에 실천이 없으면 그러한 믿음은 죽은 것입니다. 그러나 어떤 사람은 이렇게 말할 것입니다. '그대에게는 믿음이 있고 나에게는 실천이 있소.' 나에게 실천 없는 그대의 믿음을 보여 주십시오. 나는 실천으로 나의 믿음을 보여 주겠습니다. 그대는 하느님께서 한 분이심을 믿습니까? 그것은 잘하는 일입니다. 마귀들도 그렇게 믿고 무서워 떱니다. 아, 어리석은 사람이여! 실천 없는 믿음은 쓸모가 없다는 사실을 알고 싶습니까? 우리 조상 아브라함이 자기 아들 이사악을 제단에 바칠 때에 실천으로 의롭게 된 것이 아닙니까? 그대도 보다시피, 믿음이 그의 실천과 함께 작용하였고, 실천으로 그의 믿음이 완전하게 된 것입니다. 그렇게 하여 '아브라함이 하느님을 믿으니, 하느님께서 그것을 의로움으로 인정해 주셨다.'는 성경 말씀이 이루어졌고, 그는 하느님의 벗이라고 불리게 되었습니다. 여러분도 보다시피, 사람은 믿음만으로 의롭게 되는 것이 아니라 실천으로 의롭게 됩니다. 마찬가지로 창녀 라합도 심부름꾼들을 맞아들이고 또 그들을 다른 길로 내보냈을 때에 실천으로 의롭게 된 것이 아닙니까? 영이 없는 몸이 죽은 것이듯 실천이 없는 믿음도 죽은 것입니다."(야고 2,14-26)

신앙과 선행의 관계를 이보다 더 적절히, 더 힘 있게 말할 수 있겠는가. 그러므로 신앙 만능론을 제창한 루터는 이 야고보 서간을 '지푸라기 같은 편지'라면서 혐오하여 신약 성경에서 뽑아 없애 버렸다.

야고보 서간뿐 아니라 같은 의미의 구절이 여러 군데 있다. 즉, 예수를 믿는 사람은 부단히 금욕 극기하여 죄를 회개하고 선행에 힘쓰며, 주님을 사랑하고 이웃을 사랑하는 덕을 닦으며 계명을 지키지 않으면 구원을 받을 수 없다는 훈계를 의미하는 구절이 얼마든지 있다.

"여러분이 육에 따라 살면 죽을 것입니다. 그러나 성령의 힘으로 몸의 행실을 죽이면 살 것입니다."(로마 8,13)

"육이 욕망하는 것은 성령을 거스르고, 성령께서 바라시는 것은 육을 거스릅니다. 이 둘은 서로 반대되기 때문에 여러분은 자기가 원하는 것을 할 수 없게 됩니다. …… 그리스도 예수님께 속한 이들은 자기 육을 그 욕정과 욕망과 함께 십자가에 못 박았습니다."(갈라 5,17-24)

"우리는 언제나 예수님의 죽음을 몸에 짊어지고 다닙니다. 우리 몸에서 예수님의 생명도 드러나게 하려는 것입니다."(2코린 4,10)

"그러므로 여러분 안에 있는 현세적인 것들, 곧 불륜, 더러움, 욕정, 나쁜 욕망, 탐욕을 죽이십시오. 탐욕은 우상 숭배입니다. 이것들 때문에 하느님의 진노가 순종하지 않는 자들에게 내립니다."(콜

로 3,56)

"누구든지 내 뒤를 따라오려면, 자신을 버리고 제 십자가를 지고 나를 따라야 한다."(마태 16,24)

"그리스도께서도 여러분을 위하여 고난을 겪으시면서, 당신의 발자취를 따르라고 여러분에게 본보기를 남겨 주셨습니다."(1베드 2,21)

"너희도 회개하지 않으면 모두 그처럼 멸망할 것이다."(루카 13,3)

"그러므로 회개하고 하느님께 돌아와 여러분의 죄가 지워지게 하십시오. 그러면 다시 생기를 찾을 때가 주님에게서 올 것이며, 주님께서는 여러분을 위하여 정하신 메시아 곧 예수님을 보내 주실 것입니다."(사도 3,19-20)

"그대는 회개할 줄 모르는 완고한 마음으로, 하느님의 의로운 재판이 이루어지는 진노와 계시의 날에 그대에게 쏟아질 진노를 쌓고 있습니다."(로마 2,5)

"그러므로 네가 가르침을 어떻게 받아들이고 어떻게 들었는지 되새겨, 그것을 지키고 또 회개하여라."(묵시 3,3)

보라! 구원을 위해서는 죄를 회개하고 금욕의 고신 극기도 요구되는 것이지, 신앙만으로 되는 것은 결코 아니다. 신앙은 반드시 사랑과 더불어 활동하여야 한다. "사실 그리스도 예수님 안에서는 할례를 받았느냐 받지 않았느냐가 중요하지 않습니다. 사랑으로 행동하는 믿음만이 중요할 따름입니다."(갈라 5,6)

그렇지 않고 신앙 하나만 있다면 그것은 무가치한 것일 뿐이다. "산을 옮길 수 있는 큰 믿음이 있다 하여도 나에게 사랑이 없으면 나는 아무것도 아닙니다."(1코린 13,2)

신앙보다도 사랑이 더 크다.

"그러므로 이제 믿음과 희망과 사랑 이 세 가지는 계속됩니다. 그 가운데에서 으뜸은 사랑입니다."(1코린 13,13)

"그러므로 너는 마음을 다하고 목숨을 다하고 정신을 다하고 힘을 다하여 주 너의 하느님을 사랑해야 한다. 둘째는 이것이다. '네 이웃을 너 자신처럼 사랑해야 한다.' 이보다 더 큰 계명은 없다."(마르 12,30-31)

"그러한 지시의 목적은 깨끗한 마음과 바른 양심과 진실한 믿음에서 나오는 사랑입니다."(1티모 1,5)

"사랑은 이웃에게 악을 저지르지 않습니다. 그러므로 사랑은 율법의 완성입니다."(로마 13,10)

그러므로 아무리 믿음을 가졌다 할지라도 이처럼 위대한 사랑이 없이는 구원을 받을 수 없다.

"사랑하지 않는 자는 죽음 안에 그대로 머물러 있습니다."(1요한 3,14)

예수께서는 당신을 믿지 않는 유다인들에게는 당신을 믿으라고 요구하셨으나 이미 당신을 믿는 제자들에게는 청빈과 온유, 정결 등의 덕행을 닦아(마태 5,19 참조) 하느님께서 완전하신 것같이 완전한 사람이 되기를 요구하셨다(마태 5,48 참조).

"모든 사람과 평화롭게 지내고 거룩하게 살도록 힘쓰십시오. 거룩해지지 않고는 아무도 주님을 뵙지 못할 것입니다."(히브 12,14)

그러므로 신앙만 있으면 하늘나라에 들어가 주님을 뵈올 줄 아는 것은 크나큰 오류이다.

요한 묵시록 가운데는 일곱 개의 지역 교회에 보내는 편지에 믿고 안 믿고는 문제 삼지 않고, 착한 일을 하도록 힘쓰라는 것과, 직책에 충실하라는 말이 많이 있다.

"나는 네가 한 일과 너의 노고와 인내를 알고, …… 그러나 너에게 나무랄 것이 있다. 너는 처음에 지녔던 사랑을 저버린 것이다. 그러므로 네가 어디에서 추락했는지 생각해 내어 회개하고, 처음에 하던 일들을 다시 하여라."(2,2-5)

"너는 내 이름을 굳게 지키고 있다. 나의 충실한 증인 안티파스가 사탄이 사는 너희 고을에서 죽임을 당할 때에도, 너는 나에 대한 믿음을 저버리지 않았다. 그러나 너에게 몇 가지 나무랄 것이 있다. …… 그러므로 회개하여라."(2,13-16)

"나는 네가 한 일들이 나의 하느님 앞에서 완전하다고 보지 않는다. 그러므로 …… 그것을 지키고 또 회개하여라."(3,2-3)

"나는 네가 한 일을 안다. 너는 차지도 않고 뜨겁지도 않다. 네가 차든지 뜨겁든지 하면 좋으련만! 네가 이렇게 미지근하여 뜨겁지도 않고 차지도 않으니, 나는 너를 입에서 뱉어 버리겠다."(3,15-16)

주님께 대한 신앙만으로 자신의 믿음이 충만하다고 생각하는 사람은 반드시 마태오 복음서 25장을 숙독하고 묵상하기를 바란다. 종들과 함께 엄격히 계산하는 주인의 태도를 보라. 다섯 탈렌트를 받아 가지고 그 돈을 활용하여 다섯 탈렌트를 더 번 종과, 두 탈렌트를 받아 가지고 역시 두 탈렌트를 더 번 종과, 한 탈렌트를 받아 가지고 그것을 땅속에 묻어 두었다가 그대로 내놓은 종의 비유를 보라. 받은 그대로 내민 종에게는 "이 악하고 게으른 종아! …… 저 쓸모없는 종은 바깥 어둠 속으로 내던져 버려라. 거기에서 그는 울며 이를 갈 것이다."(26-30)라고 하시지 않았던가. 우리가 신앙을 받았다 해서 신앙만 내놓을 수 있겠는가 생각하여 보라.

"낙심하지 말고 계속 좋은 일을 합시다. 포기하지 않으면 제때에 수확을 거두게 될 것입니다."(갈라 6,9)라는 말을 어찌 한시라도 잊을 수 있겠는가.

그다음 심판에 대한 구절을 읽어 보자. 신앙의 깊고 얕음을 보시고 영생과 영벌을 선언하시는 것이 아니라 선을 베풀었는지 아닌지에 따라 하시지 않는가(34-36). 선을 베푼 사람들에게는 "내 아버지께 복을 받은 이들아"라고 하시며 하늘나라로 부르시고, 악한 행실을 보인 사람들에게는 "저주받은 자들아, 나에게서 떠나 악마와 그 부하들을 위하여 준비된 영원한 불 속으로 들어가라."(41)라고 하시지 않는가.

"그때에 각자에게 그 행실대로 갚을 것이다."(마태 16,27)

"하느님께서는 각자에게 그 행실대로 갚으실 것입니다."(로마 2,6)

"나의 상도 가져가서 각 사람에게 자기 행실대로 갚아 주겠다." (묵시 22,12)

이만하면 예수를 믿기만 하면 그만이다는 신앙 만능론이 얼마나 헛된 말인지 분명히 알 수 있을 것이다.

신앙과 교리의 관계

프로테스탄트 신자들 가운데는 신앙과 교리를 완전 분리하여 신앙에만 치중할 뿐, 교리에 대하여는 도무지 마음을 쓰지 않는 사람들이 있다. 그들은 아마 교리란 사람들이 만든 '전설'이나 '관례'로만 여기는 듯하다. 이것은 신앙을 프로테스탄트적 신뢰인 줄로만 알고 신앙만 있으면 확실히 구원된다는 신앙 만능론의 필연적인 귀결이다. 이것이야말로 지긋지긋한 오류이다.

교리란 하느님께서 계시하신 진리와 우리에게 내리신 계명이다. 《천주교 요리문답》에는 "천주교 요리는 세 끝을 포함하나니 1) 믿을 교리와 2) 지킬 계명과 3) 은총을 얻는 방법이니라. …… 믿을 교리는 대충 종도신경宗徒信經[141]에 실려 있는 것이니라. …… 지킬 계명은 천주 십계와 가톨릭 교회의 모든 법규니라. 성총을 얻는 방법은 특별히 기도와 성사니라."라고 하였다. 이를 총괄하여 '교리'라

---

141 오늘날의 사도신경을 말한다. — 편집자 주

고 한다. '요리'는 교리 중 주요한 것이란 뜻이다. 이 책을 지금까지 읽어 온 사람은 앞에서 말한 교리의 기원이 예수께 있음을 즉시 깨달을 것이다.

사람이 만든 종교에는 물론 사람이 만든 교리가 있겠지만, 주 예수께서 몸소 세우신 종교에는 주 예수께서 몸소 가르치시고 명하시고 제정하신 교리가 있다. 천주 성삼, 강생, 구속, 교회 창립, 으뜸 사도인 베드로 사도와 그 후계자에게 권위를 부여하심, 교회의 무류성, 세례 · 견진 · 고해 · 성체성사 등의 교리는 모두 주 예수께로부터 직접 온 것이다.

교회의 법률이란 예수께서 가르치신 진리와 계명을 충실히 수호하기 위하여 제정한 한 방편일 뿐이다. 예를 들면 주 예수께서 고해성사와 성체성사를 세우셔서 사람들로 하여금 이를 성실히 받아 영적 이익을 얻게 하셨는데, 교회에서는 적어도 일 년에 한 번 성사를 받으라는 규율을 세워 신자들로 하여금 주님의 뜻을 준수하도록 독려하며, 성사 거행의 예식을 제정하여 성사의 존엄을 보전한다. 비록 규율은 규율이지만 신자들은 거기에 마음으로 복종한다. 이것은 주 예수께서 당신의 거룩한 목적 달성을 위하여 교회에 권능을 주셨기 때문이다.

모든 교리는 주 예수께서 가르치시고 제정하신 것으로서 영구불변하므로 사람이 마음대로 고치지 못한다. 따라서 예수를 진심으로 믿고 사랑하는 사람은 모든 교리를 기쁜 마음으로 지킨다.

"너희가 나를 사랑하면 내 계명을 지킬 것이다. …… 내 계명을 받아 지키는 이야말로 나를 사랑하는 사람이다. 나를 사랑하는 사람은 내 아버지께 사랑을 받을 것이다. 그리고 나도 그를 사랑하고 그에게 나 자신을 드러내 보일 것이다. …… 나를 사랑하지 않는 사람은 내 말을 지키지 않는다. 너희가 듣는 말은 내 말이 아니라 나를 보내신 아버지의 말씀이다."(요한 14,15.21-24)

"하느님을 사랑하는 것은 바로 그분의 계명을 지키는 것입니다." (1요한 5,3)

진정으로 예수를 사랑하는 이는 주님을 믿는 것만으로는 구원을 받을 수 없다는 것을 알며, 따라서 주님이 주신 계명을 준수할 것이다. 신앙과 선행이 병행되어야 하고 선행의 유무에 따라 영생과 영벌이 판정된다는 것은 앞에서 이미 말했다. 따라서 주님의 계명을 지키지 않고 '보통 도덕'의 행위만으로는 영생을 얻지 못한다. 주 예수의 계명이란 남을 미워하지 말라, 살인하지 말라, 도둑질하지 말라, 부모에게 효도하라 등의 비신자들도 다 실천하는 도덕적 계율일 뿐 아니라, 당신을 믿는 자들에게 내리신 특수 계명도 포함되어 있다. 즉, 교회 제도의 확립, 영혼의 성화를 위하여 세우신 일곱 성사가 그것이다.

계명이란 곧 권위 있는 명령이다. 그러므로 계명에는 절대 복종할 의무가 있다. 주 예수께서 베드로 사도와 그 후계자에게는 권위를 맡겨 주시고 신자들에게는 그 권위에 복종할 의무를 명하셨다.

그러므로 신자들은 그리스도께 순종하는 그 순종으로 그리스도의 대리자인 그들에게 순종해야 한다. 한 나라의 원수에게 충성을 다하는 이는 으레 그 원수의 임명을 받은 지방 장관에게도 복종하는 법이 아닌가. 원수에게는 순종하면서, 그 원수의 권위를 대행하는 지방 장관을 거역하는 사람이 어디 있겠는가.

예수께서 성체성사를 세우실 때, 이 성사에 당신이 실재함을 믿어야 할 의무와 함께 이 성사를 받아야 할 의무까지 명하셨다. 믿든 말든, 모시든 말든, 각자에게 맡겨 버릴 일이라면 아예 이를 세우지도 않으셨을 것이다. 주 예수께서 세우신 다른 성사와 다른 제정에 대하여도 마찬가지다. 하느님께서 계시하신 교리를 믿지 않으면서 입으로만 주를 믿는다고 하는 것은 한갓 말장난일 뿐이다.

주님께서 주신 계명은 모두 수행할 의무가 있다. 그러니 어떻게 감히 한 가지인들 지키지 않을 수가 있겠는가. 이미 말한 대로 교리적 신앙에 있어서는 계시 진리 중 하나라도 믿지 않는다면 그것은 곧 주님의 권위를 부인하는 죄가 된다. 계명 수행에 있어서도 마찬가지다. 계명 중 하나라도 지키지 않는다면, 그것은 곧 하느님의 권위를 모독하는 죄이다.

"누구든지 율법을 전부 지키다가 한 조목이라도 어기면, 율법 전체를 어기는 것이 됩니다. '간음해서는 안 된다.'고 이르신 분께서 또 '살인해서는 안 된다.'고 하셨습니다. 그대가 비록 간음하지 않더라도 살인하면 율법을 어긴 범법자가 되는 것입니다."(야고 2,10-11)

여러 계명을 내리신 주 예수께서는 또한 교회 제도와 모든 성사를 세우셨다. 따라서 비록 다른 계명을 다 지킨다 해도 교회의 제도나 일곱 성사 중 한 가지만이라도 부인하면 이것은 곧 주님의 계명을 어기는 죄이다. 나라의 법률 중 하나만 어겨도 곧 국가의 죄인이 되지 않는가.

어떤 사람이 '내가 이처럼 주를 믿고 사랑하며 선한 사람으로 지내려고 힘쓰는데, 설마 한두 가지를 믿고 지키지 않았다고 해서 인자하신 예수께서 내게 벌을 내리실까?'라고 생각한다면 그는 주관주의에 사로잡힌 것이다. 그런 사람들은 서울행 기차를 타고도 "나는 지금 부산행 기차를 타고 있다. 부산에 반드시 가야만 한다. 나는 틀림없이 부산으로 간다."라고 생각할 것이다. 여기서 객관적 사실은 '서울행 기차에 타고 있다.'는 것이다. 이런 주관적 확신의 우물에서 빠져 나와야 한다. 우리가 마음에 드는 것만 골라서 믿고, 나머지 것은 믿지 않으며 다른 것은 지키지 않아도 구원받을 수 있다는 근거가 어디에 있는가. 이런 생각은 중대한 구원의 대사를 앞에 두고 움푹 팬 구덩이 위에서 위험천만한 낮잠을 자고 있는 것과 마찬가지이다.

이제 앞의 예시에 든 것 같은 이들이 수십 명 있고, 예수께서 아무 말씀도 하지 않고 받아들인다고 가정해 보자. 그들은 모두 다른 신조와 계명을 잘 신봉하며, 각각 한 가지씩만은 부인한다고 하자. 만일 이런 사람들을 다 받아들이면 어떤 일이 벌어지겠는가. 교회를 세우고, 진리를 계시하시고, 계명을 내리신 일들은 모두 헛된 일이 되고 말 것이다. 만약 이렇게 된다면 믿어야 할 진리도 없으며, 지켜야 할 계명도 없다는 것밖에 안 된다.

여러분이 진실로 주를 믿는다면 그 신앙을 행동으로 보여라(야고 2,18 참조). 그대가 진실로 주님을 사랑한다면 그대는 주님의 계명을 지키지 않을 수 없을 것이다.

"누구든지 나를 사랑하면 내 말을 지킬 것이다. …… 그러나 나를 사랑하지 않는 사람은 내 말을 지키지 않는다."(요한 14,23.24)

"나에게 '주님, 주님!' 한다고 모두 하늘나라에 들어가는 것이 아니다. 하늘에 계신 내 아버지의 뜻을 실행하는 이라야 들어간다. 그 날에 많은 사람이 나에게, '주님, 주님! 저희가 주님의 이름으로 예언을 하고, 주님의 이름으로 마귀를 쫓아내고, 주님의 이름으로 많은 기적을 일으키지 않았습니까?' 하고 말할 것이다. 그때에 나는 그들에게, '나는 너희를 도무지 알지 못한다. 내게서 물러들 가라, 불법을 일삼는 자들아!' 하고 선언할 것이다."(마태 7,21-23)

주님의 이름으로 예언을 하고 마귀를 쫓아내고 기적을 행하는 것은 다 좋은 일이다. 그러나 어느 하나라도 성부의 뜻을 어기면 이런 무서운 선고를 받게 된다. 성부의 뜻이란 주 예수께서 가르치시고 명하신 바로 그것이다.

"너희가 듣는 말은 내 말이 아니라 나를 보내신 아버지의 말씀이다."(요한 14,24)

예수께서 사도들에게 내리신 명령을 들어 보라.

"그러므로 너희는 가서 모든 민족들을 제자로 삼아, 아버지와 아들과 성령의 이름으로 세례를 주고, 내가 너희에게 명령한 모든 것을 가르쳐 지키게 하여라. 보라, 내가 세상 끝날까지 언제나 너희와 함께 있겠다."(마태 28,19-20).

즉, 사도들과 그 후계자들은 주님의 모든 명령 중 마음에 드는 것만을 골라 가르칠 수 없다. 오직 주님께서 알려 주신 모든 것을 가르칠 의무만이 있을 뿐이다. 따라서 우리도 그중에서 마음에 맞는 것만 골라서 믿는 것이 아니라, 주님께서 가르쳐 주신 그 모든 것을 믿고 따라야 한다.

그러므로 우리 앞에는 두 가지 선택지가 있다. 주 예수가 가르치신 모든 것을 전폭적으로 믿고 실행하는 것, 아니면 주님께서 우리가 마음에 드는 것만을 선택하여 신봉하는 것을 묵인하고 허락하시는 것을 통해 구원받든지, 이 둘 중 하나일 수밖에 없다. 그러나 주님께서는 오직 자신이 가르치신 모든 것을 믿고 따라올 것을 요구하신다.

"비와 눈은 하늘에서 내려와 그리로 돌아가지 않고 오히려 땅을 적시어 기름지게 하고 싹이 돋아나게 하여 씨 뿌리는 사람에게 씨앗을 주고 먹는 이에게 양식을 준다. 이처럼 내 입에서 나가는 나의 말도 나에게 헛되이 돌아오지 않고 반드시 내가 뜻하는 바를 이루며 내가 내린 사명을 완수하고야 만다."(이사 55,10-11)

"하늘과 땅은 사라질지라도 내 말은 결코 사라지지 않는다."(마태 24,35)

"그러므로 나의 이 말을 듣고 실행하는 이는 모두 자기 집을 반석 위에 지은 슬기로운 사람과 같을 것이다. 비가 내려 강물이 밀려오고 바람이 불어 그 집에 들이쳤지만 무너지지 않았다. 반석 위에 세워졌기 때문이다. 그러나 나의 이 말을 듣고 실행하지 않는 자는 모두 자기 집을 모래 위에 지은 어리석은 사람과 같다. 비가 내려 강물이 밀려오고 바람이 불어 그 집에 휘몰아치자 무너져 버렸다. 완전히 무너지고 말았다."(마태 7,24-27)

제36장

소위 '종교 개혁'에 대하여

　가톨릭 교회의 교리와 다른 교파의 교리의 상이점에 대하여는 포괄적이나마 이미 이 책에서 논술하였다. 이제 잠시 옛날로 돌아가 여러 교파가 생기게 된 경로를 더듬어 보는 것도 진정한 그리스도교의 면모를 밝히는 데 한 도움이 될 것이다. 그러나 이 문제는 뒤로 미루고, 여기서는 다만 교파 분열의 발화점이라 할 수 있는 16세기의 소위 종교 개혁의 진상에 대하여, 누구나가 인정하는 역사적 사실만을 들어 극히 간략하게 약술하겠다. 그런 다음, 순수한 종교적 견지에서 이 사실을 될수록 공정하게 저울질해 보려 한다.

　종교 개혁 운동은 대사 문제로 말미암은 루터의 등장에서 발단되었다. 루터는 1483년 11월 10일 독일 작센의 아이슬레벤에서 태어났다. 열네 살 때 마그데부르크에 입학하여 2년 후에는 다시 아이제나흐에 입학하여 졸업하고, 열여덟 살에는 에르푸르트 대학에 입학하여 철학과 법학을 연구하고 스무 살에 학위를 받았다. 1505

년 7월 2일, 루터는 에르푸르트 교외에서 산보하면서 얼마 전에 결투 끝에 죽은 친구를 회상하며 현세의 무상함을 절감하고 있었다. 그런데 갑자기 폭우가 쏟아지면서 벼락이 치는 바람에 옆에 있던 또 한 명의 친구가 졸지에 저세상으로 가 버리고 말았다. 루터는 너무나 놀라, 안나 성녀를 부르며 자신의 목숨을 구해 준다면 수도회에 입회하겠다고 맹세하였다.

그로부터 약 2주일 동안의 준비를 마친 루터는 같은 달 16일 밤 여러 친구들과 고별 연회를 마치고, 그 다음날 아우구스티노 수도회에 입회했다. 2년 동안 수련기를 지나 1507년에는 청빈과 정결, 순명의 삼대 서원을 하느님 대전에 바치고 수사 신부로 서품되었다. 이듬해에는 비텐베르크 대학의 철학 교수로 임명되었고, 1512년에는 신학 박사 학위를 받았다. 그 후로는 시편, 로마서, 갈라티아서, 히브리서, 티토서 등을 강의하였다.

이때 그는 벌써 "사람은 예수를 믿음으로써 구원받는 것이지, 자신의 선행으로 구원받는 것이 아니다."라는 주장을 마음속에 세우고 있었다.

마침내 그가 자신의 사상을 세상에 드러낼 기회가 왔다. 제27장에서 이미 말했듯이, 독일 국내의 대사령 선포를 맡은 알브레히트 대주교는 도미니코회의 테첼을 자기 구역 동부 지방 대사령 반포 선전 위원으로 임명하였다. 루터는 당시 명성이 높던 설교가 테첼 신부가 임명된 것을 보고는 불 같은 시기와 불만을 품게 되었다. 테첼이 비텐베르크 부근에 이르렀을 때, 루터는 이에 반항하여 95개 조로 된 논문을 비텐베르크 성당 문에 붙였다. 그날이 바로 1517년 10월 31일 모든 성인 대축일 전날이었다. 이 방법은 당시 신학자들이 자기 의사를 표현할 때 쓰던 한 방법으로 관례가 되어 있었다.

이에 테첼은 106조의 반박 논문을 성당 문에 붙이고 루터에게 대항하였으나, 비텐베르크 대학생들이 이를 불살라 버렸다. 루터는 여전히 자신의 소신을 굽히지 않고 선전하고 있었다. 이에 테첼 측의 신학자들도 궐기하여 드디어 일대 논전이 벌어졌다. 1518년 4월 하이델베르크 수도원의 공개 토론회에서 루터는, 인간은 원죄로 말미암아 완전히 부패되었으므로 자유 의지란 없다고 주장하여, 옛 동지를 잃기도 하고 새 동지를 얻기도 하였다. 루터가 처음부터 교황에게까지 반역하려 한 것은 아니다. 그는 오히려 교황에게 충심으로 복종한다고 언명하였다.

당시 레오 10세 교황은 카예타누스 추기경을 보내어 사실을 조사하고 루터의 그릇된 의견을 바로잡도록 하라고 명령하였다. 그다음에는 또 독일인 밀티츠를 보내어 루터의 반성을 요구하였으나, 그는 끝까지 자기 소신을 굽히지 않았다. 시간이 지남에 따라 사태는 악화일로를 걷게 되었다. 1520년 6월 15일, 레오 10세 교황은 드디어 교시 〈주어, 일어나소서 *Exsurge, Domine*〉를 반포하여, 가톨릭 교회의 교리를 밝혀 설명한 뒤 60일 안으로 반성하기를 루터에게 요구하였다. 그러나 루터는 같은 해 12월 10일, 교황의 교서를 사람들 앞에서 불살라 버림으로써, 이듬해 1월 3일에 드디어 파문을 당하였다. 이때부터 루터는 공공연히 교황을 배척하고 세례성사와 성체성사 외의 다른 성사는 파기하고, 자기의 '삼대 원리'를 역설하여 나갔다. 루터의 삼대 원리는 다음과 같다. 첫째, 인간은 원죄로 말미암아 완전히 부패되었으므로 자유가 없다. 둘째, 구원은 예수를 믿음으로써만 받는 것이고, 인간의 선행이나 고행 등으로 되는 것은 아니다. 셋째, 신앙의 규범은 성경뿐이다.

42세의 루터는 시토 수녀회에서 나와 비텐베르크에서 살고 있던 카타리나 폰 보라Katharina von Bora와 결혼하였다. 루터의 동지였던 에라스무스는 이것을 보고 "비극 같은 개혁 운동은 희극(결혼)으로 끝났다."라고 조롱하였다. 루터주의는 불길처럼 퍼져 이제 분열은 아주 그 결정 단계에 이르렀다.

루터는 그 후 20년 동안 동지와 제자들의 끊임없는 분쟁을 지켜보면서 1546년 6월 28일, 어둠에 싸인 가슴을 안고 별세하였다.

이제 루터주의가 이처럼 북유럽 일대를 휩쓴 원인을 살펴보자.

중세의 그리스도교 세계관은 인문주의의 영향으로 세속화하여 버렸다. 그 여파가 교황청의 문턱을 넘어들자 교황의 위신이 땅에 떨어진 바 없지도 않았고, 특히 북유럽 일대의 주교좌에는 악폐가 거듭 쌓이기에 이르렀다. 주교 선정에 있어서도 직접 간접의 속권 간섭으로 부적임자도 많이 섞이게 되었다. 그들 중에는 성직의 엄숙성을 망각하고 속인으로 자처하는 사람도 있었다. 그러다 보니 그 사목 성직에 충실할 리가 없었고, 따라서 다른 신부들에게 미치는 악영향이 크지 않을 수 없었다. 십일조 헌금과 성 예식 사례비로 겨우 살아 가며 성직자로서의 체면 유지도 못하는 이가 있는가 하면, 천박한 이들도 있었다. 결국 민중들에게는 경멸의 대상이 되어 버렸다. 이에 따라 트리엔트 공의회에서는 슬기로운 대책을 세웠으나 때는 이미 늦었다. 여러 수도원에는 신자들의 헌금과 국왕이나 부호들의 보조가 모여져 부유하게 되자, 수도 정신이 이완된 곳도 여기저기 있게 되었다.

한편, 신성 로마 제국의 쇠약과 로마법의 채용으로 지방 제후들의 세력이 강대해짐에 따라, 그들은 교회까지 자기들의 세력권 내에 넣으려는 음흉한 야심을 품기에 이르렀다. 또 대부분의 제후들은 막대한 부채에 시달리던 차였으므로 자연히 교회 및 수도회의 재산에 침을 흘리게 되었고, 국민은 무거운 세금에 눌려 허덕이던 세상이었다.

경제적으로 몹시 어려운 상태에서 서민층에는 경박한 인문주의의 선전 책자들이 유포되어 민심은 나날이 해이해지고 악화하여 드디어는 교회를 등지기에 이르렀다. 세태가 이러하니 혁신의 기운은 이미 익었으나 교리를 의심하거나 가톨릭 교회와의 절연이란 꿈도 꾸지 못했다. 그렇지만 한편으로는 십자가의 길, 묵주 기도 같은 기도들도 널리 보급되어 신자들의 신앙생활이 더욱 경건해 지고 엄숙해진 일면도 있었다. 그뿐 아니라 16세기는 프란치스코 하비에르 성인, 이냐시오 데 로욜라 성인, 요한 데 데오 성인, 베드로 카니시오 성인, 파스칼 성인, 필립보 네리 성인, 예로니모 에밀리아니 성인, 예수의 데레사 성녀, 베드로 알칸타라 성인, 가롤로 보로메오 성인, 십자가의 요한 성인, 프란치스코 보르지아 성인, 알로이시오 곤자가 성인 등 세계적으로 존경받는 위대한 성인 성녀들이 많이 나온 세기이기도 하다.

어쨌든 형세가 급박한 이때, 대사 선전원 중에는 탈선적인 언동으로 대중의 반감을 산 사람들이 적지 않았다. 바로 이것을 기회로 루터는 드디어 횃불을 들고 일어났다. 그 추종자들은 각계각층이 망라되었다. 수도원을 뛰쳐나가는 수도자가 있는가 하면, 루터를 따라 결혼하는 성직자들도 많았다. 물론 그들은 성직의 엄숙성에 대한 이해가 결여된 사람들이다. 루터는 독일 내에서 가장 많은 독자를 가진 저술가인 동시에, 웅변으로 그 명성이 높았던 만큼 식자층에서도 그를 따르는 사람이 많았다. 독일 연방 제후들 중에는 종교적 동기라기보다는 정치적이고 경제적인 동기에서 그를 지지하고 비호하는 사람들이 많았다. 이쯤 되면 대중은 으레 그를 추종하게 되는 법이다.

어떤 이유로든 교회에 불평이 있는 사람들, 어려운 선행은 필요 없고 믿기만 하면 구원된다는 달콤한 선전에 비상한 매력을 느낀 무리들, 교의야 어찌 되었든 독일인은 독일인의 그리스도교를 창설하여야 한다는 국수주의적 충동에 날뛰던 사람들, 오랫동안 간절히 바라던 교회의 혁신이 이제 곧 이루어진다는 속단으로 경거망동하던 사람들이 그들의 뒤를 따랐다. 이처럼 여러 해 동안의 혼란 상태를 겪은 뒤 드디어 커다란 분열은 결정적으로 형성되고 말았다. 그러나 그 원인은 종교적이라기보다 정치적·경제적인 것이었다.

《브리태니커 백과사전》은 종교 개혁에 대하여 이렇게 말한다. "종교 개혁의 종교적 요소가 현대적 견지에서 과대평가되어 왔다는 것은 거의 의심할 여지없는 사실이다.", "독일 제후들이 루터주의를 강행시키는 데 있어서 그들의 이해관계를 발견하지 못하였더라면 루터는 분명 신비주의의 한 지도자에 불과하였을 것이다."[142] 프로테스탄트 사학자 찰스 리어도 "루터의 반역 동기는 간접적이든 직접적이든 모두 심령적인 것이라기보다는 아주 속세적인 것이었다. 그러므로 우리는 종교 개혁에 부수되는 종교적 변화라는 것은 간과하여도 무방하다. 실상 종교 개혁의 목적은 종교적 개혁에 있지는 않았기 때문이다."라고 증언하고 있다.[143] 이것은 하느님을 섬기고 구원을 목적으로 삼는 프로테스탄트 형제들이 거듭 숙고해야 할 말들이다.

로마 교황에 대한 루터의 반역을 통쾌히 여기는 사람도 많았다. 권위를 부정하는 자유주의적 견해에서는 그럴 수 있을지 모른다. 그러나 신앙을 정신 수양의 목적으로 행하는 것이 아닌, 오직 하느

---

142 《Britanica Encycl.》, V. 23, 411
143 《Cambridge Modern History》, V. I., 653

님 공경과 구원을 목표로 삼는 그리스도교적 견해에서 이 사실을 공정하게 바라보아야 한다. 따라서 개혁자의 자격과 개혁의 대상, 그리고 그 결과에 대하여 말하고자 한다.

1. 개혁자의 자격

교회 개혁의 거룩한 뜻을 이루려는 사람은 무엇보다도 그 자신의 덕행이 후세에도 널리 알려질 정도여야 한다. 단순히 말을 잘한다거나, 글을 잘 쓴다고 해서 하늘나라에 자신의 덕행을 새길 수는 없다. 루터의 성덕을 칭송하고 그를 본받으라고 권하는 사람은 가톨릭 교회 내에는 물론 프로테스탄트 측에도 없다. 이는 루터에게 있어서 참으로 섭섭한 일일 것이다. 그뿐 아니라 그는 가톨릭의 수사 신부였다. 일생을 독신으로 지내는 정결 서약을 바쳤던 만큼, 한 번 서원한 것은 반드시 이행할 필요가 있었다.

"남자가 주님께 서원을 하거나 맹세를 하여 스스로 서약을 할 경우, 자기 말을 어겨서는 안 된다. 제 입에서 나온 것을 다 그대로 실행해야 한다."(민수 30,3) 만일 그대로 행하지 않으면 그것은 대죄이다. 헤로데도 맹세 때문에 요한 세례자를 죽이기까지 하였었다(마태 14,6-11 참조). 어떠한 이유로라도 자신의 자유 의지로 하느님께 바친 서원은 죽을 때까지 준수해야 할 의무가 있었으나, 루터는 결혼을 함으로써 서품 때 했던 서약을 깨트린 셈이 되었다. 개혁자로 자처한 그로서 제일 급한 일이 결혼이었는지 의심을 받을 수밖에 없는 정황이었다. '선행 없이 신앙만으로도 구원을 얻는다.'고 주장한 것과는 달리 "널찍한 길"을 마음대로 걸으려 했다는 비판에서 벗어나기 힘들 것이다.

루터는 독신 서약과 함께 장상에게 복종하겠다는 순명 서약까지 바쳤다. 논쟁의 발단에서는 그다지 과격하지는 않았지만, 결국 로마 교황의 교서를 대중 앞에서 불사르는 반역을 감행하기에까지 이르렀다. 이것은 교회 개혁자를 자처한 사람으로서 할 수 있는 올바른 행동이 아니다. 정치나 사상 문제도 아닌 신앙 문제를 두고, 반평생을 장상으로 섬겼던 이에 대한 극도의 모욕적인 행위일 뿐이다.

루터는 성경을 독일어로 번역하였다. 그는 성경에서 마카베오기와 야고보 서간을 빼 버렸을 뿐 아니라, 로마서 3장 28절 "사실 사람은 율법에 따른 행위와 상관없이 믿음으로 의롭게 된다고 우리는 확신합니다."라는 말씀을 "오직 신앙으로 말미암아"라고 하여 '신앙만으로' 구원되는 것으로 여기도록 위작하였다. 또 코린토 1서 4장 20절 "하느님의 나라는 말이 아니라 힘에 있기 때문입니다."를 "힘에 있지 않고 말에 있다."라고 뒤집어 놓았다.

당시 엠서Emser는 "루터는 그리스도 교회가 옛적부터 신뢰해 오던 원문의 여러 곳을 혼란하게 하고 어리석게 만들었고, 비뚤어지게 만들어 교회에 불리하도록 하였다. 또 이단적인 주해와 서문으로 교회에 해독을 끼쳤다. 그는 신앙과 선행을 다루는 성구에 이르러서는 횡포하게도 거의 전부 손을 대었다. 신앙도 선행도 문제가 되지 않는 곳까지도"라고 증언하는 동시에 1,400여 군데의 부정확함을 지적하였다.[144]

어쨌든 이것을 루터의 무지로 돌릴 수는 없다. 교회를 개혁한다는 사람이 하느님의 말씀까지 개혁하려 들어 "나는 이 책에 기록된 예언의 말씀을 듣는 모든 이에게 증언합니다. 누구든지 여기에 무엇을 보태면, 하느님께서 이 책에 기록된 재앙들을 그에게 보태실 것입니다. 또 누구든지 이 예언의 책에 기록된 말씀 가운데에서 무엇을 빼면, 하느님께서 이 책에 기록된 생명 나무와 거룩한 도성에서 얻을 그의 몫을 빼어 버리실 것입니다."(묵시 22,18-19)라는 말씀도 개의치 않는 태도에는 더 할 말이 없을 것이다.

루터는 또 헤센의 백작 필립의 이혼을 허락하였다. 이 사건에 대하여 프로테스탄트 측의 미국의 예일 대학교 교수 월리스톤 워커가 지은 《기독교회 역사》도 다음과 같이 언급한다. "슈말칼덴 동맹의 정치적 천재 헤센 백작이 작센 여자와 결혼을 하여 칠 남매를 낳았으나 사이가 좋지 않아 부정한 길을 가고 있던 중에 구약의 위인들도 중혼을 하였으며 신약 시대에 와서도 중혼을 금하는 성문법成文法이 없다는 터무니없는 이유를 만들었다. 그리고 열일곱 살의 소녀와 결혼할 것을 마음먹고는 비텐베르크 개혁자들의 승낙을 얻고

---

144 Jansen, 《History of German People》, xiv, 42

자 부처를 멜란히톤과 루터에게 보냈다. 필립의 후원이 없으면 안 되는 그들로서는, 그 일을 옳지 않다고 여기면서도 절대 비밀을 조건으로 결혼을 허락하였다. 그러나 필립은 드러내 놓고 목사의 주례로 결혼식을 올렸다." 프로테스탄트 측의 역사가 베졸드Bezold도 "이는 교회사상 만대 불멸의 최악의 사건이다."라고 하였다.

그러면 칠 남매나 낳아 준 조강지처와의 이혼을 허락할 권한이 루터에게 있었던가. 만일 있었다면 성경과 역사로 어떻게 그것을 증명할 수 있는가. 또 로마 교황의 루터에 대한 권위만을 부인하는 이유는 어디에 있는가. 만일 그런 권한이 없었다면 "그러므로 하느님께서 맺어 주신 것을 사람이 갈라놓아서는 안 된다."(마태 19,6)라고 하신 예수님의 말씀도 무시하는 그런 폭거의 감행이 종교 개혁이란 말인가.

성경을 거짓으로 번역하는 것, 이혼을 허락하는 것 등은 인간이 약해서 저지른 일시적 범죄로 칠 수는 없다. 신자가 아닌 사람들은 이 문제를 하찮은 것으로 여길지 모르지만, 하느님을 섬기고 영혼의 구원이라는 견지에서는 커다란 들보로 보아야 한다. 그러므로 공정한 저울은 루터에게 종교 개혁자로서의 자격이 없음을 보여 준다. 그러나 오늘날 루터의 제자들 중에는 "우리는 루터는 믿지는 않고, 다만 그가 발견한 복음을 믿는다."라고 하며, 그의 불미스러운 행위는 행위대로 인정하고, 다만 그의 사상만을 찬성한다고 한다. 그러나 하느님께서 오류에 빠진 백성을 정의와 진리의 길로 인도하고자 하실 때, 어떠한 사람을 선택하여 쓰시는지 신약 성경을 펴놓고 살펴보라. 저 유명한 성인들 중에 과연 루터도 한몫 끼일 수 있겠는가. 만일 가톨릭 교회가 1,500여 년 동안 무서운 오류에 빠져 있었다면, 또 하느님께서 진리의 광명을 인류에게 보내실 의향이 있으셨다면, 그 많은 사람 중 하필 당신과의 서약을 어긴 루터를 선택하여 쓰셨겠는가.

비록 루터가 '발견'한 진리만을 따른다 해도, 오늘날 그 제자들 중에는 루터가 주장한 "신앙만으로 구원을 받을 수 있고, 인간의 선행은 불필요하다."라는 설과, "인간에게는 자유가 없다."라는 설을 부인하는 사람도 있다. 그들은 루터가 빼 버린 야고보 서간을 다시 성경에 편입시키고, 루터는 성체성사에 예수께서 실재하심을 믿었으나 그들은 이를 부인한다. 이렇게 주요한 교리에 있어서 개혁자의 주장을 거부한다면, 어떻게 그의 다른 주장만은 꼭 옳을 것이라고 믿고 안심하며 따를 수 있겠는가.

2. 개혁의 대상

교회 개혁의 목표는 첫째로는 해이해진 기율을 진작시키거나, 둘째로는 교리의 진정한 구현에 있다. 이제 여기에 대하여 고찰해 보자.

당시 가톨릭 교회의 혁신 대상은 해이해진 기율이었지, 결코 그 교리는 아니었다. 이 두 가지는 혼동하지 말아야 한다. 기율의 문란은 북유럽 일대 교회가 심했을 뿐이고 다른 지방까지 다 그랬던 것은 아니다. 혁신 운운의 소리가 요란했지만 실상 혁신의 대상은 해이해진 기율 뿐이었다. 그러면 과연 루터가 이 방면의 개혁을 단행하였는가. 만일 루터가 베네딕토 성인이나 아시시의 프란치스코 성인처럼 솔선수범하여 만대에 빛나는 성덕으로 일대 교화를 시켰더라면 루터의 위업은 교회사상 한 금자탑이 되었을 것이다.

그러나 루터는 이 방면에의 혁신 의도는 전혀 없었고 또 능력도 없었다. 이 점에 있어서는 오히려 그가 혁신의 대상이었다. 삼대 서원을 한 신부와 수도자들이 그의 뒤를 따라 세속으로 뛰쳐나간 행위만 보아도 알 수 있지 않은가. 루터는 교회의 우환을 물리치기는 커녕 도리어 타는 불에 기름을 부었을 뿐이다.

루터가 개혁 대상으로 삼은 것은 교리 부문이었다. 이로 말미암아 교회와의 대립은 날카로워졌다. 서로 진리는 자기편에 있고 오류는 상대측에 있다고 주장하게 되었다. 학술적인 논쟁이면 그저 지켜볼 수도 있었겠으나, 이것은 '구원'이라는 문제를 앞에 둔 첨예한 대립의 상황이었다. 그러므로 인간의 지성과 감정, 의지 전 능력을 모두 동원하여 하나를 선택해야 하는 기로에 서게 된 것이다.

교리의 서로 다름에 대해서는 이미 말했으므로 생략하기로 하고, 여기서는 다만 카예타누스를 대표로 한 가톨릭의 주장을 저울의 오른쪽에 놓고, 루터를 대표로 한 개혁자들의 주장을 저울의 왼쪽에 놓아 그 무게에 대한 판단은 보는 이들에게 일임하기로 한다.

- 우 예수를 믿는 믿음만으로는 부족하다. 반드시 선행도 요구된다. 예수의 가르치심 전부를 믿고 실천하여야 한다.
- 좌 예수를 믿기만 하면 구원된다. 인간의 행위로 구원되는 것이 아니다.

여기에서 우는 믿음과 행위의 일치를 강조한다. 좌는 믿음만을 역설하고 행위에 대하여는 방임하는 주의이다. 우에 비하여 좌가 "널찍한 길"이다. 문제의 핵심에 들어가기 전에 벌써 여기서 좌의 됨됨이가 드러난다.

- 우 우리가 믿고 실행하는 것은 벌써 16세기 동안 계속해 온 것이다. 그리스 정교회나 러시아 정교회 등 대부분의 이교도 우리와 같이 믿고 행하여 왔다. 개혁파의 설은 그리스도교 창설 1,500년 후에 생겨난 신설이다.
- 좌 15세기 동안이 아니라 20세기 동안을 믿고 행하여 왔다 할지라도 그것은 그릇된 믿음이요, 따라서 의미 없는 행위이다. 그러므로 개혁하라는 것이다.
- 우 만약 오류가 1,500년 동안이나 존속되어 왔다면, 이것은 분명 지옥의 세력이 그리스도교를 유린한 사태이다. 예수께서는 세상 끝날까지 사도들과 그 후계자들과 함께 계시겠다고 약속하셨고 (마태 28,20 참조), 저승의 세력도 그것을 이기지 못할 거라고 하셨

고(마태 16,18 참조), 또 진리의 성령을 보내시어 영원히 교회에 머물러 계시게 하겠다고 말씀하셨다(요한 14,16 참조). 그러면 예수께서 거짓말을 하셨다는 말인가. 또 생명인 진리를 잃어버려 오류에 빠진 교회를 방관만 하시려고 함께 계시겠다고 말씀하셨단 말인가.

좌 성경은 그렇게 해석하지 말아야 한다. 사실은 성경에 배치되는 가톨릭 교회의 신앙과 행위를 바로잡으려는 것이 이른바 개혁이다. 과연 당신들의 신앙과 행위란 성경적 근거를 가지고 있는 것인가?

여기서 문제는 성경으로 옮겨 간다. 성경을 누가 바로 해석하는가를 논쟁한다.

우 성경은 우리 교회에서 보관하여 온 것이다. 우리는 4세기에 여러 위경僞經을 물리치고 오늘날의 신약 성경을 엮었다. 정경正經인 신약 성경을 엮고 그것을 온 정성을 다하여 보관하여 온 우리가 그것을 올바로 해석하지 못할 리가 있겠는가. 그런데 성경에서 모든 교리의 명문明文을 찾아내기는 불가능하다. 성경에 적히지 못한 하느님의 말씀도 많다. 이를 교회에서는 성전聖傳이라 하여 소중히 보관하여 오고 있다. 교회는 이 두 가지를 가지고 신자들을 교도하여 왔다. 실상 교회가 신약 성경보다 먼저 출현하였고, 초대 교회 신자들에게는 성경이 없었다. 그들은 교회의 산 가르침으로 배워 왔다.

좌 보관은 당신네가 해 왔을 지라도, 해석은 우리가 올바로 한다. 또 초대 교회에서 어떻게 해 왔든 우리는 성경 하나만을 규범으로 삼는다. 성경의 말씀만 따라간다.

이렇게 가톨릭 교회에서는 '성경과 교회'를 겸하여 주장하고, 프로테스탄트에서는 '성경 하나만'을 주장한다. 이제 신·구약 성경을 한 자 한 자 세심하게 읽어 보라. 그러면 누구든지 다음과 같은 사실을 알 수 있을 것이다.

첫째, 성경은 무슨 편 무슨 편 모두 몇 권으로 된 것이라는 언명이 없다는 사실.

둘째, 성경 '하나만'이 신앙의 규범이라는 분명한 말씀이 없다는 사실.

셋째, 성경 '하나만으로' 어느 시대 어느 민족이 신앙 지도를 받아 왔다는 예증이 없다는 사실.

넷째, 성경의 기술 형식이 오늘날의 법전처럼 내용의 성질에 따라 장, 절로 구분되어 있거나, 고정된 전문 용어로 기록되어 있지 않다는 사실.

따라서 정신계의 심오하고 복잡한 문제의 해결을 성경 '하나만'에서 구할 수 없다는 사실을 발견하게 될 것이다.

동시에 "내가 너희에게 명령한 모든 것을 가르쳐 지키게 하여라."(마태 28,20), "너희 말을 듣는 이는 내 말을 듣는 사람이고, 너희를 물리치는 자는 나를 물리치는 사람이며"(루카 10,16), "교회의 말도 들으려고 하지 않거든 그를 다른 민족 사람이나 세리처럼 여겨라."(마태 18,17)라는 말씀도 발견하게 될 것이다. 이제 독자는 이 저울을 보고 그 무게를 살펴보라.

그리고 성경을 누가 올바로 해석하는가를 보라. 성경의 말씀 중에도 이렇게 해석하면 이렇게 들어맞고 저렇게 해석하면 저렇게 들어맞는 구절이 많다. 따라서 그 해석에 있어서 의견이 다양하다. 그러므로 올바른 해석을 하기 위한 요점은, 성경 저자가 그 말을 함으로써 무엇을 뜻하려고 했는지를 알아내는 데에 있다. 만일 불행히도 성경이 쓰여진 당일로 땅속에 묻힌 채 1,520년을 지낸 뒤에 비로소 카예타누스와 루터가 이것을 꺼내어 이 구절은 이러니저러니 하며 논쟁한다고 해 보자. 그러면 우리는 저자의 진의는 전혀 모르는 채 그들의 논쟁의 전말을 지켜 보아도 좋으련만 사실은 그렇지가 않다.

우는 위경과 정경이 뒤섞인 속에서 정경을 식별한 권위와, 그를 보관해 온 사실과, 1,500여 년 동안 수많은 사람들이 실행하여 온 실적을 내놓음에 반하여, 좌는 그저 "우리의 해석이 맞다."라는 말만을 내놓는다. 이제 또 독자는 이 저울의 무게를 비교하여 보라.

우 우리의 해석은 우리의 것이 아니고 초대 교회의 교부들에게 받은 것이다. 사실 교부들은 모두 이렇게 해석하였고 이렇게 가르쳤다.

좌 그래도 그런 해석은 다 오류이다. 성경의 말씀은 그렇게 알아듣는 것이 아니다. 우리의 해석이 진정한 것이다.

초대 교부들의 해석이 바로 가톨릭 교회의 해석임은 틀림없다. 교부들의 저서와 성경 주석이 오늘날까지 보관되어 있다. 그렇다면 카예타누스는 퇴장하여도 좋다. 이제 교부들과 개혁파를 대립시켜 보자.

우 그러면 지식인으로서의 교부들의 권위는 어떠한가. 도저히 개혁파들에 비교할 바가 아니다. 암브로시오 성인과 아우구스티노 성인 등 교부들의 철학적·신학적·성경적으로 깊은 조예와, 그 유려한 필치는 오늘날도 오히려 절찬을 받고 있다. 그들의 학문적인 권위의 빛은 영원히 빛날 것이다. 특히 초대 교회는 사도시대에 가까운 시대였으므로 성경 용어인 고전어의 맛을 더 깊이 볼 수 있겠고, 성경 저자의 환경에 대해서도 잘 알고 있었을 것이므로 성경의 진의 파악에 매우 유리했을 것이다. 더구나 그들은 사도들의 문하생이 아니면 이대 삼대 제자들이었으므로 사도들의 가르침을 더 정확히 파악하였을 것이다.

좌 이제 개혁파의 진용을 보면 루터, 멜란히톤, 칼슈타트, 요나스, 암스도르프 등이다. 이들은 종교 개혁의 선봉으로 활약하여 분열을 일으키는 데 성공하였다. 또 대학 교수나 강사 등으로 활동하였으나 지식인으로서의 명성을 떨친 사람은 루터와 멜란히톤뿐이었다. 그러나 암브로시오 성인이나 아우구스티노 성인에 비할 바는 되지 못하였다. 그들은 성경이 기록된 뒤 15세기의 사람들이다.

우 교부들은 모두 지식으로 사람들을 가르칠 뿐 아니라 학덕이 뛰어난 성자들로서 후세에도 길이길이 이름을 떨칠 이들이다. 그들 중에는 순교자도 많다. 그들의 전기를 읽고 신앙의 용기를 얻은 사람들이 많다.

좌 앞서 말한 개혁자들 중에는 유감이지만 높은 덕을 갖춘 사람은 하나도 없다. 독자의 양심은 벌써 판단을 내렸을 것이다. 이제 교리에 대한 양자의 태도를 관찰하여 보자.

우 가톨릭 교회에서는 문자 그대로 그 믿는 바와 행하는 바가 일치한다. 가톨릭 교회의 일치는 동서고금을 통하여 그야말로 시공을 초월한 일치다. 각자의 개성이 자유로운 인간 사회에서, 이런 놀라운 일치의 사실은 그 배후에 확고부동한 객관적 근거가 있음을 의미한다. 진리는 오직 하나라는 격언의 실현이 바로 그것이다.

좌 프로테스탄트는 교리에 대하여 일치되지 못하고 있다. 이 불일치는 개혁파 자신이 빚어 낸 것이다. 처음에 루터의 개혁 운동을 찬성하던 에라스무스는 루터의 "신앙만으로 의화된다."라는 설과 그의 자유 의지 부인을 반대하여 자유 의지를 고조高調하였다. 칼슈타트는 성체성사에 예수께서 실재하신다는 것을 부인하였으며, 성경 해석에 있어서도 루터를 공격하였다. 그는 마침내 루터의 맹렬한 반대에 부딪쳐 남부 독일로 가버렸다. 칼슈타트파 중 뮌처Munzer 등은 직접 계시를 주장하며 루터를 공격하다가 광신자들이라는 비난과 공격을 당하였다. 츠빙글리는 성체성사에 대하여 "이것은 내 몸이다"를 "이것은 내 몸을 뜻한다"라고 해석하여 상징설을 주장하였고, 루터는 글자 그대로라고 하여 공존설을 고집하였다. 칼뱅은 "주 예수께서 몸으로 임하시는 것이 아니고 영靈으로 임하신다"라고 딴소리를 하였다(이것은 프로테스탄트측의 역사가 워커 교수의 기록에 의한 것이다). 그래서 에라스무스는 "너희는 사람들을 가르치기 전에 먼저 너희끼리나 일치하여라."[145] 하며 조소하였다. 이 불일치는 개혁파의 거두들 사이에서뿐 아니라 그때부터 오늘날까지 그들의 후계자들 사이에 줄곧 일어나고 있는 현상이다.

마지막으로 주님의 계시 진리요, 계명인 교리에 대한 보존 준수의 성의誠意에 대해서 살펴보자.

---

145 Mouret. ref. 34

우 가톨릭 교회는 교리를 온전하게 보존하는 것을 매우 중요하게 생각한다. 그러므로 이단이 생길 때마다 언제든 그 추종자들을 파문하여 희생을 감수하는 것이다. 만약 헨리 8세 왕의 이혼을 교황이 허락하였다면 영국은 여전히 가톨릭 국가였을 것이고 가톨릭 신자들은 탄압을 받지 않았을 것이다. 그러나 그리스 정교회와 성공회가 분리된 역사적 사실로도 알 수 있듯이, 교회는 한 국가와 한 민족이 떠날지라도 가톨릭 교리의 정통성을 확립할 것을 굽히지 않는다. 이처럼 가톨릭 교회처럼 교리에 엄격한 교회는 없다.

좌 앞에서 언급하였듯, 루터는 성경을 독일어로 번역하는 과정에서 첨삭을 하거나 프로테스탄트적인 시각으로 바꾸어 번역하기도 하였다. 이는 엄연히 성경을 오독한 것이다. 한 나라 한 민족은커녕 헤센 백작 한 사람을 잃을까 봐 칠 남매나 낳은 본처와의 이혼을 허락한 사람들이 바로 루터와 멜란히톤이 아니었던가. 오늘날에도 그의 제자들은 예수를 믿기만 하면 된다는 점에만 합의되면 그만이고 교리의 서로 다름에는 마음을 쓰지 않는다.

열매를 보고 나무를 안다고 했다(마태 7,15-20 참조). 역사적 사실의 공정한 저울을 누가 속일 수 있겠는가. 루터는 개혁해야 할, 또 개혁할 만한 방면에는 손도 못 대고, 개혁할 수 없는 계시 진리에 감히 손댔다가 마침내 파문을 당하였다.

파문당한 개혁파들은 소위 '프로테스탄트'를 세웠다. 초대의 자연스러운 교회로 돌아간다는 취지에서였다. 정작 초대 교부들에게로 돌아갔더라면 저런 탈선행위는 하지 않았을 것이나, 이미 흥분이 그 도를 넘어 앞뒤를 가리지 못하는 무모한 용기만이 남아 있을 때였다. 또 교부들에게 돌아가면 이미 개혁의 모순이 드러날 것이므로 내친걸음에 서툰 무기인 성경 하나만을 뽑아들게 되었을 것이다. 그리하여 성경 그대로의 '자연스러운' 교회를 설계하였다는 것이다.

그러나 프로테스탄트는 부자연스러운 점이 한 두 가지가 아니다. 우선 '성경 유일 규범주의', '성경의 자유 해석주의'가 퍽이나 부자연스러운 생각이다. 그칠 줄 모르는 분열상이 이를 증명한다.

성경 유일 규범주의가 낳은 오류는 많다. 예수와 사도들은 언제나 건전하고도 정상적인 걸음을 걸으셨다. 가르침에는 앞뒤 순서가 있다. 신약 시대에 와서 먼저 가르쳐야 할 가장 중요한 과제는 주 예수는 구세주이시며, 하느님의 아드님께서 사람이 되시어 우리를 구원하셨다는 것이다. 그다음은 이 중요 과제와 모순되는 구약의 율법 준수 사상의 배격이었다. 복음사가들과 서간의 저자들은 기회를 엿보고 환경을 살펴 이것을 가르치기에 온 힘을 다 쏟았다. 그런데 프로테스탄트는, 성모를 공경하라거나 성인들도 공경하라는 내용이 성경에 없다고 하여 이를 반대한다. 기본적인 중요 과제를 가르치기에 여념이 없던 성경 저자들이 대체 어느 겨를에, 아마 그때 아직 살아 계셨을 성모에 대한 추모 공경을 역설할 수 있었겠는가.

또 아직 탄생하지도 않은 성인들을 공경하라고 가르칠 수 있었겠는가. 또 성상聖像 제작을 권고했을 리가 있었겠는가. 중요한 것을 먼저 가르치고 부차적인 것은 천천히 가르치는 것이 당연한 순서일 것이다. 주 예수께서도 "내가 너희에게 할 말이 아직도 많지만 너희가 지금은 그것을 감당하지 못한다. 그러나 그분 곧 진리의 영께서 오시면 너희를 모든 진리 안으로 이끌어 주실 것이다."(요한 16,12-13)라고 하시어; 부차적인 문제는 뒷날로 미루셨다. 이 얼마나 '자연스러운' 진행 순서인가.

국가 원수는 원수대로 존경하고 그의 친척이나 측근자에게는 원수의 권위를 조금도 손상하지 않고도 다 각각 그에 상응한 경의로 대우하는 것이 당연하고도 자연스러운 일이다. 부모나 위인의 초상 앞에, 국기 앞에 경의를 표하는 것이 인간의 자연스러운 정이 아니겠는가. 엄숙한 예식에는 예복을 갖추고 참례하는 것이 당연하다. 하느님은 신이시므로 예배 형식은 필요하지 않다고 주장한다면 입으로 소리 내어 그분을 찬미할 필요도 없을 것이다. 우리는 웃어른을 만날 때 경의의 마음을 지니고 인사를 건넨다. 이처럼 하느님을 흠숭하는 이로써 어떻게 천사들과 성인, 성녀 등 천상 가족들에게 덤덤할 수 있겠는가. 의식과 의욕이 있으면 반드시 행동으로 나타나는 법이다. 이것은 인간의 자연이다. 구원의 은혜는 자연을 역행하지는 않는다. 예수를 믿기만 하면 각자의 협력 행위 없이도 구원되어 영복을 얻게 된다는 설은 성덕 방면에 대한 인간 활동의 길을 막는 부자연한 말이 아니겠는가.

묘목을 심어 놓으면 점점 자라 가지가 뻗고 꽃이 피고 열매 맺고 하는 것이 자연의 현상이다. 예수께서 친히 심으신 겨자씨는 그대로 있지 않고 자연스럽게 성장한다. 국가에든 단체에든, 자기의 목적 달성을 위하여 필요한 방책을 세울 권리가 있다. 이는 자연의 이치이다. 그 강령을 지켜 나가면서 그때그때 규칙을 제정하여 건전한 발걸음을 내딛는 것이 곧 발전 도상의 자연 이치에 순응하는 것이다. 가톨릭 교회는 하느님께서 계시하신 진리와 계명을 지켜 나가면서 세계 전교의 건강한 걸음을 내딛던 중, 시대의 필요에 따라 여러 가지 의식과 제도, 법규 등을 제정하였다. 가톨릭 신자에게는 자기 기질에 맞든 안 맞든 이 권위에 의해 제정된 것들을 지킬 의무가 있다.

예를 들면 학생이 여러 가지 교칙을 지키기가 귀찮으니까 철폐해 버리고 자연스럽게 공부할 자유를 달라고 요구한다고 해 보자. 만약 이 학생의 요구대로 모든 교칙을 폐기해 버리면 그 학교는 규칙도, 질서도 없는 혼돈스러운 곳이 될 것이다. 오로지 '믿기만 하면 그만'이라는 주장과, 십자가를 지고 주님을 따르는 것 중 어떤 것이 옳은 판단이겠는가. 현명한 독자는 스스로 판단할 수 있을 것이다.

3. 개혁의 결과

프로테스탄트는 성경 유일 규범주의와 성경 자유 해석주의를 원리 원칙으로 삼는다.

그들의 신앙은 주관적 또는 내재적인 경향으로 흐르게 되어 흔히 정서적인 부분과 이지理智적인 부분을 과대평가하기에 이른다. 그들은 기도 중에 가슴을 치고 눈물을 흘리며 한숨을 쉬는 감흥 도취 상태를 흔히 성령의 감화로 알아 높이 평가한다. 가톨릭에서는 이러한 종교적 정서를 무시하지는 않지만, 결코 중대시하지는 않는다. 이것은 여름날의 소나기 같은 것이어서 영혼을 잠깐 시원하게 하기는 하겠지만, 늘 경계하여야 할 심적 상태이다. 가톨릭 교회에서는 무엇보다도 강철 같은 의지로 꾸준히 신앙을 실천하는 태도를 중요시한다. 비록 기도의 감정이 완전히 고갈되어 심정 상태가 사막 같을 때일지라도, 단연코 기도서를 들고 강행하는 기도 행위를 훨씬 높이 평가한다. 또 흔히 프로테스탄트는 이지의 승인을 중요시하는 주관주의적 경향으로 쏠린다. 이지가 승인하지 않는 성경 구절에 이르러서는 견강부회를 일삼다가 점차 편의주의로 떨어져 마침내는 그들이 가졌다는 신앙조차 잃어버리게 된다. 이것은 프로테스탄트의 지식 계급과 청년층에서 흔히 볼 수 있는 현상이다. 이런 형태의 신앙적 모습은 무종교로의 한 과정이 되기도 한다.

성경 유일 규범주의와 성경 자유 해석주의라는 그들의 원리 원칙대로만 걸어간다면, 결국은 일인 일교파 상태를 빚고 말 것이다.

"당신은 그렇게 해석하지만 나는 이렇게 해석하겠다. 내 해석이 옳다. 내가 당신을 따라갈 필요가 어디 있겠는가."라는 식으로 분열에 분열을 거듭하고 있다.

현재 한국 내의 그리스도교파는 가톨릭 외에 30여 개 파가 있다. 그리스도교 정교회, 한국 예수교 장로회, 기독교 한국 감리교단, 성공회, 제칠일 안식일 예수 재림교회, 동양 선교회, 구세군, 기독교회 한국 선교회, 기독교 오순절교회, 기독교회, 기독 동신同信회, 한국 기독교회, 한국 회중 기독교회, 하나님의 교회, 기독의 교회, 한국 예수교회, 침례교회, 하나님의 성회, 그리스도의 증인 교회, 복음주의 선교회, 재건교회, 예수교회, 기독교 한국 복음교회, 성주교단, 나자렛교회, 예수교 순복음교회, 동아 기독교회 등 한국에 있는 여러 종교 중 교파의 수가 많기로는 단연 으뜸이다.

좁은 반도 안에서 분열상이 이 정도이고, 전 세계적으로는 300여 교파로 분열되어 있다. 이 글을 쓰고 있는 동안에도 어느 구석에서는 또 다른 교파가 생기고 있을지도 모른다. 앞으로도 세포 분열과 같은 상태가 오지 않을 것이라고 누가 보장하겠는가. 심지어 그 중에는 영혼의 존재, 지옥의 존재를 부인하는 교파도 있다.

문제는, 이 모든 교파가 구원을 이루어 낼 수 있을 것인가 하는 것이다. 영생과 영사를 결정하는 문제이기 때문이다. 엄숙한 태도와 냉철한 이성으로 진지하게 생각해야 한다. 이 모든 교파가 다 구원의 교파이든지, 그 반대이든지, 그중 하나만이 구원의 참교회이든지로 귀결되어야 한다. 여기서 논란의 대상은 교파 자체이지, 그 소속 개인을 의미하는 것은 아니다.

그런데 모든 교파가 다 참교회일 수는 없다. 만일 모든 교파가 예수께서 가르치신 모든 교의를 그대로 믿고 모든 계명을 다 지킨다면 아예 파가 생기지도 않았을 것이다. '파'란 교의와 계명에 대한 이견 때문에 생긴 것이다. 진리는 오직 하나이고 참교회도 하나뿐이다. 예를 든다면, 성체성사에 예수께서 실재하신다는 교리와 그것을 부인하는 것이 똑같이 진리일 수는 없다. 귀착점은 진리냐 허위냐이다. 진리는 분열하지 않는다. 분열 자체가 곧 허위라는 표징이다. 허위는 도무지 구원의 대사를 이루어 내지 못한다. 이미 말했듯이 계시 진리 십 개조 중 한 개조만 불신하여도 그것은 곧 예수께 대한 반역이요, 십계명 중 한 가지만 어겨도 그것은 결국 모든 계명을 다 어기는 행위이다. 주님을 반역하면서 어찌 구원의 대사를 이룰 수 있다고 할 수 있겠는가.

구원의 교회는 오직 하나이다. 진리는 하나이기 때문이다. 이 참교회에 대한 유사 교회는 결코 용인될 수 없다. 유사 진리야말로 진리의 커다란 적이다. 저 많은 교파가 분열된 발단을 보면 모두 사소한 차이 때문이었음을 알 수 있다. 진리 자체이신 예수께서 인간의 자유분방에 맡겨 교회의 난립을 허락하셨을 리가 없다. 주 예수께서 책임지시는 교회는 당신께서 몸소 창립하신 교회 하나뿐이다. 이 교회만이 구원의 참교회이다.

이 참교회 밖에는 구원이 없다. 그러나 진리의 눈이 어두워 자기 교회만이 참교회인 줄 아는 프로테스탄트 신자도 죄를 피하고 하느님을 공경하며 선행을 하면 구원의 은혜를 받을 수도 있다. 그러나 이를 위해서는 다음과 같은 필수 조건을 갖추어야 한다.

첫째, 자기 교회가 참교회라는 확신이 있어야 한다.

둘째, 세례를 유효하게 받았어야 한다.

셋째, 세례를 받은 뒤로는 대죄를 지은 일이 한 번도 없어야 한다. 세례 이후에 지은 대죄는 하등 통회를 겸한 고해성사를 통하지 않고서는 죄 사함의 은혜를 받을 수 없다. 상등 통회로도 죄 사함을 받을 수 있으나, 이 상등 통회는 하느님을 만유 위에 사랑하는 그 사랑을 본질로 하는 것인 만큼, "믿기만 하면 된다."는 프로테스탄트적 교화를 받아 온 신자들이 과연 이런 상등 통회를 발할 수 있을까가 의문이다. 설사 이렇게 해서 구원을 받을 수 있다 하더라도, 이것은 그 교회가 참교회이기 때문이 결코 아니고, 오직 하느님께서 그 개인의 '선의'를 용납하시기 때문이다.

만일 자기 교회가 참교회라고 확신하는 프로테스탄트 신자로서, 지체 없이 자진하여 참교회에 대한 진지한 탐구를 하지 않고 그대로 지낸다면 이는 주 예수의 뜻을 어기는 것이므로 구원의 은혜를 받을 수 없다.

자기 교회에 대하여 심각한 의아심을 품고서도 진리 탐구를 회피하는 사람도 태만 죄에 대한 책임을 면할 수 없다. 따라서 빨리 결단하여 진지한 연구로써 자기 양심의 만족과 구원을 얻어야 한다.

"이 백성에게 말하여라. ― 주님께서 이렇게 말씀하신다. ― 이제 내가 너희 앞에 생명의 길과 죽음의 길을 놓아둔다."(예레 21,8)

지은이 **제임스 C. 기본스**

1834년 미국 볼티모어에서 태어났다. 1861년 사제품을 받고 볼티모어 교구에서 사목 활동을 하다가 1868년에 노스캐롤라이나 대목구장으로 임명되어 주교로 서품되었다. 대목구장으로서 제1차 바티칸 공의회에 참석했다. 1872년에 리치몬드 교구장으로 임명되었고, 1877년에는 볼티모어 대교구장이 되었다. 1886년 레오 13세 교황에 의해 추기경으로 선임되었다. 유럽 이주민들의 유입으로 발생된 문제들과 미국 사회에서 일어난 비밀 결사 문제, 교회 내적인 문제 등을 현명하게 풀어나감으로써, 미국 교회의 지도자로서 뿐만 아니라 사회 지도자로서의 역할을 훌륭하게 수행했다. 1921년 3월 24일 선종했다.

편역 **운석 장면 박사**

호는 운석雲石이다. 수원농림학교를 마친 후 미국 맨해튼 가톨릭대학을 졸업했고, 후일 이 대학에서 박사 학위를 수여받았다. 윤형중 신부, 정지용 시인 등과 함께 월간지 《가톨릭 청년》을 창간하여 천주교 문화운동을 주도했고, 동성상업학교 교장 등을 역임하면서 일제의 강점 하에 대표적 평신도 지도자로 활동했다. 해방 직후 정계에 투신해서 대한민국 정부가 국제적 승인을 얻는 데에 큰 공을 남겼다. 초대 주미 대사로 재임하던 당시 6·25 전쟁이 일어나자 대한민국에 대한 각종 지원을 이끌어 냈으며, 귀국 후 국무총리를 역임했다. 그 후 이승만 정권의 독재화에 저항해서 민주당을 결성했고, 부통령으로 선출되었다. 4·19 혁명 이후 의원내각책임제가 시행되자 국무총리로 선임되어 지방자치제와 공무원 공채 제도를 시행했고, 경제 제일주의의 관철을 위해 노력하면서 단군 이래 처음으로 본격적인 민주주의를 실현했다. 이러한 공적으로 대한민국 정부로부터 1999년 건국공로훈장 대한민국장을 추서받았다. 5·16 쿠데타로 인해서 그리스도교 정치인으로서의 포부는 무산되었지만, 모범적인 신앙생활과 삶으로 많은 정치인들과 지식인을 교회로 인도했다.